Susann Sitzler

Geschwister

Die längste Beziehung des Lebens

Klett-Cotta

Ich danke meiner Mutter, meinem Vater, meiner Stiefmutter, meinem Stiefvater und allen meinen Geschwistern dafür, dass sie meine Familie sind.

Für die Welt da draußen danke ich meinen Freunden.

Dieses Buch ist für meine große Schwester.

Um die Privatsphäre der Protagonisten zu schützen, wurden manche Namen und persönliche Details verändert.

FSC
www.fsc.org
MIX
Papier aus verantwortungsvollen Quellen
FSC® C083411

Klett-Cotta
www.klett-cotta.de

Printed in Germany
Umschlag: Rothfos und Gabler, Hamburg
Unter Verwendung eines Fotos von fotolia © PIXXart Photography
Gesetzt von Kösel Media GmbH, Krugzell
Gedruckt und gebunden von CPI books – Clausen & Bosse, Leck
ISBN 978-3-608-96193-5

Bibliografische Information der Deutschen Nationalbibliothek
Die Deutsche Nationalbibliothek verzeichnet diese Publikation in der Deutschen Nationalbibliografie; detaillierte bibliografische Daten sind im Internet über <http://dnb.d-nb.de> abrufbar.

Inhalt

»Pass auf, habe ich gesagt, ich brauche diese Art Beweise nicht. Ich glaube an das, was ich sehe, was ich fühle. Genauso wenig wie ich irgendeine künstliche Befruchtung brauche, um schwanger zu werden, genauso wenig brauche ich einen Gentest, um zu glauben, dass das mein Bruder ist. Wenn überhaupt, dann Halbbruder, hat Holger gespielt unbeteiligt vor sich hin gemurmelt, aber egal – ihr seid aus einem Fleisch und Blut. Ihr seid Verwandte. Dagegen könnt ihr nichts machen. Das hat Holger gesagt. Und ich habe gesagt: Ich bin mehr als mein Blut. Ich bin ein Mensch mit einer Geschichte.«

Björn Bicker: Was wir erben

Teil Eins

Was Geschwister sind

Arthur

Heute vor drei Jahren ist mein Bruder Arthur gestorben. Er ist eine Treppe hinuntergefallen und hat sich dabei den Schädel gebrochen. Ich erfuhr es an einem Samstagmorgen. Als die SMS kam mit der Bitte um Rückruf, ahnte ich gleich, dass etwas Schlimmes passiert war. In der Nacht hatte ich geträumt, dass ein Freund von mir ums Leben kam.

Als Arthur mein Bruder wurde, war ich acht und er elf Jahre alt. Davor besuchten seine Eltern meine manchmal zum Essen und umgekehrt, und wir spielten zusammen. Aber daran erinnere ich mich kaum. Dann zog mein Vater mit einer anderen Frau in eine andere Stadt. Nicht viel später verließ Arthurs Mutter in einer verschneiten Winternacht nach einem Streit ein Ferienhaus in den Bergen und kam nicht wieder. Erst im Frühjahr darauf fand man sie in einer Schlucht.

Nach etwas mehr als einem Jahr zog meine Mutter zu Arthurs Vater nach Ringen. Auch für mich wurde Platz gemacht. Ich bekam das Gästezimmer. Die beiden waren der Ansicht, dass diese Lösung für alle die beste sei. Meine Mutter könnte im Haus nach dem Rechten sehen und sich um Arthur und seinen Bruder Gregor kümmern, während der Vater arbeitete. Ich könnte mit den Jungen spielen und ihr im Haus zur Hand gehen. Damit wir uns aneinander gewöhnten, trafen wir uns vorher eine Weile fast jedes Wochenende zu Ausflügen und Wanderungen. Wenn wir danach in einem Restaurant einkehrten, durften wir Kinder essen, was wir mochten, und so oft Getränke nachbestellen, wie wir wollten. Arthurs Vater hieß für mich jetzt Berni. Auch die Jungen nannten meine Mutter mit ihrem Vornamen, Lina. Nach dem Essen spielten Arthur, Gregor und ich Detektiv, Disco oder Fangen, und diese Sonntage gingen immer schnell vorbei.

Eines Nachmittags, als ich aus der Schule kam, rief mich meine Mutter dann ins Wohnzimmer und sagte, dass wir in den kommenden Herbstferien nach Ringen ziehen und dass ich nach den Ferien dort zur Schule gehen würde. Damit hatte ich nicht gerechnet. In den Tagen danach weinte ich um meine beste Freundin, die ich in der alten Klasse zurücklassen musste. Dann schwor ich in hilfloser Wut, Berni in Zukunft nur noch »Herr Ballmer« zu nennen wie früher, und ihn wieder zu siezen. Er war mir nie geheuer gewesen.

Unser Name wurde in Ringen nicht an den Briefkasten des Hauses geschrieben. Aber Berni informierte die Briefträgerin, dass sie Post für uns in Zukunft bei ihm einwerfen könne. Am Esstisch wurde ein Platz für mich freigemacht. Die Jungen und ich fügten uns ins Unvermeidliche und stritten nur am Anfang. Nach und nach führte meine Mutter ein paar neue Kochrezepte ein, die kommentarlos akzeptiert wurden.

Das Tischgespräch dominierte meist Arthur, und ich war bald Sekundantin. Wir waren beide schnell mit Worten, und in Arthur fand ich jemanden, der sich für ähnliche Dinge interessierte wie ich: Musik, Tiere, Fernsehen. Gregor nahm immer weniger an den Gesprächen teil, aber das bemerkten wir damals nicht. Die verstorbene Frau wurde nur selten und beiläufig erwähnt. Mein Vater so gut wie nie. Ich glaube, Arthur war froh, dass ich jetzt da war. Mit Gregor hatte er sich nie besonders gut verstanden. Obwohl Gregor jünger war, war er viel größer und schwerer und zwang Arthur immer, sein Bett für ihn zu machen und ihm auch die anderen Haushaltsämtchen abzunehmen. Wenn Arthur sich weigerte, nahm Gregor ihn so lange in den Schwitzkasten, bis er um sein Leben fürchtete.

Nach ungefähr einem Dreivierteljahr lag ich an einem Samstagnachmittag mit Fieber im Bett. Die Erwachsenen waren in der Stadt zum Einkaufen, Arthur und Gregor bei den Pfadfindern. An der Haustür hörte ich Stimmen, und nach einer Weile kam Arthur mit einem Freund in mein Zimmer.

»Wir müssen dir etwas zeigen.«

Sie hielten mir eine gefaltete Zeitungsseite hin. Es war der amtliche Anzeiger von Ringen. Die Abteilung mit den Zivilstandsmeldungen. Arthur deutete auf die Seite mit den Eheschließungen und dort auf eine bestimmte Zeile. Dort stand der Name meiner Mutter neben dem von Arthurs Vater. Mein fiebriger Kopf verstand nicht.

»Die haben heimlich geheiratet«, sagte Arthurs Freund.

Wie konnte das sein? Warum hatten wir das nicht bemerkt? »Was machen wir jetzt?«, fragte ich nach einer Weile.

»Wir sagen erstmal nichts«, sagte Arthur. Er schien darüber schon nachgedacht zu haben. »Wir warten eine Woche ab. Und wenn sie dann nichts gesagt haben, fragen wir sie.« Am Abend wollte Arthur Gregor Bescheid geben.

Eine Woche später, kurz vor dem Abendessen, stellte sich Arthur beiläufig neben seinen Vater. »Kann es sein, dass ihr vergessen habt, uns etwas zu sagen?«

»Nein«, sagte Berni. »Wieso?«

»Wir haben das hier gefunden.« Arthur zog die Zeitungsseite mit der Eheverkündung hervor.

»Ach das«, sagte meine Mutter, die inzwischen aus der Küche gekommen war. »Das wollten wir euch ja sagen. Aber ihr hattet ja nie Zeit.«

Damit hatten wir nicht gerechnet. Arthur und ich waren zwölf und neun Jahre alt, Gregor zehn, und wir kannten noch nicht alle Tricks der Erwachsenen. So sagten wir nichts mehr, sondern setzten uns nur an den Tisch, wo meine Mutter inzwischen die Schüsseln aufgetragen hatte.

Auf diese Weise wurden Arthur, Gregor und ich zu Geschwistern. Wir haben uns einander nicht ausgesucht. Andere haben unser Verhältnis festgelegt, ohne uns zu fragen, ob wir einverstanden sind. Wir wurden vor vollendete Tatsachen gestellt.

Jeder bekommt auf diese Weise seine Geschwister.

Auch in einer herkömmlichen Familie entscheidet ein Kind darüber nicht mit. Über Geschwister bestimmen Vater und Mutter. Kinder haben sich damit abzufinden. Man kann sich nicht einmal aussuchen, ob es ein Bruder oder eine Schwester sein soll. Stattdessen muss man mit diesem Fremden vertraut werden und nebeneinander auskommen, viele Jahre, ein Leben lang.

In diesem Zwang, vielleicht auch in dem Schock, liegt der Kern einer Geschwisterbeziehung. Es ist eine Beziehung, die einem aufgezwungen wird. Aber ausgerechnet in dieser Unausweichlichkeit kann auch ihr Glück liegen.

Die wissenschaftliche Disziplin der Geschwisterforschung gibt es erst seit ungefähr 30 Jahren. Zuvor hat sich die Psychologie vor allem darauf konzentriert, herauszufinden, welche Auswirkung das Verhältnis zu den Eltern auf das eigene Fühlen und Verhalten hat. Inzwischen weiß man, dass Geschwister einen ebenso starken Einfluss auf die Seele eines Menschen haben wie die Eltern. »Während die elterliche Liebe, vor allem die Mutterliebe, in der heutigen Erziehung sehr hoch eingeschätzt wird, besteht in der Realität immer noch die Gefahr der Unterschätzung der geschwisterlichen Liebe«, schreibt der Essener Familientherapeut Hans Goldbrunner. Aber die Wissenschaft ist sich nicht sicher, wie lange dieser Einfluss anhält. Ob er, wie die Beziehung zu den Eltern, ein Leben lang immer wieder eine Rolle spielen kann. Oder ob er nach wenigen Jahren hinter dem Einfluss zurücksteht, den Freunde und andere Bezugspersonen auf einen haben. Das Forschen über Geschwister und ihre Wirkung aufeinander ist auch deshalb so schwierig, weil diese Beziehung mystifiziert werden kann wie nur wenige andere. Geschwister klingt nach Blutsbande und Geschwisterliebe. Nach etwas Archaischem, das tiefer geht als die vielen banalen Begegnungen, die wir jeden Tag haben. Aber in dieser Sichtweise liegt eine Gefahr. Wenn man sich auf den symbolischen Wert dieser Verbindung beschränkt, übersieht man leicht, was Geschwister im Leben tatsächlich bedeuten. Welchen Sinn sie für uns haben können. Und auch, welchen Schaden sie manchmal anrichten. »Die Wirkungen der alten Einflüsse sind oft versteckt. Sie betreffen emotionale Haltungen, elementare Motive und Interessen, deren sich der Betroffene mitunter gar nicht bewusst ist. Sie wirken aber auf sein soziales Verhalten ein, und zwar oft umso nachhaltiger, je weniger sie ihm bewusst sind.« Das schrieb Walter Toman, ein Vorkämpfer der Geschwisterforschung. Sein Buch *Familienkonstellationen* erschien 1961 und gilt bis heute als eines der Grundlagenwerke dieser Disziplin.

Von Geburt an ist man Sohn von oder Tochter von. Außerdem ist man Bruder von oder Schwester von. Bis dass der Tod euch scheidet. In einem romantischen Verhältnis ist das der Traum. Ausgerechnet bei Geschwistern ist es die Wahrheit. Dabei ist ihre Beziehung genau das Gegenteil einer romantischen Liebesgeschichte. Das Gegenteil von Sehnsucht und Herzklopfen. Die Besonderheit einer Geschwisterbeziehung liegt in ihrer Absichtslosigkeit. Ausgerechnet diese Verbindung lässt sich ein Leben lang nicht lösen. Auch dann nicht, wenn sie nicht funktioniert. Sogar wenn wir keinen Kontakt mehr mit ihnen haben, bleiben diese Menschen unverändert Bruder oder Schwester. Geschwister laufen in unserem Leben mit, ob wir es wollen oder nicht. Sie bleiben Bestandteil unserer Identität. Geschwister leben im Normalfall ungefähr so lange wie wir selbst. Das, was wir mit ihnen erlebt haben, ist an einem Ort der eigenen Psyche eingebrannt, wo man es nie mehr auslöschen kann. »Wir müssen die Beziehungsmuster zwischen Geschwistern besser verstehen«, sagte der Münchner Familienforscher Hartmut Kasten 2006 in einem Interview mit dem *Spiegel.* »Zuweilen sind sie Ursache krankhafter Gemütszustände.« In der Forschung wird die Geschwisterbeziehung heute als die »in der Regel am längsten währende, unaufkündbare, annähernd egalitäre menschliche Beziehung« bezeichnet. So heißt es in einer Studie, die Psychologen der Uni Leipzig 2007 veröffentlicht haben. Die Betonung liegt dabei auf »annähernd egalitär«.

Mit Geschwistern machen wir die ersten sozialen Erfahrungen auf Augenhöhe. Deshalb setzt, was wir mit ihnen erleben, einen Maßstab und eine Norm für unser späteres Erwachsenenleben. Zusammen mit einem Bruder oder einer Schwester erfahren wir fast alle Gefühle zum ersten und intensivsten Mal: Eifersucht, Liebe, Zorn, Vermissen, Geborgenheit, Wut, Zusammengehörigkeit, Freude, Ausgelassenheit, Vertrautheit, Angst. Wir lernen einander ungeschützt kennen. In der Beziehung zu unseren Geschwistern gehen wir von Anfang an aufs Ganze und halten keinen höflichen Abstand. Das Verhältnis von Nähe und Distanz mit unserem Bruder oder unserer Schwester müssen wir erst lernen. »Die Geschwisterbeziehung bietet Entwicklungsmöglichkeiten, die andere nahe Beziehungen nicht haben«, sagt die kanadische Psychologin Jennifer Jenkins. »Geschwister kannste nicht annullieren«, sagt eine Freundin, die seit mehr als zehn Jahren nicht mehr mit ihrem Bruder spricht. Geschwisterverbindungen funktionieren anders als jede andere Beziehung, die wir im Laufe unseres Lebens zu einem Menschen haben. Wenn sie tragen, können sie uns ein Leben lang mit beiläufigem Glück versorgen. Wenn sie kranken, können sie immer wieder Schmerzen bereiten wie ein fauler Zahn.

Für viele Menschen ist die Verbindung zu Geschwistern die einzige Beziehung im Leben, die sie nie in Frage stellen. Der Bruder oder die Schwester können die einzigen Menschen sein, die einem nahestehen, ohne dass man sie ändern will. Ein Geschwister kann einen katastrophalen Musikgeschmack haben, eine lächerliche Frisur und die falsche Parteizugehörigkeit. Trotzdem können wir es lieben und an seinem Platz in unserem Leben niemals zweifeln. In dieser Beziehung schaffen wir etwas, was uns mit Freunden oft nicht gelingt: Wir können einen anderen Menschen annehmen, ohne Bedingungen an ihn zu stellen. Um ein Geschwister zu haben, muss man nicht einmal beziehungsfähig sein.

Aber fast nichts kann uns davor schützen, in extremen Situationen wieder ganz von selbst der ältere Bruder zu sein, der alle Schläge abfängt, oder die jüngere Schwester, der niemand etwas zutraut, oder das mittlere Kind, das eigentlich niemand braucht. Mit seinen Geschwistern wird man nach einer Weile immer wieder zu dem Kind, das man war. Ganz egal, ob das ein Glück oder ein Elend ist.

Wenn Psychologen über Geschwister sprechen oder Journalisten darüber schreiben, stehen meist die Chancen dieser Beziehung im Vordergrund. Die Lernmöglichkeiten, die Unbedingtheit der Zusammengehörigkeit, die Nachhaltigkeit der Verbindung. Als »soziales Trainingscamp« beschrieb es ein Journalist der *Zeit*. Als »Die längste Liebe des Lebens« war in der *Süddeutschen Zeitung* eine Geschichte über Geschwister betitelt. »Geschwisterbeziehungen – das reinste Schicksal« hieß ein Artikel in der *Welt*. In einer Zeit, wo uns Liebe als vorläufig und Freundschaft als kündbar erscheint, versprechen wir uns von der Beziehung zu Geschwistern eine Absolutheit, in der wir uns sicher fühlen können. Der letzte Hort der Verlässlichkeit. Ein Sinn in unserer eigenen Geschichte. Wenn man sich auf diese Sichtweise einlässt, fühlt man sich für einen Moment vom Glück begünstigt, wenn man Geschwister hat. Auch wenn man nachdenken muss, wann man zuletzt mit ihnen telefoniert hat und wann sie überhaupt Geburtstag haben. Die Idealisierung der Blutsbande ist kein Zufall. Eines von drei Kindern in Deutschland wächst heute ohne Bruder und Schwester auf.

Für die anderen stellen Geschwister oft eine so große Selbstverständlichkeit dar, dass sie keinen Grund haben, über sie nachzudenken. Meist beschäftigt man sich mit dieser Beziehung erst, wenn es darin Schwierigkeiten gibt. Geschwister können jahrzehntelang im toten Winkel des eigenen Daseins existieren. Aber es lohnt sich, sie zu entdecken. Und es lohnt sich, diese Verbindung ohne ideologische Scheuklappen zu betrachten. Am besten, solange die Geschwister noch leben. Manchmal wird nämlich noch eine Freundschaft daraus. Oder aber eine Geschichte, die man sauber abschließen kann.

Gene

Außer Arthur und Gregor habe ich drei Halbgeschwister und eine leibliche Schwester. Die Halbgeschwister stammen aus einer späteren Ehe meines Vaters und sind viel jünger als ich. Meine Schwester Marlene ist zehn Jahre älter. Als ich in die erste Klasse kam, fuhr sie schon allein mit Freundinnen in den Urlaub. So bin ich alles zugleich: Einzelkind, Halbschwester, Stiefschwester und Schwester. In meinem Leben gibt es sechs Menschen, für die nur eine Bezeichnung richtig ist: Geschwister. Mit keinem von ihnen habe ich engen Kontakt. Keiner von ihnen spielt eine tragende Rolle in meinem Alltag. Aber alle müssen nachhaltig zu dem Menschen beigetragen haben, der ich heute bin. Auch dazu, welche Freunde ich habe, mit welchen Vorgesetzten ich mich nicht verstehe, welche Männer ich brauche. Wie ich als Kollegin auftrete und was ich selbst für eine Frau und Freundin bin. Wenn meine Eltern sterben, sind diese Geschwister meine einzige Familie, weil ich selbst keine Kinder habe. »Wen auch immer jemand als Ehepartner, Freunde, Lebensgefährten, Mitarbeiter, Vorgesetzte und Ähnliches auswählt, wird von den Menschen mitbestimmt, mit denen diese Person am längsten, intimsten und regelmäßigsten zusammengelebt hat«, schrieb Walter Toman, der Vorkämpfer der Familienforschung, 1961 in *Familienkonstellationen*. Und das sind, neben den Eltern, die Brüder und Schwestern.

Bevor ich in das Haus zu Arthur und Gregor kam, verbrachte ich ein paar Jahre fast als Einzelkind, weil Marlene als Au Pair im Ausland war. Als die Kleinen von meinem Vater auf die Welt kamen, war ich schon über 20. Arthur und Gregor sah ich da allerhöchstens ein Mal im Jahr, wenn ich Weihnachten zu meiner Mutter und meinem Stiefvater fuhr und sie zufällig auch da waren. Aber das hat nichts an ihrer Position in meinem Leben geändert.

Die Gefühle gegenüber einem Bruder oder einer Schwester sind komplex. Sie setzen sich zusammen aus einer fast instinkthaften Verbindung, die sich durch körperliche Ähnlichkeit erklären kann. Dazu kommt die Vertrautheit, die durch eine gemeinsame Kindheit und unzählige Stunden gemeinsamer Erfahrungen entsteht. Und es gibt das soziale Ideal der Gemeinschaft, das so gut wie jede Kultur durchdringt und das wir von den Eltern und der Umwelt lernen. Die Vorstellung, dass man mit Geschwistern Teil einer Sippe ist, die einen davor schützt, irgendwann allein auf der Welt zu stehen.

Wenn man in einer traditionellen Kleinfamilie aufgewachsen ist, verbinden sich diese Erfahrungen oft zu einer Identität, die so selbstverständlich ist, dass man kaum über seine eigene Rolle als Bruder oder Schwester nachdenkt. In dieser Selbstverständlichkeit liegt für die Psychologie eine Wurzel der Geschwistererfahrung. Forscher der University of California haben 2007 untersucht, ob Geschwister einander instinktiv als blutsverwandt erkennen können. Die Untersuchung brachte ein erstaunliches Resultat. Sie ergab, dass das gar nicht notwendig ist. Der Mensch hat eine andere Strategie, um sicherzugehen, dass das Wesen, das seit Jahren mit im Wohnzimmer herumlungert, tatsächlich mit ihm verwandt ist: Wenn man nämlich mit eigenen Augen gesehen hat, wie sich die Mutter lange Zeit Tag für Tag intensiv um das Wesen kümmert, geht man automatisch davon aus, dass es sich um ein Geschwister handelt. Das gilt auch für diejenigen, die als jüngste Geschwister diese Erfahrung nicht gemacht haben. Sie leiten die Überzeugung, dass das andere Kind mit ihnen verwandt ist, von der Länge der Zeit ab, die sie mit ihm in der Kindheit gemeinsam verbringen. Etwas salopp könnte man diese Erkenntnis so formulieren: Geschwister sind die, die auch schon in der Kindheit da waren. Das bedeutet, dass unsere Sicht auf Brüder und Schwestern in erster Linie kulturell geprägt ist. Und dass die Blutverwandtschaft dabei nur ein Aspekt unter anderen ist.

Ich kann vieles über Geschwister erzählen. Nichts davon ist allgemeingültig. Aber das trifft auf alle Familien zu. Es gibt keine Regeln, nach denen man sich und seine Geschwister qualifizieren muss, um mitreden zu können. Jede Familie ist einzigartig, jede Geschwisterbeziehung ist individuell. Die Dinge, die man über seinen Bruder oder seine Schwester erzählen kann, sind für die anderen nie ganz gültig. Aber häufig kann man in den Erfahrungen Ähnlichkeiten sehen. Auch diese Ungenauigkeit macht das Erforschen dieser Verbindungen schwer. »Generell lässt sich sagen, die frühe Geschwisterforschung konzentrierte sich auf die charakterlichen Unterschiede zwischen Geschwistern und suchte deren Erklärung in familiären Konstellationen, da schwer verständlich erschien, wie sich Geschwister im gleichen familiären Umfeld unterschiedlich entwickeln, wie man es in der Realität beobachtete«, schrieb der Essener Familientherapeut Hans Goldbrunner 2011 in einem Aufsatz mit dem Titel »Geschwisterbeziehungen – ein vernachlässigter Faktor in der modernen Erziehung«.

Bei mir sind die Geschwistergefühle auf Menschen verteilt, die einander kaum kennen. Bei jedem Bruder und bei jeder Schwester fehlen wichtige Bestandteile der biologischen und psychologischen Geschwisteridentität. Aber mit jedem von ihnen verbinden mich auch prägende Teile davon. Das gibt mir die Chance, genau zu betrachten, was »Geschwister« eigentlich bedeutet. Diese Bedeutung wandelt sich in unserer Gesellschaft in allen Epochen immer wieder. Menschen leben schon immer in Verbindungen mit Halb- oder Stiefgeschwistern und nennen sie Familie. Seit ein paar Jahren benutzen wir dafür den Begriff »Patchwork«. Aber das ist nur ein neuer Name für etwas, das als Variante der blutsverwandten Familie existiert, seitdem Menschen die Erde bevölkern.

Mit Arthur und Gregor verbinden mich gemeinsame intensive Jahre der Kindheit und der Jugend. Zusammen verbrachten wir die Zeit, in der man die Wahrheiten in der Außenwelt sucht und doch immer noch nur zu Hause zur Ruhe kommen kann. Unausgesprochen verband uns auch die Erfahrung, dass die Ruhe, die wir dort fanden, trügerisch war. Vor allem aber stritten wir erbittert und unermüdlich über gute und blöde Filme, tolles und ekliges Essen, alberne und schöne Tiere, spitzenmäßige und peinliche Sportler. Diese Dispute haben uns geholfen, unsere eigenen Vorlieben, unsere Geschmäcker, unsere Individualität zu entwickeln und voneinander abzugrenzen. Wir haben zusammen Stunden und Stunden geübt, wie man erwachsen wird und sich in der Außenwelt behauptet. Wir waren einander Publikum, als man jede Sekunde eine andere Stimmung hatte, gleichzeitig albern und sentimental, peinlich und aggressiv, weinerlich und souverän war. Die hysterischsten Ausbrüche und die sinnlosesten Monologe der anderen haben wir großzügig über uns ergehen lassen und einander die Anfälle von Großspurigkeit und Wankelmütigkeit schulterzuckend gegönnt. So dass wir danach beruhigt und gestärkt der wirklichen Welt in Form unserer Freunde gegenübertreten konnten. Mit den Geschwistern haben wir uns warmgespielt. Danach konnten wir souverän aufs Feld. Wir hatten den ersten Test zu Hause ja schon bestanden.

Für diese Dinge war meine leibliche Schwester schon zu alt. Sie hatte wenig Verständnis für meine Make-up-Experimente und meine Verzweiflung, als Paul Young sein Konzert in Zürich kurzfristig absagte. Ich fand ihre Schallplatten ermüdend, und in ihren Freunden sah ich nur alte, langweilige Männer mit zotteligem Haar. Mit Marlene verbindet mich, dass sie mich vom ersten Tag meines Lebens an kannte und dass sie auf mich aufpasste, als ich ein hilfloses Bündel war. Sie hat den schwarzen Flaum mit eigenen Augen gesehen, der nach der Geburt meinen Kopf bedeckte und den ich nur von Fotos kenne. Sie erinnert sich an die Stunden, in denen ich schlief und sie mich hütete und von denen ich nur aus Erzählungen weiß. Sie kannte unsere Familie schon, als Vater, Mutter und Kinder noch zusammen waren und alle gemeinsam in die Ferien fuhren. Sie weiß noch, wie unsere Eltern zusammen geredet und auch noch miteinander gelacht haben. Davon fehlen mir schon die Bilder. Marlene war immer dabei, an ihrer Seite hatte ich meinen selbstverständlichen Platz in der Welt. Dass diese Dinge mir etwas bedeuten, fühle ich nur, wenn ich »meine Schwester« sage. Aber dann jedes Mal.

Mit meinen drei Halbgeschwistern aus der neuen Ehe meines Vaters gibt es keine gemeinsamen Jahre. Mit ihnen verbinden mich die Gene. Zuerst aber verband mich mit ihnen ein Entschluss. Als mein ältester Halbbruder zur Welt kam, war ich 22 Jahre alt. Er war der erste Sohn meines Vaters, und als ich von seiner bevorstehenden Ankunft erfuhr, musste ich weinen. Ich dachte, dass jetzt, wo er einen Jungen bekommt, meine Schwester und ich für meinen Vater den Wert völlig verlören. Aber ich fühlte auch, dass ich dieses Baby nicht für etwas büßen lassen wollte, an dem es unschuldig war. In den ersten Jahren verbrachten Lino und ich viele Stunden zusammen. Ich fuhr ihn durch den Zoo, und wenn niemand es hörte, sprach ich mit ihm holprig den fremden Dialekt seiner Mutter, damit er sich mit mir vertrauter fühlen sollte. Bald bekam er noch eine kleine Schwester und einen Bruder. Auch auf sie war ich stolz und auch sie hatte ich lieb. Aber nach dem dritten dachte ich, dass es jetzt auch reicht.

Von allen meinen Geschwistern irritieren mich diese drei Halbgeschwister am meisten. Sobald sie keine Säuglinge mehr waren, entstand mit ihnen eine merkwürdig instinkthafte Nähe, die aus der starken Familienähnlichkeit kommt, die wir teilen. Eine solche Verbindung habe ich sonst mit niemandem. Nicht mit meiner allerbesten Freundin, nicht mit meinem Mann, nicht mit den Menschen, die ich am meisten liebe und die mir am nächsten sind. Und auch nicht mit Marlene, weil wir uns nicht besonders ähnlich sehen. Aber meine Halbgeschwister und ich haben die gleichen Augen, die gleichen Gesten, eine ähnliche Form der Hände. Ich sehe die Zehen meiner kleinen Schwester, die Zahnlücke meines kleinen Bruders, höre den anderen lachen und weiß, dass unser Fleisch dasselbe ist. Diese Verbindung wurde stärker, je deutlicher die Ähnlichkeit wurde. Aber nach kurzer Zeit gibt es auch immer eine merkwürdige Gereiztheit und Fremdheit, die im Widerspruch dazu steht. Sie kommt daher, dass wir im Alltag keinerlei Berührungspunkte haben und auf so gut wie keine gemeinsamen Erfahrungen zurückgreifen können. Und vielleicht auch vom Generationengraben, der uns als Geschwister eigentlich disqualifiziert.

Im Durchschnitt sind Geschwister zu 50 Prozent genetisch miteinander verwandt. Das heißt, dass sie ungefähr die Hälfte ihrer Erbanlagen gemeinsam haben. Im Einzelfall variiert die genetische Ähnlichkeit aber zwischen 25 und 75 Prozent. So erklärt es sich, warum einige Geschwister bei gleichen Eltern fast wie Zwillinge aussehen und andere kaum äußerliche Ähnlichkeit miteinander haben. Der Sinn dieser Varianten stammt aus der Evolution. Je unterschiedlicher die Erbanlagen von Geschwistern sind, desto größer ist die Chance, dass unter widrigen äußeren Umständen wie Krankheiten, feindlichem Klima oder unzuverlässiger Ernährung eines der Kinder überlebt und die Sippe weiterführen kann.

Als Teil einer Sippe habe ich mich nie empfunden. Mich überfordert schon die Nähe, die sich einstellt, wenn ich mit einem meiner Geschwister länger als ein paar Stunden zusammen bin. Nach einer Weile fühle ich mich bedrängt. Es irritiert mich, dass ich jemandem auf unerklärliche Weise nah bin, ohne ihn eigentlich zu kennen. Vielleicht ist das ein Ergebnis meiner Jahre als Einzelkind. Mit Arthur und Gregor gab es diese Art von intuitiver Vertrautheit nicht, obwohl ich mit ihnen die meiste Geschwisterzeit verbracht habe. Die beiden waren adoptierte Kinder, jedes aus einer anderen Familie. Zwischen uns gab es keinerlei genetische Verbindung. Wir sind nur ein paar Jahre zusammen aufgewachsen. Aber das hat gereicht, dass ich sie als meine Brüder empfand. Auch wenn ich es erst richtig bemerkte, als sie beide tot waren.

Ich verästele mich in den Details meiner Familie, um zu verstehen, welche Bedeutung diese verschiedenen Menschen für mich haben. Ich kreise um die Frage, was meine Geschwister über den Verlauf meines bisherigen Lebens aussagen. Was haben meine Geschwister mit mir zu tun? Ich glaube, dass ich mich selbst besser verstehe, wenn ich darauf eine Antwort gefunden habe. Dass ich dann besser durchschaue, welche verschiedenen Rollen ich spiele und warum mich einige davon immer wieder unglücklich machen. »Es geht um den einzelnen Menschen, wie er in einigen seiner grundlegendsten Eigenheiten beschaffen ist, wie er sich in einigen der wichtigsten Fragen verhält und welche Wünsche er hat«, beschrieb Walter Toman in *Familienkonstellationen* die Bedeutung dieser nächsten Verwandten. »Die Hauptbestandteile dabei sind andere Menschen, sowie auch der Verlust dieser Menschen, wann immer er auch eingetreten sein mag.«

Die Beziehungen zu Geschwistern verändern sich im Laufe eines Lebens in einer U-förmigen Linie. Das hat die Geschwisterforschung herausgefunden. Die größte Rolle spielen Geschwister in der Kindheit. Ein einjähriges Kind verbringt mit Geschwistern gleich viel Zeit wie mit der Mutter. Zwischen drei und fünf Jahren ist es doppelt so viel. In der Jugend distanziert man sich von der Familie und damit meist auch von Bruder oder Schwester. Danach dünnt der Kontakt oft weiter aus, weil man an unterschiedlichen Orten lebt und mit der Einrichtung seines eigenen Lebens beschäftigt ist. Wenn man eigene Kinder bekommt, vertieft sich der Kontakt häufig wieder. Im Alter wird er für viele Menschen noch einmal sehr intensiv. Wenn sich das Leben allmählich zu einem Kreis schließt, steuert man in Gedanken gern zu den Anfängen. Wenn die Eltern sterben, sind Bruder oder Schwester ohnehin die letzten verlässlichen Zeugen der eigenen Kindheit und man kann die Erinnerungen daran meist nur noch mit ihnen teilen.

Meine Freundin Rosalie wurde erst mit Ende 30 kurz hintereinander zweimal Mutter. »Lena soll nicht als Einzelkind aufwachsen«, sagte sie, als sie mir mit ihrem Mann zusammen das zweite Kind ankündigte. Sie waren beide mit Geschwistern aufgewachsen und fanden es schade, wenn ihre Tochter niemanden hätte, mit dem sie sich gegen die Eltern verbünden könnte. Das genügte als Grund für ein zweites Kind. Mich faszinierte dieser Mut, so viel Verantwortung für das Leben anderer Menschen zu übernehmen. Sie beinahe wie auf einem Schachbrett anzuordnen und die Sippe aktiv zu vergrößern. Mein Mann und ich hatten uns kurz davor gestanden, dass wir uns ein Leben ohne Kinder sehr gut vorstellen können. Wir waren beide erleichtert, dass wir diese Verantwortung für das Glück oder Unglück eines anderen nicht auch noch tragen müssen. Als Kinder haben wir das Leben in unseren Familien oft als etwas Bedrückendes und Gefährliches empfunden. Daraus entstand kein drängendes Bedürfnis, ein nächstes Kapitel dieser Geschichte zu schreiben.

Rollen

Meine Kollegin Corinna fängt jedes Mal an zu weinen, wenn ein Feiertag im Kalender steht. Fast immer fährt sie dann zu ihrer Mutter, die in einem entlegenen Pflegeheim in der Provinz lebt und scheinbar unsterblich ist. Weil es in der Nähe kein Hotel gibt, muss sich Corinna meist für ein paar Tage bei der Mutter im Heim einquartieren. Auf diese Weise hat sie die letzten Ostern und drei Weihnachten in Folge verbracht und so, wie sie davon erzählt, müssen es trostlose Tage voller Vorwürfe und Missverständnisse gewesen sein. Corinna hat vier Geschwister. Kann sie sich die Besuche bei der Mutter nicht mit ihnen teilen? Wenn ich das frage, steigen neue Tränen in Corinnas Augen. »Die haben alle Familie und keine Zeit, zu ihr hinzufahren.« Corinna ist alleinstehend. Als Älteste hat sie sich immer um alle Geschwister gekümmert. Das war eine Selbstverständlichkeit, mit der ihre Brüder und die Schwester aufgewachsen sind und auf die die Mutter gebaut hat. Niemand aus ihrer Familie kennt Corinna als Mensch mit eigenen Bedürfnissen. Nicht einmal Corinna selbst kennt sich als Mensch mit eigenen Bedürfnissen. Sie ist ihr ganzes Leben lang die große Schwester geblieben. Schon jetzt, im Juni, graut ihr vor dem nächsten Weihnachten.

Von vielen meiner Freunde weiß ich nicht, ob sie überhaupt Geschwister haben. Brüder und Schwester, mit denen wir nicht befreundet sind, haben ihren Platz oft über Jahre in einer abgeschlossenen und entlegenen Nische unseres Erwachsenenlebens. Manchmal sind sie kaum mehr als eine Art Karteileichen in unserem Alltag. Ihre alltägliche Funktion als Vertraute, als Gesprächs- und Freizeitpartner, vielleicht auch als Konkurrenten und Gegner haben sie vor langer Zeit an Freunde und Kollegen abgetreten. Normalerweise gibt es dann keinen Anlass mehr, vor diesen die Geschwister mehr als nötig zu erwähnen. Vielleicht auch, weil sonst der Eindruck entstehen könnte, man habe keine richtigen Freunde gefunden. Jede neue Bekanntschaft ist schließlich eine Chance, uns jemandem als selbständige Person vorzustellen, deren Rolle nicht irgendwo schon festgeschrieben ist.

Im Grunde ist es aber nebensächlich, ob man noch Kontakt hält. Was in der Geschwisterforschung zählt, sind die Jahre der Kindheit. Die größte Bedeutung für unser Leben hat nach Ansicht vieler Forscher der Platz, den man in der eigenen Geschwisterfolge eingenommen hat. Dieser Platz legt nicht nur fest, mit welchen Verhaltensweisen wir uns besonders geborgen fühlen. »Die Geschwisterkonstellation ist entscheidend dafür, wie wir uns in einer Beziehung mit einem Mann beziehungsweise einer Frau verhalten.« Das sagt der Psychologe und Familientherapeut Hans-Reinhard Schmidt. Er war Assistent des Geschwisterforschungspioniers Walter Toman. Dieser selbst schreibt über seine Thesen zu den verschiedenen Geschwisterkonstellationen: »Diese Annahmen lassen sich von der Psychoanalyse ableiten. Mit etwas mehr Umwegen auch von der allgemeinen Lerntheorie. Sogar vom gesunden Menschenverstand.« Überdurchschnittlich oft verbinden sich Männer, die eine jüngere Schwester haben, mit Frauen, die jüngere Schwestern sind. Überdurchschnittlich oft verbinden sich Einzelkinder mit anderen Einzelkindern. Am prägendsten für solche Bindungen ist das Geschwister, das direkt vor einem kam. Wir suchen, was wir kennen. Merkwürdigerweise wird auf Partnersuchportalen nicht nach der Geschwisterposition gefragt. Wir halten so sehr daran fest, uns als Individuen selbst geformt zu haben.

Mein Mann ist ein Jahr älter als Arthur. Seine Schwester ist ein Jahr jünger als ich. Meine beste Freundin ist elf Jahre älter als ich, ein Jahr älter als meine große Schwester. So gut wie alle meine Freundinnen und Freunde sind älter als ich, die meisten zwischen zwei und zehn Jahren. So wie Gregor, Arthur und Marlene. Ansonsten haben sie keinerlei Ähnlichkeiten mit meinen Geschwistern. Keine, die ich bemerken würde. Aber jetzt, wo ich zum ersten Mal darüber nachdenke, bemerke ich doch die Auffälligkeit, von der ich nicht glauben mag, dass sie nur Zufall ist. »Je mehr die neuen Beziehungen den früheren ähneln, je mehr Gemeinsamkeiten es gibt, umso besser ist die Person auf die neue Beziehung vorbereitet und umso größer ist die Wahrscheinlichkeit, dass diese glücklich, erfolgreich und von Dauer ist«, heißt es bei Walter Toman.

Von den meisten Geschwistern meiner Freunde habe ich erst erfahren, als es Probleme mit ihnen gab. Mein Freund Ole brach nach langem Zweifeln den konfliktreichen Kontakt mit seiner Mutter ab. Wir haben unzählige Male darüber gesprochen. Er hatte Angst, dass er an den Schuldgefühlen zugrunde geht, wenn seine Mutter stirbt, ohne dass er sich mit ihr versöhnen kann. Aber das war nicht der Grund, warum er sich immer wieder auf Begegnungen mit der alten Frau einließ und nachher tagelang deprimiert war. Eigentlich fürchtete Ole um die Beziehung zu seiner Schwester. Mit ihr telefoniert er mindestens einmal pro Woche und sieht sie mehrmals im Jahr. Sie lebt nur wenige Straßen von der Mutter entfernt, und hat mit ihr ein schwieriges, aber enges Verhältnis. Erst nach einer Weile fand er eine Lösung. Die Schwester hat versprochen, dass sie sich mit der Mutter nicht über Ole unterhält. Und er hat versprochen, dass er auf negative Kommentare verzichtet, wenn die Schwester die Mutter manchmal erwähnt.

Mein Vater spricht seit über 40 Jahren nicht mehr mit seiner Schwester. Es war ihm schon immer so vorgekommen, als sei sie von den Eltern bevorzugt und vergöttert worden, während man an ihm nur herumkritisierte. Als die Schwester nach dem Tod des Vaters das Elternhaus erbte und er nur den Pflichtteil, heuerte er den teuersten Anwalt der Stadt an. Als auch dieser nichts ausrichten konnte, brach er mit Maria. Vor ein paar Wochen hat sie ihn nachts angerufen, krank und betrunken. Sie war für ihn eine fremde Frau und er hat den Hörer aufgelegt.

Mein Kollege Martin sah seine drei Geschwister erst bei der Beerdigung des Vaters wieder. Man geriet in Streit, bevor der Sarg mit Erde bedeckt war. Martin erzählte davon bei einem gemeinsamen Abendessen. Zuvor hatte er seine Geschwister nie erwähnt. Und auch seither nie wieder. Er sprach nur darüber, weil allen am Tisch aufgefallen war, wie erleichtert und gelöst Martin auf einmal wirkte. Die Beerdigung, erklärte er, habe ihn darin bestärkt, dass seine Entscheidung vor vielen Jahren richtig war: Nie wieder will er etwas mit seiner Familie zu tun haben. Und jetzt, wo beide Eltern tot seien und das Erbe geklärt, haben auch die Geschwister endlich jede administrative Macht über ihn verloren. Es gibt jetzt niemanden mehr in seinem Leben, der ihn als Versager sieht und ihm bloß immer das Scheitern zutraut.

»Geschwisterbeziehungen können nicht beendet werden, sie wirken fort, auch wenn sich die Geschwister getrennt haben oder keine Kontakte mehr stattfinden«, schrieb der Familienforscher Hartmut Kasten. Dieser Satz ist zu einem der Lehrsätze der Geschwisterforschung geworden. Er wird oft falsch verstanden. Er bedeutet nicht, dass man eine qualvolle Beziehung ein Leben lang fortführen muss. Er bedeutet nur, dass man sich bewusst sein sollte, dass mit einem Kontaktabbruch nicht alle Schmerzen auf einen Schlag verschwinden.

»Mein Leben ist erst richtig gut, seitdem ich meine Schwester los bin«, sagt meine Freundin Eleonor. Fast ihr ganzes Leben hat sie sich um Nina gesorgt. Nina ist acht Jahre jünger und war immer der Liebling der Mutter. Die Nachzüglerin, die Prinzessin. Diejenige, bei der die Mutter endlich weich und sanft geworden war. Eleonor hat es mit leisem Groll beobachtet. Nina hat sich immer auf dieser Rolle ausgeruht. So hat es Eleonor empfunden. Nina hat nie um etwas gekämpft. Ihr Studium dauerte 32 Semester, weil sie Angst vor der Abschlussprüfung hatte. Als sie es endlich abschloss, war sie zu alt, um damit eine Stelle zu finden. Die schon uralte Mutter begann sie mit Geld zu unterstützen. Als Nina in letzter Minute ein Kind bekam und ihren langjährigen Freund heiratete, war die Mutter bezaubert von dem neuen Enkel und schwärmte Eleonor von ihm vor. Auch Eleonor hat zwei Kinder, an denen die Mutter immer Freude hatte. Aber sie war von ihnen nicht verzaubert. Sie habe immer um ihre Selbständigkeit gekämpft, sagt Eleonor. Etwas anderes hätte sie sich gar nicht getraut. Sie war früh von zu Hause ausgezogen und hatte in einer fremden Stadt studiert und nebenbei ihren Lebensunterhalt verdient. Ein Dasein als Prinzessin hatte es für sie nie gegeben. Seit sie diese Schwester hatte, wünschte sich Eleonor, es sich auch einmal so leicht machen zu können wie diese. Aber diese Rolle hatte ihr die Jüngere weggeschnappt.

Als die Mutter gebrechlich wurde, verschärfte sich der Ton zwischen den Schwestern. Unmöglich konnte die alte Frau allein in dem kalten, dunklen Haus am Waldrand wohnen bleiben. Jemand musste sich um sie kümmern. Nina fühlte sich überfordert, außerdem hatte sie ja jetzt ein Kind, für das sie sorgen musste. Dass Eleonor ebenfalls Kinder hat, freiberuflich arbeitet und mit dem Problem ebenfalls überfordert sein könnte, spielte für Nina keine Rolle. So war es Eleonor, die sich eines Abends ins Auto setzte, weil sie ein ungutes Gefühl hatte, und zur Mutter fuhr. Sie fand sie gestürzt, mit einem gebrochenen Bein, unfähig, bis zum Telefon zu kommen. In einer Sekunde entschied sie, die Mutter zu sich in die viele hundert Kilometer entfernte Stadt zu holen und dort einen Platz in einem guten Altersheim für sie zu finden. Seit Jahren hatte sie diesen Gedanken immer wieder verworfen. Es sei nicht gut, die Mutter zu entwurzeln, außerdem sprach sie einen Dialekt, den in der Stadt niemand verstand. Das war Ninas Einwand gewesen, und Eleonor musste ihr in dieser Sache Recht geben. Aber jetzt wollte sie sich nicht mehr mit ihr beratschlagen. Sie lud die halb ohnmächtige Mutter in ihr Auto und fuhr mit ihr in die Stadt.

»Wie konntest du so über meinen Kopf hinweg entscheiden?«, schrie Nina am nächsten Tag, als Eleonor sie informierte. »Es ist genauso gut meine Mutter. Du hättest mich anrufen müssen.« Eleonor hatte keine Kraft zum Streiten. Die Mutter war im Krankenhaus, wo ihr gebrochenes Bein behandelt wurde. Eleonor begann, einen Heimplatz für sie zu suchen.

Die Entscheidung war die richtige gewesen. Die Mutter

blühte auf in der Stadt, die Aufregung der Reise hatte sie belebt und das neue, schöne Altersheim, wo sie ein Zimmer bekommen hatte, kam ihr vor wie ein Luxushotel. Sie begann Hochdeutsch zu sprechen und wurde immer munterer. Nach ein paar Monaten verdunkelte sich ihr Geist und sie lebte erst tageweise, dann andauernd in einer Welt aus Phantasie und Vergangenheit. Aber sie schien glücklich, sang und lachte viel. Regelmäßig besuchte Eleonor sie zusammen mit ihren Töchtern, die ihre kuriose Oma ganz selbstverständlich liebten. Nina tat sich schwer mit den Besuchen. Nur selten konnte sie sich dazu überwinden. Es befremdete sie, dass die Mutter sie nicht mehr erkannte. Es belastete sie, dass ihr eine fremde Frau gegenübersaß. Vielleicht auch, dass diese in ihr keine Prinzessin mehr sah. Sie weigerte sich, häufiger als alle zwei Wochen ins Altersheim zu gehen. Eleonor wurde wütend. Am liebsten hätte sie nichts mehr mit ihr zu tun gehabt. Aber da war noch die Sorge um den Besitz der Familie. Das Elternhaus hatte die Mutter Nina überschrieben. Diese versuchte es zu verkaufen und traf lauter falsche Entscheidungen. Das Haus drohte abgerissen zu werden. Um die anderen Besitztümer begann ein erbitterter Kampf, in dem Anwälte viele Briefe schrieben. Eleonor lag nächtelang wach und konnte nur noch daran denken, wie sie ihre Schwester aus ihrem Leben bekam. Vorher, so kam es ihr vor, würde es bei ihr nicht mehr richtig weitergehen.

Vor einem halben Jahr starb die Mutter. Jetzt war nur noch die Beerdigung zu regeln. Ein letztes Mal mussten Eleonor und Nina der Familie als Schwestern gegenübertreten, als gute Töchter der Verstorbenen, die alles nach deren letzten Wünschen regelten. Ein paar Tage später rief mich Eleonor an. »Es ist vorbei.« Noch nie in ihrem Leben, sagte sie, habe sie sich so leicht gefühlt. Die Last, die ihre Schwester für sie ein ganzes Leben lang bedeutet habe, sei auf einmal verschwunden. Die Erbangelegenheiten waren geregelt. Nie wieder muss sie Nina begegnen. Es sei wie ein neues Leben, das für sie nun beginne, sagt Eleonor, mit über 50 Jahren, und endlich ohne eine Schwester, die ihr am Bein hängt wie ein schwerer Stein.

Das letzte Kapitel in den Beziehungen zu unseren Geschwistern beginnt mit dem Tod der Eltern. Manchmal kündigt es sich schon beim sichtbaren Altern an. Mit einer eintretenden Krankheit oder einer Unmündigkeit, mit dem Umzug in ein Pflegeheim. In solchen Zeiten müssen grundlegende Dinge oft in wenigen Tagen von Geschwistern gemeinsam entschieden werden. Das, was wir für Jahre oder Jahrzehnte am Rand abgelegt haben, bricht mit Gewalt in unseren Alltag ein. Das kann im Chaos enden. Oder in einem Vakuum. Dass die Beziehung zu Geschwistern nicht lösbar ist, bemerkt man dann am stärksten, wenn die Eltern endgültig die Autorität verlieren, mit der sie das Verhältnis innerhalb der Familie manchmal ein Leben lang geordnet haben. »Die Nähe zwischen Geschwistern stellt sich im höheren Alter nicht automatisch wieder ein«, schreibt der Geschwisterforscher Hartmut Kasten. »Sie wird oftmals erst allmählich in einem Prozess der verstärkten wechselseitigen Kontaktaufnahme und des Sichaustauschens wiederaufgebaut.« Das geht aus einer Reihe von Untersuchungen hervor. »Nicht selten müssen Konflikte der Vergangenheit, unerfreuliche Kindheitserlebnisse, Vertrauensbrüche, unterschiedliche Wertorientierungen und Grundhaltungen noch einmal durchgearbeitet und verkraftet werden.« Und das zu einem Zeitpunkt, wo man alle Kraft für das Regeln administrativer Aufgaben braucht.

Wenn die Eltern sterben, haben die Kinder in ihren Verhaltensweisen und Gedanken manchmal kaum noch Ähnlichkeit mit den Menschen, die sie in ihrem Erwachsenenleben geworden sind. Alles, was sie in der Zwischenzeit gelernt haben, fällt von ihnen ab. Unter dem emotionalen Druck solcher Situationen springen die Kinder zuerst einmal zurück in die Rollen, die sie in den ersten Jahren ihres Lebens miteinander eingeübt haben. In solchen Phasen können auch stabile und gesunde Menschen in einen psychischen Ausnahmezustand geraten, in dem sie sich selbst nicht mehr wiedererkennen. Ausgelöst durch die Nähe zu Geschwistern, die sie in einem schwachen Moment überwältigt und überfordert.

Geschwister sind in unserem Innern zu Hause. Wenn sie uns willkommen sind, können wir aus dem Verhältnis zu ihnen ein Leben lang Sicherheit und Vertrauen schöpfen wie aus kaum einer anderen Beziehung. Aber auch wenn wir ihnen den Zutritt verwehren, sind wir vor ihnen nicht sicher. Sie besitzen einen Generalschlüssel. Falls sie ungebeten kommen oder im falschen Moment, können sie scheußliche Verwüstungen anrichten. Um sichere Distanz zu ihnen zu gewinnen, müssten wir das Schloss auswechseln. Seine Kindheitsgeschwister loszuwerden, ist eine der schwierigsten Aufgaben im Leben. Sie gelingt nur, indem wir wirklich erwachsen werden. Das nimmt manchmal ein ganzes Leben in Anspruch. Aber es ist möglich. Auch darüber sind sich die Forscher einig.

Verhandlung und Spiel

Ich habe mich meiner großen Schwester immer unterlegen gefühlt. Viele Jahre lang war ich ihr auch immer unterlegen. Sie war diejenige, die seit vielen Jahren eine feste Anstellung und ausreichend Geld hatte. Während ich mich mit unsicheren Jobs über Wasser hielt und verzweifelt um berufliche Anerkennung kämpfte. Viele Jahre musste sie immer wieder einspringen, wenn ich nicht wusste, wie ich meine Miete bezahlen sollte. Als ich mich während meines Studiums aussichtslos verschuldete, zahlte sie ganz selbstverständlich mehrmals im Jahr größere

Beträge auf mein Konto ein. Aber sie ließ mich, so schien es mir, ihre finanzielle Überlegenheit auch stets beiläufig, aber deutlich spüren. Wenn sie mir, als ich noch eine Jugendliche war und sie schon lange erwachsen, etwas Gutes tun wollte, lud sie mich zum Mittagessen ein. Danach bummelten wir durch die Stadt, und wenn ich Glück hatte, kaufte sie mir einen Schal oder ein Schmuckstück, das mir gefiel. Oder sie bot es mir wenigstens an und zog dann im letzten Moment zurück. So kam es mir damals vor. Es war wie ein Spiel. Das Szenario hat mein Verhältnis zu ihr für viele Jahre geprägt: Wir gehen durch die Stadt, ich bleibe vor einer Vitrine oder einem Schaufenster stehen und sehe eine Kleinigkeit, die mir gefällt, die ich mir aber nicht leisten kann. Ich weiß, dass sie es sieht. Ich weiß, dass sie weiß, wie traurig ich deswegen bin. Ich hoffe, dass sie mir das Stück schenkt. Ein- oder zweimal hat sie das getan. Was sie viel häufiger tat: Sie forderte mich auf, es mir doch zu gönnen. Wenn ich abwinkte, zuckte sie mit den Achseln und wir gingen weiter. Manchmal fragte sie vor dem Schaufenster: Soll ich dir etwas dazuzahlen? Das musste ich natürlich ablehnen. Wie hätte ich mir noch etwas kaufen können, wo ich doch sowieso schon so häufig von ihrem Geld lebte? Marlene schien meine Beschämung nicht wahrzunehmen. Wenn sie im nächsten Laden eine Gesichtscreme oder eine Handtasche kaufte, bat sie mich, sie zu beraten. Wenn ich ihr dann zu einer Farbe zu oder von einem Material abriet, fühlte ich mich wie eine Hochstaplerin. Was verstand ich denn von einer teuren Tasche?

Viele Jahre beeinflusste dieses Gefühl der Beschämung meinen Umgang mit Geld, auch wenn Marlene nicht in der Nähe war. Ich hatte das Gefühl, ihr solche Triumphe zu schulden. Ich hätte bloß nicht sagen können, weshalb.

Erst viel später ahnte ich, dass diese Situationen etwas damit zu tun hatten, dass unsere Familie während Marlenes Kindheit mit einem sehr geringen Budget auskommen musste und dass sie auf mehr verzichtet hatte als ich später. Dass sie sich benachteiligt fühlen musste. Aber ich verstand nicht genau, wie diese Dinge in der Tiefe zusammenhingen und warum sie nach so vielen Jahren immer noch unser Verhältnis bestimmten.

Das Rollenverhalten innerhalb der Geschwisterfolge kennt bestimmte Muster. Auch die Art, wie Geschwisterrollen uns in unserer Lebensgestaltung beeinflussen, folgt bestimmten Mustern. Diese Annahmen standen am Anfang der Geschwisterforschung. Sie haben ihre Wurzeln in der Individualpsychologie des österreichischen Arztes Alfred Adler. Er entwickelte seine Lehre zu Beginn des 20. Jahrhunderts. Die Individualpsychologie geht von der damals revolutionären Ansicht aus, dass der Charakter eines Menschen stark durch seine Erziehung geprägt wird und dass charakterliche Defekte nicht angeboren sind wie ein zu kurzes Bein oder schiefe Zähne.

Mit Arthur war das Leben als jüngere Schwester viel einfacher als mit Marlene. Auch er hatte immer mehr Geld als ich. Das lag nicht nur daran, dass er sein Taschengeld von seinem Vater bekam und ich meines von meiner Mutter. Er war auch alt genug, um an zwei Nachmittagen pro Woche nach der Schule in einem Schnellrestaurant Burger zu braten. Arthur war großzügig zu mir. Zu Weihnachten und zum Geburtstag kaufte er mir schöne Geschenke. Ich bekam von ihm ein Zigarettenetui oder ein niedliches Täschchen, das ich mir gewünscht hatte. Im Gegenzug strickte ich für ihn Pullover oder nähte ihm Bezüge für die Sitzwürfel, die er in seinem Zimmer aufgebaut hatte. Ich tat das gerne, weil er sich darüber freute. Einen großen Bruder zu haben, war neu für mich und im Großen und Ganzen überraschend angenehm. Wenn wir auf Sonntagsspaziergängen mit unseren Eltern an einem Kiosk vorbeikamen, der geöffnet hatte, kaufte er sich eine Tafel Schokolade und brachte mir Gummischlümpfe mit, obwohl ich ihn darum gar nicht gebeten hatte. Dass ich ihn störte, ließ er mich trotzdem spüren, bei unseren Wortgefechten am Esstisch. Aber das konnte ich ihm ohne Mühe heimzahlen. Auch deshalb sammelten sich zwischen uns keine unguten Gefühle an, und wir sind einander nichts schuldig geblieben.

In seiner Theorie der Geschwisterbeziehungen präsentierte Walter Toman die Mathematik der Geschwisterreihen zunächst als ein »Spiel«. »Angenommen, der ältere Bruder einer Schwester heiratet die jüngere Schwester eines Bruders. Beide bekommen in dieser Ehe genau das Verhältnis (zu einer Bezugsperson), das sie von zu Hause kennen. Er ist ein jüngeres Mädchen gewohnt und sie einen älteren Jungen. Deshalb dürfte es zwischen ihnen keine Konflikte um die Vormachtsstellung geben«, schrieb er. »Beide sind den Umgang mit dem anderen Geschlecht gewohnt. Deshalb sollte es zwischen ihnen auch keine großen Rollenkonflikte geben.« Bis heute wünschen sich viele junge Eltern zuerst einen Jungen und dann ein Mädchen, weil es ihnen als die ideale Familie erscheint. Ein Beschützer und eine Prinzessin.

Die Kinder selbst haben zu diesem Zeitpunkt keine Vor- oder Nachteile durch das Geschlecht des Neuankömmlings. Davon geht die Genderforschung gegenwärtig aus. »Zentral ist, dass das neue Baby den Platz des alten einnimmt und dieses dadurch das Glied einer Serie wird«, schrieb die österreichische Sozialpädagogin Christine Metzler 2011 an der Universität Wien in einem Aufsatz zum Thema »Psychoanalyse und Gender Studies«.

Mein Großvater war der älteste von fünf Brüdern und zwei Schwestern. Auf den alten Fotos, die wir gerne zusammen anschauten, konnte er die Brüder problemlos auseinanderhalten. Er kannte von jedem den Beruf, wusste, wie die Frau hieß, wie viele Kinder er hatte und ob diese verheiratet waren. Viel mehr konnte er von keinem sagen. Mit Erich, dem zweitjüngsten der

Brüder, verstand sich mein Großvater am besten. Erich hatte ihn auch in die Zunft eingeführt, wo er manchmal Feiern besuchte, weil es dort guten Wein zu trinken gab. Mit den anderen hatte er nur noch wenig Kontakt. Ein paar Jahre lang hatten sie zusammen jedes Jahr ein Familienfest organisiert, bei dem alle willkommen waren, die unseren Familiennamen trugen. Aber irgendwann, als die Geschwister alle schon über 60 waren, wurde es ihnen zu anstrengend. Zu seinen beiden Schwestern konnte mein Großvater nicht viel sagen. Sie waren Zwillinge und geistig etwas zurückgeblieben. »Sie halfen der Mutter im Haus«, war eigentlich die einzige Erinnerung, die er an sie hatte.

Zu seiner Zeit waren Geschwister nichts Besonderes. Jeder hatte mindestens eine Handvoll, und man beachtete sie meist nicht besonders. Man war auch nicht auf jedes von ihnen angewiesen. Man hatte die Auswahl, und weil die Beziehungen kaum beachtet wurden, lastete darauf nicht soviel Druck. So konnte man sich auch die negativen Gefühle erlauben. In großen Familien waren Geschwister immer auch weitere, lästige Esser am Tisch, gegen die man sich durchsetzen musste, weil meist nicht genug da war.

Mit Geschwistern lernen wir nicht das Teilen. Wir lernen das Verhandeln. Wir bieten unserer Schwester ein Bonbon an, weil wir wissen, dass wir nur so von ihr das nächste Mal auch eines fordern können. Wir lernen, den anderen in Bringschuld zu setzen, ohne ihm ernsthaft zu schaden, dutzende Male am Tag, auch wenn wir uns später kaum daran erinnern können. Alle paar Minuten finden wir heraus, wie Lösungen aussehen, die einen möglichst wenig kosten und möglichst viel einbringen könnten. Mit Geschwistern üben wir auch das Schwindeln und Lügen, um Vorteile zu erlangen. Und wir lernen die Grenzen unseres Handelns kennen. Wenn der kleine Bruder plötzlich weint, weil ihm auffällt, dass er übervorteilt wurde, können wir das Spiel sofort abbrechen und ihn trösten. Niemand verliert dabei das Gesicht. Wir können herausfinden, wo die Grenzen unserer Macht verlaufen, ohne großen Schaden anzurichten. Und irgendwann erkennen wir in all diesem Lernen einen Sinn.

Mit Geschwistern erfahren wir zum ersten Mal, was Gerechtigkeit bedeutet. Wir lernen es nicht durch Edelmut und Großherzigkeit. Wir fühlen es, wenn wütender Zorn in uns brennt, weil der andere eine größere Portion bekommt oder ein teureres Geschenk, und wir dafür keinen sachlichen Grund finden. Weil solche bitteren Gefühle Kraft kosten und Schmerzen erzeugen, suchen wir Wege, sie zu umgehen. Weil wir von den Geschwistern nicht abhängig sind wie von den Eltern, können wir dabei wagemutig vorgehen. Mit Geschwistern ist zunächst alles ein Spiel. In diesem Spiel begegnen wir auch Wut und Zorn, Enttäuschung und Ärger, ohne darin jedes Mal eine Bedrohung zu sehen. Wir sind einander so selbstverständlich, dass wir nicht ständig jede Regung des anderen belauern müssen. Er geht uns auch im Streit nicht verloren. So lernen wir, dass auch negative Gefühle wieder vergehen. Geschwister kann man viel stärker hassen als Freunde oder die Eltern. Und man kann auch einfach wieder damit aufhören. Um sich mit Geschwistern zu versöhnen, braucht man keinen Grund, und man muss sich deshalb auch nicht erklären. Man kann zusammenhalten, ohne einander vorher prüfen zu müssen. Geschwister geben sich fast immer Vertrauen auf Kredit. Oft auch dann, wenn ihre Beziehung sonst nicht freundschaftlich ist.

Als ich neu nach Berlin kam, mietete ich ein Zimmer in einer WG. Die WG bestand aus Kareen und ihrer Schwester Wibke, beide Ende 20. Sie waren nicht nur Schwestern, sondern auch Freundinnen. Beide hatten völlig unterschiedliche Geschmäcker. Das Zimmer von Kareen hing voller Plastiktrödel und Postern von Rockbands. Ihr Bett war zerwühlt, und oft schälte sich erst am späten Nachmittag ihr Freund daraus hervor. Er war Musiker und trat nachts auf. In Wibkes Zimmer lag hellblaue Auslegeware und es gab eine Art Schrankwand. Wibke trug zweiteilige Kostüme und die Haare zu einem Knoten gesteckt. Sie war eher der bürgerliche Typ. Wibke und Kareen trafen sich meist in der Küche. Sie stritten sich selten, aber wenn, dann mit unglaublicher Wucht. Eigentlich erkannte man erst daran, dass sie Schwestern waren. Mit einer fremden Person, und sei es auch die beste Freundin, würde man sich nicht trauen, derart ungebremst seine Wut hervorbrechen zu lassen. Da hätte man immer eine Restangst, dass das zum Bruch der Beziehung führen könnte. Bei Schwestern ist diese Art von Streit möglich. Selbst wenn sie sich so entzweien sollten, dass ihre Freundschaft zerbricht, werden sie immer Schwestern sein, egal, ob sie sich sehen oder nicht. Das erlaubt ihnen, ihre Emotionen in einem Maße auszuleben, das in einer Freundschaft, sogar in einer Liebesbeziehung viel zu gefährlich wäre. Ich schaute dem Schauspiel immer fasziniert zu und duckte mich nur, wenn Kareen einen Topf mit Nudeln nach Wibke warf. Spätestens am nächsten Tag war die Sache vergessen und beide putzten zusammen die Küche.

Mit meiner Schwester streite ich mich kaum. Wir sehen uns auch selten. Aber das ist nicht der Grund, warum wir uns nicht streiten. Es hat für uns keinen Sinn. Wir waren im Alltag nie Freundinnen. Es gibt zwischen uns nichts zu klären. Entweder wir verstehen uns in einer Situation oder wir gehen uns aus dem Weg. In Verhandlung und Annäherung liegt für uns beide kein Nutzen, dafür sind wir zu verschieden. Das machte gemeinsame Nachmittage früher manchmal schal. Aber es gibt dem Umgang auch etwas Entspanntes. Wenn es zu anstrengend wird, können wir einen Schritt zurücktreten oder gehen. Wenn wir zurückkommen, ist die andere immer noch da.

Vielleicht ist das die Grunderfahrung von Geschwisterkindern, die sie am meisten für spätere Beziehungen prägt. »Nach unseren Untersuchungen gibt es Paarkombinationen, die vielfach höhere Scheidungsraten aufweisen als andere«, sagt der Familientherapeut und Geschwisterforscher Hans-Reinhard Schmidt. Bei zwei Einzelkindern ist das Risiko einer Scheidung um elf Prozent höher als bei Geschwisterkindern. Das hat eine Studie ergeben, die Schmidt 2012 in der Zeitschrift *Joy* zitiert. Ehen scheitern oft, weil Partner bei einem Konflikt zu früh aufgeben. Sie haben kein Vertrauen, dass sich das Verhandeln lohnt und dass sich manche Konflikte von alleine lösen, wenn man sie eine Weile ruhen lässt. Das kann leicht bei Menschen geschehen, die das Verhandeln und das Aussitzen im Sicherheitsmodus in der Kindheit nicht mit Geschwistern lernen und üben konnten.

Auch Gregor verhandelte mit Arthur. Aber er verhielt sich dabei eher wie ein Schutzgelderpresser. Er sagte zu seinem zwei Jahre älteren Bruder: »Putz' meine Schuhe, oder ich tue dir weh.« Arthur wollte keine Schmerzen und putzte die Schuhe. Es hatte keinen Sinn, mit Gregor zu streiten. Später, als wir die Schuhe nicht mehr putzen mussten, sagte Gregor: Ich brauche einen Zwanziger, und baute sich vor Arthur auf. Wenn dieser dann nach dem Portemonnaie griff, nahm er das Geld und war weg. Wenn nicht, zog er Arthur in den Schwitzkasten oder quetschte ihm die Haut am Oberarm, bis der Ältere nachgab. Arthur sprach nie darüber, aber wir alle wussten, was vor sich ging. Vielleicht ahnten wir auch, dass Gregor in dieser Familie auf verlorenem Posten stand, seit meine Mutter und ich dazugekommen waren. Er hatte es nicht verkraftet, dass seine Mutter tot war und einfach niemand darüber sprach. Bald suchte er sich Freunde, die das Gefängnis von innen kannten, und kam nur noch selten nach Hause. Und wenn er doch mal wieder ein paar Tage da war, verbreitete er Schrecken. Er war stärker als alle anderen, und wenn er berauscht war, kannte er keine Scheu. Dann stieß er seinen Vater mit Wucht gegen die Wand, bis er das Geld bekam, das er verlangte. Immer größere Beträge, weil sein Taschengeld für die Zigaretten und den Alkohol nicht reichten, mit denen seine Freunde und er sich die Freizeit vertrieben.

An dieser Stelle brach das Gefüge dieser fragilen Familie vollständig auseinander. Mein Stiefvater beschloss, dass Gregor in Zukunft in einem Heim leben sollte. Wir sprachen nicht darüber, aber alle waren froh, als er verschwunden war. Aufatmend gaben wir diesen schwierigen Bruder preis. Rasch und stillschweigend schlossen wir die Lücke, die er am Esstisch hinterlassen hatte.

Wut und Macht

Eifersucht ist mehr als ein paar neidische Gedanken. Es ist ein Brennen in der Brust und manchmal ein elektrisches Britzeln in den Armen oder Beinen, ein glühendes Vibrieren. Manchmal fühlt es sich auch an, als ob in den Gliedern Flammen loderten. Eifersucht ist eines der intensivsten Gefühle, die ein Mensch haben kann. Es kann die Vernunft für Momente oder für lange lahmlegen. Eifersucht kann uns dazu bringen, dass wir töten wollen, nur um uns von dieser entsetzlichen Spannung zu befreien.

Eifersucht und Rivalität gehören zu den wichtigsten Erfahrungen, die man mit Geschwistern machen kann. Die Zuneigung und Verbundenheit kommt erst danach. Und sie ist keine Selbstverständlichkeit. Auch das weiß die Geschwisterforschung inzwischen. »In der frühen Kindheit ist es zunächst Aufgabe der Eltern, einer Beziehung zwischen den Geschwistern den Weg zu ebnen«, schreibt Hartmut Kasten. Vor allem in den etwa 16 ersten Lebensmonaten des jüngsten Kindes ist es nach gegenwärtigem Stand der Wissenschaft von zentraler Bedeutung, dass Väter und Mütter beiden Geschwistern genügend individuelle Aufmerksamkeit geben können. Bis zu diesem Zeitpunkt konzentrieren sich beide Kinder auf die Eltern. Erst ab dem zweiten Geburtstag des jüngeren Kindes beginnt sich zwischen beiden Geschwistern eine eigenständige Beziehung zu entwickeln.

In jeder Familie geschieht etwas, wenn das zweite Kind kommt. Dieser Punkt gilt als einer der kritischsten Momente in der Entwicklung eines Menschen. Das erste Kind wird vom Einzelkind zum Geschwister. Das passiert meist in einem Alter, wo noch keine Vernunft hilft, die eigenen überwältigenden Gefühle zu verstehen. Ein einziger Moment von Wut oder Angst füllt das ganze Empfinden aus, und man fühlt sich in seinem Dasein bedroht. Dieser Schmerz, wenn kleine Kinder ein Geschwister bekommen, heißt »Entthronungstrauma« und ist eine feste Größe in der Psychoanalyse. Man weiß bloß nicht genau, welche Rolle er spielt. Und warum das Trauma bei einigen Menschen fast spurlos vorbeigeht, während es bei anderen ein Leben lang wirkt. »Empirisch orientierte Psychologen führen Rivalitätsmotive zurück auf von den Geschwistern selbst angestellte Vergleiche, die von den Eltern häufig initiiert oder aufgegriffen und weitergeführt werden«, schreibt Hartmut Kasten. Es ist auch darum schwierig, die Eifersucht von Brüdern und Schwestern wissenschaftlich einzuordnen, weil sie schwer messbar ist. Sie ist keine feste Größe, sondern gleicht eher einem Licht, das einmal stärker und einmal schwächer flackert. Und eine Familie ist kein statisches System mit methodischer Präzision. Sie ähnelt eher einem ständigen Provisorium, das sich von Tag zu Tag mitsamt seinen Mitgliedern weiterentwickelt.

Manche Eltern fürchten die negativen Gefühle zwischen

ihren Kindern und versuchen sie zu tilgen. Aber damit tun sie ihnen keinen Gefallen. Wenn man nicht lernen kann, die in bestimmten Entwicklungsstufen normalen Hass- und Wutgefühle zu durchleben und zu überwinden, können sie sich irgendwo im Untergeschoss der Seele und damit auch in der Tiefe einer Geschwisterbeziehung ablagern. Sehr häufig zeigen sich hängengebliebene Kindergefühle im Erwachsenenleben dabei zunächst in unverständlicher Form. Wenn im Büro eine Kollegin befördert wird und man von einem Tag auf den anderen heftigen Haarausfall bekommt. Wenn eine Freundin schon den dritten Liebhaber in einem Jahr hat und man selbst immer noch alleine ist und schon 20 Kilo zugenommen hat. Wenn man jedes Mal unerträgliche Rückenschmerzen bekommt, sobald der Chef einen kritisiert. Es sind Situationen der Machtlosigkeit, die man nicht erkennt. Das, was man als Kind erlebt, setzt sich manchmal an einem Ort ab, wo man es ohne Hilfe niemals wiederfindet. Wenn es weiterwirkt, frisst es unbemerkt Lebensenergie, die an anderer Stelle vielleicht fehlt.

»In der rivalisierenden Auseinandersetzung zwischen Geschwistern geht es darum, Unverwechselbarkeit und Individualität zu entwickeln und Räume zu besetzen, die noch nicht von Geschwistern eingenommen wurden«, zitiert der Essener Familientherapeut Hans Goldbrunner die Ergebnisse einer Untersuchung, die bereits in den 1970er Jahren zu diesem Schluss kam. Mit der Kraft von Wut und Hass entwickeln Geschwister zu Beginn ihres Lebens Grenzposten der eigenen Identität. Wenn alles reibungslos läuft, bekommt der andere danach irgendwann einen Passierschein. Wenn nicht, wird er, wenn er in die Nähe kommt, jedes Mal vom Grenzwächter schikaniert.

Aber auch wenn die kindliche Eifersucht lebenslang anhält, kann sie eine mächtige Verbindungskraft sein. Manchmal ist sie sogar unbewusst das stärkste Gefühl zwischen zwei Geschwistern und schweißt sie für immer zusammen. Dann halten zwei

Schwestern den Kontakt, bloß um den Moment nicht zu verpassen, wenn die andere doch noch das verdiente Scheitern erleidet. Vielleicht auch, weil man die quälende Bestätigung braucht, dass ein Bruder noch im Greisenalter von den Eltern bevorzugt wird. Wenn die Eifersucht irgendwann dann doch an die Oberfläche bricht, zerstört sie manchmal den Kontakt für Jahre oder für immer.

Es gibt auch Familien, in denen diese Eifersucht nur in der Kindheit eine Rolle gespielt hat und später kaum Spuren hinterlässt. Öfter maskiert sich unverarbeitete geschwisterliche Eifersucht aber einfach mit besser akzeptierten Gefühlen. »Dass Rivalitätsprobleme relativ häufig weiter bestehen, oft verdrängt oder regelrecht tabuisiert werden, jedoch jederzeit wieder aufbrechen können, machen Untersuchungen deutlich«, schreibt Hartmut Kasten mit Hinweis auf umfangreiche Studien aus den 1980er Jahren. Drei Viertel der darin befragten Probanden »berichteten von Rivalitätsproblemen gegenüber ihren Geschwistern – Gefühle, die lange Jahre zumeist unausgesprochen bleiben und auch sozial stigmatisiert werden«. Eine Maskierung ist etwa die übermäßige Sorge umeinander oder eine vermeintlich liebevolle Einmischung in die Angelegenheiten des anderen, die eigentlich der Kontrolle dient.

Meine Freundin Dalit war noch mit über 30 tagelang deprimiert, wenn wieder eine Beziehung ihres kleinen Bruders David gescheitert war. Sie lag nachts wach und grübelte, woran es diesmal gelegen haben könnte. Keine der Frauen ihres Bruders hatte sie je gutheißen können. Als eine Ex-Freundin ihm den Umgang mit dem gemeinsamen Kind verbot, geriet Dalit in eine Depression, die sie erst durch eine Psychotherapie auflösen konnte. Ihr ganzes Leben lang hatte sie sich für das Wohlergehen Davids verantwortlich gefühlt, weil ihre Mutter selbst so oft deprimiert war. Ihr Ehemann unterhielt Affären mit anderen Frauen, und immer wieder drohte die Mutter, ihn mit den Kindern zu verlassen. Das wirkte immer für eine Weile und der Vater beendete eine Liebschaft. Aber nicht, weil ihm an der Mutter oder an ihr selbst etwas lag, davon war Dalit schon als Kind überzeugt. Sondern weil er es nicht hätte riskieren wollen, seinen einzigen Sohn David zu verlieren. So wurde David in Dalits Augen zu einer Garantie für den Zusammenhalt ihrer Familie. Ging es ihm schlecht, war die ganze Familie bedroht. Es machte sie wütend, dass er nicht besser für sein Wohlergehen sorgte, aber das konnte sie nicht fühlen. Nicht nur deshalb verfing sich Dalit so sehr in seinem Leben. Sie wusste auch, dass er auf ihren Rat hörte. Und wenn sie schon so viel für ihn opferte, dann sollte er gefälligst Frauen nehmen, mit denen sie einverstanden war. Es kam ihr so vor, als sei er ihr das als älterer Schwester schuldig. »In sehr engen Beziehungen kann sich eine symbiotische Kohäsion entwickeln, welche die Individuation und die Öffnung für andere Beziehungen erschwert«, schreibt der Familienforscher Hans Goldbrunner. »Es sind Fälle bekannt, bei denen ein Geschwisterteil sich für den anderen aufopfert und die Befriedigung der eigenen Bedürfnisse zurückstellt.«

Die durchschnittliche Familie im deutschsprachigen Raum hat heute 1,5 Kinder. Fast die Hälfte der Kinder gelten als Einzelkinder. Etwa zwei Drittel der Geschwisterkinder sind zu zweit. Nur knapp zehn Prozent haben zwei oder mehr Geschwister. Nicht einmal zwei Prozent wachsen mit drei oder mehr Geschwistern auf. Dazu spielen moderne Familienkonstruktionen wie Wochenendkinder und Patchworkgeschwister mit ihrer besonderen Dynamik eine immer größere Rolle. Es ist kein Wunder, dass die Geschwisterforschung unter so großem Druck steht. Je weniger praktische und alltägliche Erfahrungen Menschen mit eigenen Geschwistern haben, desto verzweifelter suchen sie, wenn sie selbst Eltern werden, nach verbindlichen Anweisungen und Regeln, mit denen sie die Kinderenergie in ihrer eigenen Familie bändigen und möglichen Schaden von ihren Söhnen und Töchtern abwenden können. In einer Kindheit kann so viel schiefgehen. Das gilt im psychologischen Zeitalter als gesetzt. Und das klassische Entthronungstrauma ist nur eine Möglichkeit, wie zwischen Geschwistern Wut und Eifersucht gedeihen kann.

Als ich zur Welt kam, war meine Schwester neuneinhalb Jahre alt, ein wunderliches und zurückhaltendes Kind. Ich hatte erst schwarze, dann blonde Locken, die schon die Kinderschwestern im Krankenhaus mit Begeisterung zu seidenweichen Schwänzchen bürsteten. Meine Schwester lächelte selten, und niemand sagte ihr, dass sie niedlich und hübsch war. Stattdessen wurde sie gebraucht. Weil meine Mutter nach meiner Geburt lange krank war und mein Vater den ganzen Tag arbeitete, bekam meine Schwester den Auftrag, sich nach der Schule wie eine Mutter um mich zu kümmern. Marlene war ein gewissenhaftes Kind. Weil in meinem ersten Säuglingsjahr der Keuchhusten umging, zog sie jedes Mal, bevor sie mir das Fläschchen gab, einen sterilen Mundschutz an. Auf einem Foto guckt sie darüber ernst und konzentriert wie eine Operationsschwester. Die Aufgabe und der Mundschutz müssen sie stolz gemacht haben. So viel Verantwortung hatte sie vorher noch nie gehabt. Viele Stunden des Tages war sie mit mir allein, und in diesen Momenten lag mein Leben in ihren Händen. Hätte sie mich auf den Kopf fallen lassen und später gesagt, es sei ein Unfall gewesen, niemand hätte es überprüfen können. Sie hatte schon mit zehn Jahren die vollständige Kontrolle über ein Menschenleben.

Sie muss mich geliebt haben wie eine wertvolle, wundersame Puppe. Denn ich reagierte auf das, was sie tat. Sie konnte beeinflussen, ob ich schrie oder lächelte, schlief oder gluckste. Es wäre ein hoher Verlust gewesen, wenn ich kaputtgegangen wäre und hätte genauso schwer gewogen wie der Zorn der Eltern. Sie trug große Sorge für mich. Dass ich Signale sandte und darauf Reaktionen brauchte wie jeder Säugling, das konnte sie nicht sehen. Für diese Dinge, die den Menschen vom Spielzeug unterscheiden, musste sie in all den Stunden, die wir in meinem ersten Lebensjahr allein zusammen verbrachten, taub und stumm bleiben. Sie war selbst noch ein Kind, das Ansprache benötigte. Tagsüber war es Marlenes Aufgabe, mich zu kontrollieren. Abends, wenn meine Eltern nach Hause kamen und nur nach mir fragten, nie nach ihr, fühlte sie vielleicht manchmal Wut und Frustration. Die zwiespältigen Stimmungen in unserer stillen Wohnung, die ich als winziges Bündel wahrnahm, sickerten tief in mein Unterbewusstsein und ließen mich im Kontakt mit ihr noch Jahrzehnte später wachsam sein.

Ich habe keine Ahnung, wie es für Arthur und Gregor war, als ich zu ihnen kam. Am Nachmittag ging ich meist in Arthurs Zimmer und wir spielten zusammen oder hörten Musik. Gregor kam immer öfter spät oder gar nicht nach Hause, aber darüber dachten wir kaum nach. Sonntags machten wir uns manchmal zu dritt auf den Weg zu einer Nachmittagsvorstellung im Kino. Als Ältester verwaltete Arthur das Geld, das uns sein Vater mitgegeben hatte. Es reichte immer auch noch für eine Cola im neuen Schnellrestaurant. In der Bahn nach Hause machten Arthur und Gregor dann die besten Witze von Bud Spencer und Terence Hill nach, am meisten lachte Gregor bei dem, wo der dicke Bud dem dünnen Terrence eine Ukulele über den Kopf zieht. Aber es gab immer mehr Scherze, über die nur Arthur und ich lachten, weil Gregor sie nicht verstand. Es muss die Zeit gewesen sein, in der er über den Rand dieser Familie hinausgedrängt wurde, von wo er schließlich ins Bodenlose stürzte. Als Problemfall galt er schon als Baby. Das war uns allen bekannt. Ich fand es lustig, mit den beiden Jungs allein unterwegs zu sein. Und ich war froh, dass ich mit Arthur einen Verbündeten fand, der netter zu mir war als Marlene und der neue Mann meiner Mutter.

Heute denke ich, dass Marlene auf Arthur und Gregor eifersüchtig gewesen sein muss. Nicht nur, weil es für sie als Einzige im Haus des neuen Mannes keinen Platz gab. Auch, weil ich als ihre einzige Schwester bald so viel Zeit mit zwei Jungen verbrachte, die ich der Einfachheit als »meine Brüder« zu bezeichnen begann. Wenn sie uns besuchte, stürzte sie sich erbittert in meine und Arthurs Diskussionen. Aber sie war nicht zu Hause in unserer Welt. Arthur und Gregor sind heute beide tot. Meine Schwester und ich vertragen uns seit ein paar Jahren immer besser. Noch sind unsere Eltern gesund genug, um für sich selbst zu sorgen. Aber die Zukunft beschäftigt uns. »Nimm alles, was dich glücklich macht«, sage ich bei fast jedem Telefonat. »Ich werde mich mit dir nie um ein Erbe streiten.« Ihre Antwort ist jedes Mal gleich. »Dito.« Wir sind entschlossen, unser Verhältnis nicht durch Schwesterstreit zu vergiften. Aber noch ist es nur Theorie, und wir wissen beide nicht, ob sie den Ernstfall übersteht.

Ausweichen

Meine Freundin Gunda hat zwei Söhne, sieben und neun Jahre alt. Die beiden streiten sich nie. Einmal gingen wir zusammen auf einen Markt. Igor, der Ältere, kaufte sich von seinem Taschengeld einen blinkenden Ventilator zum Umhängen. »Darf ich auch mal?«, fragte sein kleiner Bruder Louis. »Jetzt noch nicht«, sagte Igor. »Aber in einer Viertelstunde.« Louis nickte. Nach einer Viertelstunde nahm Igor den Ventilator ab und legte ihn Louis um den Hals. »Für fünf Minuten.« Louis probierte die verschiedenen Knöpfe aus und ließ sich die Haare aus der

Stirn wehen. »Sind fünf Minuten schon um?«, fragte er nach einer Weile. »Nein«, sagte Igor, der die Uhr schon lesen konnte. Nach genau fünf Minuten nahm er Louis den Ventilator wieder ab, was dieser ohne Widerstand zuließ. Auch sonst fiel an diesem ganzen Nachmittag kein einziges lautes Wort zwischen den beiden, und sie unterhielten sich fast wie Erwachsene. »Ich habe keine Ahnung, warum die Jungs so sind«, sagt Gunda. Sie selbst und ihr Mann sind weder überstreng noch besonders harmoniesüchtig. »Sie streiten sich einfach nicht, und wenn, dann hören sie sofort wieder damit auf.« In ihren Klassen sind Igor und Louis sehr beliebt, auch bei den Lehrkräften. Die Lehrer plazieren sie neben die verhaltensauffälligen Kinder. Sie versuchen sogar, sie in der Freizeit mit den beiden Jungs zu verbandeln. Gunda geht das manchmal zu weit. »Da habe ich schon zwei so entspannte Jungs, und dann ist ständig die Bude voll mit halbzivilisierten Wahnsinnigen, die das Kinderzimmer zerlegen.« Igor und Louis malen oder lesen meist einfach, wenn hyperaktive Besucher durch die Wohnung toben. Ein wenig macht sich Gunda manchmal Sorgen, dass ihre Söhne nicht über die notwendige Aggressivität verfügen, die sie später im Leben wahrscheinlich brauchen werden. Und auch darüber, dass beide ihre Nischen in der Familie völlig kampflos gefunden haben; Igor als sensibler Grübler und Louis als Charmeur.

Dass Geschwisterkinder Nischen brauchen, gilt in der Psychologie heute als gesichert. Wenn sie diese nicht finden, zerreißen sie sich in »zielloser Rivalität«, wie es 2006 in einer Titelgeschichte des *Spiegel* hieß. In der Abwehr von Wut auf den anderen und im Vermeiden von Kämpfen bildet sich ein wichtiger Teil der Individualität. »Die Einflüsse elterlichen Erziehungsverhaltens auf die Regulation geschwisterlicher Rivalität sind evident und empirisch vielfach belegt«, schreibt dazu der Pädagoge und Familientherapeut Hartmut Kasten. Aber wie findet ein Kind diese Nische? Wie können die Eltern es dabei unterstützen? Zu diesen Fragen gibt es unzählige Bücher. Sie tragen drohende Titel wie: *Wenn Geschwister streiten. Lösungswege, die funktionieren, Wie Geschwister Freunde werden – so helfen Sie Ihren kleinen Rivalen, sich zu verstehen und zu vertragen, Geschwisterkonstellationen – die Familie bestimmt Ihr Leben* oder *Hackordnung – die Geschwisterfolge bestimmt das Leben.* Auch Erziehungszeitschriften und Ratgeber im Internet sind voll mit Tipps zu diesem Thema. »Achten Sie darauf, die Neigung zum Perfektionismus nicht zu verstärken«, rät eine Kinderärztin Eltern auf einem Internetportal im Umgang mit Erstgeborenen. »Bitte nicht verbessern, wenn Ihr Kind selbst etwas vorschlägt.« Eltern mit zwei Kindern empfiehlt sie: »Vermeiden Sie Vergleiche der beiden Kinder (Deine Schwester kann schon ... Warum kannst du das noch nicht?). Das ist allerdings oft schwerer, als man denkt!« All diese Ratschläge klingen vage und wie Binsenweisheiten. Sie unterscheiden sich nicht von dem, was auch jemand wie ich raten würde, die gar keine Kinder hat. Die nur selbst einmal eines war.

Im Konkurrenzuniversum einer Familie gibt es Nischen, und es gibt Strategien. Die Nischen dienen der Abgrenzung. Das bedeutet aber nicht, dass es, wenn sie erst einmal besetzt sind, keine Konkurrenz mehr gibt. Es bedeutet lediglich, dass man sich nicht mehr unausgesetzt auf dem Schlachtfeld der Konkurrenz bewähren muss. Die Nische ist eine Art Rückzugsraum im Dampfkessel der Familie. Je näher Kinder aufeinander folgen, als desto wahrscheinlicher gilt es, dass sich das Jüngere seine Nische da sucht, wo das Ältere nicht reüssiert oder kein Interesse zeigt. So entstehen Familien mit Fitnessfan und Computernerd, Rebellin und Prinzessin, Pfadfinderin und Elfe. Besonders stark ist das Bedürfnis nach Abgrenzung zum altersmäßig nächsten Geschwister, wenn beide Kinder Jungen oder beide Mädchen sind. Erst wenn der Abstand zwischen zwei nacheinander folgenden Kindern mindestens fünf Jahre beträgt, sinkt der Druck, sich ständig aneinander zu messen. Gleichzeitig ist die Beziehung dann oft auch weniger eng. Das haben empirische Untersuchungen an Generationen von Geschwistern ergeben. »Besonders später geborene Geschwister suchen Nischen und entdecken Räume, die in der Familie noch nicht besetzt sind«, schrieb der Familientherapeut Hans Goldbrunner 2011.

Kinder sind darauf geeicht, instinktiv herauszufinden, welche sozialen Strategien funktionieren. Diese Fähigkeit befeuert in den ersten Jahren ihre Entwicklung und ermöglicht ihnen das Überleben. Geschwister sind immer da, und oft lassen sie nicht los, auch wenn man des Kämpfens müde ist. So lernt man unter mehr oder weniger großem Druck die Beziehungsstrategien, mit denen unsere ganze Gesellschaft erst funktionieren kann: verhandeln, verbünden, abgrenzen, ausweichen. In jeder Familie wird mit anderen Mitteln gekämpft. Darum lernt und bevorzugt bald auch jedes Kind andere Strategien. Am meisten prägt die Familie die Persönlichkeit eines Menschen durch die Wahl der Mittel, zu der sie ihn drängt.

Wenn Geschwister die ersten Verhandlungspartner in unserem Leben sind, wie es die Geschwisterforschung angibt, dann hatten Marlene und ich unglückliche Positionen. Eine Gleichberechtigung war nicht möglich, weil unsere Geburtsjahre zu weit auseinander liegen. Wir kämpften schon immer mit unterschiedlichen Mitteln. Als ich ein Kleinkind war und etwas erreichen wollte, schrie ich einfach los. Dann kam meine Mutter gerannt und bestrafte meine Schwester, obwohl sie gar nichts getan hatte. Ich schrie, weil es funktionierte. Meine Schwester fing irgendwann an, mir wirklich wehzutun. Weil sie ja sowieso bestraft werden würde. Auf diese Weise hätte sie wenigstens schon für eine Art Ausgleich gesorgt. Ich lernte daraus, dass auf meine Schwester Verlass war. Sie würde mir wehtun. Aber sie würde dafür sorgen, dass der Schaden nicht zu groß ausfiel. Weil sie sonst stärker bestraft wurde, das konnte sie sich nicht leisten. Auch daraus habe ich wohl fürs Leben gelernt. Die Sicherheit, dass im Notfall immer noch jemand da ist, der die Probleme löst, mit denen ich selbst nicht fertigwerde. Aber dass ich teuer dafür bezahlen muss. Und auch, dass zu viel Nähe zu meiner Schwester Schmerz bedeutet. Heute wohne ich tausend Kilometer von ihr entfernt, und wir sprechen höchstens alle paar Wochen miteinander. Das erscheint mir noch immer als das Sicherste.

Vor kurzem waren Lea, Ida und Nicki mit ihrer Mutter bei uns zu Gast, die Kinder einer Freundin meines Mannes, die weit weg lebt. Die Familie wohnt auf dem Land, und der Besuch in Berlin ist etwas, worauf sie sich jedes Jahr monatelang freuen. Lea ist inzwischen 14 Jahre alt. Noch immer trägt sie eine fest installierte Zahnspange. Aber aus dem schnippischen, pummeligen Mädchen ist eine Teenagerin mit einem Wust spektakulärer Kraushaare geworden. Ida ist zwei Jahre jünger und das Gegenteil. Ihre Haut ist zart wie Marzipan, ihr Haar fast weißblond und seidenfein. Ihre Augen sind von einem so durchdringenden Blau, dass einem auch dazu nur Klischeeworte einfallen. In ihrer Klasse wollen alle ihre Freundin sein, oft stehen Mädchen weinend vor der Tür, weil Ida sich mit ihnen verabredet und den Termin dann vergessen hat. Auch unter ihren Geschwistern ist sie die Anführerin. Nicki ist der Jüngste, seit drei Jahren geht er zur Schule. Weder Ida noch Lea nehmen ihn ernst. Was immer er anfasst, reißt ihm eine der Schwestern mit rollenden Augen aus der Hand. »Nicki, lass' dass, dazu bist du zu blöd.« Aber Nicki lässt sich nicht unterkriegen. Wenn er etwas nicht versteht, fragt er so lange, bis er eine Antwort kriegt, die ihm einleuchtet. Während die Mädchen einander ständig im Blick behalten und immer wieder unvermittelt schlagen oder an den Haaren reißen, wandert er still durch unsere Wohnung, schaut sich die Bilder und Fotos genau an.

An einem Tag war ich mit Ida und Nicki im Kino, damit mein Mann und seine Jugendfreundin in Ruhe in einem Restaurant essen gehen konnten. Lea blieb lieber zu Hause. Auf der Fahrt vom Kino zurück hatten wir uns in der U-Bahn eng aneinandergekuschelt, das hatte sich Nicki gewünscht. Die U-Bahn flößte ihm immer noch Respekt ein, obwohl er sich darauf auch am meisten freute. Auf der Hinfahrt hatte Ida neben mir gesessen und ich hatte den Arm über ihre Schulter bis zu Nicki gelegt. Auf der Rückfahrt fragte Nicki, ob er neben mir sitzen dürfe. Aber da war schon seine Schwester. Sie lachte ihn aus und weigerte sich. Aber nach ein paar Stationen tauschte sie freiwillig mit ihm den Platz. Sie hatte bemerkt, dass sie damit bei mir Punkte machte.

Als wir nach Hause kamen, war die Wohnung noch dunkel. Die beiden Erwachsenen waren im Restaurant gegenüber, wir konnten sie durchs Fenster sehen, und auch Lea war hinübergegangen. Widerstandslos stiegen Ida und Nicki in ihre Schlafanzüge, putzten sich die Zähne und legten sich auf ihre Lager. Dicht an dicht hatten sie die Matratzen nebeneinander gelegt, jedes mit anderer Bettwäsche, damit man genau sehen konnte, wo die Grenzen verliefen. Als ich Gute Nacht sagte, brach die Hölle los. Nicki brüllte auf. Unvermittelt und mit voller Wucht hatte ihm Ida ihre Faust ins Gesicht geschlagen. »Nur weil ich die Hand ein winziges Stück auf ihre Seite gelegt habe«, weinte Nicki. »Weil ich dir gesagt habe, du sollst das lassen«, sagte Ida. »Aber es war doch nur ein Stück«, greinte Nicki. »Ich habe gesagt Nein«, sagte Ida. Ich zog die beiden Matratzen ein paar Zentimeter auseinander. Nicki weinte lauter. »Ich habe aber Angst im Dunkeln.« Ich strich ihm übers Haar. Währenddessen streckte er seine Hand beiläufig ein paar Zentimeter auf Idas

Matratze. Ida biss ohne Vorwarnung hinein. Ich sagte Ida, dass wir einander nicht beißen. »Aber ich habe es ihm gesagt«, sagte sie. »Warum steckst du die Hand auf Idas Seite, wenn sie das nicht will?«, fragte ich Nicki. »Weil ich doch Angst habe«, sagte er. »Du hast immer Angst, du Baby«, sagte Ida. »Hört jetzt mit dem Theater auf«, sagte ich, »wir hatten einen so schönen Abend.« Nickis Hand zuckte in Richtung von Idas Matratze. Ihre Augen leuchteten kalt im Licht der Straßenlampe. »Wage es nicht«, sagte sie ruhig. Nicki fing wieder an zu weinen und berührte den Rand ihrer Matratze. Ida zerkratzte mit ihren langen Fingernägeln seinen Handrücken. Nicki rollte sich auf seine blutende Hand und weinte: »Niemand hat mich lieb.« »Richtig«, sagte Ida. »Weil du blöd und ein Baby bist.« Ich ging zitternd aus dem Zimmer. Ida kam mir bedrohlich wie eine Psychopathin vor, ein Wesen ohne Mitleid und Einfühlungsgabe. Heute, ein halbes Jahr später, sehe ich diese Situation anders. Ich sehe, dass beide um Vormacht und Abgrenzung kämpften, jeder mit seinen Mitteln. Ein paar Tage nach dem Ausbruch erzählte ich meiner Freundin Rosalie davon, die auch zwei Töchter hat. Ich sagte, dass ich seit diesem Abend hoffte, dass diese Kinder uns eine Weile nicht mehr besuchen kommen. »Verstehe ich nicht, was daran jetzt so schlimm sein soll«, sagte Rosalie. »Das machen alle so. Meine Schwester und ich haben uns die Haare oft büschelweise ausgerissen.« Ich kann mich nicht erinnern, dass Marlene und ich je so gekämpft haben. »Das ist nur, weil sie so viel älter ist als du«, sagte Rosalie.

Durch das Überstehen blutiger Kämpfe verfeinern sich im Laufe der Jahre die Strategien. Hier setzt nach Erkenntnissen der Familienforschung oft die Bedeutung ein, die ein Mensch in der Geschwisterfolge hat. Das älteste Kind, das in solchen Kämpfen meist von seiner körperlichen Überlegenheit profitiert, hat andere Möglichkeiten, sich abzugrenzen, als das jüngste, das schwächer ist, oder das mittlere, das sich seine

Verbündeten nach oben und unten aussuchen kann. Walter Toman, der die Grundlagenforschungen des Individualpsychologen Alfred Adler in den 1950er und 60er Jahren weiterführte, erkannte nicht nur deutliche Zusammenhänge zwischen der Position, die ein Mensch innerhalb der Geschwisterfolge einnimmt und den Strategien, die er in späteren Beziehungen zu anderen Menschen wählt. Er sah es auch als erwiesen an, dass die Positionen der Eltern in ihren Herkunftsfamilien einen Einfluss darauf haben, wie sie mit ihren eigenen Kindern umgehen und auf welche Weise sie jedes von ihnen erziehen. »Wenn ein Vater selbst ältester Bruder von Brüdern war, wird seine Beziehung zu Söhnen im Allgemeinen besser sein als zu Töchtern. In beiden Fällen kann er gleichwohl dazu neigen, übermäßige Kontrolle auszuüben und ihr Verhalten stärker als nötig zu manipulieren«, führte Toman als Beispiel an.

Die schwierigste Strategie unter Geschwistern ist das Ausweichen. Weil man den anderen ja dringend benötigt. Schon winzige Kinder verfallen in eine spürbare Unruhe, wenn ein älteres Geschwister für ein paar Stunden nicht zu Hause ist, weil es zum Beispiel in den Kindergarten gekommen ist. In Ruhe weggehen kann man umgekehrt auch erst, wenn man darauf vertraut, dass der andere noch da ist, wenn man wiederkommt. Um seinen Geschwistern richtig ausweichen zu können, muss man zuerst lernen, existentielle Verlustängste zu überwinden. »Du hast eine andere Sicht auf Geschwister als die meisten Leute«, sagt meine Freundin Rosalie. Geschwister, meint sie, heißt nicht, dass man sich liebt. Geschwister heißt, dass man zusammengehört, ohne sich lieben zu müssen. Gelernt zu haben, wie das geht, kann im Leben ein unschätzbarer Vorteil sein.

Eingewoben

Mein Lieblingsbild heißt »Zwei Schwestern«, und die meisten meiner Besucher finden es grausig. Das Bild zeigt zwei Frauen auf einem Sofa. Die eine ist eher hager und in mittleren Jahren, sie sitzt lässig mit übergeschlagenen Beinen, den Kopf leicht abgewandt. Einen Arm streckt sie nach einem Hund aus, der auf dem Schoß der anderen Frau zu liegen scheint. Gleichzeitig dreht sie dieser leicht den Rücken zu. Diese andere Frau ist etwas fülliger, sie schaut frontal zum Betrachter. Ihr graues Haar trägt sie kurz. Ihr Arm liegt hinter der ersten auf der Rückenlehne des Sofas, ohne sie zu berühren. Ich habe das Bild bei einer Auktion im Internet gesehen und sofort darauf geboten. Außer mir wollte es niemand haben, darum bekam ich es zu einem lächerlich geringen Preis. Die beiden Frauen sind mit kräftigen Strichen in Ölfarbe gemalt, aber die vorherrschenden Farben sind zart: hellblau, grau, rosarot. Nur die schwarzen Brillengestelle der Schwestern und das dunkle Haar der Hageren bilden dazu scharfe Kontraste. »Das ist wohl dein geheimer Traum«, meinte ein Bekannter anzüglich, als er das Bild zum ersten Mal sah. Er erkannte darin keine Schwestern, sondern ein älteres, lesbisches Paar. Wenn man nur flüchtig hinschaut, kann es wohl so aussehen, als ob die Hand der einen nicht auf dem Hund, sondern auf dem Knie der anderen liegt und sie wiederum von dieser im Arm gehalten wird. Aber darauf wäre ich selbst nie gekommen. Mich faszinierte die scheinbare Nähe der zwei Frauen, die in Wirklichkeit aus berührungslosem Abstand und einer starken Spannung besteht. Zusammen mit dem Titel drückt sie etwas aus, das mir wahr erscheint, aber über das ich mir zuvor kaum Gedanken gemacht habe.

Äußerlich hat das Bild nichts mit meiner Schwester und mir zu tun. Keine von uns ist hager, und keine von uns legt den Arm um die andere, mit oder ohne Hund. Es ist die ungenaue

Verbindung und die Spannung darin, die ich zu erfassen versuche, wenn ich vor dem Bild stehe. Man sieht sofort, dass diese zwei Frauen, so verschieden sie erscheinen, miteinander verwoben sind. Aber man erkennt nicht gleich, auf welche Weise. So kommt mir auch meine Verbindung mit Marlene vor. Dass sie meine Schwester ist, ist nur das Etikett nach außen. Was genau dieses »Schwester« aber für mich bedeutet und inwiefern ich als Erwachsene diese Verbindung in meinem Leben weiterwirken lasse, das musste ich erst herausfinden. Im Laufe der Zeit hat mir Marlene viele Schmerzen zugefügt, die mich von ihr entfernt haben. Oft war sie dann am brutalsten, wenn ich es am wenigsten erwartete und mich nicht schützen konnte. Aber es gab in den letzten Jahren auch viele Gelegenheiten, in denen ich sie als Freundin neu kennengelernt habe. Kurz nach ihrem fünfzigsten Geburtstag sah ich zum ersten Mal Spuren des Alterns an ihr, die mich erschreckten, aber auch rührten. Es erscheint mir immer kostbarer, mit ihr einen Menschen zu haben, der mich mein Leben lang kennt und ich ihn auch, und der mir dennoch in vielen Dingen immer fremd geblieben ist, so dass ich ihn noch kennenlernen kann. Ich weiß, dass ich mich mit dieser Offenheit auf Glatteis begebe. Es reicht eine winzige Verstimmung oder ein kleines Missverständnis, und Marlene schlägt sofort wieder um sich. Das hat sie so oft bewiesen, dass ich mich darauf verlassen kann. Aber im Moment ist es angenehm windstill zwischen uns. Und ich weiß inzwischen, dass ich mich schützen kann, wenn sie ihre Krallen ausfährt. So viel habe ich in den bisher gut vier Jahrzehnten meines Lebens gelernt.

»Die ersten Jahre der Beziehung sind die prägendste Zeit«, hatte 1961 Walter Toman in seinem Standardwerk *Familienkonstellationen* geschrieben. »Wenn die Mitglieder der unmittelbaren Familie die einzigen Personen sind, die im eigenen

Leben eine Rolle spielen oder die man überhaupt kennt, ist auch ihr Einfluss wesentlich größer, als wenn man sie immer nur zusammen mit anderen Leuten gekannt hat.« Darum sind die ersten, kindlichen Erfahrungen so prägend für Beziehungen zwischen Geschwistern. Es ist auch der Grund, warum diese Dynamik nur mit so enormem Aufwand verändert werden kann. Sie ist in unser Betriebssystem eingeschrieben. »Alles Neue, was ein Mensch über die Personen in seiner unmittelbaren Familie im Lauf seines Lebens lernt, wird auf frühere und tiefer verwurzelte Erfahrungen aufgepfropft«, schrieb Toman. Man kann es auch so formulieren: Auf die Oberfläche einer Geschwisterbeziehung kann man ein Leben lang neue Muster aufzusticken versuchen. Aber das Gewebe, aus dem sie besteht, ist in den ersten Lebensjahren entstanden, mit all seinen Schönheiten und all seinen Fehlern.

Dieses Gewebe heißt Intimität. Bei ungefähr gleichaltrigen Geschwistern, die miteinander aufwachsen, gehört Intimität zu den Grunderfahrungen des Lebens. Während einer Kindheit im selben Haushalt kann man so gut wie nichts voreinander verbergen. In der Kindheit bedeutet ein Leben mit Geschwistern ein Leben weitgehend ohne Privatsphäre. Man kennt nicht nur sämtliche Verhaltensweisen des anderen, sondern auch alle seine Körperfunktionen mit sämtlichen Mängeln und Makeln. Ein großer Teil des Alltagslebens eines Kleinkindes besteht aus der Äußerung und Befriedigung körperlicher Bedürfnisse: Durst, Hunger, Verdauung. Sowie Nähe, Trost und Pflege bei den unzähligen verschnieften Erkältungen, betäubenden Fieberanfällen und schmerzhaft juckenden Kinderkrankheiten, die die Geschwister hautnah miterleben oder gleich übernehmen. Wenn sich die charakterliche Individualität zu entwickeln beginnt, erstreckt sich die Verschmelzung auch auf die Gefühle. Kleine Kinder verfügen noch nicht über die Selbstkontrolle, ihre Empfindungen und Gedanken zu verbergen. Geschwister werden Zeugen von jedem Zornkrampf, von jedem Wutschub und irgendwann auch vom ersten Liebeskummer. Immer stärker werden die Bemühungen, sich von ihren Blicken und ihrer übergreifenden Anteilnahme abzugrenzen. Es ist der Anfang jahrelanger Kampfhandlungen, die parallel zur Rivalität verlaufen.

Am Anfang lässt man einander die Abgrenzungen nicht durchgehen. Man hat das gemeinsame Gewimmel als Geborgenheit kennengelernt, und ohne es fehlt etwas. Erst wenn man selbst den Wunsch hat, von den anderen in Ruhe gelassen zu werden, kann man mit den Tauschgeschäften anfangen. Die Fähigkeit zur Privatsphäre wird in Geschwisterhaushalten mühsam erkämpft. Durchzusetzen, dass eine geschlossene Zimmertür von den restlichen Familienmitgliedern zu akzeptieren ist, erscheint zunächst vielleicht wie ein Spiel. Aber es ist ein schmerzhafter Prozess. Denn die Abgrenzung des einen bedeutet die zeitweilige Zurückweisung des anderen. Man bewältigt sie nur zu dem Preis, dass man dem anderen auch selbst die Tür vor der Nase zuschlagen darf. Dann muss man noch lernen, nicht unbeobachtet in einem Tagebuch zu blättern oder in einer Manteltasche zu kramen, auch wenn man es könnte. Man muss das Gefühl niederkämpfen, dass einem die Informationen über den anderen doch eigentlich zustehen. Man muss die Einsamkeit aushalten, wenn man erkennt, dass das nicht der Fall ist.

Geschwisterbeziehungen sind intensiv und vielschichtig wie Liebesbeziehungen. Aber sie sind in der Regel frei von erotischer Energie. Sie sind unsexy wie keine andere enge Beziehung auf Augenhöhe. Aus psychoanalytischer Sicht haben sie gerade deshalb eine enorme Auswirkung auf die eigene Partnerwahl. Weil die Suche nach Liebespartnern eine starke Motivation ist, aus dem Haus zu streben. In seinem Buch *Objektwahl* schreibt der deutsche Kulturtheoretiker Klaus Theweleit: »Die Objektwahl nach dem Typus ›Kameradenschwester‹ spielt überall da, wo der gesellschaftliche Zugang zum anderen Geschlecht erschwert ist, eine große Rolle. Wo traf man in den 50er Jahren unverdächtige Mädchen, wenn nicht in den Häusern der Freunde? Als Instanz für erste Berührungen hat die Konstellation nichts von ihrer Bedeutung verloren, besonders in ländlichen Gebieten nicht, wo nach wie vor Schwestern, die mit dem Bruder (als ›nicht-besetzte‹ Frauen) in die Disco kommen, sehr hoch im Kurs der frauensuchenden Freunde stehen.«

Erotische Anziehung erfordert Idealisierung. Und Idealisierung erfordert Distanz und Fremdheit. Die macht einem zunächst oft Angst. Aber erst durch die Idealisierung unterscheidet sich der Schwarm vom eigenen Bruder, auch wenn er mit ihm in die gleiche Klasse geht. In den Geschwistern der Freunde verbinden sich Vertrautheit und Fremdheit. Sie ermöglichen eine Art Anziehung mit Sicherheitsnetz. Hier kann man üben, mit der neuen Mischung aus Vertrautheit und sexueller Spannung umzugehen, die in der Pubertät auftaucht. Ohne Fremdheit ist körperliche Anziehung zunächst nicht möglich. Das ist ein Trick der Natur, um zu verhindern, dass nah verwandte Menschen miteinander Kinder zeugen. Er ist als »Westermarck-Effekt« bekannt. Der finnische Soziologe Edvard Westermarck beschrieb 1921 in seinem Buch *The history of human marriage* zum ersten Mal das Phänomen, dass Kinder, die über einen längeren Zeitraum zusammen aufwachsen, einander nach der Geschlechtsreife nicht als sexuell attraktiv empfinden. Damit soll Inzucht verhindert werden. Wenn sich die Gene der Eltern zu ähnlich sind, ist das Kind allzu anfällig für schwere Krankheiten und Behinderungen.

Vielen Menschen macht die Verbindung von erotischer Anziehung und vertrauter Intimität in einem einzigen Menschen lebenslang Mühe. Eine Liebesbeziehung zu führen, die nicht irgendwann zur bequemen Geschwisterbeziehung zusammensackt, ist die hohe Schule der Lebenskunst. Sie hat etwas mit dem richtigen Maß an Idealisierung zu tun.

Geschwisterliche Nähe ist das Gegenteil von Idealisierung. Zwar bewundern viele Kinder ihre älteren Brüder. Als Mädchen oft auch ihre älteren Schwestern. Diese Bewunderung zielt aber darauf, dass die Älteren Dinge schon können, die man selbst erst noch lernen muss. Die große Schwester darf sich schon schminken und sieht damit erwachsen und geheimnisvoll aus. Der ältere Bruder darf schon die gruseligen DVDs gucken und hat davor gar keine Angst. Diese Bewunderung ist eine Art Wegweiser. So will man auch mal werden. Von fremden Jungen oder fremden Mädchen, für die man schwärmt, will man etwas anderes. Man will den Mut finden, sie anzufassen wie einen elektrischen Zaun.

Aber dass man einen Partner fürs Erwachsenenleben gefunden hat, bedeutet nicht, dass man auf die Geschwister verzichten kann. Die Verwobenheit mit einem Bruder oder einer Schwester kann im Gegenteil alle Liebesbeziehungen überdauern und in seelischer Hinsicht viel wichtiger sein. Und ihr Scheitern nicht weniger schmerzhaft.

Meine Arbeitskollegin Arletta war viele Jahre mit einem sehr besitzergreifenden Mann liiert. Jeden Abend holte er sie ab, um mit ihr im Fitnessstudio zu trainieren. Das war ihr gemeinsames Hobby. Die meisten Freunde von Arletta konnte er nicht leiden, am liebsten verbrachte er alle Zeit mit ihr allein. Am wenigsten leiden konnte er Arlettas Schwester Vera. Aber gegen die kam er nicht an. Mindestens zweimal pro Woche telefonierten die beiden Frauen miteinander, und dem Freund fielen keine überzeugenden Gründe dagegen ein. Eines Tages verließ Arletta ihren Freund. Er wusste genau, dass sie in der ersten Zeit bei Vera unterkam. Aber Vera schirmte sie ab. Aus der Sicht des Freundes hatte die Schwester schon immer Stimmung gegen ihn gemacht und sie letztlich auseinandergebracht. Was er nicht wusste war, dass Vera auch Arletta mit Vorwürfen überschüttete, seit diese mit einem einzigen Koffer bei ihr vor der Tür gestanden und für ein paar Tage um Aufnahme gebeten hatte. »Jetzt bist du schon 32 und hast immer noch keinen gefunden, der etwas taugt«, sagte die Schwester am ersten Abend, als Arletta in ihrer Küche heulte. »Wenn du noch Kinder willst, solltest du dir allmählich was einfallen lassen.« Und dann sagte sie noch, Arletta solle ein paar ihrer Fitnessmuskeln wieder loswerden, weil sie ja selbst schon fast wie ein Kerl aussähe.

Geschwister können einen tiefer und gezielter verletzen als alle anderen Menschen, oft ein Leben lang. Ein großer Teil dieser Verletzung wurzelt im Alltäglichen und geschieht beiläufig, absichtlich oder nicht. Eine kleine Missachtung im Vorbeigehen, das Überhören einer Erfolgsmeldung, die beiläufige Herabminderung einer Leistung im Nebensatz, das Selbstverständlichnehmen von allem, was der andere leistet, auch für die Familie.

Ein Teil der Verletzungen kommt auch mit Absicht. Man verletzt, weil man es kann. Und weil man noch eine Rechnung offen hat. Zum Beispiel, weil man die Veränderung des anderen und sein Herauswachsen aus der Kinderrolle nicht akzeptieren kann. Mit beiläufigen Spitzen macht man ihm oder ihr klar, dass der andere einem nichts vormachen kann. Er oder sie kann sich vielleicht der Außenwelt als Vorstandsvorsitzender oder Schuldirektorin präsentieren. Aber doch nicht der eigenen Schwester, die ihn schon am Küchentisch hat über ein vermasseltes Fußballspiel weinen oder sie wegen einer ungerechten Benotung hat verzweifeln sehen. Jemanden immer wieder daran zu erinnern, wie schwach er als Kind war, ist ein Machtinstrument. Man versucht den anderen kleiner zu machen, als er sich selbst darstellt. Man tut es nicht immer bewusst und auch nicht immer mit bösem Willen. Aber man tut es oft aus Angst, sonst den Zugriff auf den anderen zu verlieren. Und damit auch seine Liebe.

Marlene wendet solche Verletzungen wie eine Spezialistin an. Ein Teil von ihr muss es mir immer noch übelnehmen, dass ich als junge Frau in ein anderes Land gezogen bin und sie und unsere Familie nur noch wenige Male im Jahr besuche, während sie die regelmäßigen Kaffeetreffen und Geburtstagsbesuche selbstverständlich in ihren Alltag aufnahm. »Das kann man nicht vom Elfenbeinturm aus regeln«, wischte sie früher gerne meine Überlegungen beiseite, wenn es etwa um die Zukunft unserer Eltern ging. Sie lebte viele Jahre in der irrigen Annahme, dass mein Leben aus Lyrik und Mandolinenkonzerten bestehe, während sie jeden Tag ins Büro musste, um sich mit unberechenbaren Vorgesetzten herumzuärgern.

Es ist kein Zufall, dass Geschwister- und Liebesbeziehungen auf Bildern manchmal mit ähnlichen Mitteln dargestellt sind. Im Kern von beiden stehen Nähe und Intimität. Aber die Darstellung unterscheidet sich in wichtigen Details. Die Blicke sind anders als bei einem Liebespaar. Geschwister auf Bildern schauen einander oft nicht an. Aber sie sehen einander trotzdem, und sie machen einander stolz. Auch das sieht man auf diesen Bildern mitunter deutlich. Der Stolz auf Geschwister ist ein archetypisches Gefühl. Man ist nicht allein. Man hat jemanden an seiner Seite. Man ist stärker als einer, der allein ist. Brüder legen oft den Arm umeinander, wenn sie fotografiert werden. Nicht zärtlich und beschützend und nicht einander in Schach haltend wie Schwestern. Sondern besitzergreifend und kraftvoll. Manchmal sieht man förmlich, wie die Bewegung gleich in eine brüderliche Rangelei umschlagen könnte. Der über die Schulter des anderen gelegte Arm erscheint als die Ur-Geste der Brüderlichkeit. Das Gegenstück bei Frauen enthält dazu oft noch eine möglichst unmerklich eingefügte Distanz. Es ist der Abstand, der bei einer so intensiven Verwobenheit notwendig ist, um nebeneinander bestehen zu können, ohne einander zu stören.

Sollbruchstellen

»Als ich auf die Welt kam, war Urs schon im Himmel«, beginnt das Theaterstück *Ursel* des Schweizer Autors Guy Krneta. »Urs war drei, ich bin sechs. ›Urs war ein Engel‹, sagen meine Eltern. Aber als er aus dem Fenster flog, konnte er nicht fliegen.«

Es gibt Geschwisterbeziehungen, in denen von Anfang an eine extreme Schieflage besteht. Weil ein Kind dauerhaft krank oder behindert ist. Weil ein Kind so verhaltensauffällig ist, dass es außerhalb der Familie betreut werden muss. Weil ein Geschwister früh stirbt oder tot geboren wurde. Sie haben alle etwas gemeinsam: Das kranke oder abwesende Kind wird oft als schwächstes Glied der Familie behandelt. Aber in dieser Rolle ist es manchmal viel stärker als die gesunden und lebenden Geschwister. In jeder dritten bis vierten Familie in Deutschland lebt ein Kind mit besonderen gesundheitlichen Problemen, in jeder fünften Familie eines mit einer chronischen Krankheit oder Behinderung.

»Eine schwere Krankheit oder Behinderung eines Kindes fordert die volle Zuwendung der Eltern und führt nicht selten dazu, dass das gesunde, unauffällige Geschwister nicht nur zu wenig Beachtung erfährt, sondern von ihm sogar selbstlose Hilfe erwartet wird«, schreibt der Essener Familientherapeut Hans Goldbrunner. »In extremen Beispielen entwickeln gesunde Geschwister auffällige Symptome, um die elterliche Aufmerksamkeit zu erhalten, wozu diese jedoch kaum in der Lage sind.« Durch die übermäßige Aufmerksamkeit, die chronisch kranke oder behinderte Kinder jeden Tag von den Eltern benötigen, kann eine ungute Balance entstehen. Dann gräbt ein kranker Bruder oder eine kranke Schwester den verbliebenen Geschwistern einen Teil dieser lebenswichtigen Ressource ab.

Meine ehemalige Nachbarin Nella hat ihr ganzes Leben lang merkwürdige Freunde gehabt. In ihrer Jugend war sie ein Jahr mit einem Mann zusammen, der nach einer Schießerei mit der Polizei auf einem Auge blind und fast taub war. Er hatte mit Drogen gehandelt und trug enge Lederhosen und zerrissene T-Shirts. Ein paar Jahre später heiratete sie einen Mann aus weit entferntem Ausland, der vor allem an ihrem regelmäßigen Einkommen interessiert war, mit dem er seine weitläufige Familie zu Hause großzügig versorgte. Von einem kurzfristigen Liebhaber wurde gemunkelt, er lebe von Einnahmen, die drei Prostituierte bei ihm ablieferten, aber Nella schwor, dass er sie in dieser Hinsicht nie behelligt habe. Seit kurzem ist Nella von ihrem zweiten Ehemann geschieden. Ihn hatte sie in der Rehaklinik kennengelernt, wo ihr Bruder einen Drogenentzug machte. Er war ein Leidensgenosse von ihm und bat Nella bei einem ihrer Besuche um eine Zigarette. Nella ist attraktiv. Schon als Jugendliche war sie immer von Jungen umgeben und hatte die Auswahl. Sie wählte immer diejenigen, die große Probleme verhießen. »Das ist, weil ich früher immer auf Olli Rücksicht nehmen musste«, sagt sie. Ihr Bruder Olli ist drei Jahre jünger. »Er tat schon als Kind immer so übersensibel«, sagt Nella. Darum habe die Mutter erwartet, dass Nella ihm das größere Stück Kuchen überließ, ihm den Platz am Fenster abtrat, sich mit dem kleineren Zimmer zufriedengab. Die Stärkeren müssen auf die Schwächeren Rücksicht nehmen, haben Nellas Eltern immer gesagt. Sie waren Späthippies und legten nicht nur auf Gerechtigkeit Wert, sondern auch auf psychologische Zusammenhänge. Aber hier waren sie ungerecht. Nella hadert bis heute mit ihnen. »Sie haben mir beigebracht, dass Liebe bedeutet: Die Bedürfnisse des anderen sind wichtiger als meine eigenen«, sagt sie. »Ich weiß, dass das oft falsch ist. Aber mein Herz weiß es nicht.«

Meist sind es Kleinigkeiten, die für Kinder am meisten zählen und bei denen sie sich mit den Geschwistern vergleichen. Auch dann, wenn eines von ihnen objektiv beeinträchtigt ist. Dass das andere kein Gemüse essen und nie Hausaufgaben machen muss. Dass es nie ausgeschimpft wird. Dass es ein größeres Geschenk vom Klinikclown bekommt. Aber daraus wird bald Normalität. Doch »die Situation der Kinder mit behinderten Geschwistern unterscheidet sich in einigen Punkten sehr stark von den Kindern, die mit nicht behinderten Kindern aufwachsen«, schrieb die Erziehungswissenschaftlerin Mareike Schmid 2006 in einer Abschlussarbeit der Philipps-Universität Marburg zum Thema »Geschwisterbeziehungen in Familien mit einem behinderten Kind«. Die Unterschiede liegen dabei aber eher in der Außenwelt als in der Familie, lautet einer ihrer Schlüsse.

Behinderte Kinder und ihre Auswirkung auf ihre Geschwister sind vorrangig ein Thema für die Heil- und Sozialpädagogik, weniger für die Geschwisterforschung. Aber das hat sich zu ändern begonnen, seitdem die systemische Sichtweise an Gewicht gewinnt. Nicht nur das hierarchische Verhältnis zwischen Eltern und Kindern und die Beziehung zwischen Geschwistern haben einen Einfluss auf die Entwicklung, sondern die Familie als Ganzes wird stärker als früher als System betrachtet, in dem jedes Mitglied auf seine Weise und gleich stark zur Dynamik beiträgt.

Die Art, wie gesunde Kinder auf chronisch kranke Geschwister reagieren, folgt bestimmten Regeln. Sie können besonders unauffällig und artig sein und damit versuchen, ein bisschen zusätzliche Zuneigung zu bekommen. Vielleicht verbünden sie sich auch mit dem schwachen Geschwister und verhalten sich besonders liebevoll und sorgfältig an dessen Seite. So müssen die Eltern, wann immer ihr Blick auf das kranke Geschwister fällt, auch das Helferchen ansehen. Und erkennen hoffentlich, welche Last es trägt. Doch die Forschung hat herausgefunden, dass auch alle diese Geschwister etwas gemeinsam haben: Sie wachsen mit der Sicherheit auf, dass ihre Anpassung die Norm ist. Das kann ein Vorteil sein und ihnen später ein besonders soziales Verhalten erleichtern. Es kann aber auch zur Überzeugung führen, dass es normal ist, die eigenen Bedürfnisse immer weniger zählen zu lassen als die eines anderen. »Das größte Problem ist häufig nicht die Behinderung, sondern die persönliche Reaktion und das Verhalten des Umfelds«, heißt es in Mareike Schmids Arbeit zum Thema »Geschwisterbeziehungen in Familien mit einem behinderten Kind«. Da ist etwa das unerwünschte Mitleid. Und auch die Vorstellung, dass man als Gesunder immer und selbstverständlich Rücksicht auf den Kranken nehmen muss und darüber niemals meckern darf.

Viele Kinder mit einem behinderten Bruder oder einer schwer kranken Schwester leben dennoch ohne bleibende Schäden mit dem Ungleichgewicht in ihrer Familie. Aber nicht alle. Zehn bis zwanzig Prozent der als gesund geltenden Geschwister sind dadurch selbst gefährdet, etwa durch eine drohende Depression. Das hat der Bochumer Wissenschaftler Michael Kusch herausgefunden. Er leitet das Institut für Gesundheitsförderung und Versorgungsforschung an der Universität Bochum und hat internationale Studien ausgewertet, die sich mit der Belastung von Geschwistern behinderter Kinder befassen. Eltern sei es meist bewusst, wenn ihr Kind allgemein unter der besonderen Lebenssituation der Familie leide. Sie bemerken jedoch »zumeist nicht, wenn ein gesundes Geschwisterkind durch die besondere familiäre Situation belastet ist«, sagte er 2012 in einem Referat.

In ihrem Dokumentarfilm *Nichts für die Ewigkeit* erzählt die Kölner Filmemacherin Britta Wandaogo von ihrem drogensüchtigen Bruder. Wandaogo hatte als junge Frau mit ihrer ersten Kamera angefangen, das Zusammensein mit ihrem geliebten Bruder zu filmen. Es waren beiläufige Alltagsszenen; die Geschwister trafen sich mit Freunden, blödelten herum oder streiften durch die Stadt auf der Suche nach Spaß. Man lernt den Bruder als witzigen und charmanten jungen Mann kennen, der von seiner älteren Schwester angehimmelt wird. Aber immer öfter zeigen ihre Bilder ihn auch als zitterndes Wrack, dem im Drogenentzug der Teller mit dem Essen übers Bett kippt, weil er zu benommen ist, um ihn festzuhalten. Man sieht ihn mit blutüberströmtem Gesicht nach einer Schlägerei, an die er sich nicht erinnern kann. Man hört ihn mit fadenscheinigen Ausreden bei ihr um Geld betteln. Man hört immer öfter aus dem Off ihre klagende Stimme, die ihm das Versprechen abpresst, dass irgendeiner seiner Tricks »das letzte Mal« durchgehen soll. Aber er spielt längst nicht mehr nach den Fairnessregeln der Familie, sondern nach den Betrügerregeln des Junkies. Immer gehetzter versucht sie, ihn zu retten, immer mehr Raum nimmt er auch im Leben ihrer Eltern und ihrer eigenen Familie ein. In der bedrückendsten Szene des Films spricht die Filmemacherin mit ihrer kleinen Tochter und filmt sie dabei. Sie erklärt dem siebenjährigen Mädchen, dass es für ein paar Wochen aus seinem eigenen Zimmer ausziehen müsse, weil der drogensüchtige Onkel dort wohnen wird. Es ist bereits beschlossen und das Mädchen hat kein Einspruchsrecht. In dem Moment, wo es das begreift, beginnt es herzzerreißend zu weinen. Man kann unmittelbar zusehen, wie sich ein Gesetz dieser kranken Familie in sein Gemüt einprägt: Das Wohl deines kranken Onkels ist wichtiger als deines. Die Filmemacherin als Mutter schützt nicht ihr Kind, sondern ihren Bruder. So hat sie es selbst gelernt. Zwölf Jahre nach der ersten Aufnahme stirbt er. Die letzten Bilder zeigen die Schwester und die Eltern hilflos in seiner verlassenen Bleibe herumstehen. »Dirk starb, unsere Familie brach auseinander«, sagte Britta Wandaogo dazu in einem Interview. »Doch Dirk war meine Familie.«

Für ihre Diplomarbeit *Geschwister von drogenabhängigen Personen und ihre Sicht auf die Sucht* an der Fachhochschule St. Pölten befragte die österreichische Sozialpädagogin Sandra Eigenbauer viele Betroffene. »Die Ergebnisse zeigen, dass Geschwister von Drogenkranken zahlreichen Belastungen und Ängsten ausgesetzt sind, diese aber mit diversen Copingstrategien ausgleichen können«, schreibt sie in ihrer 2007 vollendeten Arbeit. »Prinzipiell kann festgestellt werden, dass der Wunsch nach einer ›heilen Welt‹ besteht, diese aber oftmals mit der realen Welt kollidiert und die ›gesunden‹ Geschwister einer Art ›Zerreißprobe‹ ausgesetzt sind. Für sie dreht sich (im Gegensatz zu den Eltern) nicht alles nur um die suchtkranke Person. Es besteht ein starkes Bedürfnis, die Mutter zu entlasten und zu schützen. Innerhalb der Familie entsteht so ein Spannungsfeld.« Eigenbauer schreibt auch, dass ein zentrales Erlebnis in diesen Familien die Angst sei. »Die Geschwister Suchtkranker haben Angst, ein Familienmitglied – möglicherweise durch Tod – zu verlieren.«

Ein Geschwister muss nicht drogensüchtig sein, um diese Angst vor Verlust in eine Familie zu bringen. Es reicht auch eine chronische Krankheit, eine schwere geistige oder körperliche Behinderung. Sogar eine starke Allergie, die hohe Rücksichtnahme erfordert. Immer ist durch sie eine existentielle Angst im Raum. Der andere könnte jeden Tag sterben. Gleichzeitig wünscht man sich auch manchmal, dass all das Schwere, das mit diesem Bruder oder dieser Schwester verbunden ist, einfach verschwindet. Dieser Zwiespalt wirkt umso stärker, je weniger man seine Wut auf das anstrengende Geschwister ausdrücken darf und je weniger man sich wenigstens zeitweise von ihm distanzieren kann – je größer der Druck ist, immer Rücksicht auf die besonderen Bedürfnisse des anderen nehmen zu müssen. Vor allem, weil diese Rücksicht meist nicht belohnt wird. Den Eltern fehlen dazu häufig die Kraft und die Aufmerksamkeit. Gleichzeitig kann das behinderte oder kranke Kind selbst oft keine oder nicht gleich viel Rücksicht auf das gesunde Geschwister nehmen. Die ganze Tauschdynamik gerät durcheinander. »Manchmal glaube ich, unter der Behinderung meines Bruders mehr gelitten zu haben als er selbst«, sagte der Journalist Carl Wilhelm Macke in einem Interview mit der *Zeit* über seine Kindheit und Jugend mit einem spastisch gelähmten Bruder. Dieser lebt als Erwachsener mit Beruf, Familie und unversehrtem Selbstbewusstsein. Der gesunde Bruder jedoch fühlt sich von dieser erzwungenen Rücksichtnahme bis heute beeinflusst. Ihm verbot die Mutter in der Kindheit, eine leuchtend gelbe Regenjacke zu tragen, die er gerne gehabt hätte. »Wir fallen sowieso schon auf«, war die Begründung, und der Ältere hat sie selbstverständlich akzeptiert. Es sind fast immer die Details, die zusammen die große Wirkung entwickeln.

Als Gregor starb, war ich zufälligerweise für ein paar Tage in meiner Heimatstadt. Fast beiläufig teilte mir meine Mutter seinen Tod mit. Gregor starb mit 35 Jahren im Männerwohnheim einer wohltätigen Gesellschaft, wo er die letzten Jahre ein Zimmer gehabt hatte. Zur Beerdigung kamen nur wenige Leute. Mein Stiefvater, der ihn als Säugling adoptiert hatte, entschied, dass er nicht im Familiengrab, sondern in einem Feld mit anonymen Toten begraben sein solle. Ein Pfarrer war zur Beerdigung nicht bestellt, stattdessen sprach Arthur ein paar Worte. Zum Schluss las er ein Gedicht in unserer Mundart, das er selbst geschrieben hatte. Es handelte von einem Blatt, das lange vor der Zeit von seinem Zweig abgefallen war. Als ich vor der schmucklosen Urne in der kalten Friedhofskapelle saß, überkam mich ein solches Weinen, dass mich alle betreten ansahen. Nicht dass Gregor gestorben war, machte mich so übermäßig traurig. Ich konnte es nicht fassen, dass er ein so erbärmliches und kurzes Leben gehabt hatte, dass er keine Möglichkeit gefunden hatte, die Last, die er trug, loszuwerden. Dass er so früh aus der Familie herausgetrieben worden war oder dass er in ihr vielleicht nie seinen Platz gefunden hatte. Der Umstand, dass es uns allen lieber gewesen war, dass er die meiste Zeit seiner Jugend in einem Heim verbrachte und wir ihn auch später kaum noch sahen. Dass es niemanden gab, der ihn stützen konnte. Dass wir alle überhaupt keine Ahnung hatten, wie das geht: eine stabile Familie sein.

In der Kindheit werden Geschwister durch das Verschwinden eines Bruders oder einer Schwester manchmal doppelt traumatisiert. Eltern sind nach dem Verlust eines Kindes schwer erschüttert und können häufig vorübergehend oder dauerhaft nicht mehr vollständig für ihre anderen Kinder verfügbar sein. Gleichzeitig müssen die verbliebenen Geschwister den Verlust auch selbst verarbeiten. Die Berliner Trauerbegleiterin Simone Rönick spricht von »amputierten Familien«, die durch den Tod eines Kindes entstehen. Die Geschwister müssen ihre begonnenen Gefühlsprozesse mit diesem Menschen an einen Bruder oder eine Schwester richten, der oder die nur in ihrem Innern weiterlebt und nicht mehr selbständig reagieren kann. Es entsteht eine Art Phantomschmerz, der das Geschwister zu ersetzen versucht. In einer Reportage berichtete der *Spiegel* 2011 von einem Mädchen, dessen Schwester ermordet wurde. In einem immer wiederkehrenden Alptraum fühlt das Mädchen Freude und Erleichterung über das Verschwinden der Konkurrentin. »Endlich kann sie deren Klamotten tragen. Endlich ist die Schwester tot!« Bodenlose Trauer und Gefühle aus dem Pubertätsprozess, der mittendrin abgerissen ist, überlagern und stören sich gegenseitig. Viele Kinder, die solche Verluste erleiden, verhalten sich lange Zeit unauffällig und drehen dann plötzlich durch. Das gilt in der Jugendpsychologie als normales Verhalten für ein trauerndes Kind. Nicht nur der Verlust des vielleicht einzigen Geschwisters ist traumatisierend. Unter Umständen zerbrechen auch die Eltern daran. »Tod ist oft der Tod einer ganzen Familie«, hieß es im *Spiegel*.

»Von geringerer Bedeutung ist der Verlust eines Geschwisters im Erwachsenenalter«, schrieb Walter Toman. »Nicht dass diese Verluste nicht schmerzhaft und tief empfunden werden können. Aber sie verursachen so gut wie nie einen seelischen Schaden.« Nicht dann, wenn die Ablösung schon vollzogen ist oder nie ein enges Verhältnis bestand. Ein paar Spuren bleiben aber fast immer. Gregors Tod liegt fast zehn Jahre zurück und wurde von Arthurs Tod ein paar Jahre später überlagert. Trotzdem kommen noch immer manchmal unerwartet Tränen, wenn ich an ihn denke oder von ihm spreche. Auch jetzt, wo ich das aufschreibe, fließen sie.

Im hochempfindlichen Gewebe einer Familie gelten andere Regeln als in der Außenwelt. Man ist miteinander verbunden und registriert die kleinsten Erschütterungen in der Balance der anderen. Man fühlt diese Veränderungen als Gefahr, die wie ein Rhythmus unter den anderen Familiengefühlen pocht. Wenn ein Geschwister geht oder zu gehen droht, setzt der Takt auf einmal aus. Selten für ein paar Momente. Manchmal auch für immer.

Zeugen

Arthur habe ich das letzte Mal gesehen, als wir den siebzigsten Geburtstag meiner Mutter feierten. Wir saßen eine halbe Nacht lang zusammen und tauschten Erinnerungen aus. Zuvor hatten wir uns mehrere Jahre kaum getroffen und selten gesprochen. Zum Geburtstag war die Familie zusammengekommen. Nach dem Bankett traf ich Arthur zufällig vor der Tür beim Aschenbecher, und wir sprachen, bis fast die Sonne wieder aufging. Weißt du noch, begann jede Geschichte. Weißt du noch, wie du einmal unbedingt mit den Langlaufskiern das Niederhorn hinunterrasen wolltest und tatsächlich unten ankamst? Weißt du noch, wie sich die neue Flamme als meine Schulfreundin ausgeben musste, weil deine Noch-Freundin überraschend vor der Tür stand? Weißt du noch, wie Pa einmal rasend in Gregis Zimmer stürmte und ihm eine Schüssel Omelettenteig über den Kopf schütten wollte, weil er nicht Geige geübt hatte? Weißt du noch, wie Gregi einmal unseren selbstgebastelten Tresor aufbrach und das ganze Geld klaute, das wir mit unserer Schülerzeitung verdient hatten? Weißt du noch, wie Pa »Gottverdammemich, gottverdammemich« brüllte und Gregi nur grinsend sagte »Nicht fluchen, Pa, beten«, und Pa sagte »Das tue ich ja, das tue ich ja«? Über diese Dinge hätte kein anderer lachen dürfen, denn sie waren nicht lustig. Wahrscheinlich waren wir auch die einzigen, die noch daran dachten. Auch daran, wie wir einander immer wieder überredet hatten, doch nicht von zu Hause wegzulaufen, nicht die Schule abzubrechen, so kurz vor dem Abschluss, und unser Leben zu ruinieren. Daran, wie wir schweigend in Arthurs Zimmer saßen, nachdem wir aus Andeutungen erfasst hatten, welche unaussprechliche Scheußlichkeit von Gregor begangen worden war, um aus dem Erziehungsheim entlassen zu werden, wo er seit einiger Zeit lebte. Die meisten dieser Dinge haben meine Mutter oder sein Vater auch erlebt. Aber niemand sonst sah sie wie wir aus Augenhöhe. Augenhöhe ist die exklusive Geschwisterperspektive. Darum sind Brüder und Schwester die einzigen, die uns wirklich als das Kind kennen, das wir im Innern unserer Familie waren. Vor seinen Freunden und auch den Cousins verbarg Arthur so gut er konnte den nervösen, erschütterten Jungen. Dort gab er sich überlegen und oft ein wenig überheblich. Vor mir war diese Maske auf Dauer zu mühsam aufzubehalten, und deshalb legte er sie irgendwann ab. Keine meiner Freundinnen und keiner meiner Verwandten erlebte je aus nächster Nähe das ängstliche, überdrehte Mädchen, das ich zu Hause war und das sich Arthur manchmal anvertraute, weil es bei ihm kein Gesicht zu verlieren hatte. Seit auch Arthur tot ist, existiert die Erinnerung an sie nur noch in mir. Bei vielen Situationen bin ich schon nicht mehr sicher, ob sie sich wirklich so zugetragen haben.

Meine Freundin Roula lud mich früher mindestens ein Mal im Jahr ein, mit ihr, ihren zwei jüngeren Schwestern und der Mutter zu Abend zu essen. Oft kamen auch noch andere Freundinnen und Freunde. Wir hatten die Rolle des stummen Publikums. Die vier Frauen redeten alle durcheinander, stritten und versöhnten sich, lachten laut und beleidigten einander mit leichter Hand, schossen eine Anekdote nach der anderen ab, in der die jeweils anderen ein wenig ulkig dastanden, verbündeten sich gegeneinander und versöhnten sich gleich wieder. Alles an einem einzigen Abend auf der engen Sitzbank in der Küche der Mutter. Sonst trafen sich die Schwestern eher zu zweit, weil ihnen der Wirbelsturm, den sie entfachten, selbst zu anstrengend wurde. Der enge Zusammenhalt hatte sie über eine Kindheit mit wenig Geld gebracht. Der Vater war psychisch krank gewesen und die Mutter hatte ihn irgendwann aus der Wohnung geworfen. Sein Tod war elend gewesen und die

Schwestern trugen schwer an dieser Erinnerung. Aber darum ging es bei diesen Treffen nie. Es ging darum, dass sie alles überstanden hatten. Aus jeder von ihnen war etwas geworden, schon in jungen Jahren hatten alle drei es mit ihrer Arbeit zu Erfolg und Wohlstand gebracht. Ich saß immer fasziniert in der brodelnden Wärme dieser Schwesternfamilie. So schnell wie Roula konnte ich meine Gefühlslage nie wechseln. Wenn ich auf meine Schwester böse war, blieb ich es meist für Tage oder Wochen. Mich faszinierten diese Abende. Die Schwestern schienen instinktiv erfasst zu haben, dass die Kraft ihrer gemeinsamen Herkunft, die vielen Erinnerungen und die Energie, die sie dadurch miteinander entwickelten, schwerer wogen als die individuellen Kämpfe und Enttäuschungen, die es auch zwischen ihnen genügend gab. Sie fanden einen Weg, um das, was nur sie einander geben konnten, auszuschöpfen. Sie schufen einen Rahmen, in dem ihnen Leute wie wir beim Schwesternsein zuschauten. Sie führten uns ein Kunststück vor, das sie früh gelernt hatten und ständig übten: Roula und ihre Schwestern konnten voneinander Gebrauch machen, wie das nur Geschwister können.

Geschwister sind einander die wichtigsten Zeugen der Kindheit. Im Lauf des Lebens wird es immer mehr zu ihrer Aufgabe, die Erinnerungen der Familie am Leben zu erhalten. Oft reichen dazu wenige Worte. Weißt du noch. Dazu steigen Bilder auf, die keine Erklärung benötigen. Ein Sommertag im Garten, die Tante war noch dabei, der Kuchen war verbrannt, aber er wurde einfach mit Vanillepudding übergossen. Sogar die Kleinen vertrugen sich und man war gemeinsam für ein paar Stunden satt und zufrieden und zum ersten Mal für eine hundertstel Sekunde nicht traurig, dass Vater nicht mehr da war. Ein einziges solches Bild enthält unzählige Gefühle und Bedeutungen, die man kaum erklären, die man aber teilen kann. Sie sind es, die unserer Lebensgeschichte Bedeutung und Tiefe geben, aneinandergereiht wie eine Kette von Perlen, die man nur an besonderen Tagen aus der Schatulle hervorholt.

Solche Erinnerungen gewinnen für viele Menschen im Lauf eines Lebens eine große Bedeutung. Geschwister werden zum Familienarchiv. Nicht nur, weil sie sich an Situationen erinnern. Auch, weil sie vielleicht die einzigen sind, die wirklich verstehen, was gemeint ist, wenn man »Wombles und Käsekuchen« sagt. Nämlich dieses bestimmte Sonntagnachmittagsgefühl, das es nur in den späten 70er Jahren im Wohnzimmer der Oma gab. Oder die lachen, wenn jemand »Emmeli« genannt wird. Weil sie darin den Einheitsnamen erkennen, den die tattrige Großtante für sämtliche Mädchen und Frauen der Familie gleichermaßen benutzte, weil sie in allen nur noch ihre eigene Schwester erkannte. Familienarchiv bedeutet nicht nur, dass man die Bilder kennt. Es bedeutet vor allem, dass man die Bedeutung jeder einzelnen Situation sofort abrufen und immer wieder bestätigen kann. Und dass man weiß, worüber man schweigt. Durch das Wiederholen werden die guten Erinnerungen bewahrt. Durch das gemeinsame Verschweigen die schlechten.

»Geschwister sind füreinander vonnöten, wenn es darum geht, vergangene, konflikthafte Ereignisse aufzuklären«, schreibt Hartmut Kasten. Denn als Bruder oder Schwester kann man einander Erinnerungen nicht nur bestätigen. Man kann sie auch relativieren. Für eine Studie mit dem Titel *Das elterliche Erziehungsverhalten in der Erinnerung erwachsener Geschwister* hat ein Psychologenteam der Universität Leipzig 2007 über 100 Geschwisterpaare getrennt befragt. »Im Ergebnis zeigte sich, dass erwachsene Geschwister das Erziehungsverhalten ihrer gemeinsamen Eltern eher unterschiedlich erinnern. Bedeutsame Differenzen zeigen sich vor allem hinsichtlich der erinnerten Wärme der Eltern«, heißt es darin. Vor allem erwies sich, »dass sich die Einschätzung der mütterlichen Wärme zwischen den Geschwistern signifikant unterscheidet«.

Selbst wenn man miteinander aufgewachsen ist, können die Erinnerungen daran so sehr voneinander abweichen, dass es kaum vorstellbar ist, wie sie zur selben Zeit am selben Ort entstehen konnten. Aber das wacklige Gefährt der Erinnerung transportiert dennoch ein Leben lang die Grundlagen des eigenen Glücks oder Unglücks, die Erinnerungen an Geborgenheit oder Benachteiligung. In Phasen, wo man mit seiner Herkunft hadert, können Geschwister besonders wertvoll sein. Auch wenn in diesen Zeiten das gegenseitige Verständnis manchmal besonders schwerfällt.

Die Leipziger Forscher haben auch festgestellt, dass bei ihren Probanden »die Altersdifferenz zwischen den Geschwistern einen nennenswerten Einfluss auf das erinnerte elterliche Erziehungsverhalten« hatte. »Geschwisterpaare, deren Altersabstand weniger als fünf Jahre betrug, erlebten sowohl Vater als auch Mutter als emotional zugeneigter und wärmer in ihrem Verhalten als diejenigen Geschwisterpaare, die altersmäßig weit auseinanderlagen«, heißt es in ihrer Studie. Das bedeutet nicht unbedingt, dass die Eltern entspannter und freundlicher waren. Es bedeutet, »dass diese Geschwister untereinander eine intensivere Bindung aufwiesen«. Dass Wärme da war, hat größeren Eindruck hinterlassen als die Frage, wo diese Wärme genau herkam. Geschwister können einander ein Stück der elterlichen Wärme ersetzen. Das bestätigt eine These, die Walter Toman bereits in den 60er Jahren aufstellte. Er schrieb: »Je kleiner der Altersunterschied zwischen Geschwistern, desto tiefgreifender sind ihre Konflikte miteinander. Desto größer aber auch der Drang, einander auch später im Leben nicht loszulassen.« Nähe zwischen Geschwistern ist eher ein Geschenk als ein Gesetz. Doch ihre Aufgaben, die Erinnerungen wachzuhalten, können sie später umso besser wahrnehmen, je größer die Nähe ist.

Nicht, weil man zu Hause das Gleiche erlebt hat. Sondern weil man einander dann bereitwilliger hilft, sich daran zu erinnern.

»Die guten Freunde werden in diesen meinen Aufzeichnungen mit aufrichtiger Theilnahme wahrnehmen, wie der Knabe, der Jüngling sich oft geberdet hat, ehe er der große Liebling des deutschen Volkes geworden.« Das schrieb Heinrich Heines jüngster Bruder Maximilian in einer biographischen Skizze. Sie erschien 1866, zehn Jahre nach dem Tod des Dichters, in der populären Zeitschrift *Gartenlaube*. »Es war vorauszusehen, dass nach des Dichters Ableben eine Fluth biographischer Schriften über ihn erscheinen würde; dictirt von der innigsten Liebe und heitersten Verehrung, oder von dem blassesten Neide und persönlichsten Hasse.« In einer »aufgeregten Stunde« habe der Jüngste seinem Bruder deshalb das Versprechen gegeben, »sein künftiger Biograph zu werden«. Ganz selbstverständlich nimmt er die Deutungshoheit über den berühmten Ältesten in Anspruch. Auch das ist ein Privileg geschwisterlicher Zeugen. Maximilian Heines Erinnerungen sind freundlich und diskret in Anekdoten verpackt. Sie zeichnen von Heinrich Heine das Bild eines gewitzten jungen Mannes, der in jeder Situation geistreich und überlegen war, und in dessen Dunstkreis auch der Bruder aufs Beste gedeihen konnte. Aber er hätte genauso gut das Gegenteil schreiben können. Niemand hätte seine persönlichen Erinnerungen in Zweifel ziehen dürfen. Dadurch erlangte er eine große Macht.

Außerhalb des Familienkreises können Erinnerungen von Geschwistern auch reizende Dämpfe entwickeln. Familien sind geschlossene Systeme, deren Öffnung die innere Dynamik verändern kann. Manchmal ist die Öffnung verführerisch. Etwa wenn man zufällig mit einer Person aufgewachsen ist, an der die Öffentlichkeit Interesse entwickelt. Die Aufmerksamkeit, die dann auf den Verfasser fällt, kann Menschen verführen, ihre Zeugenschaft zu missbrauchen. Meist kommen nur kleine

Indiskretionen heraus, die niemandem schaden. Der berühmte Boxer Muhammad Ali liege im Sterben, verkündete dessen Bruder Rahman im Februar 2013. Papst Benedikt werde nach seinem Rücktritt im Kloster wohnen, verriet dessen Bruder Georg 2013 als Erster. Der Nobelpreisträger Gabriel García Márquez sei an Demenz erkrankt, erklärte sein Bruder Jaime im Sommer 2012, als man fragte, ob der berühmte Schriftsteller noch am Leben sei. Von all diesen unscheinbaren Verwandten hätte die Öffentlichkeit ohne Indiskretionen kaum so viel Notiz genommen.

Aber es kommt auch vor, dass Geschwister berühmter Personen ihre Erinnerungen als Waffe einsetzen und die Geheimnisse der Familie öffentlich, für Geld oder aus Rache, aussprechen. »Wir waren eine untypische, aber klassisch dysfunktionale Familie«, schrieb Michael Jacksons Schwester LaToya 1991 in einem Buch über ihre Kindheit. »Es gab Liebe und Glück, aber sie waren vergiftet von emotionalem und körperlichem Missbrauch, Falschheit und Verdrängung. Die Verbote unseres Glaubens, die scheinbare Liebe und Hingabe meiner Mutter und die Unfähigkeit meines Vaters, andere Gefühle als Wut auszudrücken, hielt uns in einem Netz aus Schuld gefangen, die sich als Liebe verkleidete, aus Brutalität, die ›Disziplin‹ genannt wurde und aus blindem Gehorsam, der sich wie Loyalität anfühlte.« Sie berichtete als Erste von sexueller Gewalt, der sie und ihre Geschwister zu Hause ausgesetzt waren. Der Weltstar Michael Jackson hatte zuvor gedroht, sie zu verklagen, wenn sie öffentlich behaupte, er sei sexuell missbraucht worden. Jahre später nahm die Schwester ihre Erinnerungen zurück und sagte, ihr damaliger Lebensgefährte habe sie einer Gehirnwäsche unterzogen. Doch da war das Privatleben der Familie Jackson längst ein Fressen für die Medien der ganzen Welt, und nicht alle nahmen die Enthüllungen mit Mitgefühl und Diskretion zur Kenntnis.

Nicht jede Geschwisterbeziehung ist lebenslang erträglich. Manchmal ist ein Kontaktabbruch auf Zeit oder für immer die beste Lösung. Aber auch er befreit Geschwister nicht von ihrer Macht über unsere Erinnerung. Und uns nicht von der Zeugenschaft für unseren Bruder oder unsere Schwester. Denn auch das bedeutet es, ein Geschwister zu sein: Es gibt kein Entkommen vor dem, was nur wir voneinander wissen.

Teil Zwei

Wobei Geschwister stören

Moral

Der Taxifahrer sah grimmig und gleichgültig aus. Wir waren irgendwelche Touristen, die am Straßenrand warteten. Marlene hatte den Wagen gerufen. Wir standen am Fuße des Vesuvs. Zusammen mit ihrem Mann machte sie dort Ferien, und weil ich für ein paar Tage in Neapel war, verbrachten wir einen Abend gemeinsam. Nun sollte mich das Taxi zurück in die Stadt und zu meiner Pension in der Nähe des Bahnhofs bringen. Ein wenig mulmig war mir vor der langen Fahrt in diese wilde Stadt mit ihren für mich undurchschaubaren Regeln. Aber Marlene verhandelte unerschrocken mit dem jungen Mann. Ihr Italienisch, das sie als Au Pair gelernt hatte, war immer noch fließend. »Pass' auf meine Schwester auf und bring' sie heil ins Hotel«, rief Marlene ihm noch nach, als ich eingestiegen war. Mit einem Ruck straffte Eifer die Person des Fahrers. Seine gelangweilte Miene hellte sich schlagartig auf. Nach wenigen Minuten verwickelte er mich in ein Gespräch über die neapolitanische Küche, in dessen Verlauf er wohl alle Speisen aufzählte, die er in seinem Leben jemals zu sich genommen hatte. Dazwischen gab er sich Mühe, meinen in holprigem Schulitalienisch vorgebrachten Sätzen zu folgen. Nach knapp einer Stunde setzte er mich vor der Pension ab, wünschte noch einen wunderschönen Aufenthalt in Napoli und weigerte sich, Trinkgeld anzunehmen. Das von Marlene ausgesprochene »mia sorella«, meine Schwester, muss eine Art Zauberformel gewesen sein. Danach, so schien es mir, behandelte dieser neapolitanische Taxifahrer den Auftrag, die ihm anvertraute Schwester von irgendjemandem sicher ans Ziel zu bringen, als höchstpersönliche Ehrensache.

Geschwister zu sein ist nie nur privat, sondern hat immer auch eine offizielle Funktion. Als Beziehungskonzept hat es in jeder Kultur Gültigkeit. Mit der Geschwisterbeziehung verbinden wir Werte wie Verlässlichkeit, Reinheit, Integrität und Beständigkeit. Worte wie »Bruder«, »Gebrüder«, »Schwester« oder »Geschwister« erscheinen in vielen Bereichen der Alltagskultur als Hinweis auf diese Qualitäten. Nach niemand anderem sind in Deutschland so viele Schulen benannt wie nach den Geschwistern Scholl. Nicht nach dem Schüler Hans Scholl allein, der in den 1940er Jahren vom begeisterten Hitlerjungen zum entschlossenen Widerstandskämpfer wurde. Nicht nach seiner jüngeren Schwester Sophie, die als Studentin mit ihm Flugblätter gegen die Nazis verteilte und 1943 mit ihm zusammen hingerichtet wurde. Obwohl das Foto der jungen Frau mit der zeittypischen Seitenscheitelfrisur längst einen festen Platz in unserem kollektiven Bildgedächtnis hat. Es existieren unzählige soziale Dienste mit Namen wie »Schwestern mit Herz«, »Die Wettiner Schwestern« oder »Die mobilen Schwestern«. In der Krankenschwester ist der Prototyp der selbstlosen Geschwisterliebe verkörpert. Ein Berliner Pflegeunternehmen nennt sich »Drei Töchter« und zielt mit diesem Namen auf die archaische Wunschvorstellung, Kinder zu haben, die sich im Alter um einen sorgen. Aber auch die Mitglieder bewusst aggressiv auftretender Subkulturen, wie etwa die Hip Hop-Gemeinde, nennen einander »Bro'« und »Sis'«, als Zeichen einer Zusammengehörigkeit mit friedlicher Absicht. Die beiden ältesten Kinder von Thomas Mann, Erika und Klaus, die durch ihr Auftreten als Schriftsteller und Weltenbummler Talent und Wagemut zu verdoppeln schienen, faszinieren das Publikum bis heute. Das Gleiche gilt für die beiden boxenden Brüder

Vitali und Wladimir Klitschko. Jeder für sich wäre wohl nur ein gutes Schwergewicht. Als Brüderpaar konnten sie sich die Aura annähernd übermenschlicher Kraft und unbezwingbarer Disziplin geben. »Blutsgeschwister«, »FredsBruder« und »Aunts & Uncles« sind Namen moderner Modelabels. In der Welt des volkstümlichen Schlagers verheißen Kapellen wie die »Geschwister Hofmann« und die »Geschwister Biberstein«, die »Geschwister Niederbacher« und die »Geschwister Reitberger«, »Schwesterherz«, »Bruderherzen« und sogar die »Jacob Sisters« schon immer besonders authentische Gesänge. Was mit Brüdern und Schwestern zu tun hat, dient als Gütesiegel. Es soll Vertrauen schaffen in jede erdenkliche Ware.

Elterliche Gottheiten stehen an der Spitze so gut wie jeder Weltreligion. Die Anhänger, als deren Kinder, gelten in spiritueller Hinsicht als Geschwister und haben die entsprechenden Verpflichtungen gegenüber ihren Mitgläubigen. Sowohl Christentum als auch Islam kennen die Begriffe »Glaubensbruder« und »Glaubensschwester«. Juden und Christen werden in der Theologie zuweilen als »ungleiche Brüder« betrachtet. Die Mitglieder einer christlichen Gemeinde werden im Gottesdienst nicht nur als »Brüder und Schwestern« angesprochen. Wenn sie ihr weltliches Dasein aufgeben, um als Mönch oder Nonne im Kloster zu leben, tragen sie diese Bezeichnung wie einen Adelstitel. Im Hinduismus ist »Raksha Bandhan«, das Fest der geschwisterlichen Liebe, ein wichtiger Feiertag. Er bedeutet übersetzt »Schützende Verbindung«. Zu diesem Anlass schenken Frauen ihren Brüdern – und auch den Cousins – geweihte Armbänder und segnen sie. Männer revanchieren sich mit kleinen Geschenken und der Zusicherung ihres Beistandes.

Altruismus und Friedfertigkeit gegenüber Familienmitgliedern kann jeder Mensch ohne Erklärung verstehen. Fast jeder bekommt diese Verhaltensweisen als Kind im Zusammensein mit den tatsächlichen Geschwistern beigebracht. Das Friedensgebot innerhalb der Familie dürfte dabei im Pragmatismus der Evolution wurzeln. Keine Sippe erträgt auf Dauer das ständige Gebrüll und die Spannung streitender Kinder. Darum finden Eltern immer wieder Mittel, es einzudämmen. Auf dieser individuellen familiären Vorbildung können Kultur und Religionen ihren jeweiligen mythischen Überbau errichten.

Brüder und Schwestern stehen höher als andere Menschen. Die Evolutionsbiologie kennt dafür das Konzept der »Verwandtenselektion«. Diese Theorie basiert auf Darwins Evolutionslehre und wurde in den 1960er Jahren von britischen Biologen entwickelt. Sie besagt, dass sich Tiere und Menschen automatisch rücksichtsvoller und weniger egoistisch verhalten, wenn sie mit einem nahen Verwandten zu tun haben. Dann zeigt sich ihr Altruismus etwa in der Hilfe bei der Aufzucht von Jungen, die nicht ihre eigenen sind. Dieses Verhalten verbindet den tropischen Knallkrebs Synalpheus regalis mit dem Homo sapiens. Es soll sicherstellen, dass die Träger gleicher Gene möglichst günstige Überlebensbedingungen haben.

Geschwister sind Träger einer Moral. Sie machen Menschen besser, indem sie ihnen die Gelegenheit geben, sich altruistisch zu verhalten. Das wirkt ins Innere, indem es einen Rücksicht und Selbstlosigkeit lehrt. Und es wirkt nach außen. Indem man auf seine Geschwister hinweist, gibt man nicht nur Auskunft über sich selbst, man fordert auch gesellschaftliche Verhaltensregeln ein. Man signalisiert, dass es Situationen gibt, in denen man sich altruistisch verhält. Dass man erforderlichenfalls also über die Fähigkeit verfügt, ein besonders guter, moralisch handelnder Mensch zu sein. Und dass man das auch vom anderen erwartet. Sei auch du kein wildes, egoistisches Tier. Lass' uns gut wie Brüder und Schwestern sein. Wenn das nicht funktioniert, gibt es immer noch die alte Schulhofdrohung: Wenn du mich nicht in Ruhe lässt, hole ich meinen großen Bruder, und der verprügelt dich.

»Mutlu ist ein netter Kerl. Aus irgendeinem Grund nennt er mich Abi, großer Bruder, was im Türkischen einen enormen Respektbeweis darstellt«, schreibt der Autor Cem Gülay in seinem Buch *Kein Döner Land*. Darin berichtet er von »Interviews mit fiesen Migranten«, die er auf seinen Reisen durch Deutschland geführt hat. Mutlu führt er als Zweitgenerationstürken mit Aggressionsproblem ein, der jedes Mal zuschlägt, wenn er sich von jemandem respektlos behandelt fühlt. Weil Gülay in seinem ersten Buch berichtete, wie er selbst aufhörte, ständig zuzuschlagen, betrachtet Mutlu ihn im zweiten als eine Art Guru. »Nur du, Cem Abi, hast mir geholfen«, lässt Gülay ihn in seinem Bericht sagen. »Seit ich das gelesen habe, kann ich zu allen, die meine Ehre in Frage stellen, sagen: Cem Abi schlägt auch nicht mehr zu.« Der große Bruder hat ihm die Verantwortung abgenommen. Der große Bruder ist die Autorität. Er hat mehr zu sagen als man selbst. Man tut nicht, was man selbst will, man tut das, was der große Bruder gesagt hat. Aber in diesem »großer Bruder« des Türkischen steckt nicht nur eine verbale Respekts- und Unterwerfungsgeste. In der Logik, die Gülay schildert, ist der Abi auch ein ganz realer Schutz. Ein Wort wie ein Amulett. Allein seine Erwähnung hält den Angreifer in Schach.

Moralgesetze werden im spirituellen und religiösen Fundament einer Gesellschaft geprägt. Je nachdem, wie sie im Detail lauten, dienen sie nicht nur der Friedenssicherung, sondern sind auch eine schwere Last. Vor allem dann, wenn sie auf sehr ungleiche Art aufgeteilt ist. Trägerinnen sexueller Moral etwa sind traditionell Mädchen und Frauen. In orientalischen Gesellschaften gilt die sexuelle Reinheit der Töchter bis heute vielerorts als gleichbedeutend mit der Ehre der Sippe. Eine Art Familienkapital. Die Brüder bekommen die Aufgabe, sie zu kontrollieren und zu verteidigen – real und symbolisch. Bei der Fußballweltmeisterschaft von 2006 schlug der algerischstämmige französische Spieler Zinédine Zidane einen Spieler der gegnerischen Mannschaft mit einem gezielten Kopfstoß zu Boden, nachdem ihn dieser mit den Worten provoziert hatte, er wollte nach dem Spiel nicht dessen Trikot, sondern lieber seine Schwester. Man hört von Morden, die Männer an ihren Schwestern begehen, wenn diese sich gegen die Kontrolle wehren und durch selbstbestimmtes Verhalten aus Sicht der Brüder die Familienehre beschädigen.

Geschwister sind die, deren Ehre man verteidigt. Und die, bei denen man sich nicht egoistisch verhält. Das ist ihre mythische Bedeutung. Leider macht sie einen Bruder oder eine Schwester im Alltag nicht automatisch zum besseren Menschen. Denn der Mythos der Geschwisterliebe betrifft nicht die Person. Er betrifft nur die Verbindung, in der wir zu ihr stehen. Dass man im Notfall füreinander einsteht, heißt nicht, dass man einander auch versteht. Oder dass man sich auch nur gut genug leiden kann, um nicht jedes Telefonat in Tränen enden zu lassen. Dieser Unterschied kann ungeheuer verwirrend sein.

Weil er so schwer auszumachen ist, sind die Erwartungen an unsere eigenen Geschwisterbeziehungen oft überfrachtet. Wenn wir unseren eigenen Weg suchen, stehen sie uns manchmal im Weg. Aber das merken wir nicht immer, weil der Mythos den überfrachteten Erwartungen so sehr Recht gibt. Darum ist es auch so schwer, sich von Geschwistern zu lösen. Auch dann, wenn die Beziehung schlecht und schmerzhaft ist. Wenn man sich von einem Geschwister distanzieren oder sogar trennen will, kommt einem der Mythos oft als archaische Angst in die Quere. Man fürchtet, durch die Trennung eine Art Bannschutz zu verspielen und den unsichtbaren Mantel der Zugehörigkeit zu zerreißen. Die Strafe, die in der eigenen Vorstellung manchmal droht, wenn man eine Geschwisterbeziehung lockern will, ist grausam wie in einem Märchen. Wenn man sich aus einer solchen Bindung löst, fürchtet man, so schutzlos zu werden, dass einen der nächste Raubvogel in die Lüfte heben kann, unbemerkt und von niemandem beweint.

Kain, Abel, Leo und Marlene

Das erste Geschwisterkind der Geschichte ist Kain, der Erstgeborene von Adam und Eva. Er gilt auch als der erste Mörder. In der Bibel erschlägt er seinen jüngeren Bruder Abel. Und zwar aus Neid, weil der göttliche Vater Abels Opfergaben lieber annimmt als die von Kain. Kain ist ein biblischer Name, der nie in Mode gekommen ist.

Alle großen Weltkulturen kennen das Motiv der Geschwisterliebe. Und alle erzählen in ihren Mythen vom Brudermord. Rom wurde der Sage nach von den Brüdern Romulus und Remus gegründet. Im Streit wurde Remus von Romulus erschlagen, der Mörder gab der Stadt den Namen. Die alten Griechen kannten Eteokles und Polyneikes, die König Ödipus mit seiner Mutter gezeugt hatte und die einander im Machtkampf töteten. Die Brüder Atreus und Thyestes ermorden gemeinsam ihren Halbbruder Chrysippos. Bei den alten Ägyptern wurde der Gott Osiris von seinem Zwillingsbruder Seth aus Neid umgebracht. Nur die Wissenschaft beschäftigt sich bisher kaum mit den intensivsten Gefühlen zwischen Brüdern und Schwestern. »Die Kategorie Liebe wird bisher aus dem wissenschaftlichen Diskurs zur Familiendynamik weitestgehend ausgeblendet«, schrieb die Hallenser Geschwisterforscherin Inés Brock 2006. Ebenso der handfeste Hass, der zwischen Geschwistern gedeihen kann.

Die Vorstellung, dass Menschen, die per Geburt miteinander verbunden sind, einander aus tiefster Seele hassen können, ist verstörend und beunruhigend. Nicht, weil der Gedanke so fremd ist. Sondern, weil jeder, der selbst ein Geschwister hat, sich wahrscheinlich schon einmal ganz genau vorstellen konnte, wie sich ein solcher Hass anfühlt. Geschwisterbeziehungen sind Zwangsbeziehungen. Unter Zwang gedeiht Liebe schlecht. Weit häufiger entsteht unter Zwang Feindschaft. Dass es dennoch so vielen Familien gelingt, zwischen ihren Kindern die Grundlagen für ein lebenslang friedliches oder sogar freundschaftliches Verhältnis zu legen, ist eine kulturelle Leistung, auf die jeder Beteiligte stolz sein kann. Es ist keine Selbstverständlichkeit.

Dass bisher so wenig über Liebe und Hass zwischen Brüdern und Schwestern geforscht wurde, hängt damit zusammen, dass die Geschwisterforschung eine junge Forschungsrichtung ist. Sie entwickelt ihre Lehren aus verschiedenen Erkenntnissen der Psychologie, Soziologie, Ethnologie und Medizin und muss sich methodisch und inhaltlich erst gegen diese abgrenzen. Lediglich in der Psychoanalyse spielt der nächtliche Traum, ein Geschwister zu ermorden, seit jeher eine wichtige und symbolische Rolle. Allerdings nur in Hinblick auf das Seelenleben des Träumenden, nicht in Bezug auf die Familiendynamik. »Sigmund Freud, der Begründer der klassischen Psychoanalyse, selbst Vater von sechs Kindern, hat Geschwister in seiner psychoanalytischen Theorie nicht eingehend betrachtet«, heißt es 2011 in einem Aufsatz, der an der Universität Wien im Fach Gender Studies entstand. Die Verfasserin, Christine Metzler, hat ihm den Titel »Geht's nur um Ödipus und die Eltern? Die absenten Geschwister der klassischen Psychoanalyse« gegeben.

Auch eine positive Sicht auf Geschwisterbeziehungen in der Seelenkunde ist ziemlich neu. Viele Jahrzehnte nahm die psychologische Sicht auf Familien Freuds strenge Perspektive ein. Für ihn fanden alle maßgeblichen Beziehungen in der Hierarchie zwischen Eltern und Kind statt. Im Mittelpunkt stand das »Ödipale Dreieck«: der von Freud entdeckte Wunsch des Kindes, sich mit dem gegengeschlechtlichen Elternteil zu vereinigen und die dabei störende Mutter oder den Vater zu verdrängen. Geschwister erscheinen dabei hauptsächlich als weitere Rivalen – oder als Ersatzmütter und -väter. Erst in den 1980er Jahren stellten moderne Psychologen diese »vertikale« Sicht in Frage und begannen, das Augenmerk auf die »horizontalen« Beziehungen zwischen Geschwistern zu legen. Doch »die horizontale Geschwisterbeziehung erscheint als sekundär gegenüber der primären vertikalen Elternbeziehung« schrieb noch 1994 der Kinderpsychiater Hans Sohni über die weiterhin vorherrschende, freudianische Sicht. »Und zudem ohne eigenständige Bedeutung, als Variante, Ersatz, Erweiterung der Beziehung zu den Eltern. Die Ausklammerung der Geschwisterbeziehung fällt um so mehr auf, als uns geschwisterliche existentielle Verbundenheit und Geschwistersolidarität kulturell als universales Phänomen begegnen.«

Es ist kein Zufall, dass der Sichtwechsel in Bezug auf Geschwister zu einer Zeit begann, in der Familien immer weniger Kinder bekamen und das einzelne Kind eine immer größere Bedeutung für die Eltern erlangte. Zu Freuds Zeiten waren Großfamilien die Norm und Geschwister eine Selbstverständlichkeit.

Meine Schwester Marlene hatte sich viele Jahre eine Schwester gewünscht. Sie stellte sich vor, dass sie dann immer jemanden zum Spielen haben würde. Bisher war da nur ihr Vater, aber der hatte nie Zeit, weil er neben der Arbeit studierte und meist erst spät nach Hause kam. Auch die Mutter hatte keine Zeit zum Spielen. Sie brachte den Haushalt auf Hochglanz in der Hoffnung, dass der Vater, wenn er abends nach Hause kam, es bemerken würde. Die beste Spielgefährtin war Mirella, Marlenes Cousine. Aber sie wohnte in Italien und war nur in den Ferien da. Doch mit Mirella war es immer schön. Sie war fünf Jahre jünger als Marlene und sehr lieb. Mit ihr konnte Marlene stundenlang spielen und es wurde nie langweilig oder kompliziert. So jemanden wie Mirella zu haben, bloß für immer, das war ihr größter Wunsch. Kurz vor ihrem neunten Geburtstag sagten die Eltern dann: Du bekommst ein Geschwisterchen. Viele Monate lang freute sich Marlene jeden Tag und stellte sich beim Einschlafen vor, welche Spiele sie miteinander spielen können. Der Bauch der Mutter wurde immer größer, und irgendwann fuhr der Vater sie mit quietschenden Reifen ins Krankenhaus. Es ist ein Schwesterchen! sagte der Vater am nächsten Tag mit müden Augen, als sie zusammen ins Spital fuhren. In der Klinik war dann aber alles ganz anders, als Marlene es geträumt hatte. Das Schwesterchen hatte nicht die geringste Ähnlichkeit mit Mirella. Sein Kopf war rot und runzlig, und Marlene konnte es nur durch eine Glasscheibe in einem winzigen Bett liegen sehen. Auch in den nächsten Tagen und Wochen wurde es nicht besser. Die Mutter musste in der Klinik bleiben, weil sie bei der Geburt krank geworden war, und das mit dem Spielen konnte Marlene erstmal vergessen. Irgendwann kam die Mutter mit dem Tragekorb nach Hause. Aber die Schwester war immer noch viel zu klein zum Spielen und schrie oder schlief auch fast die ganze Zeit. Auch die Mutter lag oft im Bett und brauchte Ruhe. Marlene wurde klar, dass die Sache mit der Schwester für sie in die völlig falsche Richtung lief. Aber irgendwann durfte sie sie zum ersten Mal allein aus dem Bettchen heben und im Arm tragen. Das gefiel ihr dann doch. Nur wenn Mirella jeweils zu Besuch kam, war alles wieder anders. Dann schloss sich die Tür viele Jahre lang selbstverständlich hinter den beiden Mädchen und es gab keinen Zweifel, dass ich ihr Spiel und ihr Glück nur gestört hätte.

Ob sich zwischen Kindern eine enge Geschwisterliebe entwickelt, können Eltern nicht beeinflussen. Aber sie können dafür sorgen, dass sich kein Geschwisterhass entwickelt. Der Hass zwischen Geschwistern entsteht aus einer gesteigerten und anhaltenden Form der Rivalität. Soviel gilt in der Psychologie heute als gesetzt. Er ist eine Art chronische Konkurrenz. Er kann sich dann entwickeln, wenn die Beteiligten kein Mittel des Ausgleichs finden. Wenn es ihnen aus irgendwelchen Gründen nicht erlaubt ist, die entspannenden Strategien zu wählen: Rückzug oder Abgrenzung. »Wir sind nicht verpflichtet, einen Bruder oder eine Schwester zu lieben«, sagt der französische Kinderpsychiater Marcel Rufo auf dem Internetportal *psychologies.com*. »Schmerzhafte Verbindungen müssen gelöst werden. Innerhalb der Familie ist das aber schwierig, weil Eltern furchtbar leiden, wenn die Kinder keine Einheit bilden. Sie sehen darin das Scheitern ihrer Elternschaft. Ein Kind, das eine solche Verbindung löst, weist ihnen Schuld zu.«

Kinder selbst scheinen Konkurrenz und Rivalität viel weniger zu fürchten. »Die Koexistenz von positiven und negativen Gefühlen ist ein universelles Merkmal von Geschwisterbeziehungen«, schreibt Inés Brock. Unter normalen Umständen zeigen Kinder die Fähigkeit, sich in dieser Ambivalenz ganz selbstverständlich zurechtzufinden. »Abweichend von den realen Gegebenheiten, weist die ›Wunschfamilie‹ heutiger Kinder viele Geschwister auf«, zitiert der Kinderpsychiater Hans Sohni eine Studie des Deutschen Jugendinstituts aus den frühen 1990er Jahren. Die Forschung selbst weist gelegentlich auf den erzieherischen Nutzen größerer Familien hin. »Mehrere Kinder zu haben, zeigt den Eltern die Unterschiedlichkeit ihrer möglichen Genkombinationen und die Vielfalt an Persönlichkeiten, die sich ›unter‹ ihrem erzieherischen Handeln entwickeln«, schreibt Inés Brock. »Und nimmt ihnen damit Schuldgefühle und Überverantwortung für den ›Erfolg‹ der Erziehung.«

Negative Gefühle drohen vor allem die Oberhand zu gewinnen, wenn Eltern die Rivalität der Geschwister nicht abzulenken verstehen, sondern diese bewusst oder unbewusst anfeuern. Etwa, indem sie ihre Liebe und Aufmerksamkeit von Leistung und Wohlverhalten abhängig machen. Wenn die Eltern oder das Umfeld besondere Harmonie zwischen den Geschwistern fordern und keinen individuellen Rückzug zulassen, können die negativen Gefühle zu chronischem Hass werden. Und zwar auch bei Geschwistern, die sich unter geringerem Druck einfach aus dem Weg gehen würden.

»Der Beginn der Geschwisterliebe ist ein sehr reizgesteuertes Verhalten«, schreibt Inés Brock. »Die Geburt eines Geschwisters wird nur durch inadäquates Verhalten der Eltern zu einem Entthronungstrauma, wie es Adler beschrieben hat.« Inadäquat ist vor allem die falsche Interpretation der kindlichen Zeichen, meint sie. Das ältere Kind entdecke »seine ursprünglichen Bedürfnisse neu, wenn es die Ungehemmtheit und Freiheit der Gefühlsäußerungen des Säuglings beobachtet«. Die Regression im Verhalten von Erstgeborenen könne »in diesem Sinne auch als primäre Naturverbundenheit unter Geschwistern und nicht als pathologischer Rückfall verstanden werden«. Wenn das ältere Kind plötzlich wieder ins Bett pinkelt, sobald das neue Baby da ist, muss das aus ihrer Sicht nicht unbedingt bedeuten, dass es eifersüchtig ist und wieder mehr Aufmerksamkeit auf sich ziehen will. Es kann auch bedeuten, dass es sich daran erinnert, wie schön es sich anfühlt, wenn man es einfach laufen lassen kann und sich den lästigen Weg aufs Klo erspart.

Meine Arbeitskollegin Ulrike bekam mit 32 ihr erstes Kind, Theo. »Man macht sich vorher ja gar nicht klar, wie lieb man so ein Baby hat«, sagte sie, als sie nach einem halben Jahr zum ersten Mal zum Kaffeetrinken kam. Ulrike ist Lehrerin und hatte sich sehr intensiv mit dem Kinderhaben beschäftigt. Sie war entschlossen, alles richtig zu machen. Schon mit etwas mehr als einem Jahr begann Theo zu sprechen und mit zwei zeigte er die Fähigkeit, seine Spielsachen systematisch zu ordnen. »Theo ist hochbegabt«, davon war Ulrike überzeugt. »Er muss gefordert, aber nicht überfordert werden.« Theo war ein ziemlich introvertiertes Kind, das nur wenig reagierte, wenn Ulrikes Freunde versuchten, mit ihm Kontakt aufzunehmen. Als er knapp zwei Jahre alt war, wollte er keine Windeln mehr tragen. »Das üben wir noch«, tröstete Ulrike, wenn er es hin und wieder nicht rechtzeitig auf die Toilette schaffte. Als Theo drei war, kam er immer pünktlich zum Klo. Als Theo dreieinhalb war, wurde Ulrike wieder schwanger. Als Leo zur Welt kam, war Theo viereinhalb und machte wieder jeden Tag in die Hosen. Als Theo fünfeinhalb war, trug er längst wieder Windeln. Nicht weil er es wollte, sondern weil Ulrike es wollte. Sie konnte nicht ständig seine Kleidung kontrollieren. »Das ist eine Phase«, dachte sie, und dass Theo gerade das klassische Entthronungstrauma durchlebt. Als Theo sechseinhalb und eingeschult worden war, ließ Ulrike ihn zum ersten Mal an der Blase operieren. Er machte immer noch mehrfach am Tag in die Hosen und war nach wenigen Tagen das Gespött der Klasse. An der Blase hatte es nicht gelegen, wie die Operation ergab. Theo pinkelte weiter. Leo entwickelte sich währenddessen zu einem munteren Kleinkind, das jedes Geplänkel der Nachbarinnen freudig erwiderte. Theo ließ sich, wenn Besuch da war, meist nur kurz blicken. »Hast du frische Windeln angezogen?«, rief Ulrike manchmal, wenn sie den Sieben-, Acht-, Neunjährigen am Treppenabsatz sah. Für sie war das eine sachliche Frage, und falls sie ihren ältesten Sohn damit beschämen sollte, sah sie es nicht mehr als ihr Problem an. Dass es auch anders geht, bewies schließlich Leo. »Er schafft es doch auch, warum du denn nicht?«, das zu fragen hat Ulrike irgendwann aufgegeben. Heute ist Theo elf und besucht das Gymnasium. Er zeigt in allen Fächern überdurchschnittliche Leistungen. Mit Leo versteht er sich im Großen und Ganzen gut. Jeder versteht sich gut mit Leo. Leo ist ein Sonnenschein. Für Ulrike ist er zudem der Beweis, dass sie keine schlechte Mutter ist. Für Theo ist sein Bruder der Beweis, dass er ein Versager ist. Auch heute trägt Theo noch an den meisten Tagen Windeln und versucht, so viel Zeit wie möglich in seinem Zimmer zu verbringen.

Wenn Charaktere sehr verschieden sind und es zwei Geschwister nur wenige Stunden ohne Konflikt im selben Raum aushalten, reicht schon die normale Familiensituation, dass er irgendwann zu glimmen beginnt. »Zwischen Geschwistern mit hohem emotionalem Zugang kann sich natürlich auch öfter ein negatives Gefühlspotential aufbauen«, sagt der Familienforscher Hartmut Kasten. »Jedoch spricht der gegenwärtige Forschungsstand eher dafür, dass sich Geschwisterbeziehungen im Verlaufe der mittleren und späteren Kindheit in der Regel zunehmend egalisieren und harmonisieren.« Aber die Entstehung von Liebe und Hass hat immer auch ein alchemistisches Element, das nicht bis zu Ende analysiert werden kann. Es gibt lediglich Hinweise, die zeigen, ob aus den normalen Geschwisterkämpfen Hass zu werden droht.

Mit Geschwisterhass ist meist Brüderhass gemeint. Zwar können auch Schwestern – und seltener Brüder und Schwestern – miteinander bis zum Tötungswunsch konkurrieren. Aber daraus ist kein kollektives Bild geworden. »Feindliche Schwestern oder gar Söhne in Rivalität um die Mutter, Töchter um den Vater kämpfend – es ist kein Zufall, dass das keine Motive von vergleichbarer Tragfähigkeit sind wie das Motiv der feindlichen Normen«, schrieb der Freiburger Germanistikprofessor Gerhard Kaiser 1983 in einer Aufsatzsammlung zum Thema »Brudermord in der Geschichte der Menschen«. Er erklärt es mit der patriarchalen Tradition, die den meisten Kulturen der Welt zugrunde liegt. Im Kampf zwischen Brüdern gehe es um mehr als nur um die persönliche Rivalität, schreibt Kaiser. Es gehe darum, wer die Position des Vaters und damit des männlichen Herrschers einnehmen darf. Es geht sowohl um reale als auch um symbolische Macht und damit in der Logik des Mythos um alles. Der Machtkampf der Schwestern spielt sich da von vornherein in einem kleineren Rahmen ab und verzichtet auf die symbolische Komponente. »Die Mutter gewährt Gunst«, schreibt Kaiser, »aber bestimmt nicht die Normen.«

Eifersucht und Wutgefühle ertragen zu lernen und den Impuls zu unterdrücken, den anderen, der einen stört, zu vernichten, ist eine Grundtechnik jeder Kultur. In der mächtigen Geschichte von Kain, der aus Neid seinen Bruder Abel erschlägt, liegt die Warnung davor, der alltäglichen Wut auf unsere Geschwister nachzugeben. Auch alle anderen Weltreligionen kennen Regeln, mit denen die Konkurrenz unter Brüdern und Schwestern entschärft wird. Der innere Schritt zurück aus einem Kampf ist Voraussetzung für jede zivilisierte Gesellschaft. Aber darin liegt auch nach Jahrtausenden immer noch ein mächtiger und mitunter schmerzhafter Verzicht auf eine ungezügelte und darum unvergleichbar befreiende Wut, die einen anderen schädigen oder zerstören kann. Fast jeder Mensch hat sie schon selbst erlebt. Aber zum Glück nur wenige, nachdem sie aus dem Kinderzimmer herausgewachsen sind.

Der Alptraum vom Familienglück

Als der Schriftsteller Hans Henny Jahnn 1894 in Hamburg zur Welt kam, war sein Bruder seit zwei oder drei Jahren tot, im Kindsalter gestorben. Die Mutter litt schwer unter dem Verlust. Allein die Hoffnung, sobald wie möglich ein neues Kind zu bekommen, erhielt ihren Lebensmut. Dem Nächstgeborenen gab sie die gleichen beiden Vornamen – Hans Henry – wie dem Toten, und besuchte mit ihm regelmäßig das Grab des Älteren. So las der Schriftsteller als Kind auf einem Grabstein seinen eigenen Namen. Das Gefühl, nur Ersatz zu sein, prägte sich tief in ihn ein. »Mein Blut ging in mir um, und ich wusste, dass es nicht mein Blut war, dass nichts mir gehörte, sondern alles dem, der da begraben lag … Damals wusste ich schon das Geheimnis meiner Zeugung, dass ich sein sollte, was er war, und ich erkannte, dass seine lachende Seele an einen hässlichen, einen widerlichen, entstellten Leib geraten war.« Jahnn litt nicht nur lebenslang an seiner Körperlichkeit, sondern auch an dem Gefühl, ein in jeder Hinsicht unzureichender Mensch zu sein. »Jahnn nennt sich selbst ›Henny‹ und übernimmt die Idealisierung durch die Eltern«, schreibt dazu der Düsseldorfer Psychoanalytiker Mathias Hirsch in seinem Buch *Schuld und Schuldgefühl.* »Aber die Feindlichkeit gegen das eigene Selbst, besonders gegen den eigenen Körper, weisen auf die Übermacht des Introjekts hin.« Introjekt bedeutet in der Psychoanalyse, dass eine dauerhaft abwesende Person als Vorstellung im Innern eines Menschen weiterlebt und dort Forderungen stellt, die als von dieser Person kommend empfunden werden.

Bis in die ersten Jahrzehnte des 20. Jahrhunderts war es ein alltägliches Risiko, dass ein Kind stirbt. Um 1870 erlebten ein Viertel der in Deutschland geborenen Kinder ihren fünften Geburtstag nicht. 1910 waren es ungefähr 16 von 100. In den 1930er Jahren sank die Zahl aufgrund verbesserter Hygiene und Gesundheitsversorgung auf unter zehn Prozent. Seit den 1970er Jahren sterben in Deutschland ungefähr noch drei von tausend Kindern, bevor sie fünf Jahre alt sind.

Das große Risiko, ein Kind wieder zu verlieren, dürfte ein wichtiger Grund dafür gewesen sein, dass bis ins erste Drittel des 20. Jahrhunderts in vielen Familien kein allzu großer Wert auf die Seele eines Kindes und seine individuelle Entwicklung und Förderung gelegt wurde.

Heute machen sich die meisten Menschen, wenn sie eine Familie planen, relativ genaue Vorstellungen, wie ihr Leben und das der Kinder aussehen soll. Meine Nachbarin träumte von einem langen Holztisch in einem großen Garten. Sie sah süße, barfüßige Kinder in winzigen Jeans und weißen Hemden herumtollen. Sich selbst sah sie einen bunten Salat in einer großen Schüssel mischen, Wein und Saft einschenken und dann die ganze Bande fröhlich zum Essen zu rufen. Irgendwo rannte noch ein verwuschelter Hund herum. So ein Bild hatte sie in einem Prominentenmagazin gesehen, es illustrierte die Homestory über einen berühmten Schauspieler, und es hatte sich in ihr Gedächtnis gebrannt. Eine Arbeitskollegin hatte in ihrer Jugend das Porträt eines Künstlerpaares mit einem kleinen Kind ausgeschnitten. Auf den Fotos saßen eine schöne Frau und ein langhaariger Mann in einem Wohnzimmer, dessen Wände voller Bilder des Mannes hingen. Auf einem etwas zerschlissenen, aber ehemals edlen Sofa, einem Erbstück der Tante, saß zwischen ihnen ein Junge mit Stupsnase und Zahnlückengrinsen. »Jonas spielt am liebsten im Atelier seines Vaters«, hieß es unter dem Foto. Seitdem wollte meine Kollegin einen Künstler als Freund und ein solches Kind.

Ein Schulfreund sagte schon als junger Mann, er wolle einmal eine »Rama-Familie«, attraktiv und gutgelaunt wie in der Margarinewerbung. Dieses Ideal überlebte ein ausuferndes Liebesleben in den Studienjahren und führte nach einer geschiedenen Ehe mit einer Schönheitskönigin vor ein paar Jahren zur Heirat mit einer anziehenden Südländerin, der er immer wieder und auch vor Publikum gern zuzwinkert und ihr anbietet, jederzeit ein Geschwisterchen zum gemeinsamen, inzwischen fünfjährigen Sohn zu machen.

Auch in früheren Jahrhunderten hatten Kinder bereits vor ihrer Geburt eine feste Funktion im Idealbild der Familie. Sie wurden als Stammhalter und Arbeitskraft, Manövriermasse im Hochzeitsmarkt und Altersversicherung gezeugt. Das hieß nicht, dass sie von ihren Müttern und Vätern nicht geliebt und nach bestem Wissen umsorgt wurden. Aber es bedeutet, dass ihnen von Geburt an ein Platz in der Welt zugewiesen wurde und dass es wenig Diskussion darüber gab, ob ihnen dieser Platz genehm war.

Die Art, wie Eltern mit ihren Erwartungen an ihre Kinder umgehen, hat sich heute geändert. Das Wissen über psychologische Zusammenhänge ist zum Allgemeingut geworden. Kaum ein Elternteil hat noch nie davon gehört, dass man Kinder individuell fördern soll. Aber das bedeutet nicht, dass sie dadurch automatisch von den Erwartungen der Eltern befreit werden. Menschen investieren ihr Geld und ihre Zeit nicht in Frühchinesisch und umfangreiche Fahrdienstlogistik, weil sie die Welt besser machen wollen. Sie tun es, um ihr Kind und damit die Familie wettbewerbsfähig zu halten. Vor allem aber tun sie es, damit sie sich später nicht vorwerfen müssen, irgendetwas ausgelassen zu haben, was dem Kind eventuell zum persönlichen Glück verholfen hätte. Sie tun es, um nichts falsch zu machen. »Spätestens seit der Zeit nach dem Zweiten Weltkrieg lastet auf Kindern das Joch des Glücks«, formulierte es die niederländische Schriftstellerin Connie Palmen. »Eltern, die selbst Verlust und Mangel erlitten haben, können es nicht ertragen, dass ihr Kind so unglücklich ist wie sie selbst.« Wenn das Kind nicht glücklich ist, fühlen sich Eltern als Versager. Familie bedeutet immer Hoffnung auf Gewinn. Jede Grundschullehrerin weiß von Armeen von Eltern zu berichten, die sie förmlich zwingen, ihren Söhnen und Töchtern in jedem Fall eine Gymnasialempfehlung auszusprechen. Ihr Kind soll glücklich werden und auch sie glücklich machen. Möglichst als Akademiker.

Nicht als Handwerkerin, Tagelöhner oder frei umhertreibender Lebenskünstler.

In Zeiten, als wegen der hohen Kindersterblichkeit unsicher war, ob sich Investitionen in die Zukunft lohnen, konnten nicht zu viele zeitliche, finanzielle und seelische Ressourcen einer Familie in die Förderung des einzelnen Kindes gesteckt werden. Darin lag die Wurzel für viel schreckliches Elend. Aber es lag darin auch eine gewisse Freiheit. Abgesehen vom Stammhalter, auf dem oft die Aufgabe lastete, Familientraditionen fortzuführen, konnten viele Kinder sich einigermaßen frei von elterlichen Projektionen entwickeln. In unserer Zeit der scheinbar unbegrenzten Machbarkeit werden Kinder manchmal zu Projekten der Selbstverwirklichung und Selbstvergewisserung der Eltern. Wenn sie den Vorstellungen des Vaters oder der Mutter gar nicht zu entsprechen vermögen, können sie daran zerbrechen. Hier liegt ein Vorteil von Geschwistern: Diese können die Glückserwartungen der Eltern untereinander aufteilen. Das funktioniert in einer einigermaßen ausbalancierten Familie. Und dann, wenn nicht allzu große unbewusste Erwartungen bestehen. Wenn die einzelnen Rollen nicht allzu unterschiedlich belastet sind. Wenn nicht zu viele Wunschbilder die reale Entwicklung stören. Es spielt in die Hände der Kinder, dass sie meist von Geburt an sehr unterschiedlich sind. In der Vielfalt und der angeborenen Unterschiedlichkeit von Geschwistern liegt ein evolutionärer Sinn. Wenn alle Mitglieder gleichermaßen zurückhaltend oder sensibel wären, könnte die Familie unter widrigen Umständen womöglich untergehen. Die Überlebenschancen stehen besser, wenn im Notfall möglichst viele Talente und Fähigkeiten zur Verfügung stehen. Wenn einer stark ist und einer empfindsam, einer aggressiv und einer schlau. Und wenn die Eltern in der Lage sind, diese Anlagen zu fördern, ohne sie durch eigene Wünsche allzu sehr zu deformieren.

Mein Bruder Arthur stammte aus einer gutbürgerlichen Familie. Das wussten seine neuen Eltern, als sie ihn adoptierten. Er entwickelte sich so, wie sie es sich vorgestellt hatten. Arthur war intelligent und wissbegierig, gewitzt und charmant. Es lief so gut mit ihm, dass sie kurz nach seinem zweiten Geburtstag beschlossen, für ihn einen Bruder zu adoptieren. Das Amt schlug ihnen Gregor vor. Auch dieser würde brünett und grünäugig, wie die Mutter, Vater und Arthur. Aber er stammte aus einem unehelichen Verhältnis einer Kellnerin mit einem Hilfsarbeiter. Man ging davon aus, dass von ihm vermutlich keine überragenden geistigen Leistungen zu erwarten sein würden. Dass er aber doch womöglich ein handwerkliches Geschick besäße, das gut in die Familie passen könnte. Das mit dem Geistigen bewahrheitete sich schnell. Gregor war nicht dumm, aber er war ein wenig bequem. Er guckte sich gerne die Bilder in Comics an und kicherte über fast alle Trickfilme im Fernsehen. Aber er hatte im Gegensatz zu Arthur keine Lust, etwas zu lernen, was er noch nicht konnte. Das galt auch für die Geige. Seine neue Mutter legte großen Wert auf die Musik. Von klein auf sangen beide Jungen im Chor, mit engelsgleichen, ungebrochenen Stimmen, die sie zu Konzerten bis ins Ausland führten. Arthur zeigte darüber hinaus am Klavier ein beachtliches Talent. Für Gregor wurde die Geige ausgewählt. Aber er besuchte den Unterricht widerwillig und übte nur unter Zwang. Dennoch überdauerte die Vorstellung, dass er ein Talent habe, das bloß gefördert werden müsse, den Tod seiner Adoptivmutter und reichte bis in seine dritte Familie mit meiner Mutter und mir. Das Quietschen von Gregors Geige, wenn er im Wohnzimmer am Fuß der Treppe die erzwungene Übungshalbestunde absolvierte, hallt noch immer in meinen Ohren. Gregor muss ziemlich unter der Erwartung gelitten haben, dass er so musikalisch sei wie sein Bruder. Er war es nicht, oder er wollte es nicht, aber das gestand man ihm nicht zu. Später nutzte er das Instrument nur noch, um Geld zu erpressen: Wie ein Irrer sägte er mit dem Bogen über die Saiten und erzeugte einen nervenzermürbenden Lärm. Erst wenn sein Vater ihm einen Geldschein reichte, hörte er auf und zog ab. Wenige Monate nachdem er als Jugendlicher auf diesen Trick gekommen war, wurde die Geige abgeschafft und Gregors musikalische Karriere beendet.

Die Idee, dass Kinder über eine eigene Seele verfügen, stammt aus der Zeit der Aufklärung. In seinem Werk *Emile oder über die Erziehung* formulierte der französische Philosoph Jean-Jacques Rousseau 1762 erstmals den Gedanken, dass die Kindheit eine eigenständige und wertvolle Lebensphase sei. »Man kennt und versteht die Kinderwelt durchaus nicht; je weiter man die falschen Ideen, welche man von derselben hegt, verfolgt, desto weiter verirrt man sich. Die Weisesten behandeln mit Vorliebe das den Menschen Wissenswürdigste, ohne dabei auf die Lern- und Begriffsfähigkeit der Kinder Rücksicht zu nehmen. Sie suchen stets schon den Mann im Kinde, ohne an den kindlichen Zustand zu denken, aus dem der Mann sich erst allmählich entwickelt«, heißt es darin. Junge Menschen sollten seiner Meinung nach die Möglichkeit haben, sich gemäß der unterschiedlichen Altersstufen körperlich und seelisch zu entfalten, und insbesondere ihre Sinne und Neugier – ihre »Natur« – benutzen, um die Welt zu entdecken. Dahinter stand die Idee dieser Zeit, aus Menschen freie und der Demokratie gewachsene Individuen zu machen und keine leibeigenen Untertanenseelen, wie sie in den vergangenen, feudalen Zeiten elende Existenzen führten. Die revolutionären Prinzipien galten allerdings vorwiegend für Jungen. Für Mädchen sollte die Erziehungsaufgabe darin bestehen, sie zu tugendsamen Ehefrauen und aufopferungsvollen Müttern zu machen. Die Ausläufer dieser Ideen, die zu ihrer Zeit viele Leute ähnlich verstörten wie später die antiautoritäre Erziehung, wirken in Form von Konzepten aus der weiterentwickelten Reformpädagogik bis heute.

Die extreme Anpassungsfähigkeit des Menschen ist sein Schlüssel zum Erfolg in der Evolution. Die Seele eines Kindes passt sich fast von alleine an die Anforderungen der Umwelt an. Sei es als Kindersklave oder als verwöhnte Prinzessin, als Renommierobjekt, als Partnerersatz oder als Eherettungskind. Ein Kind fühlt instinktiv, was von ihm erwartet wird und versucht diese Anforderungen zu erfüllen, um sich den Schutz der Eltern oder anderer Autoritäten zu sichern. Auch das macht Kinder, wohl unbewusst, für manche Menschen attraktiv. Man kann sie sich bis zu einem gewissen Maß zurechterziehen. Man kann versuchen, sie nach seinem Ebenbild zu formen. Man kann mit ihnen eine eigene Gefolgschaft gründen. Das kann durch viele Kindheitsjahre hindurch funktionieren. Der Drang, neues Leben in die Welt zu setzen, ist tief in den meisten Menschen verankert. Es ist der Akt der Schöpfung an sich, den man selbst ausüben kann. Kinder zu zeugen ist ein zutiefst egoistischer Akt, der sich mit jeder Ideologie aufladen lässt, auch mit der des Altruismus. Jedes Kind ist eine neue Chance, die Welt besser und einen Menschen glücklich zu machen. Das mag ein Grund dafür sein, warum so viele Menschen heute auch dann nicht von ihrem Kinderwunsch abzusehen vermögen, wenn die Natur ihn unerbittlich verweigert.

1978 kam in Großbritannien das erste außerhalb des Mutterleibs gezeugte Kind zur Welt, das »Retortenbaby« Louise Brown. Heute leben in Deutschland über 150 000 Kinder, die durch »In-Vitro-Fertilisation« gezeugt wurden. Das ist ein teures und aufwändiges Verfahren, das nur in etwa 30 von 100 Fällen zur Geburt eines überlebensfähigen Säuglings führt. 2003 wurde im britischen Sheffield zum ersten Mal ein Junge geboren, der im Reagenzglas gezeugt worden war, um seinem lebensgefährlich kranken vierjährigen Bruder Blutstammzellen zu spenden. Man kann es auch so ausdrücken: Seine erklärte Aufgabe auf dieser Welt war es, eine Art Ersatzteillager für seinen Bruder zu sein. »Retterbabys« werden solche Kinder genannt. Die Wahl, welcher der bei der Befruchtung zahlreich entstandenen überlebensfähigen Embryos der Mutter eingepflanzt werden sollen, fiel auf ihn, weil er die größte genetische Ähnlichkeit zum Bruder hatte. Das ist mit dem Verfahren der »Präimplantationsdiagnostik« (PID) problemlos möglich. Die Embryonen, die diesen Zweck nicht erfüllen, werden weggeworfen – die Medizin sagt »verworfen« – oder tiefgekühlt. 2010 sollte diese Praxis in Großbritannien verboten werden. Aber das Parlament lehnte den Verbotsantrag mit großer Mehrheit ab. Außer in den deutschsprachigen Ländern und in Italien ist das gezielte Erzeugen von Retterbabys in ganz Europa erlaubt. Deutsche Eltern, die für ihr krankes Kind einen Blutstammzellen- oder Knochenmarkspender brauchen, haben längst angefangen, zu diesem Zweck ins Ausland zu reisen.

Kaum ein Vater oder eine Mutter, die ihr Neugeborenes im Arm halten, versprechen ihm nicht auf die eine oder andere Weise, dass sie alles in ihrer Macht Stehende tun werden, um es glücklich zu machen. Je weniger beiläufig und selbstverständlich unsere alltäglichen Erfahrungen mit Kindern sind, mit desto mehr Erwartung wird die Familie aufgeladen, und desto rabiater fordern wir das Recht auf eine solche Erfüllung mit allen Mitteln ein. Man will ein eigenes einzigartiges Wesen, dem man alles geben darf, was einem an Glück und Liebe denkbar scheint. Und das man unendlich vervielfacht in Form von Freude und Herzensruhe zurückzubekommen hofft. Manchmal funktioniert das. Aber es ist gefährlich, es zu erwarten. Denn eines können Kinder niemals sein: eine Garantie für irgendetwas.

Sphären

Meine Freundin Svenja hat das Beliebtheitsgen. Wo immer sie auftaucht, mögen sie die Leute. Sie ist groß und hat wunderschöne schwarze Locken. Aber sie ist nicht perfekt. Ihre Zähne sind ein klein wenig schief, ihr Gang ein klein wenig schlurfig. Das macht sie noch sympathischer. Frauen sind weniger neidisch und Männer fürchten sich nicht vor ihrer Schönheit. Vor allem aber ist Svenja ungeheuer witzig, einfühlsam, klug und warmherzig. Ihrem Charme kann man sich kaum entziehen. Svenja wehrt solche Komplimente immer ab. »Ich habe kein Beliebtheitsgen. Meine Schwester hat das Beliebtheitsgen.« Svenjas Schwester heißt Ronja und ist drei Jahre älter. Auch sie ist groß und hat schwarze Locken, aber ihre Gesichtszüge sind so ebenmäßig wie ihre Zähne. Ronja ist nicht nur beliebt, ihr liegen die Menschen, Männer und Frauen, zu Füßen. »Das ist ihr manchmal schon selbst zu viel«, sagt Svenja. Die Schwestern haben engen Kontakt. Seit sie nicht mehr in derselben Stadt wohnen, telefonieren sie mehrmals pro Woche und besprechen alle persönlichen Angelegenheiten. Vor kurzem hat sich Svenja neben ihrem Beruf zu einer Ausbildung im kunsttherapeutischen Bereich angemeldet. Das fand Ronja nicht gut. »Du willst mir mal wieder Konkurrenz machen«, sagte sie. Ronja macht seit drei Jahren eine Weiterbildung zur Therapeutin. Erst als Svenja ihr klarmachte, dass ihr Schwerpunkt in einem völlig anderen Bereich liege – nämlich in der Kunst, und nicht in der Therapie –, änderte Ronja ihre Meinung und ermutigte die Schwester. Dann kam der Termin des ersten Seminars, und Svenja stellte fest, dass die Ausbildung überhaupt nicht ihren Vorstellungen entsprach. Außerdem herrschte sofort eine tiefe Antipathie zwischen ihr und der Ausbilderin. Sie beschloss, das Experiment zu beenden und sagte es am nächsten Tag Ronja. »War leider nichts für mich.« Jetzt war Ronja beleidigt. »Du willst also sagen, Therapie ist blöd«, sagte sie. Svenja verneinte. Sie wollte lediglich sagen, dass diese spezifische Kunsttherapieausbildung nicht das war, was sie sich vorgestellt hatte. Doch es dauerte lange, bis Ronja besänftigt war. »Immer willst du alles besser machen, und ich bin dann wieder die Doofe.« Svenja brauchte eine Weile, bis sie verstand, worum es Ronja ging. In ihrer eigenen Therapie war der Älteren klar geworden, dass sie in der Familie immer die Brave gewesen war, die keine Umstände machte und dafür geliebt wurde. Ihre jüngere Schwester Svenja galt als die Komplizierte, aber Klügere. Für Svenja selbst spielte das als Kind keine Rolle. Sie nahm es als selbstverständlich hin, dass sie in der Schule problemlos mitkam und meist bessere Noten hatte als ihre ältere Schwester. Was sie ärgerte war, dass Ronja immer so hübsch war, während sie selbst bis zur Pubertät an ihren vermeintlich abstehenden Ohren litt und fand, dass sie O-Beine habe. Die Episode mit der Kunsttherapie hat einen schalen Beigeschmack bei meiner Freundin hinterlassen. Eigentlich hatte sie sich von ihrer Schwester Unterstützung erhofft. Aber seit diese selbst Therapeutin wird, will sie nicht mehr immer nur lieb sein. Noch weniger will sie jedoch, dass man sie kritisiert. So weit hat sie sich noch nicht aus ihrer alten Rolle befreit, dass sie es ertragen könnte, jetzt, wo sie nicht mehr nur die Brave ist, auch noch auf den bisher selbstverständlichen Zuspruch zu verzichten.

»In der gleichen Familie wachsen ganz unterschiedliche Persönlichkeiten, Temperamente und Charaktere heran«, schreibt die Hallenser Geschwisterforscherin Inés Brock. »Weil Eltern dazu neigen, eher die Unterschiede zwischen den Geschwistern wahrzunehmen als deren Ähnlichkeiten, fördern sie die Individualisierung der Kinder«, heißt es 2006 in ihrem Aufsatz »Die Bereicherung familiärer Erziehung durch Geschwister«. Es ist ein Erklärungsversuch, warum Geschwister sich unter gleichen Bedingungen so unterschiedlich entwickeln. Die

Frage, warum das möglich ist, beschäftigt die Forscher seit Jahrzehnten. »Generell lässt sich sagen, die frühe Geschwisterforschung konzentrierte sich auf die charakterlichen Unterschiede zwischen Geschwistern und suchte deren Erklärung in familiären Konstellationen, da schwer verständlich erschien, wie sich Geschwister im gleichen familiären Umfeld unterschiedlich entwickeln, wie man es in der Realität beobachtete«, schrieb der Essener Familientherapeut Hans Goldbrunner 2011. Wissenschaftler kommen zu ganz unterschiedlichen Antworten auf diese Frage. Insgesamt könne nur »ein sehr begrenzter Anteil der Unterschiede in den Persönlichkeitseigenschaften der Geschwister auf das elterliche Erziehungsverhalten zurückgeführt werden«, stellte das Forscherteam der Universität Leipzig 2007 in seiner Studie mit dem Titel *Das elterliche Erziehungsverhalten in der Erinnerung erwachsener Geschwister* fest. Sie legt die Vermutung nahe, dass das Suchen nach individuellem Ausdruck ein menschlicher Drang ist, der in der Persönlichkeit selbst verankert ist. Die Umstände des Aufwachsens können ihn allenfalls ein wenig in eine Richtung lenken. Die Leipziger Forscher zogen nicht nur den Schluss, dass charakterliche Unterschiede angeboren sind. Sondern auch, »dass Unterschiede zwischen Geschwistern in bedeutsamem Maße auf nichtgeteilte Umwelteinflüsse zurückzuführen sind«. Dazu zählen die individuellen Erfahrungen, die ein Kind macht, sobald es nicht mehr nur zu Hause betreut wird. Es bedeutet, dass sich Kinder innerhalb derselben Familie auch deshalb so unterschiedlich entwickeln, weil die Bedingungen nie genauso sind wie bei den anderen Geschwistern. Und dass sie weder gleich sein können noch sollen. Je mehr sie verglichen werden, desto schlechter schneidet das eine oder andere immer ab, und sei es nur in den eigenen Augen. Desto mehr Grund hat es, sich vom anderen gestört zu fühlen.

Wir können uns neben unseren Geschwistern nur zu eigenständigen Menschen entwickeln, wenn wir Raum für unsere Individualität haben. Das beinhaltet die Notwendigkeit, dem anderen seine eigene Sphäre zuzugestehen. Und es beinhaltet die Notwendigkeit der inneren und äußeren Distanz. Mein Freund Till hatte eine kleine Schwester, die sich vor Federn fürchtete. Niemand wusste, warum das so war. Nur, dass sie jedes Mal kreischend oder weinend davonrannte, wenn er ihr mit einer Tauben- oder Hühnerfeder vor der Nase herumfuchtelte, die er auf dem Schulweg gefunden hatte. Aus Neugier probierte Till, ob das auch mit seinem Indianerkopfschmuck funktionierte, den er zu Weihnachten von seiner Patentante geschenkt bekommen hatte. Versuchsweise ließ er das Kunstlederband mit den vielen roten, grünen, blauen und gelben Federn in seiner halb geöffneten Zimmertür liegen. Tatsächlich. Er hörte das vertraute Getrappel seiner kleinen Schwester, die wie so oft in sein Zimmer kommen und ihn mit irgendetwas nerven wollte. Als sie die Federn sah, bremste sie so abrupt, dass sie fast das Gleichgewicht verlor. Ratlos blickte sie auf den Federhaufen und dann auf die Tür. Aber sie kam nicht herein. Nach einer Weile machte sie kehrt und ging in die Küche. Till war begeistert. Er probierte den Trick noch mehrmals aus, und jedes Mal funktionierte er. Fast zwei Jahre lang. Dann war die Schwester zu groß und verlor die Furcht vor den Federn. Als Erwachsener hatte Till deshalb ein schlechtes Gewissen. Er dachte oft an das enttäuschte Gesicht der Schwester, wenn sie auf ihren dicken Beinchen zu ihm wollte und dann von den Federn gebannt wurde. Vor einem Jahr hat er ihr den Trick gestanden und sich dafür entschuldigt. »Aber«, sagt er, »die konnte sich überhaupt nicht mehr daran erinnern.« Dafür erinnert er sich wieder daran, wie sehr es ihn seine ganze Kindheit hindurch unter Stress gesetzt hat, dass er die Tür zu seinem Zimmer niemals ganz schließen durfte. Die Mutter wollte wissen, was im Innern vor sich ging. Eigentlich habe er gar nicht die Schwester fernhalten wollen, sagt Till. Eigentlich wollte er seine Mutter verbannen. Doch dafür hatte er kein Mittel zur Hand.

Die erste eigene Sphäre, die ein Kind hat, ist meist das Kinderzimmer. »Hier wird der Grundstein zur Entwicklung des Selbstwerts gelegt«, heißt es auf der Internetseite des Bistums Osnabrück unter der Überschrift »Das Kinderzimmer – ein Zuhause im Zuhause«. »Das Kind darf erleben, dass ihm ein eigener Raum zugedacht ist. Und es soll lernen, diesen als Lebensraum anzunehmen und zu gestalten.« Mit einem eigenen Kinderzimmer kann man zum ersten Mal deutlich sichtbar seine Grenzen markieren. Hier drin bestimme ich die Regeln. Vor allem sehr kleine Kinder nutzen den Rückzugsraum häufig nicht und schlafen lieber im Zimmer der Eltern oder bei einem Geschwister. An der Bedeutung des eigenen Zimmers ändert das nichts. Das Wissen, dass man eine Tür hinter sich schließen könnte, wenn man es wollte, hat von Anfang an auch eine symbolische Bedeutung. Die Vorstellung, dass man sich jederzeit eine Weile zurückziehen kann und dass sich der Grad der Nähe zu anderen Menschen immer wieder neu bestimmen lässt, ist lebenslang eine der wichtigsten Voraussetzung für gesunde menschliche Bindungen, ganz egal, zu wem.

»Zusammenfassend wird deutlich, dass Kinder, die in einer Familie aufwachsen, frühzeitig und ohne pädagogisch intendierte Anleitung den Respekt und die Abgrenzung von den Geschwistern lernen«, schreibt die Geschwisterforscherin Inés Brock. »Das vollzieht sich sowohl auf der Ebene der Wahrnehmung geschlechtsspezifischer als auch charakterlicher Unterschiedlichkeit.« Das Entwickeln eigener Persönlichkeitsgrenzen und das Aufbauen einer eigenen inneren Sphäre sind zentrale Aufgaben des Erwachsenwerdens. Sie können ohne innere und äußere Kämpfe nicht gelingen. Und die müssen manchmal ein Leben lang geführt werden. Eine eigene Sphäre ist mehr als eine Nische innerhalb der Familie. Sie ist der Ort, an dem man sich selbst und seinen eigenen Gefühlen vollkommen treu ist. Der Ort, an dem man seine Batterien auflädt. Der Ort, an dem man ganz deutlich spürt, dass man sein Leben der Erforschung des Zwergschimpansen oder der Suche nach Gott widmen will. Oder dass man mit diesem Menschen, den man gerade kennenlernt, sein Leben verbringen will. Es ist aber auch der Ort tief im Innern, an dem man weiß, dass einem die Anwesenheit eines bestimmten Menschen unerträglich oder sogar schädlich ist. Es ist der Ort der inneren Wahrheit. Jeder Mensch hat sie, und jeder Mensch spürt instinktiv, wenn sie verletzt wird. Oder wenn er sie selbst verletzt, um anderen nicht wehzutun. Am selben Ort wohnt auch die innere Stimme. Die, die einem manchmal auch zuflüstert, dass man jedes Mal, wenn man ein bestimmtes Geschwister sieht, um Jahre zurückgeworfen wird und einen Teil seiner Kraft verliert.

Ob es einem gelingt, diese eigene, innere Sphäre zu einem Raum zu entwickeln, auf den man vertraut, hängt auch davon ab, wie früh man damit beginnen konnte, eigene Grenzen zu setzen und zu korrigieren. Der natürliche Ort dafür ist der Schutzraum der Familie. Aber er bietet dafür keine Garantie. »Besonders später geborene Geschwister suchen Nischen, die in der Familie noch nicht besetzt sind«, schrieb der Essener Familientherapeut Hans Goldbrunner 2011. »Dabei entsteht jedoch bei starker Abweichung von den vorgegebenen Erwartungen die Gefahr, als Außenseiter angesehen zu werden oder als schwarzes Schaf sogar von der Familie ausgestoßen zu werden.« Viele Menschen fühlen sich in Frage gestellt, wenn jemand andere Entscheidungen trifft als sie selbst oder andere Bedürfnisse hat. Davon sind auch Eltern und Geschwister nicht frei. Wird jemand zum schwarzen Schaf erklärt, kann ihn diese Rolle ein Leben lang behindern. Das könne von »Ausgrenzung aus der Gemeinschaft, Bevorzugung der Geschwister und lieblosem Umgang über ständige Behinderungen der individuellen Entwicklung bis hin zu offenen Schikanen und Psychoterror« reichen, schreibt der Münchner Psychiater Peter Teuschel 2014 in seinem Buch *Das schwarze Schaf.* »Oft ziehen sich die Erfahrungen durch bis in die Gegenwart und prägen das aktuelle Familiengefühl. Dabei ist es egal, ob die Familie noch zusammenlebt oder nicht. Das Gefühl, innerhalb der Familie nicht willkommen zu sein, kennt keine Entfernung.« In der Familie lernt man die Grundlagen menschlicher Beziehungen. Aber es gibt dabei keine Garantie für artgerechte Haltung. Manchmal passt es einfach nicht. Dann sind durch Blutsbande Persönlichkeiten aneinandergebunden, die gegenseitig fast nur ihre problematischen Seiten zum Vorschein bringen können.

Je weiter Geschwister altersmäßig auseinander sind, desto eher wird ihnen die Abgrenzung voneinander zugestanden. Das fängt beim Nicht-Auftragenmüssen von Kleidern und Schuhen an und reicht bis zur Frage, welchen Berufsweg man einschlagen darf oder soll oder welche Verantwortung man gegenüber Familientraditionen zu tragen hat. Vor allem aber werden Leistungen und Verhaltensweisen weniger miteinander verglichen. »Wenn Geschwister sechs oder mehr Jahre auseinander sind, haben sie die Tendenz, wie Einzelkinder aufzuwachsen«, beobachtete schon Walter Toman in den 1960er Jahren.

Meiner Schwester Marlene wusste nicht, wie es in Ringen zuging. Sie war ausgeschlossen von diesem Teil meiner Kindheit und Jugend. Sie sah nur, dass ich selbstverständlich aufs Gymnasium ging, während man in ihr immer nur die praktische Begabung gesehen hatte und sie eine Lehre machen ließ. Ich erzählte ihr nichts von dem rhythmischen Schlagen, das jeden Abend ungefähr eine Stunde lang durch die Wand neben meinem Bett in mein Zimmer dröhnte. Es entstand, weil sich Gregor auf der anderen Seite der Wand in den Schlaf brachte, indem er seinen Kopf hin und her warf, immer und immer wieder, und ihn bei jedem Mal auf der rechten Seite gegen die Wand donnern ließ. Auch beim Autofahren machte Gregor diese Bewegungen. Wenn wir dichtgedrängt zu dritt auf der Rückbank des Mini saßen, und der riesige Gregor links hinter dem Fahrersitz seinen Kopf stundenlang schwang, wogte das ganze Auto.

Ich verschwieg es ihr nicht, weil es ein Geheimnis gewesen wäre. Ich erzählte ihr nichts davon, weil es mir nicht der Rede wert erschien. Es gehörte zum Alltag dieser neuen Familie, darin hatte Marlene keinen festen Platz. Auch meinen Freundinnen erzählte ich nichts davon, aus dem gleichen Grund. Gregi und sein Kopf, der hin- und herschwang wie der eines Elefanten in Gefangenschaft, gehörte in eine andere Sphäre. Er war etwas, das nur innerhalb der Mauern unseres Hauses von Interesse war, wenn überhaupt.

Auch das ist etwas, was einen eine Familie lehrt. Die anderen haben ihre Gewohnheiten. Die sind so, es gibt keinen Grund, darüber auch nur nachzudenken. Man selbst hat ebenso seine Gewohnheiten, die die anderen einfach hinnehmen. Das ist eine Bedeutung von Zuhause: dass man dort nicht alles immer ändern muss. Dass man, zumindest in einigen Dingen, in Ruhe gelassen wird und einander folgenlos auf die Nerven gehen darf.

Erst viele Jahre später habe ich mit Marlene darüber gesprochen, wie es für sie war, dass ich, ihr einziges Geschwister, Jahre an einem Ort verbrachte, wo sie bloß noch Randfigur war. Während ich dort neue Brüder fand, die sie kaum kannte. Aber es hat noch Jahre gedauert, bis sie akzeptieren konnte, dass ich auch heute in einer Sphäre lebe, die sich von ihrer unterscheidet. Dass mir andere Dinge wichtig sind als ihr. Dass es aber auch einen Raum gibt, in dem wir uns beide wohlfühlen und wo wir immer wieder zusammenkommen können.

Mit Geschwistern kann man ein Leben lang lernen, Beziehungen und Sphären neu zu ordnen. Sie sind dafür die idealen Sparringspartner. Geschwister sind meist irgendwie erreichbar. Die Beziehung zu ihnen kann man auch dann noch zu klären versuchen, wenn sie einen tausende Male enttäuscht oder verletzt haben und man eigentlich nicht mehr wagt, überhaupt noch etwas von ihnen zu erwarten. Wenn man möchte, kann man ein Leben lang versuchen, mit einem Bruder oder einer Schwester eine Sphäre zu finden, in der man einander begegnen kann, ohne sich dafür aufgeben zu müssen. Man braucht keinen anderen Grund als den, dass man nicht sterben will, ohne nicht wenigstens noch einmal versucht zu haben, aus dem Potential dieser Beziehung zu schöpfen. Es hilft dabei, wenn man sich klarmacht, dass die Annäherung immer nur ein Versuch ist. Dass man, wenn er scheitert, wieder in die eigene Sphäre zurückkehren kann, zu der der andere keinen Zugang hat, und dass man dabei doch Teil der Familie bleibt.

Fremde Welten

Vor ein paar Jahren geriet ich in eine Diskussion. Es ging um die Frage der Selbstverwirklichung durch Arbeit. »Es hat keinen Sinn, jahrelang ein Studium durchzuziehen, das einen nicht richtig interessiert«, sagte ich. Zu viert saßen wir im Aufenthaltsraum eines Künstlerhauses. Zu dem Schluss mit dem Studium war ich nach ein paar zähen akademischen Jahren gekommen. Ich hatte lange mit mir gerungen, bevor ich mich traute, den Versuch abzubrechen und eine andere Richtung einzuschlagen. Danach hatte es Jahre gedauert, bis ich mich nicht mehr als Versagerin fühlte. Der Schriftsteller, der mir am Tisch gegenübersaß, nickte zustimmend. Er hatte sich früh für eine künstlerische Karriere entschieden und diese konsequent und mit erheblichem Erfolg vorangetrieben. Nicht nur in dem Land, aus dem er stammte, galt er als einer der wichtigsten Schriftsteller seiner Generation. Auch das Ausland kannte ihn. Er war der Star an unserem Tisch, hielt sich aber sympathisch zurück. »Das sehe ich etwas anders«, sagte eine der beiden jungen Frauen, die mit uns diskutierten. Zusammen mit ihrer älteren Schwester logierte sie für ein paar Wochen in dem Künstlerhaus, um in der angeschlossenen Bibliothek für ihre Diplomarbeit zu forschen. Die Ältere leistete ihr Gesellschaft und nutzte den Aufenthalt als kleinen Urlaub. Sie war Ende 20 und Medizinerin. »Das Studium hat mich überhaupt nicht interessiert«, sagte die Ältere. »Aber meine Eltern wünschten sich, dass ich Ärztin werde.« Daraufhin war mir, befeuert vom Wein, den wir zusammen tranken, der Satz mit dem Lebenssinn herausgerutscht. Die Blicke der Schwestern schienen mir für ein paar Sekunden überraschend verächtlich. »Bei uns ist das anders«, sagte die Ältere dann. Die Eltern der beiden waren aus Serbien geflohen, als dort der Krieg ausbrach. Die Mädchen waren hier aufgewachsen. »Bei uns ist es normal, dass wir versuchen, die Erwartungen der Eltern zu erfüllen«, sagte die Jüngere. »Das ist ein Zeichen von Respekt und Dankbarkeit.« Die Eltern haben große Opfer auf sich genommen, damit die Töchter eine gute Ausbildung bekommen. Die Älteste wäre nie auf die Idee gekommen, sich zu widersetzen. Vor allem am Anfang habe sie manchmal geweint, wenn sie wieder mit ihren Lehrbüchern festsaß, anstatt das Leben zu genießen, sagte sie. »Aber mit der Zeit hat es dann angefangen, mich zu interessieren.« Seit drei Jahren hat sie jetzt eine gute Stelle in einem Krankenhaus. »Bist du nicht manchmal neidisch auf deine Schwester?« fragte der Schriftsteller. Die Jüngere kann studieren, was sie will und entschied sich aus reiner Neigung für Kunstgeschichte. Sie schien bei der Frage zu erstarren. Aber ihre Schwester ließ sich nicht irritieren. Im Ton, wie man ausländischen Touristen den

Weg zum Bahnhof erklärt, versuchte sie uns, die Werte der Kultur zu erklären, aus der sie beide stammten. Nicht nur die Eltern, auch die ganzen Tanten und Cousinen seien stolz auf sie. »Das ist ein gutes Gefühl, wenn man spürt, dass andere auf einen zählen. Jedes Mal, wenn mein Vater jemandem sagt ›Meine Tochter ist Doktorin‹, höre ich seinen Stolz auf mich. Wenn es unter den Verwandten Probleme gibt, fragt man mich um Rat. Das ist für mich mehr wert als die paar Stunden, wo ich mich quälen musste. Außerdem habe ich damit auch Druck von meiner Schwester genommen.« Es käme ihr nicht in den Sinn, deswegen böse auf die Jüngere zu sein. Diese nickte. Ihr käme es nicht in den Sinn, ihrer Schwester dafür nicht dankbar zu sein. Die Regeln ihrer Gesellschaft sind diesbezüglich eindeutig. Darauf wussten der Schriftsteller und ich nichts mehr zu sagen.

Unter welchen Bedingungen wäre ich bereit gewesen, jahrelang eine Tätigkeit auszuüben, um meine Eltern zufriedenzustellen? Mir fiel keine ein. Verdanke ich diese Freiheit auch Marlene? Darüber dachte ich in den nächsten Tagen häufig nach. Hatte Marlene je Dankbarkeit von mir erwartet? Wenn ja, wofür? Ich könnte weder familiäre noch gesellschaftliche Werte formulieren, die darauf eine verbindliche Antwort geben könnten und die ich verinnerlicht hätte. Unsere Beziehung zueinander war nicht geregelt. Sie war ihrem eigenen Gedeih überlassen. Ich begann mich zu fragen, ob ein Teil der Spannungen zwischen meiner Schwester und mir etwas damit zu tun haben, dass ich es aus ihrer Sicht viel leichter hatte als sie. Marlene hatte Kinderärztin werden wollen. Aber sie verließ die Schule nach der Mittleren Reife, um eine Lehre in einem technischen Beruf zu beginnen.

War sie deshalb so aggressiv in den Jahren, als ich mich mit aller Selbstverständlichkeit durchs Gymnasium schlunzte, mehrmals die Schule wechselte und trotzdem das Abitur ohne

Mühe bestand? In diesen Jahren besuchte ich sie häufig. Als sie und ihr Mann in meinem letzten Schuljahr auf eine mehrmonatige Weltreise gingen, ließen sie mich in ihrer Wohnung wohnen. Als sie kurz nach meiner Abiturprüfung wiederkamen, begann die wütendste Phase unserer Beziehung. Wenn sie mich in diesen Jahren sah, machte Marlene zur Begrüßung Würgegeräusche. Ihr Mann ließ mich vor ihren Augen auf Knien den Fußboden schrubben, weil bei meinem Aufenthalt etwas Wachs auf den Boden getropft war.

Es sollte noch fast 20 Jahre dauern, bis Gefühle zwischen uns offen angesprochen wurden. Nicht nur, weil wir vorher keine Worte dafür gefunden hätten. Sondern auch, weil wir nicht gewusst hätten, mit welchem Recht wir vor der anderen Erwartungen hätten formulieren dürfen. Geschwisterregeln waren für uns als Kinder nicht deklariert worden.

Die Erwartungen an Geschwister und die Regeln ihres Zusammenlebens sind in verschiedenen Kulturen sehr unterschiedlich geregelt. Der deutsche Ethnologe und Filmemacher Konrad Licht besuchte 2002 und 2004 im Rahmen einer ethnologischen Feldforschung das Volk der Dassanetch im Südwesten von Äthiopien. Die Dassanetch leben in Familiensiedlungen in einer trockenen, heißen Umgebung. Sie bauen Getreide an und halten Ziegen, Rinder und Schafe. Aus dem Filmmaterial, das Licht während seines zweiten, achtwöchigen Aufenthalts mit der Videokamera sammelte, machte er den Dokumentarfilm *Siblings in Conflict* – Geschwister im Streit. Beim seinem insgesamt gut dreimonatigen Aufenthalt in einer Familie war ihm vor allem »die permanente Bereitschaft, sich zu schlagen« aufgefallen. »Dies findet zu *jeder* Tageszeit statt und wird auch nicht von den Eltern unterdrückt«, schreibt Licht in einem Aufsatz zur Entstehungsgeschichte des Films. Auch unter den Erwachsenen beobachtete er ständig spielerische Streitereien. So sei es etwa ein tägliches Ritual, dass Lichts 26-jährige »Gastmutter« Kidoa vor ihrer Hütte Kaffee kocht und dann schimpft, wenn jemand, etwa ihre Schwester, vorbeikommt und davon etwas möchte. Diese Streitereien können bis zu angedeuteten Schlägen führen, werden aber oft mit Gelächter aufgelöst. Unterdrückte Aggressionen gelten in dieser Gesellschaft als Fehler. »Jedoch konnte ich während meiner gesamten Feldforschungsperiode feststellen, dass Konflikte zwischen den Parteien, die regelmäßig miteinander Konflikte ausgetragen haben, erstaunlich selten eskalierten. Die häufigen Konflikte zwischen den Geschwistern verminderten daher vermutlich die Gefahr von Gewaltausbrüchen in der Familie«, schreibt Licht. Seine Gastfamilie bestand aus einem Mann, dessen zwei Frauen und deren insgesamt zehn Kindern zwischen einem und 16 Jahren. Die Kinder beider Frauen wuchsen nur bedingt miteinander auf. Jede Mutter kochte das Essen für ihre eigenen Kinder, und das Anrecht auf das Essen der anderen Mutter war eingeschränkt. Dennoch verbrachten die Kinder die Tage gemeinsam. Die Jüngeren blieben im Umfeld der Mütter in der Siedlung. Die Älteren hüteten weiter entfernt das Vieh und kehrten erst nachmittags zurück. Kleine und größere Streitereien über alles und nichts gehörten zum Alltag. Sie dienen zum Zeitvertreib und als Lektion – für die Beteiligten ebenso wie für die Zuschauer. »Verhalten in Konflikten wird durch verbale Äußerungen und durch Beobachten von früh an gelernt«, schreibt Licht. Dadurch, dass ihre kleinen Konflikte akzeptiert würden, werde es auch den jüngsten Mitgliedern der Familien ermöglicht, ihre egoistischen Interessen bis zu einem gewissen Grad zu formulieren und zu verfolgen. Dabei lernen sie auch den Unterschied zwischen zulässigem Konflikt und unzulässiger Gewalt: Sobald eine Autoritätsperson eingreift und den Streit abbricht, ist die Grenze überschritten. Dadurch erhält die Gewalt »ein Gesicht, das von Konflikten unterscheidbar wird«, wie Licht schreibt. Die Macht der Respektspersonen – meist des

Vaters – zeigt sich daran, dass er eskalierende Konflikte abbrechen kann. »Kinder erleben eingebettete Austragung als alltägliche Interaktion«, schreibt Licht. »Negative Auswirkungen in Form von Beleidigung, Verletzung oder Minderwertigkeitsgefühlen finden durch die Normierung von Konflikten wenig Nährboden.« Das Zusammenleben der von Licht beobachteten Dassanetch verläuft nicht immer harmonisch, aber es bleibt immer friedlich. Für Wut- und Konkurrenzgefühle gibt es ein kontrolliertes Ventil. Zwischen den Familienmitgliedern staut sich wenig giftige Wut an. Die präzisen Verhaltensregeln im einzelnen Konfliktfall dienen der seelischen Gesundheit der ganzen Gruppe.

In einem Beitrag für die *Zeit* besucht die China-Korrespondentin Angela Köckritz 2012 ein Dorf an der Grenze zu Tibet. Dort lebt das tibetische Volk der Kham. Bei seinen Angehörigen ist es üblich, dass eine Frau die Brüder ihres Ehemanns mitheiratet. »Die Vielehe ist einfach die bessere Ehe. So viel stärker, so viel intensiver«, zitiert die Journalistin einen 46-jährigen Kham. Der Tag, an dem sein jüngerer Bruder sich einverstanden erklärte, seine Schwägerin ebenfalls zu heiraten, sei »der glücklichste Tag seines Lebens« gewesen. Die Vielehe ermöglicht es Brüdern, ein Leben lang zusammenzubleiben. Das gilt den Kham als höchstes familiäres Ziel. Wenn alle einverstanden sind, kann die Frau sämtliche Brüder des Ehemannes mitheiraten und mit ihnen und den entstehenden Kindern einen gemeinsamen Haushalt führen. Einer oder mehrere Brüder seien in solchen Familien meist nicht da, weil sie im Hochland die Yaks hüteten oder geschäftlich unterwegs seien. Wenn einer nach längerer Abwesenheit zurückkomme, habe er das Vorrecht im Bett der Frau. Ansonsten würde die Frage der Intimitäten mit Augenmaß geregelt. Wie in jeder anderen Ehe sei es so, dass man an den Zeichen des anderen schon bemerke, wonach ihm der Sinn stehe oder auch nicht. In dieser Gesellschaft gelten sexuelle Eifersucht und Konkurrenz zwischen Brüdern als Irrtum. Die Kinder werden gemeinsam aufgezogen und die Frage, welches Kind vom wem stammt, gilt als ungebührlich. In den Kommentaren zu dem Artikel diskutieren die deutschen Leser, ob es möglich sei, dieses Modell auf unsere Welt zu übertragen. »Warum nicht?« schreibt ein Leser. »Ich finde es übrigens sinnvoller, wenn mehrere Männer Frau und Kinder versorgen, als wenn ein Mann mehrere Frauen versorgt.«

Für ihre Doktorarbeit in Ethnologie führte die Berner Sozialanthropologin und Psychoanalytikerin Anna Bally über hundert Gespräche mit acht indonesischen Frauen, die mit Schweizer Männern verheiratet sind und in der Schweiz leben. Zunächst wollte sie allgemeine Motivationen der Migration erfragen. Während der Gespräche über die Biographie der einzelnen Frauen stellte Bally aber fest, dass die Geschwistererfahrungen der Frauen einen enormen Einfluss darauf haben, ob und wie sie in der neuen Kultur einen Platz finden können. Ihrer Arbeit gab sie darum den Titel *Die Macht der Geschwister*. Die meisten Gespräche führte Bally mit Anita, einer 33jährigen Frau aus Sumatra. Obwohl Anita Deutsch lernt, kann sie weder richtige Freundschaften schließen noch eine Arbeitsstelle finden. Ein Teil von ihr will immer zurück nach Indonesien, lässt diesen Plan aber immer wieder scheitern. Egal, wo sie ist, Anita fühlt sich immer auf dieselbe Weise übersehen, benachteiligt und unwillkommen. Bally entdeckt darin das unverarbeitete Grundgefühl aus Anitas Kindheit. Sie war das achte von neun Kindern. Als fünfte Tochter einer Mutter, die unbedingt noch einen weiteren Sohn wollte, fühlte sie sich auch von den Geschwistern abgewertet. Anita habe »die inneren Geschwister gewissermaßen in die Schweiz mitgenommen«, schreibt Bally. Mit ihnen trage sie in der neuen Heimat nun stellvertretend ihren alten, ebenfalls inneren Kampf um »Anerkennung, um Respekt, um Existenzberechtigung« aus. Aber nicht mit den realen Geschwistern. Sondern mit deren Platzhaltern »in der Gestalt von Kollegen, Freundinnen, Schwägerinnen« in der Schweiz, von denen sie sich ebenso abgelehnt und missachtet fühlt.

Ähnliche Muster entdeckte Bally auch bei ihren anderen Gesprächspartnerinnen. Daraus entwickelt sie ihre These: »Die Migrationssituation ist durch Faktoren charakterisiert, die auch den Moment der Geburt jüngerer Geschwister kennzeichnen. Es ist auf den kürzesten Nenner gebracht die existenzielle Frage nach der eigenen sozialen Position.« Mit Geschwistern lernt ein Mensch den Kontakt zu anderen Menschen. Wenn dies in der Familie glückt, kann man später auch in einer fremden Gesellschaft leichter seinen Platz finden, lautet Ballys Schlussfolgerung. Wenn man mit ungelösten Geschwisterproblemen auswandert, ist die Gefahr groß, dass man in der neuen Gesellschaft auf ähnliche Weise leidet und vielleicht entwurzelt bleibt. Um leben zu können, egal wo, muss man seine Geschwister losgeworden sein. Nicht unbedingt die realen Personen, aber den Teil des eigenen kindlichen Unglücks, den sie manchmal archivieren und allzu lange lebendig halten.

»Kulturübergreifend existiert kein einheitliches Verständnis darüber, was als Gewalt anzusehen ist und was nicht«, schreibt Konrad Licht in seinem Aufsatz über den Aufenthalt bei den äthiopischen Dassanetch. In unserer Wahrnehmung sind ganze Gesellschaften, etwa vom Balkan oder aus dem arabischen Raum, von Gewalt, Korruption und – im Fall der Migration – durch fehlende Integrationsfähigkeit und Kriminalität gekennzeichnet; und durch die Vorstellung von Familienclans, die sich über die Gesetze erheben und Parallelgesellschaften bilden. Was wir selten sehen, ist der Umstand, dass auch in diesen Gesellschaften dysfunktionale Familien existieren. Dass

Beziehungen scheitern, Regeln des Zusammenlebens zerbrechen und Seelen verkümmern und die Probleme der Migration erst noch obendrauf kommen. Wir stellen uns vor, dass diese Gesellschaften von einer patriarchalen »Respektskultur« regiert werden, deren Regeln archaisch und rätselhaft, aber intakt seien. Diese Gesellschaften erscheinen uns in ihrem fremden Regelwerk fest gefügt und unzugänglich, und so präsentieren sie sich auch. Wir schließen daraus, dass sie besser funktionieren als unsere westlich liberal zerrütteten Patchworkfamilien, und dass sie deswegen gefährlicher seien. Gerne wird übersehen, dass das nicht stimmt.

Den Traum vom heilen Zusammenhalt gibt es bei allen Völkern der Welt.

Ebenso wie das Wissen über die tödliche Wut, die zwischen Brüdern und Schwestern entstehen kann, und die Erfahrung, dass sie nicht von alleine verschwinden. Eifersucht und Wut zwischen Geschwistern – und deren lebenslange Auswirkungen, wenn sie nicht aufgelöst werden – sind ein universelles Lebensmotiv, vor dem man an keinen Ort der Welt fliehen kann. Vor 500 Jahren gab es im Osmanischen Reich ein Gesetz, das den Mord des Bruders in regierenden Familien als Mittel guthieß, um Machtfragen zu klären. Bei den Tieren ist der Geschwistermord sogar als Mittel zur vorsorglichen Konfliktvermeidung bekannt. Der weibliche Bartgeier legt immer zwei Eier aufs Mal. Das Junge, das zuerst ausschlüpft, wirft das andere Ei aus dem Nest. Damit stellt es sicher, dass es sich nicht mit Konkurrenz herumschlagen muss und ungestört aufwachsen kann. Die Geschichte von Kain und Abel steht sogar im Koran. Dort heißen die Brüder allerdings Kabil und Habil.

Abstand

Meine Entscheidung, als junge Frau 1000 Kilometer von zu Hause wegzuziehen, fiel in wenigen Minuten. Aber sie hatte schon lange gereift. Ich teilte sie meiner Mutter in einem zugigen Restaurant mit. Meiner Schwester teilte ich sie gar nicht mit. Auch Arthur nicht. Gregor hatte ich seit Jahren nicht mehr gesehen. Erklärungen hielt ich nicht für notwendig. In den ersten Jahren meldete ich mich kaum bei meiner Familie. Hin und wieder telefonierte ich mit meiner Mutter. Seltener mit meiner Schwester. Aber Marlene war die Erste, die davon sprach, mich zu besuchen. Als ich zwei oder drei Jahre weg war, reiste sie, zusammen mit meiner Mutter, zum ersten Mal an.

Drei Tage lang putzte ich davor jede Fliese im Bad, jede Diele des Holzbodens, die Fensterrahmen schrubbte ich mit der Zahnbürste, was mir nie zuvor in den Sinn gekommen war. Wie ein Huhn ohne Kopf surrte ich durch die Wohnung, die ich mit meinem Freund teilte, und vermischte die Vorfreude mit Angst. Es war meine Chance zu beweisen, dass doch noch etwas aus mir geworden war. Dass ich in der Lage war, eine Wohnung sauberzuhalten und wie eine Erwachsene zu wohnen. Dabei würden die beiden nur ein- oder zweimal zum Essen kommen, ihre Betten standen in einem Hotel in der Nähe. Aber trotzdem hing für mich alles davon ab, dass ich diesen Test bestand. Mein Freund ließ meine Panik über sich ergehen und half ein wenig mit dem Lappen mit. Er fand es übertrieben, was ich veranstaltete. Wir versanken auch sonst nicht in Schmutz, und aufgeräumt war es bei uns eigentlich meistens. Er sah nicht ein, was es in dieser Hinsicht zu beweisen gab. Aber das bremste mich nicht. Ich wollte beweisen, dass ich Respekt verdiente. Dass ich jetzt so leben darf, wie ich will, und dafür nicht mehr verurteilt werden muss. Dass ich meine Freiheit verdiene. Ich war 28.

Ein Tag nach der Ankunft hatte meine Mutter Geburtstag. Wir waren übereingekommen, dass mein Freund zu diesem Anlass für alle kochen würde. Darum wurde die Küche, wo unser einziger Tisch stand, festlich mit Rosen und Kerzen geschmückt. Auf den Fotos, die es von diesem Abend gibt, strahlt meine Mutter begeistert. »Jetzt musste ich fast 60 werden, bis einmal ein Mann für mich kocht«, schäkerte sie mit meinem Freund. Meine Schwester verzieht auf den Bildern den Mund zu einem Grinsen. Auch ihr schienen die beiden Abende bei uns gefallen zu haben. Es schien sie zu amüsieren, wie ich mein neues Leben eingerichtet hatte, und auch sie mochte meinen Freund. Wir verbrachten harmonische Tage. Aber die Rechnung kam in den Briefen danach. Kleine, beiläufige Spitzen gegen das »ewige Kinderleben«, das ich führen würde, gegen den »Elfenbeinturm«, in dem ich sitze. »Das machen wir jetzt jedes Jahr«, hatte sie zum Abschied gesagt. Aber keiner der Briefe danach war freundlich. Erst vor kurzem, inzwischen sind fast zwanzig Jahre vergangen, kam mir der Gedanke, dass es für meine Schwester etwas bedeutet haben könnte, dass ich ohne Vorankündigung plötzlich so weit weggezogen bin. Dass sie womöglich wütend und auch enttäuscht war. Dass sie vielleicht sogar traurig war. Dass sie mich manchmal wohl auch vermisste.

Für mich war der Wegzug eine geglückte Flucht. In der neuen Stadt, die viel größer ist als die alte, hatte ich das Gefühl, wieder atmen zu können. Nichts von den kaputten Häuserfassaden und den grauen Gesichtern, die ich jetzt auf der Straße sah, hatten etwas mit mir zu tun. Hier war ich niemandem etwas schuldig. Hier wanderte ich durch die Straßen, als sei ich unsichtbar. Hier hatte ich nirgendwo eine Geschichte. Es dauerte Jahre, bis ich zufällig Bekannte auf der Straße traf. In den ersten Jahren ging ich kaum zurück in die alte Heimat, und wenn, dann nur für wenige Tage, und nie an Weihnachten. Auch nicht am Tag danach, wenn Marlene Geburtstag hat und sich Besuche wünscht, die nur ihr gelten und nicht dem Weihnachtsbaum. Während der Tage am alten Ort fühlte sich mein Kopf immer an wie ein Dampfkessel. Ich duckte mich unter der Zeit durch und zählte die Stunden, bis ich wieder abreisen konnte.

Der lange Abstand hat mir gutgetan. Ich habe Raum gefunden, in dem ich zu mir selbst kommen konnte. Er hat auch meiner Beziehung zu Marlene gutgetan. Heute ist es für mich nicht mehr schwer, für eine kurze oder längere Zeit zurückzugehen. Inzwischen wohne ich sogar manchmal bei meiner Schwester, wenn ich die Heimatstadt besuche. Es sind meist schöne Tage in ihrem liebevoll eingerichteten Haus. Ich kann aufstehen, wann ich will, und ins Bett, wann ich will, ohne mit abschätzigen Kommentaren von ihr rechnen zu müssen. Wenn sie schon zur Arbeit gegangen ist, während ich noch schlafe, lässt sie den Frühstückstisch für mich gedeckt. Abends kochen und spülen wir zusammen und sprechen irgendwann immer über unsere Kindheit und über die Familie.

»Je mehr wir als ganze Menschen mit einem anderen gemein haben, desto leichter wird sich unsere Ganzheit jeder einzelnen Beziehung zu ihm assoziieren. Daher die ganz unverhältnismäßige Heftigkeit, zu der sich sonst durchaus beherrschte Menschen, manchmal gerade ihren Intimsten gegenüber fortreißen lassen«, schrieb der Soziologe Georg Simmel 1908 in seinem Grundlagenwerk *Soziologie. Untersuchungen über die Formen der Vergesellschaftung* unter dem Stichwort »Der Streit«. Für Simmel war der Konflikt ein tendenziell stärkendes Phänomen. »Eine Gruppe, die schlechthin zentripetal und harmonisch, bloss ›Vereinigung‹ wäre, ist nicht nur empirisch unwirklich, sondern sie würde auch keinen eigentlichen Lebensprozess aufweisen; die Gesellschaft der Heiligen, die Dante in der Rose des Paradieses erblickt, mag sich so verhalten, aber sie ist auch jeder Veränderung und Entwicklung enthoben, während schon die heilige Versammlung der Kirchenväter in Raphaels Disputa sich, wenn nicht als wirklicher Streit, so doch als eine erhebliche Verschiedenheit von Stimmungen und Denkrichtungen darstellt, aus der die ganze Lebendigkeit und der wirklich organische Zusammenhang jenes Zusammenseins quillt.« So weit sind Marlene und ich noch nicht. In intensiven Diskussionen nähern wir uns einander an. Aber Streit vermeiden wir beide um jeden Preis.

Wenn die Jahre der Kinderstreitigkeiten vorbei sind, gilt die Harmonie innerhalb einer Familie oft als das höchste Gut. Echter, innerer Abstand zwischen den Kindern – und auch zu den Eltern – ist in der Idealvorstellung vieler Familien überhaupt nicht vorgesehen. Allenfalls räumliche Trennung, bedingt durch äußere Umstände, hat ihren Platz. Unter erwachsener Distanz können sich viele gar nichts vorstellen. Aber ohne sie stürzt man sich, wenn man wieder mal für ein paar Tage vereint ist, in einem Urlaub oder an einem Feiertag, automatisch in die überhitzte Nähe der Kinderstube. Auch wenn das Nesthäkchen schon über 50 ist und die Eltern im Greisenalter. Zur Weihnachtszeit sind die Psychoseiten der Frauenzeitschriften jeweils voll mit Tipps zur Vermeidung von familiären Feiertagsdesastern. Für ein paar Tage oder Stunden kann das Zusammensein in der wiedervereinigten Großfamilie ein beglückender Ausflug in frühere Zeiten sein. Gerade wenn man sich nur selten mit allen trifft, wünschen sich Menschen, dass manchmal alles so sei wie früher. Dass alle miteinander im Nest sitzen und dieses Beisammensein Geborgenheit gibt. Aber dieser Nähe entwöhnt man sich, wenn man erwachsen wird, und das, was früher selbstverständlich war, wird auf einmal viel zu eng. Die anderen fangen an, einen zu stören, aber man darf sich nicht fragen, warum.

Auch frühere Konflikte leben in erwachsenen Familien fort, wenn ein gesunder Abstand zueinander nicht definiert ist.

Im Dunst der Familie sieht man schnell nicht mehr klar. Den Zwang, der Familie oder den verbliebenen Geschwistern nahe zu sein, egal, ob es uns guttut, fühlen wir oft ein Leben lang. Die kulturellen Bilder sind stark. Das Ideal des Friedens hat eines seiner stärksten Bilder in der Familie, die am Esstisch vereint zusammensitzt. Wenigstens an hohen Feiertagen.

Nach vier oder fünf Jahren fing ich wieder an, an Weihnachten nach Hause zu fahren. Jedes Mal bezahlte ich es mit tagelangen, schweren Migräneschüben, die ich nur mit betäubenden Medikamenten aushalten konnte. Der Schmerz im Kopf ließ mich taumeln. Von dem Schmerz, um den es wirklich ging und der von den Verletzungen kam, die man sich in dieser Familie zufügte, hatte ich damals noch kaum eine Ahnung. Ein- oder zweimal, ebenfalls nach einer langen Pause, kam auch Gregor wieder zu diesen Weihnachtsfeiern. Er war inzwischen selbst Vater geworden, seine kleine Tochter schlief in einem Korb neben dem Weihnachtsbaum. Seine Pupillen waren an diesem Tag normal und er hatte ein frisches T-Shirt angezogen. Zusammen saßen wir alle an dem viereckigen Tisch in Ringen, wo wir aufgewachsen waren, und versuchten, so wenig zu kleckern, wie man es uns als Kindern beigebracht hatte, und tunlichst jedes Thema zu vermeiden, das auch nur im Entferntesten etwas mit unserer Familie zu tun hatte. Wir lobten das Essen meiner Mutter und lauschten den Geschichten ihres Mannes, froh, dass der Abend ohne Explosion über die Runden ging. Nicht einmal Marlene piekste mich an, als wir kurz nach der Bescherung auf der Terrasse standen und eine Zigarette zusammen rauchten. Es war wie eine Trance. Ein paar Tage später packte sie dann die besonders schwere Keule aus, zog sie mir über den Kopf, und wir sprachen mehrere Monate lang nicht mehr miteinander.

Warum fällt es uns so schwer, den richtigen Abstand zu unseren Geschwistern zu finden? Familie ist ein Archiv für Dinge, die nicht geklärt worden sind. Man kommt immer wieder an diesen Schauplatz zurück, in der vagen Hoffnung, den Knoten dort lösen zu können. Manchmal ist es wie ein Zwang. Je größer die tatsächliche Entfremdung ist, desto stärker kann er einem vorkommen. Endlich doch noch von den anderen als diejenige anerkannt zu werden, die es zu etwas gebracht hat. Endlich doch zu zeigen, dass man nicht mehr das hässliche Entlein ist oder der Versager. Herauszufinden, warum man sich mit diesen Menschen, die einem doch nahestehen müssten, fremder fühlt als mit jedem anderen, führt meist in die Kindheit, und oft ist diese Erinnerung viel weniger beruhigend, als man es möchte.

»Ein Kernproblem des Umgangs mit Krisen in Geschwisterbeziehungen stellen Missverständnisse und fehlende Einfühlung in die Situation des belasteten Geschwisters dar«, schrieb der Familientherapeut Hans Goldbrunner 2011. »Besonders wenn über die seelischen Verletzungen nicht offen kommuniziert wird, können daraus ernsthafte Probleme entstehen, welche die Hilfeleistung behindern. Besonders bei Geschwistern, die im bisherigen Leben immer Stärke zeigten, wird die gegenwärtige Überforderung in Krisen leicht unterschätzt, da man ihre Hilflosigkeit nicht erwartet.« Die Rollen sind oft so tiefgreifend festgeschrieben, dass man sie gar nicht mehr als Einschränkung wahrnimmt. »Kinder übernehmen die Sicht der Eltern auf ihre Geschwister«, hat der Familienforscher Hartmut Kasten herausgefunden. Wenn eines als faul gilt, sehen es die anderen lebenslang auch so. Oder als besonders begabt. Die Eltern als Träger dieser Zuschreibungen sind irgendwann alt und tot. Aber die Geschwister leben weiter. Und suchen deshalb lebenslang Anerkennung der anderen Geschwister, sagt der Zürcher Psychologe Jürg Frick 2006 im *Spiegel*. »In Gedanken wird man sie nicht los.« Um den vorgefertigten Bildern zu entkommen, die sie sich von einem machen, benötigt man den

Abstand. Aus der Distanz kann man Freiheit gewinnen, um die Beziehung zu klären und einander neu und richtig kennenzulernen. Um einander nicht mehr zu stören. Dazu gehört, dass man den anderen nicht mehr nur als jüngeren Bruder oder ältere Schwester sieht. Sondern als eigenständigen Menschen mit seinen Talenten und Beschädigungen und mit seinem Recht auf ein eigenes Bild von sich selbst. »Die für Geschwisterbeziehungen charakteristischen Themen bleiben oft über die gesamte Lebensspanne erhalten«, schreibt die österreichische Bildungswissenschaftlerin und Psychotherapeutin Bernadette Bugelnig 2008 in einem Aufsatz zum Thema »Geschwisterbeziehung in verschiedenen Lebensabschnitten aus systemischtherapeutischer Sicht«. »Im Erwachsenenalter hat man allerdings mehr Möglichkeiten, sich bei Spannungen aus dem Weg zu gehen oder emotional selektiv die Begegnungszusammenhänge zu bestimmen und/oder eher den positiven Anteil der Beziehung zu thematisieren.«

Um mich mit Marlene wohler zu fühlen, musste ich verstehen, warum sie mich früher so oft verletzt hat. Das ging erst aus der sicheren Distanz. Erst, als ich weit weg lebte und wusste, dass ich ihr ganz sicher nie zufällig und unvorbereitet über den Weg laufen würde, konnte ich anfangen, darüber nachzudenken, warum mir der Gedanke an sie so oft Schmerzen bereitete. Warum sie mich so oft kränkte. Warum ich immer den Eindruck hatte, sie zu stören. Und warum ich so oft ein schlechtes Gewissen hatte, wenn ich den Gedanken an sie verdrängte und ihre Anrufe nicht beantworten mochte.

»In ihrer Vorstellung haben Geschwister nie dasselbe Elternhaus«, heißt es in einer Titelgeschichte über Geschwister, die der *Spiegel* 2006 druckte. Das zu akzeptieren kann helfen, selbst Abstand zu finden und dem anderen auch Abstand zuzugestehen. Und auch zu akzeptieren, dass dieser Abstand manchmal größer sein muss, als man ihn selbst gerne hätte. Der

Historiker Golo Mann, das dritte Kind des Großschriftstellers Thomas Mann und jüngerer Bruder von Erika und Klaus Mann, fand dafür ein radikales Bild. Er verfügte, dass sein Grab zwar in Kilchberg am Zürichsee bei der Familie liegen sollte. Aber doch deutlich und für immer abseits von dem seiner Eltern und Geschwister.

Wozu klären

Der Tag, an dem ich 20 wurde, war trüb. Ausgerechnet an diesem Datum hatte ich mein Matheabitur zu schreiben. Die Prüfungsvorbereitungen ließen mir keine Zeit für ein großes Fest. Aber Marlene bat darum, dass ich sie trotz des engen Zeitplans besuche. Als ich ankam, standen zwei Kelchgläser und eine Flasche Champagner auf dem Küchentisch mit der runden Marmorplatte, und sie schenkte uns beiden ein. »Ich gratuliere dir zu deinem zwanzigsten Geburtstag«, sagte sie, als wir anstießen. »Ich möchte dir vorschlagen, dass wir ab jetzt eine Art Freundinnen sind.« Ich bedankte mich etwas verdattert und wusste nicht genau, was ich antworten sollte. Es kam so plötzlich. Ich konnte mir überhaupt nicht vorstellen, wie eine Freundschaft mit meiner Schwester aussehen sollte. Die Freundinnen, die ich hatte, waren alle völlig anders als Marlene. Jahre jünger, und keiner fühlte ich mich so unterlegen wie ihr. Auf keine hatte ich deshalb so einen Groll. Heute schäme ich mich, dass ich dieses Angebot so schlaff auf den Boden fallen ließ. Marlene wollte mir ein großes Geschenk machen. Aber es war zu früh für mich. Ich hatte noch nichts, was ich bei Marlene in die Waagschale einer Freundschaft hätte legen können. Aber dass sie es gemacht hat, habe ich nie vergessen, und vielleicht ist es eine Grundlage dafür, dass heute eine Art von Freundschaft zwischen uns zu gedeihen begonnen hat.

In unserer individualistischen Kultur zählt Freundschaft mehr als Blutsverwandtschaft. Freundschaft ist eine selbst definierte »Wahlverwandtschaft« oder sogar »Seelenverwandtschaft«. Eine Beziehung, in der man sich für den anderen entschieden hat, weil man sich ihm so nahe fühlt, ist das höchste Ideal. Seelenverwandtschaft ist ein Konzept, das in vielen Kulturen bekannt ist. Bei uns gewann es in der Epoche der Romantik an Bedeutung. »›Seelenfreundschaft‹ wurde zu einem Leitwert vor allem für das Bürgertum, das sich vom herrschenden Adel abgrenzen wollte: Den Adligen am Hof warf man vor, nur Zweckbündnisse einzugehen und aufgrund eines nüchternen Kalküls vorgebliche Freundschaften zu schließen. Das Bürgertum beanspruchte für sich, anders als der Adel echter Gefühle fähig zu sein und damit wahre Freundschaften schließen zu können – ein Zeichen moralischer Überlegenheit«, heißt es 2012 unter dem Titel »Freundschaften im Kontext der Weimarer Klassik« in einem Lehrmittel der Klassik Stiftung Weimar für Lehrerinnen und Lehrer. Die Verwandtschaft ist das Gradmaß der Nähe. Aber erst die freie Wahl ist es, die diese Verwandtschaft zur Freundschaft adeln kann. Das mag damit zusammenhängen, dass wirkliche – gelebte und gefühlte – Gleichrangigkeit bei Geschwistern in der Regel nicht gegeben ist. »Von horizontalen Beziehungen, im Sinne einer Egalität, kann bei Geschwisterbeziehungen nicht a priori ausgegangen werden«, schreibt Anna Bally in ihrem Buch *Die Macht der Geschwister.* »Im Gegenteil, laterale Beziehungen sind in der Regel mehr oder weniger deutlich hierarchisiert. Wenn sich irgendwo egalitäre Geschwistergruppen oder -beziehungen herausbilden oder eine Gemeinschaft von Geschwistern durch die Ideologie von Gleichheit konstituiert ist, muss dies als komplexe kulturelle Leistung gelten.« Erst wenn wir es schaffen, in einer Beziehung die Verbindlichkeit von Blutsverwandtschaft und das Geschenk von Freundlichkeit und Freundschaft gleichzeitig unterzubringen, haben wir das Gefühl, die höchste Art der Beziehung zu erreichen.

Gleichzeitig sind Wahlverwandtschaften leichter zu tragen als echte Verwandtschaften. Auch wenn man daran nicht denken mag, bieten sie immer die Hintertür der Trennung und geben uns so das Gefühl von Wahl und freiem Willen. Wahlverwandtschaften kann man verlieren. Darum lohnt es sich, für sie zu kämpfen. Dafür besucht man Paarberatungen und absolviert Psychotherapien. Bei morschen Geschwisterbeziehungen scheut man diesen Aufwand meist.

Aber Geschwisterlichkeit, echte oder gefühlte, ist ein schillerndes Gebilde. Sie beinhaltet in veränderlichen Anteilen Liebe und Vertrauen, Spannung und Verrat. Und wie eine Liebesbeziehung wirkt sie tief auf unser Leben. Wie eine Liebesbeziehung verändert auch die Geschwisterbeziehung sich ein Leben lang. Jedenfalls dann, wenn man sie lässt.

Für manche Menschen ist die Beziehung zu einem gegengeschlechtlichen Geschwister der Leitstern für spätere Bindungen. Sie suchen auch als Liebespartner einen Menschen, der ihr »Seelenverwandter« ist. Doch die Gefahr von Seelenverwandten in einer Liebesbeziehung wird unterschätzt. Man erwartet von ihnen unendlich viel und misst sie an etwas, das ihnen nicht wirklich gleichen kann. Denn um zur Bindung zu werden, muss die bekannte Vertrautheit mit romantischer Spannung und körperlicher Anziehung aufgeheizt werden. Aber diese Eigenschaften entstehen nur durch Fremdheit. Wir können sie auch nur mit Fremden üben. Auch in einer Liebesbeziehung mit einem Seelenverwandten gewinnt vielleicht irgendwann die gemütliche Vertrautheit die Überhand. Dann werden aus Liebenden asexuelle Brüderchen und Schwesterchen, die Teile ihrer Leidenschaft begraben, um die symbiotische Nähe nicht zu gefährden, die sie mit ihrem Seelenfreund genießen.

»Gertrude und Leo Stein wurden, jeder auf seine Weise, getrieben durch einen Traum von etwas unfassbar Großartigem, das Gestalt annehmen sollte. Das verband sie«, schreibt die Kölner Psychotherapeutin und Autorin Linde Salber in ihrem Buch *Geniale Geschwister* über die amerikanische Schriftstellerin und Kunstsammlerin Gertrude Stein und ihren Bruder, den Kunstsammler und Maler Leo, mit dem Gertrude Stein bis zu ihrem neununddreißigsten Lebensjahr zuerst in Amerika, dann in London und dann in Paris zusammenlebte. Als Kinder hatten die beiden jüngsten Kinder der Familie einander gegeben, »was sie in den Armen der Eltern vergeblich suchten: Schutz, Trost, Interesse, unverbrüchliche Gemeinsamkeit«, wie es bei Salber heißt. Als jüngere Schwester bewunderte und verehrte Gertrude Stein den zwei Jahre Älteren fast grenzenlos. In der Jugend entwickelte sie ihren eigenen Ehrgeiz und überrundete ihn bald mit Fleiß und Talent. Nach dem Tod der Eltern begegnete sich das unzertrennliche Geschwisterpaar »auf der Basis familiär-vertrauter Kumpanei«, wie Salber schreibt, und blieb zusammen. Erst nach Jahren zerbrach an einem scheinbar oberflächlichen Konflikt über eine akademische Frage das Geschwisterpaar, das bis ins Erwachsenenalter von den Regeln der Kindheit zusammengehalten worden war. In weniger außergewöhnlichen Familien geschieht so etwas häufig früher. Meist am Anfang der Pubertät kommt Unruhe auf zwischen einem Bruder und einer Schwester, die sich bisher nahestanden. Für eine jüngere Schwester ist es schmerzhaft, wenn der ältere Bruder sich zum ersten Mal verliebt und die Vertrautheit mit der Schwester auf Kosten der neuen, abenteuerlichen Suche nach fremden Gefühlen zu vernachlässigen beginnt. Gleichgeschlechtliche Geschwister haben es leichter. Aber auch sie müssen oftmals ihre Beziehung verändern, um sich weiterentwickeln zu können.

Wenn erwachsene Geschwister ihre Beziehung klären, müssen oft vergangene Verletzungen und Konflikte wieder exhumiert werden. Manchmal liegen sie Jahre oder Jahrzehnte zurück, wurden irgendwann vergraben und sind längst mumifiziert und unkenntlich geworden. Oft weiß man nicht einmal mehr genau, warum man seit langer Zeit kein Wort mehr miteinander spricht. Häufig geht es dabei um nicht verarbeitete Konkurrenz. »Ob ein Verhalten als gerecht oder ungerecht bewertet wird, hängt wesentlich davon ab, ob die Beziehung unter den Geschwistern eher von Liebe und Zuneigung oder von Konkurrenz und Rivalität geprägt ist«, schreibt die Hallenser Erziehungswissenschaftlerin Inés Brock über die Frage, ob Kinder die unterschiedliche Behandlung durch die Eltern als Problem empfinden. »Vor allem die strengere Erziehung dem ersten Kind gegenüber wird in diversen Studien von den Erzogenen selbst bestätigt«, heißt es in der empirischen Untersuchung, die Psychologen an der Universität Leipzig 2007 zum Thema »Das elterliche Erziehungsverhalten in der Erinnerung erwachsener Geschwister« erarbeitet haben. »Die jüngeren Kinder schildern im Vergleich zum ältesten eine eher liebevolle und akzeptierende Erziehung durch die Eltern.« Das bedeutet: Wenn ein Geschwister das Gefühl hat, von den Eltern ganz anders behandelt worden zu sein als die anderen, muss das keine Einbildung sein. Manchmal ist es messbare Realität.

Die meisten Menschen bekämen Schuldgefühle, wenn sie sich zum ersten Mal dem Gedanken stellen, von den Eltern ungerecht behandelt worden zu sein, schreibt Peter Teuschel in seinem Buch *Das schwarze Schaf*. Zusätzlich verwirre es sie, wenn Unterdrückung und Ausgrenzung auch auf der Geschwisterebene stattgefunden haben. Doch diese seien »immer auch Familienthema«, heißt es bei Teuschel weiter. »Lang dauernde Konflikte zwischen Geschwistern werden den Eltern kaum verborgen bleiben. Schreiten diese dann nicht ein, werden sie im Erleben des benachteiligten Kindes zu Komplizen der unterdrückenden Geschwister. Das schwarze Schaf gerät ins familiäre Abseits – unter dem Blick der Eltern.«

Eine solche Dynamik lässt sich jahrelang verdrängen, aber die Bitternis darüber schwelt weiter. Im Prozess der Klärung müssen alle Geschwister damit leben lernen, dass vielleicht sie oder das andere bevorzugt oder benachteiligt worden sind. Einzusehen und zu akzeptieren, dass man der Prinz oder das Aschenputtel der Familie war, kann einen enormen seelischen Kraftaufwand bedeuten. Für den Benachteiligten ebenso wie für die Bevorzugte. In ihrem Aufsatz über Geschwisterbeziehungen verweist die österreichische Psychotherapeutin Bernadette Bugelnig auf eine kanadische Langzeitstudie mit mehr als 11 000 Kindern. »Auch Lieblingskinder, die eindeutig bevorzugt wurden, hatten erstaunlicherweise viele Probleme«, schreibt sie. »Sie waren oft verunsichert und verängstigt, sie litten unter enormem Druck. Die Angst vor Liebesentzug kann noch stärker wirken als der Liebesentzug selbst.« Auch das kann bis ins hohe Alter gelten. »Es lässt sich beobachten, dass Kinder, die nicht tagtäglich greifbar sind, von dem gebrechlichen Vater oder der bettlägerigen Mutter idealisiert werden«, heißt es bei Bugelnig. Oft bleiben solche Kränkungen jahrelang oder lebenslang verborgen, wirken aber unterschwellig weiter. »Wenn es gelingt, im Gespräch über Geschwister bei einem Menschen die Fassade der Gleichgültigkeit und Abspaltung zu durchbrechen, dann kommen die schwierigen Aspekte der erlebten Beziehung zum Vorschein: Enttäuschung, Kränkung, Entwertung und Missgunst oder Neid«, schreibt die Therapeutin. Eine »vorgegebene Gleichgültigkeit gegenüber Geschwistern« diene häufig als Schutz vor schmerzlichen Gefühlen.

Was man in der Kindheit erlitten hat, lässt sich später nicht mehr wiedergutmachen. Das muss man irgendwann begreifen. Spätestens wenn die Eltern tot sind, gibt es auch niemanden mehr, den man dafür zur Rechenschaft ziehen kann. Aber man kann die Bitterkeit trotzdem überwinden: indem man sie versteht und dann loslässt. Das zu vollbringen bedeutet, erwachsen zu werden. Das ist eine Grundannahme der Familienforschung. »Eine Person kann aus den Erfahrungen in der Schule oder im Beruf Erfahrungen innerhalb der Familie im Rückblick neu einschätzen lernen, und es wäre denkbar, dass sie sogar die derzeit bestehenden Beziehungen zu ihren Familienmitgliedern fortan modifizieren kann«, schrieb Walter Toman bereits 1961 in seinen *Familienkonstellationen*.

Aus Geschwistern müssen keine Freunde werden. Manchmal ist es besser, wenn sie es nicht sind. Es gibt dafür keine Regel. Doch manchmal steht dem Reichtum einer solchen Freundschaft gar nichts Schwerwiegendes entgegen. Viele Kindheiten waren nicht so desaströs, dass man darüber nicht wegkommen kann. Manchmal sind es nur kleinliche Konflikte, die man irgendwie zu lösen vergessen hat und an denen man aus Gewohnheit festhält. In einem solchen Fall kann es sich lohnen, die Beziehung zu bereinigen. Nicht für die Eltern und nicht für die Kinder. Nicht für die Geschwister und nicht für den Frieden in der Familie. Sondern ganz allein für sich selbst. Um sich von dem zu befreien, was einen sonst für immer in der Rolle des unglücklichen Kindes festzuhalten droht.

Es bedeutet auch, akzeptieren zu lernen, dass ein Mensch, der einem nahesteht, in einem Konflikt eine Position einnimmt, die man selbst nicht teilen oder nicht einmal verstehen kann. Es bedeutet zu akzeptieren, dass der andere einem keinen Gehorsam schuldet. Und dass man auch selbst keinen Gehorsam schuldet. Das ist besonders schwer, weil man damit die Möglichkeit aufgibt, einem anderen die Haftung für das eigene Leben zu übertragen. Man muss eine bequeme Denkweise hinter sich lassen. »Hätten Vater, Mutter, Bruder, Schwester mich anders behandelt, was für ein glückliches Leben hätte ich führen können!« formuliert die Kölner Psychologin und Autorin Linde Salber diesen Gedanken in ihrem biographischen Doppelporträt *Die Doppelgänger* über die Geschwister Erika und Klaus Mann.

Als mir Marlene an meinem zwanzigsten Geburtstag ihre Freundschaft anbot, konnte ich sie noch nicht annehmen. Es hat noch einmal so lange gebraucht, bis ich mich dazu fähig fühlte. Bis der ganze Schutt abgetragen war, der vorher im Weg gelegen hatte. Aber ich glaube, dass sich diese Mühe lohnt. Marlene ist in den letzten Jahren nicht mehr nur eine personifizierte Erinnerung an eine spannungsreiche Kindheit und eine steinige Jugend. Sie hat sich von der Rolle der Archivarin gelöst. Seither entdecke ich meine große Schwester mehr und mehr als eine ganz eigenwillige, erstaunliche Frau, die ich zu meiner großen Freude wirklich und wahrhaftig mag.

Reflexion

Vor drei Monaten habe ich Marlene zum ersten Mal zum Weinen gebracht. Es war scheußlich. Zusammen mit meiner Mutter waren wir für ein paar Tage in Oslo und hatten uns verlaufen. Zuerst hatte ich erfolglos versucht, auf dem Stadtplan herauszufinden, in welche Richtung wir gehen mussten. Dann verlor Marlene die Geduld. »Wir müssen dort entlang, ich habe es im Gefühl«, sagte sie mit der Überzeugung der Anführerin und trabte los. Ein wenig beschämt über meine Orientierungsprobleme packte ich den Plan weg. Ich war als Einzige schon mehrfach in Oslo gewesen und wollte mit Ortskenntnis brillieren. Mutlos ging ich hinter Marlene her. Unsere Mutter folgte ohne Kommentar. Nach einer Weile war klar, dass wir noch weiter ins Abseits gerieten. Wir hatten uns vollkommen verirrt.

Ich blieb stehen und bekam einen Lachkrampf. »Das war super, wie du gesagt hast, ›Alles mir nach!‹, und genauso wenig Ahnung hattest wie ich«, japste ich. Marlene grinste nur dünn. Noch einmal beugten wir uns über den Stadtplan und fanden schließlich den richtigen Weg. Marlene war danach den ganzen Tag einsilbig. Auch noch abends, als wir uns zum letzten Abendessen dieser Reise in einem schönen Restaurant hingesetzt hatten, schwieg sie. Erst als ich meinen Hauptgang fast aufgegessen hatte, fiel es mir auf. »Bist du gekränkt, weil ich vorhin gelacht habe?« Da stiegen Tränen in ihre Augen. Ein Anblick, den ich bis dahin noch nie gesehen hatte.

»Wenn es Veränderungen in der Geschwisterbeziehung gibt, können sie nur dann gelingen, wenn die Geschwister bereit sind, die Rollenzuschreibung in ihrer Beziehung zu reflektieren und sie zu verändern«, schreibt die österreichische Psychotherapeutin Bernadette Bugelnig 2008 in ihrem Aufsatz über Geschwisterbeziehungen in verschiedenen Lebensabschnitten. »Geschwisterbeziehungen funktionieren dann gut, wenn im Alter die Rollen aufgeweicht werden, wenn beispielsweise eine ältere Schwester nicht bis ans Lebensende in dieser Rolle bleibt, sondern sich auch mal als Ratsuchende oder hilflos an ihre Geschwister wenden kann.«

Ich war bestürzt, als ich Marlenes Tränen sah. Das hatte ich nicht gewollt. Ich hatte auch gar nicht gewusst, dass ich das konnte. Der Spott am Nachmittag war nicht böse gemeint. Viel mehr hatte mich unsere Gemeinsamkeit in dieser Sache amüsiert. Dass wir beide einen so katastrophalen Orientierungssinn haben. Dass es uns trotzdem nicht in den Sinn kommt, jemanden nach dem Weg zu fragen. Vor allem aber, dass wir so völlig entgegengesetzte Strategien haben, um über denselben Mangel hinwegzutäuschen. Und dass wir beide damit gleichermaßen holzschnittartig gescheitert sind; ich mit der überpeniblen Konzentration auf den Stadtplan, die das Ganze aus dem

Blick verliert. Und sie mit dem Bauchgefühl der Hasardeurin, das in die Irre leitet. Das versuchte ich ihr zu erklären. Aber es wurde davon nur noch schlimmer. »Geht es dir denn wirklich nur um die Konkurrenz zwischen uns?«, fragte Marlene. »Willst du denn immer und überall nur besser sein als ich?« Jetzt begannen bei mir die Tränen zu fließen. Das Gegenteil war doch der Fall. Egal, wie ich mich anstrengte, nie wurde ich das Gefühl los, lediglich die aus der Art geschlagene Nachzüglerin zu sein, die ohne Hilfe immer und überall ins Abseits gerät. Das ewige Kind, das in der Welt der Erwachsenen immer eine Fremde bleibt, das weder bei Haus noch bei Garten mitreden kann, kein Auto hat, keine teuren Urlaubskreuzfahrten vergleichen kann und auch keine Aktiendepots. Die deshalb bei den Besuchen am Familientisch, wo diese Themen leidenschaftlich abgehandelt werden, nie mitreden und nie jemanden beeindrucken kann. Auch darum war es mir so wichtig gewesen, wenigstens in Oslo, das wir auf meinen Wunsch hin besucht hatten, den Weg zu kennen. Unsere Mutter schien ratlos und machte den Eindruck, als wollte sie nicht hören, was gerade geschah. Sie genoss die Reisen mit ihren erwachsenen Töchtern. Es tat ihr gut, dass nun nicht mehr sie es sein musste, auf der die Organisation lastete und die alle Wege kannte. Wenn sie uns zusammen erlebte, auf Reisen und auch bei den gelegentlichen Familientreffen, die Marlene, manchmal mit meiner Hilfe, stets umsichtig auf die Beine stellte, hatte sie wohl den Eindruck gewonnen, dass sich die Spannungen zwischen uns Schwestern in vielen Jahren von alleine in Luft aufgelöst hätten. Aber so war es nicht. Wir mussten unzählige Situationen und Gefühle der Vergangenheit sezieren. Schon dass wir zusammen eine Reise antreten konnten, war das Ergebnis Dutzender, oft quälender Telefonate und immer wiederkehrender Zweifel meinerseits gewesen. Es war mühselig und ermüdend und hatte Jahre gedauert, bis wir einander zu vertrauen begannen. »Fürsorge und Liebe oder eben auch heftigste Aggressionen sind unter Geschwistern immer wieder neu auszuhandeln und erscheinen immer wieder als veränderungsbedürftig. Sie spielen bis in das hohe Erwachsenenalter eine große Rolle«, schreibt Bernadette Bugelnig. »Das liegt daran, dass sich in verschiedenen Phasen des Lebens die Prioritäten verändern und verschieben.« Bei Marlene und mir bedeutet das zum Beispiel, dass wir nicht wissen, wie lange Reisen mit unserer Mutter noch möglich sind. Wie lange unsere Mutter noch die Kraft hat, um zu fliegen und fremde Städte zu erkunden. Die gemeinsame Zeit mit ihr hat Vorrang bekommen. Sie möglich zu machen und damit zusammen schöne Erlebnisse anzusammeln, ist mir vor einer Weile wichtiger geworden als der bewährte und lebenslange Sicherheitsabstand zu meiner Schwester.

Aber es ist viel schwerer, als ich dachte. Es liegt so viel unter der Oberfläche. Äußerlich sind wir jetzt erwachsen und gefasst. Aber unter der gelassenen Oberfläche umlauern sich immer noch eine ausgebootete Jugendliche und ein überfordertes Kind und können in ihren eingeübten, feindlichen Tanz verfallen, sobald die ersten zivilisierten Minuten vergangen sind. Jahrelang wendete ich lieber Hunderte von Euros auf, um in einem Hotel zu übernachten anstatt in ihrem frisch ausgebauten Gästezimmer, das sie mir immer wieder freundlich anbot und auf das sie zu Recht stolz ist. Irgendwann fragte mich eine Freundin beiläufig, warum mich die paar Tage in ihrer Nähe derart unter Stress setzen, und ich wusste keine Antwort. Ich konnte nicht benennen, warum ich das, was mir bei anderen Menschen inzwischen mühelos gelingt, bei ihr nicht einsetzen konnte: eine Grenze zu setzen, wenn es mir zu viel wurde. Aua zu sagen, wenn mir etwas wehtat. Respekt einzufordern und Konsequenzen zu ziehen, wenn er nicht gewährt wurde. Wenige Stunden in Marlenes Nähe, und ich reagiere, wenn ich nicht aufpasse, noch immer wie ferngesteuert. Ich werde zu einer viel jüngeren, hilflosen Version meiner selbst. Ich glaube, dass Marlene diese Distanzierung spürt und dass sie sie schmerzt. Nicht nur ich störe dann sie in ihrer Erwachsenenrolle. Sie stört auch mich, und es ist kein gutes Gefühl. Denn auch sie hat eine Kinderrolle mit mir verinnerlicht. Sie ist diejenige, die für mich sorgen muss. Wenn mir etwas fehlt oder ich unzufrieden bin, liegt die Schuld bei ihr und sie muss etwas unternehmen. Das war für sie Gesetz, als sie ein kleines Mädchen war und mich als Baby betreute. Auch 40 Jahre später sieht sie noch meinen mürrischen Ausdruck, den abgewandten Kopf, hört die knappe Antwort und fragt sich, was mit mir los ist. Wie damals sucht sie die Lösung bei sich selbst und verlässt sich nur zögerlich auf die erwachsenen Instinkte, die sie sich in anderen Beziehungen längst angeeignet hat. Mich einfach in Frieden zu lassen, kam lange auch nicht in Frage. Sie kam genauso wenig wie ich auf die Idee, dass man die andere so ernst nehmen kann wie eine Freundin. Und dass man sich vor ihr und ihren Launen manchmal genauso in Schutz bringen darf. Dass man sich für die Gefühle der anderen nicht immer verantwortlich fühlen muss.

Ein einziges, nächtliches Gespräch brachte den Umschwung in eine neue Epoche unserer Beziehung. Irgendwann war mir keine Antwort mehr eingefallen, warum ich mir nicht zutraute, in ihrem neuen Gästezimmer zu wohnen, und ich quartierte mich für ein paar Tage bei ihr ein. An diesem Wochenende hatte sie viele Freunde eingeladen, und ich erklärte mich bereit, mich mit um das Buffet zu kümmern. Sie schien sich aufrichtig zu freuen und gab sich sichtlich Mühe, meine Empfindlichkeiten zu respektieren, auch wenn ich spürte, dass sie sie nicht verstand. Marlene ist robuster als ich. Die ständige Nähe zu Menschen, die stundenlangen Unterhaltungen, die kleinen, harmlosen Witze auf Kosten der eigenen Person und anderer, das ständige Aufnehmen und Parieren von gutmütigen Hänseleien scheinen sie kaum Kraft zu kosten. Mir rauscht nach ein paar Stunden der Kopf, und danach reicht das Husten eines Flohs, um mich aus dem Gleichgewicht zu bringen. Erst recht, wenn zur Feier meiner Anwesenheit noch andere Familienmitglieder dabei sind. Marlene sieht dann mein müdes Gesicht, die traurigen Augen und manchmal auch die Tränen. Aber sie verstand sie lange nicht. Aber an diesem Abend lief alles gut. Es war für mich Ehrensache, zu beweisen, dass ich ihre Buffetparty vom Kochherd aus mühelos am Laufen halten konnte, damit sie Zeit hatte, sich um die vielen Gäste zu kümmern. Irgendwann an diesem Abend, nachdem alle gegangen waren und alles aufgeräumt war, setzte sie sich zu mir aufs Sofa, und eine Weile lasen wir beide in unseren Zeitschriften. Wie es mir gehe, fragte sie dann plötzlich, mit einer ungewohnten Ernsthaftigkeit. Ich erzählte ihr, wie die letzten Monate gewesen waren, nicht gut, ich erzählte von den Mühen meiner Ehe, von beruflicher Erschöpfung, von den seelischen Nachwirkungen einer Krankheit, von der ich eine Weile nicht gewusst hatte, ob sie mich besiegen würde. Ich war 41 Jahre alt und Marlene 50, und ich glaube, dass sie in diesem Moment zum ersten Mal verstand, dass mein Leben nicht einfacher ist als ihres. Dass meine Privilegien der Jüngeren, falls es sie jemals gegeben haben sollte, längst aufgebraucht sind. Dass sie mich nicht mehr zur Gegnerschaft qualifizieren können. Am nächsten Tag, als ich wieder in meinem eigenen Wohnzimmer saß, schickte sie mir eine Textnachricht, in der sie sich für meine Hilfe bei ihrem Fest »und für die Gespräche« bedankte. Seither, das spüre ich, begegnet sie mir anders. Sie hat ihre Rüstung gelockert, und viele Jahre schmerzhafter Nähe haben sich für uns beide in etwas Neues, weniger Bedrohliches verwandelt. Für Marlene und mich lohnt es sich, uns neu kennenzulernen. Aber es ist schwer. Ein ständiges Herausfinden, woher die Schmerzen kommen.

Früher oder später kommen Marlene und ich immer auf unsere Eltern und unsere Kindheit. Meist sprechen wir zuerst allgemein über den einen oder die anderen, den Vater, die Mutter oder die Großeltern, und kommen dann zu einzelnen Situationen. Wenn die Stimmung da ist, erläutern wir vorsichtig und allgemein, wie wir selbst diese Situation erlebt haben, und mit Sicherheit kommt dann die andere und sagt, dass es für sie vollkommen anders war. Dass sie gar nicht stolz und erwachsen allein in unserer Familienwohnung blieb, wie ich angenommen hatte, als meine Mutter und ich nach Ringen zogen. Sondern dass es für Marlene im neuen Haus einfach kein Zimmer gab. Mehr und mehr finden wir heraus, dass die Konflikte nicht nur zwischen uns stattfinden. Sondern dass sich darin auch das Handeln der Eltern spiegelt, das einer von beiden immer unrecht zu tun schien, und dass auch dieses ständige Ungleichgewicht dazu beitrug, dass wir uns so lange nicht verstanden und misstrauten.

Um Geschwister als Erwachsene wiederzufinden, muss man sie erst als Kinder loswerden. Das habe ich mit Marlene gelernt. Es hieß, meine Geschichte, die ich bis dahin für unverrückbar, festgeschrieben und vergangen gehalten hatte, noch einmal neu lesen zu lernen. Und auf eine neue Geschichte zu stoßen.

Die Beziehung von Geschwistern zueinander entsteht im Dreieck zu den Eltern und wird davon geprägt. Diese Prägung zu erkennen und, wenn sie negativ in Erscheinung tritt, zu lösen, ist die lebenslange Aufgabe, wenn man mit seinen Geschwistern erwachsen werden will. Das bedeutet vor allem, zu lernen, die Eltern nüchtern zu sehen und ihre Fehler zu erkennen, ohne die Liebe zu ihnen zu verlieren. Es bedeutet, sie als Menschen zu erkennen, die wahrscheinlich ihr Bestes gaben. Damit einher geht manchmal die Einsicht, dass dies nicht gereicht hat oder dass es nicht das Richtige war.

Die Psychotherapeuten Helmut de Waal und Christoph Thoma haben 2003 in ihrem Buch *Wege aus der Elternfalle* drei elterliche Taktiken identifiziert, an denen Familien fast immer scheitern: Die Taktik der »Co-Elternschaft«, in der ein älteres Kind aus Bequemlichkeit zum Ersatzelternteil befördert und an Alltagsentscheidungen beteiligt wird. Die Taktik der »Gleichmacherei«, bei der Eltern ihre Kinder konsequent gleich behandeln und so jegliche individuelle Bedürfnisse missachten. Und die Taktik der erzwungenen Liebe, bei der Eltern bedingungslose Harmonie und Nähe zwischen Geschwistern erwarten und negative Gefühle grundsätzlich ablehnen.

»Ihr habt uns einfach nicht artgerecht gehalten«, sagen Marlene und ich heute manchmal zu unserer Mutter. Sie versucht, so gut wie möglich darüber hinwegzuhören. Sie weiß, dass es darauf keine richtige Antwort gibt. Es ist eine Formel, die uns allen hilft, die Vergangenheit mit ihren Konflikten ruhen zu lassen und aus dem, womit wir einander vielleicht geschadet haben, etwas zu machen, was uns heute ohne Groll verbindet. Nicht nur als Schwestern, sondern als Familie, die wir füreinander sind.

Teil Drei

Wo man Geschwister herbekommt

Gute Menschen, schlechte Menschen

Als ich zwölf war, hieß meine beste Freundin Leonie. Was mich am stärksten an sie band, war der Neid. Ich beneidete Leonie mit brennender Glut um die langen, glänzenden Haare, um ihre rosa Cowboy-Gummistiefel und um das gerahmte Foto in ihrem Flur, auf dem ihre Mutter aussah wie ein Filmstar. Überhaupt um ihre Familie. Darum am allermeisten. Leonie hatte zwei Brüder und eine Schwester, und während wir befreundet waren, kam noch ein Brüderchen dazu. Alle waren sie hübsch. Und alle ähnelten einander. Weil die Nickerts so viele waren, brauchten sie natürlich ein großes Haus. Darum wohnten sie in einer alten Villa am Waldrand des Ortes, an den meine Mutter und ich gezogen waren. Ich konnte die Villa von meinem Zimmer aus beinahe sehen, jedenfalls wenn ich mich halb aus dem Fenster lehnte und ein paar Bäume wegdachte. Es war ein geheimnisvolles, staubiges Gebäude mit einem riesigen Garten, dessen verschnörkeltes Tor immer verschlossen blieb, weil es auf die Durchfahrtsstraße wies. Die Villa war etwas ganz anderes als das brav abgezirkelte Häuschen in der Einfamilienhäusersiedlung, wo wir nun beim neuen Mann meiner Mutter wohnten. In der alten Villa von Leonie ging es auch ganz anders zu als bei uns. Die Nickerts hatten ein schwedisches Au Pair, das für Leonie und ihre Geschwister Mittagessen kochte und immer irgendwo im Haus herumgeisterte, wenn wir nach der Schule bei ihr Hausaufgaben machten oder uns verkleideten. Die Nickerts hatten auch ein viel tolleres Auto als wir. Nämlich einen großen, kastigen Chevrolet in Dunkelgrün. Nicht, dass ich mir etwas aus Autos gemacht oder ein Au Pair gewollt hätte. Aber bei den Nickerts war alles irgendwie besser als bei uns. Bei uns war immer alles aufgeräumt, und außerhalb der Kinderzimmer durften weder Arthur und Gregor noch ich unsere Sachen herumliegen lassen. Im Eingangsraum hatten unsere Schuhe ordentlich und mit den Schnürsenkeln nach innen aufgereiht zu stehen, und die Mäntel mussten sofort auf die Bügel gehängt werden, wenn wir nach Hause kamen. Leonie und ihre Geschwister streiften einfach die Schuhe von den Füßen und warfen die Jacke über einen wackeligen Ständer. Bei den Nickerts war es laut und lebhaft, Kinder rannten die Treppen hinauf und hinunter, schrien und trampelten, und es gab ein Zimmer, wo sie alle ihre Spielsachen liegen lassen konnten, ohne dass es jemanden störte. Bei den Nickerts war irgendwie mehr Platz, für alle. Nur ganz selten einmal schrie ihr Vater herum, wenn ihn eines der Kinder nervte. Meist saß er in seinem Büro im Turmzimmer, bastelte an irgendwelchen Architekturmodellen und ließ uns in Ruhe. Manchmal, wenn er uns hörte, kam er herunter, um zu plaudern, oder er rief uns zu sich, um uns sein neuestes Modell zu zeigen. Gegessen wurde an einer langen, unordentlichen Tafel im Wintergarten. Wenn Leonies Mutter am Nachmittag aus dem Büro zurückkam, wehte sie mit Schwung herein, küsste der Reihe nach alle Kinder, auch mich, schmatzend auf die Wange und wollte wissen, wie es in der Schule gewesen war und was wir sonst noch zu erzählen hatten. Die Bücherstapel am Boden, die benutzen Teller, die noch niemand weggeräumt hatte, schienen sie überhaupt nicht zu stören. Zu ihrem dreizehnten Geburtstag bekam Leonie eine Renovierung ihres Zimmers geschenkt. Ihr Vater strich alle Wände in ihrer Lieblingsfarbe blasslila und lackierte die antiken Scheuerleisten und die uralten Einbauschränke glänzend weiß. Den Boden legte er mit einem Flokati aus, der zumindest in den ersten Tagen so flauschig war, dass man glaubte, durch Wolken zu waten. Das alte Kinderbett wurde durch eine Liege aus hellem Satin aus dem Antiquitätenladen ersetzt, und als Schreibtisch bearbeitete er ein altes Büropult tagelang mit Schleiflack. Ich sah das fertige Zimmer unter dem Dach und mir blieb vor Eifersucht die Luft weg. Niemals würde ich so etwas besitzen. Es war nicht nur das Zimmer. Es war der Umstand, dass sie es bekommen hatte. Dass ihr Vater Leonies Wünsche einfach so erfüllte. Leonie hatte einen richtigen Platz in der Welt. Sie war nicht in ein Gästezimmer einquartiert worden wie ich, wo schon lauter Erwachsenenmöbel standen. Sie war Teil einer richtigen Familie, in einer Villa, mit einem lila-weißen Wolkenzimmer, das ganz allein ihr gehörte. Nachdem sie dieses Zimmer bekommen hatte, ließ ich sie kaum noch aus den Augen.

Es machte mich immer traurig, bei den Nickerts zu sein. Aber ich ging hin, so oft ich konnte. Ohne dass ich es damals wusste, prägte Leonies Elternhaus – von den ungespülten Tellern vielleicht abgesehen – meine Idealvorstellung vom Leben als Erwachsene. Vater, Mutter, Arbeit, Au Pair, Kinder, Geld und eine verwunschene Villa, in der es nie langweilig wird. So oder gar nicht. Als mir später für das »So« die Voraussetzungen nicht gegeben schienen, entschied ich mich für das »Gar nicht«. Wahrscheinlich war es die richtige Entscheidung. Erst viele Jahre später begriff ich aber, was Leonie und ihr neues Zimmer damit zu tun hatten. Dass ich nämlich seit diesem Tag wusste, dass ich später eine richtige Familie haben wollte, eine wie Leonie sie hatte, ohne Stiefeltern und fremde Geschwister. Eine Familie, wo jeder von Anfang an dazugehört und ihm niemand das Recht auf einen Platz streitig machen darf. Damals begann ich wohl zu ahnen, dass ich es mir nicht zutrauen würde, irgendwann selbst eine solche Familie zu gründen. Dass ich gar nicht richtig wusste, wie eine solche echte Familie eigentlich funktioniert. Im Grunde war das Thema der glücklichen Kleinfamilie für mich erledigt, bevor ich zum ersten Mal einen Freund hatte.

Das Lexikon der Soziologie versteht unter einer Kleinfamilie »die mit dem Bürgertum entstandene patriarchalische Familie, in der die Autorität des Vaters durch unternehmerische Leistung und vererbbaren Familienbesitz begründet ist«. Dieses Modell grenzt sich im 18. Jahrhundert zu den bis dahin vorherrschenden Lebensgemeinschaften in feudalen Gesellschaften ab. In diesen lebten mehrere Generationen zusammen mit dem Gesinde in größerer Gemeinschaft. Im Gegensatz dazu kapselte sich die bürgerliche Kleinfamilie stärker ab und erhoffte sich in der gesteigerten Privatheit unter Blutsverwandten größere Sicherheit und mehr Erfolg. »Familia bedeutet im 17. Jahrhundert noch Hausgenossenschaft unter väterlichem Regiment, kleinste Zelle der ständischen Gesellschaft«, schreibt der Freiburger Literaturwissenschaftler Gerhard Kaiser in seinem Aufsatz »Feindliche Brüder und ihre Väter«. In einer bürgerlichen Kernfamilie sind die Aufgaben klar abgegrenzt: ein Mitglied, in der Regel der Vater, geht außer Haus dem Gelderwerb nach, ein anderes, normalerweise die Mutter, kümmert sich zu Hause um den Nachwuchs. Es gibt kaum einen Zusammenhang, in der eine solche Kleinfamilie nicht noch heute als Ideal abgebildet werden kann. Politiker untermauern ihre Seriosität in Wahlkampfzeiten gerne mit solchen Einblicken in ein bürgerlich geregeltes Zuhause. Möbelhäuser dekorieren ihre Kataloge mit Eltern und Kindern, die entspannt in Küchen sitzen oder es sich auf Sofas gemütlich machen, Werber preisen damit Margarine und Geschirrspülmittel an. Eine solche Familie bietet ein Bild, das jeder versteht. »Die bürgerlich-urbane (auch: traditionelle) Familie ist auch noch in unserer Gegenwartsgesellschaft die quantitativ und als Leitbild dominante familiale Lebensform« heißt es im Lexikon der Soziologie.

Als gesellschaftliches Ideal hat die bürgerliche Kleinfamilie die Zeiten überlebt, ohne sich groß zu wandeln. Wir empfinden sie als Urvariante von irgendetwas, als naturgegebene Antwort auf unser archaisches Bedürfnis nach Sicherheit und Zugehörigkeit. Auch wenn es das Bürgertum als ausschließliche Norm kaum noch gibt, stellen sich die meisten Menschen, die sich eine Familie wünschen, darunter auch heute noch eine solche Gemeinschaft vor: Vater, Mutter und Kinder, am besten wenigstens eines von jeder Sorte. Der Ort, wo die Bösen draußen bleiben müssen. Eine solche Familie ist auch immer noch für sehr viele Menschen fester Bestandteil des privaten Erfolgs. Im Herbst 2013 nahm sich der Vorstandsvorsitzende der Schweizer Swisscom und einer der profiliertesten Manager des Landes, der Deutsche Carsten Schloter, das Leben. Vier Jahre zuvor hatte der 49-Jährige seine Ehefrau und die drei kleinen Kinder zugunsten einer jüngeren Geliebten verlassen. Danach sah er die Kinder nur noch selten. »In einem TV-Interview bezeichnete er die Trennung als seine größte Niederlage, ein Scheitern im realen Leben«, schrieb der Zürcher *Tagesanzeiger*, nachdem der Abschiedsbrief des beliebten Managers gefunden worden war. »Schloters Wertesystem hatte die Möglichkeit, seine Familie zu verlassen, wohl einfach nicht vorgesehen.« Schloter gab nur und ausdrücklich private Gründe für den Suizid an. Man kann sagen, er ist am Traum der bürgerlichen Kleinfamilie gestorben.

Tatsächlich war die Vater-Mutter-Kinder-Familie nie eine Urform gesellschaftlicher Organisation. Sie ist eine Konstruktion aus der Zeit der Industrialisierung und war immer relativ selten: ein Luxusprodukt für Privilegierte. »Ende des 18. Jahrhunderts beginnt sich die Familie als Ordnung eigenen Rechts aus der Gesellschaft auszugliedern und der Welt draußen gegenüberzustellen«, heißt es in Gerhard Kaisers Aufsatz über feindliche Brüder und ihre Väter weiter. »Der Vater wird problematisch als Grenzgänger und Vermittler zwischen Binnenwelt der Familie und gesellschaftlicher Außenwelt. Als intime Liebesgemeinschaft ist die Familie Naturordnung, die Gattin und Mutter steigt auf zur Repräsentantin dieser Würde. Mutter Natur wird erfunden.« Die bürgerliche Familie, wie unser Ideal sie heute darstellt, ist das Konstrukt einer Zeit, in der das existentielle Gefühl der Zugehörigkeit des Menschen zu seiner Umwelt in Frage gestellt wurde. Sie entstand als Heilmittel gegen das Gefühl der Entfremdung. Und zwar zu einer Zeit, als die Industrialisierung begann, den unmittelbar erfahrbaren Lebenssinn aufzulösen, den Menschen durch bäuerliche Arbeit und das Eingebundensein in eine große, dörfliche Gemeinschaft erlebten.

In der Realität existierte die klassische bürgerliche Kleinfamilie nur ungefähr 150 Jahre lang. Davor und seither ist Familie eher ein Sammelsurium von Lebensformen mit Menschen, die mehr oder weniger verwandt oder verschwägert in einer Bedarfs- und Ernährungsgemeinschaft zusammen ihren Alltag organisieren. »Die Anzahl der Familien, welche in dieser Form lebten, waren zunächst gering«, heißt es auch in einem Referat über »Die bürgerliche Familie«, das Studierende der Soziologie 2006 an der Universität Koblenz hielten. »Aufgrund der ökonomischen Situation der Bevölkerung, vor allem der Arbeiterfamilien, entstand eine Diskrepanz zwischen praktizierter Lebensweise und dem propagierten Leitbild der bürgerlichen Familie.« Ihre Blüte erlebte sie ungefähr ab 1830. Ideengeschichtlich war das die Zeit der Romantik. Das neue Familienideal versuchte, dem Gefühl der Entfremdung durch die Betonung und Intensivierung persönlicher Emotionen entgegenzuwirken. Zu der Zeit kam auch die Idee der Liebesheirat in Mode, die bis heute eng mit der Traumvorstellung der bürgerlichen Kleinfamilie verbunden ist. Bereits in der ersten Hälfte des 20. Jahrhunderts zerrissen zwei Weltkriege die neugebildeten Kleinfamiliengeflechte wieder. Danach erlebten sie die erste Renaissance. »Die privatisierte Kernfamilie war während ihrer Blütezeit (ca. 1955 bis 1965) die Normalfamilie der Moderne«, heißt es im Referat der Koblenzer Soziologen. »Sie galt als Ort wärmender Geborgenheit und wurde zu einer Art ›Ersatzheimat‹. Dieses Ideal wurde unhinterfragt gelebt und galt als selbstverständlich.« 1953 wurde das Bundesministerium für Familienfragen gegründet. Jetzt galt das bürgerlich normierte Privatleben auch als Angelegenheit der Politik.

»Abweichend von den realen Gegebenheiten, weist die ›Wunschfamilie‹ heutiger Kinder viele Geschwister auf«, schreibt der Familientherapeut und Psychoanalytiker Hans Sohni 1994 und beruft sich dabei auf eine Untersuchung des Deutschen Jugendinstitutes von 1993. In einer Zeit, wo Einzelkinder eine Norm sind, ist schon die Kleinfamilie ein Traum. Laut Sohni wünschen sich Kinder oft so sehr diese Gefährten, dass sie sich bei ihrem Ausbleiben mit Phantasiegeschwistern behelfen. »Phantasiegeschwister in oft verblüffend konkreter Gestaltung – bisweilen als spontane Schöpfung, häufig als über längere Zeit hin kontinuierliche Begleiter – treffen wir häufig an«, schreibt er. Ihnen kommt aus seiner Sicht »eine bisher weitgehend übersehene Bedeutung zu«. Phantasierte Geschwister füllen pragmatisch die Lücken, die gesellschaftliche oder medizinische Realitäten, die Planung der Eltern oder das Schicksal im Leben eines Kindes offenlassen. Sie können, etwa bei Einzelkindern, den Wunsch nach Bruder oder Schwester ausdrücken und auffangen. Sie können auch helfen, den Tod oder die Abtreibung eines Geschwisters zu verkraften. Bei Jungen in der Pubertät, die allein mit ihrer Mutter leben, kann ein phantasierter Bruder sogar helfen, die psychologisch notwendige Distanz und Ablösung von der Mutter zu vollziehen. Und sie können ausdrücken, dass ein Kind auch mit Geschwistern das Gefühl haben kann, allein zu sein.

Ich bekam meine Phantasieschwester mit etwa vier Jahren. Sie hieß Iglö. Iglö war immer dabei, wenn ich unterwegs war. Ich sprach viel mit ihr und erzählte auch meiner Mutter gerne, was sie so machte. Besonders viel wusste ich von Iglö allerdings nicht. Sie hatte auch kein Gesicht. Es reichte mir, dass sie an meiner Seite war, verlässlicher als mein Vater, der abends wegblieb, meine Mutter, die immer zu tun hatte, und meine Schwester, die schnell die Geduld mit mir verlor. Eigentlich war Iglö eine phantasierte Cousine. Sie hatte eine Mutter namens »Tante Gulli«. Auch von ihr erzählte ich gerne, obwohl ich bemerkte, wie meine Mutter und meine Schwester einander dann Blicke zuwarfen. Iglö und Tante Gulli entstanden in meiner kindlichen Phantasie, weil ich fühlte, wie meine Schwester Marlene sich nach ihrer Cousine Mirella sehnte, die in Italien lebte und die sie wie eine Schwester liebte, bevor ich aufgetaucht war. Mirella kam immer zusammen mit ihrer Mutter zu Besuch, unsere Tante Olga. So wurde Mirella in meiner Vorstellung zur idealen Schwester, und zu ihr gehörte eine Tante. Das hatte ich von Marlene gelernt. Und auch, dass Mirella ihr gehörte. Darum schuf ich mir selbst eine Mirella. Nach anfänglicher Irritation ließen meine Eltern und meine Schwester sie erstaunlich freundlich an unserem Alltag teilnehmen. Als wir vor Weihnachten Geschenke einpackten, waren sie sogar bereit, ein Päckchen für Iglö einzuwickeln. Nie kam unsere zerbrechende Familie dem Ideal näher, als wenn meine Phantasieschwester dabei war. Dann litt ich kaum unter der Zurückweisung meiner Schwester, dem Kummer meiner Mutter und der neuen Freundin meines Vaters. Wenn Iglö da war, war ich ruhig und zufrieden, wenigstens für die nächste Viertelstunde.

Die bürgerliche Kleinfamilie ist inzwischen wieder zum Luxus geworden, den man sich in vielerlei Hinsicht erst leisten können muss. Frauen müssen überhaupt einen Mann finden und halten, mit dem sie eine Familie gründen und die Jahre der Kinderaufzucht gemeinsam erleben können. Immer mehr verpassen aufgrund der Realitäten der Berufswelt das fruchtbare Zeitfenster und es reicht in letzter Sekunde nur noch für ein einzelnes Kind. Allerdings haben auch die medizinischen Machbarkeiten zugenommen. Menschen halten am Traum der Kleinfamilie fest, weil er wie kaum ein anderer Sinn und Sicherheit verspricht. Aber in unserer postindustriellen Gesellschaft ist Familie auch zu einem Unternehmen geworden, das emotionalen Gewinn abwerfen soll. Viele, die heute Kinder wollen, planen die Verwirklichung des Traums entschlossen wie eine Karriere. Manchmal müssen dazu auch seelische Vorgänge rationalisiert werden. Seit ein paar Jahren gibt es in Deutschland sogenannte »Geschwisterschulen«. Das sind Kurse, in denen kleine Kinder, deren Eltern weiteren Nachwuchs erwarten, professionell auf die neue Rolle als Geschwister vorbereitet werden. »Die werdenden Geschwisterkinder im Alter zwischen 4 und 10 Jahren lernen an Puppen, wie man sie wickeln, halten und beruhigen kann«, heißt es 2013 in der Ausschreibung für einen solchen Kurs in Bremen. »Wenn es die Situation erlaubt, zeigt ihnen der anschließende Besuch im Kreißsaal, wo sich ihre Eltern zum Zeitpunkt der Geburt aufhalten werden. Nach Absolvierung des Kurses erhalten die Kinder ein ›Geschwisterdiplom‹«. Auch kleinste Kinder wissen jetzt, welches Verhalten von ihnen verlangt wird angesichts der verstörend neuen Situation, die auf sie zukommen wird. Aber sie brauchen dazu ein Diplom. Die bürgerliche Kleinfamilie mit ihren gut geratenen zwei bis drei Buben und Mädchen ist kein Naturzustand, sondern eine höchst anfällige Kulturform. So ist es heute, und so ist es immer schon gewesen.

Stückwerk

In unserem Sträßchen der kleinen Einfamilienhaussiedlung, wo wir nun wohnten, gab es sechs Garagen. Die hinterste gehörte der Familie Walter. Dort stand oft ein hellblauer Porsche, der Stolz von Herrn Walter. Sonst fuhr niemand in unserer Siedlung ein hellblaues Auto, und auch keinen Porsche. Wenn ich zwischen Hausaufgaben und Abendessen noch ein bisschen nach draußen ging, um zu sehen, ob Nachbarskinder zum Spielen da waren, traf ich meist auf Sonja und Rita, die Töchter der Walters. Manchmal gingen wir zusammen zum Waldrand, um dort herumzulungern, oder wir beschafften Blumen aus dem hintersten Teil des riesigen Gartens der tattrigen Frau Schmidt. Mit dem Strauß klingelten wir dann an ihrer Tür, sagten, wir hätten ihr Blumen gepflückt, und kassierten die Tafel Schokolade, die sie uns dafür gab. Manchmal, wenn es regnete, gingen wir auch zu den Walters nach Hause. Im Keller, gleich neben der winzigen Einbausauna, stand ein kleiner Fernseher, den Sonja und Rita benutzen durften. Irgendwann sah ich den blauen Porsche nicht mehr. »Der Walter ist scheint's ausgezogen«, sagte meine Mutter einmal beim Abendessen. Sie hatte so etwas von der Nachbarin auf der anderen Seite gehört. Schulterzuckend nahmen wir es zur Kenntnis. Ich konnte mich kaum an sein Gesicht erinnern. Ungefähr ein halbes Jahr später sah man immer häufiger eine Frau in weiten Strickröcken aus dem Haus der Walters kommen. »Das ist die Freundin unserer Mutter«, sagte Rita. »Sie heißt auch Sonja. Sie wohnt jetzt bei uns«. Sonja hatte lange, rotgefärbte Haare und war sehr still, aber meinen Gruß erwiderte sie immer freundlich. »Wir heißen jetzt dann nicht mehr Walter«, sagte Rita irgendwann beiläufig, als wir vor dem Fernseher im Keller saßen. Ihre Schwester, die wir nicht erst seit der neuen Sonja Sönneli nannten, nickte. »Wir heißen jetzt dann Heuer«, sagte sie. »Das ist der alte Name unserer Mutter«, erklärte Rita. Es war eine Nachricht, mit der ich beim Abendessen die Aufmerksamkeit auf mich zog. Geändert hat sich dann aber nichts. Frau Walter, die jetzt Heuer hieß, lebte nach ihrer Scheidung mit ihrer Freundin und ihren beiden Töchtern in einer lesbischen Beziehung. »Wenn es ihr Freude macht«, meinte mein Stiefvater nur. »Das geht uns nichts an.« Wichtig war, dass Frau Heuer ihre Hecke ordentlich schnitt und dass ihre Abfallsäcke sauber verschnürt waren. In diesen Dingen hatte sie sich schon als Frau Walter tadellos verhalten, das behielt sie auch in ihrem neuen Leben bei.

Familie Heuer mit der lesbischen Mutter und der rothaarigen Stiefmutter war das Maximum, das ich als Kind an Patchworkgemeinschaften kannte. In den Häusern rundherum gab es sonst nur normale Familien. Auch in meiner Klasse hatte sonst niemand geschiedene Eltern. Ich realisierte kaum, dass auch ich in einer Familie lebte, die von der Norm abwich. Bei uns wohnten ein verwitweter Mann mit zwei nicht verwandten Adoptivsöhnen und eine geschiedene Frau mit ihrer Tochter. Meine Mutter nahm so schnell wie möglich den Namen des Mannes und der Söhne an. Ich behielt den Namen meines Vaters. Am Telefon meldete ich mich mit den Worten »Bei Ballmer«, wie eine Haushaltshilfe. Ich sollte meinen eigenen Namen nicht sagen, damit die Anrufer nicht verwirrt auflegten, weil sie dachten, sie hätten sich verwählt.

Ich weiß nicht, ob die Nachbarn über unsere Familienverhältnisse genau so diskret geschwiegen haben wie über Frau Heuer mit ihrer Sonja. Unsere Familie jedenfalls schwieg über beides. Viele Jahre später, als ich verzweifelt war und meine Mutter fragte, warum unsere Familie so unglücklich sei, sagte sie, das sei, weil sie damals alles falsch gemacht hätten mit unserem zusammengestoppelten Haufen. »Aber es gab ja auch niemanden, den man hätte fragen können.« Es waren die frühen 80er Jahren, in einer braven Schweizer Vorortsiedlung. Damals sprach noch niemand von Patchworkfamilien. Das heißt nicht, dass es sie nicht gab. Es heißt, dass damals noch die Ansicht herrschte, man solle einfach so tun, als sei bei ihnen alles ganz normal.

Der Ausdruck »Patchworkfamilie« erschien erstmals 1990 im deutschen Sprachraum. Es stand im Titel der deutschen Übersetzung eines amerikanischen Familienratgebers für Stieffamilien. Der Begriff ist nur im Deutschen gebräuchlich. In Englisch heißen sie »blended families« – zusammengemengte Familien. Die Soziologie kennt ungefähr 20 verschiedene Familienformen. Die bürgerliche Kleinfamilie ist nur eine Option. Sie wird von den Wissenschaftlern »Kernfamilie« genannt und spielt insgesamt kaum eine Rolle. Lebensgemeinschaften mit Halb-, Stief- und Pflegegeschwistern hingegen existieren, seit es Menschen gibt. Der überwiegende Teil aller bekannten Familienformen könnte unter dem Begriff »Patchworkfamilie« zusammengefasst werden. Patchworkfamilien sind fast nie Wunschprojekte. Sehr häufig sind sie Notlösungen. Die meiste Zeit in der Geschichte waren sie so normal, dass man keinen besonderen Namen für sie hatte. Das mit der Notlösung ist auch heute noch so. Man könnte sagen, Patchworkfamilien sind die Stiefkinder des Familienwunsches. Der Unterschied ist, dass wir uns heute mit jeder denkbaren Familienform am Ideal und am Glücksversprechen der bürgerlichen Kleinfamilie orientieren und sie schon mit dieser schweren Fracht manchmal in die Knie zwingen.

In der erlebten Realität heißt bei uns heute Familie etwa, dass Kinder dauerhaft mit dem neuen Partner oder der neuen Partnerin eines Elternteils aufwachsen und mit jüngeren Halbgeschwistern leben. Es gibt Familien, wo Kinder bei den Großeltern aufwachsen. Es gibt Pflegefamilien, wo Kinder aus gefährdeten oder zerstörten Familien für einen begrenzten

Zeitraum untergebracht werden und dort mit den leiblichen Kindern der Familie als Quasigeschwister leben. Es gibt Wochenendfamilien, in denen Kinder tage- oder wochenweise abwechselnd beim einen und anderen Elternteil leben, allein, oder als temporärer Bestandteil einer dortigen neuen Familie. Es gibt »Einelternfamilien« – alleinerziehende Frauen und Männer, die eines oder mehrere Kinder aufziehen, ohne mit einem Partner oder einer Partnerin zusammenzuleben. Manchmal betreut auch ein einzelner Elternteil, meist die Mutter, mehrere Kinder, die von verschiedenen Vätern stammen. Es gibt auch neue Familienformen, die früher nicht einmal als Gedanke möglich gewesen wären: etwa die Variante der Regenbogenfamilie, die in jüngster Zeit dazugekommen ist.

Regenbogenfamilien sind Familien, die von homo- oder transsexuellen Eltern gegründet werden. Ihre Kinder werden auf natürliche Weise oder im Labor gezeugt, mit Samen von bekannten oder unbekannten Spendern, von Männern, die häufig nicht die soziale Vaterrolle einnehmen. Es sind Familien mit keinem, einem, zwei oder mehreren sozialen Vätern. Familien mit einer, zwei oder mehreren sozialen Müttern. Beziehungen, in denen die leibliche Mutter als Mann lebt, gemeinsam mit einem schwulen Mann, der als zweiter Vater eine eher mütterliche Rolle spielt. Es gibt lesbische Beziehungen, in denen eine Frau mehrere Kinder durch eine Samenspende desselben Mannes bekommt. Beziehungen, in denen beide Frauen Kinder durch eine Samenspende bekommen, desselben oder verschiedener Männer. Es gibt die Variante, dass lesbische und schwule Paare zu viert zusammenleben und mehrere Kinder gemeinsam als Großfamilie aufziehen. Die Varianten der Regenbogenfamilien sind fast grenzenlos. Sie begrenzen auf einer Seite das Spektrum dessen, was man heute Patchworkfamilie nennt. Auf der anderen Seite liegt die klassische Stieffamilie. Dazwischen spielt sich das ab, was wir heute um uns herum als

Familie erleben und doch kaum je auf den glänzenden Bildern in den Zeitschriften, in Wahlbroschüren oder auf dem Bildschirm als glücksverheißendes Ideal vorgestellt bekommen.

Wenn wir den Begriff »Familie« benutzen, meinen wir damit immer noch am liebsten »leibliche Familie«. Auch dann, wenn die Statistik eine zusammengefügte Familie fast genauso selbstverständlich erscheinen lässt. »Laut sozialwissenschaftlicher Literatur sind etwa zwischen 10 und 14 Prozent aller Familien Stieffamilien«, heißt es im Familienreport 2012 der deutschen Bundesregierung. »Dieser Anteil ist in den neuen Ländern mit 15 Prozent etwas höher als in den alten Bundesländern mit 10 Prozent. Etwa 10,9 Prozent der Kinder unter 18 Jahren leben in Stieffamilien.« Doch diese Familien werden nach eigenen Aussagen der Verfasser auch in der amtlichen Statistik »nur unzureichend erfasst«. Gründe werden dafür nicht genannt. »Auch nach einer Trennung halten die meisten Menschen am Konzept der auf Dauer angelegten Partnerschaft und an Familie fest«, heißt es weiter. Vielleicht sind wir nicht bereit, uns von der Bilderbuchfamilie zu verabschieden, weil der Traum davon einfach zu schön ist. Und weil er uns das Leben mit Kindern so viel einfacher machen würde.

»Bis ins 20. Jahrhundert hinein waren Stieffamilien in der Regel eine durch Schicksalsschläge erzwungene Lebensform«, heißt es in einer Studie des Deutschen Jugendinstituts. »Die geringe Lebenserwartung und hohe Müttersterblichkeit führte im 18. und 19. Jahrhundert zu einem sehr hohen Anteil an Stieffamilien. Heute hingegen werden Stieffamilien frei gewählt und entstehen meist nach einer Scheidung oder Trennung.« Je weniger selbstverständlich Familie geworden ist, desto weniger wollen Menschen von den Schattenseiten wissen, die sie auch verheißt. Je unwahrscheinlicher die Variante einer eigenen, glücklichen Kleinfamilie ist, desto vehementer kämpfen Menschen um die Verwirklichung ausgerechnet dieses Traums.

Auch die Geschwisterforschung hat enorme Probleme, Patchworkfamilien mit ihren besonderen Dynamiken in ihre Theorien einzufügen. »Geschwisterverhältnisse wie Stief- und Halbgeschwister konnten nicht berücksichtigt werden«, schreibt die Berliner Psychoanalytikerin Dorothee Adam-Lauterbach noch 2013 im Vorwort zu ihrer Untersuchung *Geschwisterbeziehung und seelische Erkrankung*, »da ihre Dynamik durch weitere Einflüsse wie Trennung und Scheidung der Eltern geprägt ist.« Die Wurzeln der Geschwisterforschung entstanden zur Blütezeit der idealisierten bürgerlichen Kleinfamilie. So formten sich auch ihre Methoden danach. Das mag ein Grund dafür sein, warum sie so wenig praktische Erkenntnisse über die Realität zu bieten hat, in der viele Menschen heute mit ihren Geschwistern leben. Moderne Familien sind zu kompliziert für die theoretischen Konzepte, an denen man sie bisher zu messen versuchte. Die neue Sicht muss sich erst noch formen. Der Fokus muss neu eingestellt werden, damit man das ganze Bild erkennt. Damit man versteht, was es bedeutet, Kinder zu haben, die nicht die eigenen Kinder sind, und Geschwister zu haben, die nicht die eigenen Geschwister sind.

Bevor Familienplanung eine Industrie und die eher unverbindliche Patchworkfamilie salonfähig wurden, behalf man sich bei einem unerfüllten Kinderwunsch manchmal mit einer Adoption. Adoption ist eine Art verbindliche Edelversion der Patchworkfamilie und rechtlich der traditionellen Familie am nächsten. Ein adoptiertes Kind hat dieselben Rechte wie ein leibliches. Es ist erbberechtigt und man wird es nicht so leicht wieder los wie ein Stief- oder Patchworkkind. Adoption ist jahrhundertealtes Familienkonzept, das auf der ganzen Welt praktiziert wird. »Einem adoptierten ersten Kind wird die Fähigkeit zugeschrieben, Geschwister gewissermaßen ›anzuziehen‹«, schreibt die Ethnopsychoanalytikerin Anna Bally 2013 über Adoptivkinder in Indonesien. Auch im Westen ist die Erwartung an die geheimnisvolle Macht eines angenommenen Kindes bekannt. In der amerikanischen Fernsehserie »Sex and the City« zerbricht die makellose Galeristin Charlotte mit ihrer Designerwohnung, dem berstenden Kleiderschrank und dem liebenden, schwerreichen Ehemann fast am Kummer, kein Kind zu bekommen. Am Ende der letzten Staffel, die 2004 ausgestrahlt wurde, adoptiert das Paar ein Baby aus China. Im Kinofilm, der die Saga vier Jahre später fortsetzte, wird Charlotte schwanger, was bis dahin als medizinisch unmöglich galt. »Weißt du, es heißt doch immer, wenn du erst aufhörst, es zu versuchen, dann klappt es«, teilt sie ihrer Freundin strahlend mit. »Und meine Ärztin sagt, sie kennt einige Paare mit adoptierten Kindern, die schwanger geworden sind.« »Dahinter steht in Indonesien die Vorstellung, dass Kinder keine Einzelwesen sind, sondern zu einer Geschwistergruppe gehören, dies auch dann, wenn noch keine Geschwister geboren wurden«, schreibt Anna Bally. Das adoptierte Kind, zuerst eine Notlösung, erfüllt eine magische Funktion, indem es die anderen, vorgesehenen Kinder anzulocken vermag.

In Deutschland hat sich die Zahl der Adoptionen seit 1991 fast halbiert: Gerade noch 4060 Kinder wurden im Jahr 2011 »an Kindes statt« angenommen, wie die rechtliche Definition der Adoption lautet. Das hat das Statistische Bundesamt ermittelt. 20 Jahre zuvor waren es noch über 7000 pro Jahr. »Der Rückgang wird von Experten vor allem auf Fortschritte der Reproduktionsmedizin zurückgeführt«, heißt es 2013 dazu in einem Artikel auf *Zeit online*. Seit aus Kinderwünschen Zeugungsaufträge an die Medizin geworden sind, erscheint die Adoption eines fremden Kindes vielen Paaren allenfalls als letzter Ausweg. Denn die Hierarchie von Wunschkindern ist seit der Urzeit die gleiche geblieben: je leiblicher, desto besser.

Auf sieben Paare, die ein Kind adoptieren wollen, kommt in Deutschland trotzdem nur ein freigegebenes Baby. Denn

Frauen, die ohne Ehering schwanger sind, werden nicht mehr automatisch unter Druck gesetzt, das Kind wegzugeben. Sie müssen nicht einmal den Traum der traditionellen Kleinfamilie aufgeben. Wer Familie will, kann auch alleine loslegen. Wenn man später jemanden trifft, mit dem es klappen könnte, probiert man es einfach noch mal und baut die Wunschfamilie um die älteren Kinder herum.

Fast 80 Prozent der Deutschen geben im Familienreport 2012 an, dass man Familie braucht, um glücklich zu sein. »Kinder in Stief- und Patchworkfamilien sind nicht unzufriedener mit dem Familienklima als Kinder in anderen Familien«, heißt es dort. »Wichtige Faktoren für das Familienklima in Stieffamilien sind vor allem die Zeit für das Zusammenleben als Familie, ein gemeinsamer Familienname, aber auch die Existenz gemeinsamer Kinder.«

Seit es die moderne Patchworkfamilie gibt, sind die Rollen nicht mehr so starr festgeschrieben wie im traditionellen Idealfall. Darin kann man auch einen Vorteil sehen. Je mehr man sich an der klassischen Kleinfamilie orientiert, desto eher sollte einfach mindestens ein Mitglied versuchen, den Vater zu machen und ein anderes die Mutter. Den Rest regeln die Kinder unter sich.

Mich quält es inzwischen nicht mehr, dass ich nicht in einer normalen Familie aufgewachsen bin. Oft finde ich es heute sogar lustig. Neulich habe ich fast gleichzeitig von meiner ältesten Schweizer Freundin Pascale und von meiner Schwester Marlene eine Textnachricht bekommen, in der beide die gleiche Geschichte erzählten: Sie hatten sich gerade zufällig in einem Fortbildungskurs kennengelernt. Auf der Präsenzliste sah Pascale den Nachnamen von Marlene, in dem mein Mädchenname enthalten ist, und fragte sie, ob sie meine Stiefmutter sei. Sogar meine Freundinnen haben Probleme, meine ganzen Halb- und Stiefgeschwister und ihre Mütter auseinanderzuhalten. Marlene hat diese Frage schon oft gehört. Sie ist nur zwei Jahre jünger als die neue Frau meines Vaters. »Nein«, sagte sie darum zu Pascale. »Ich bin die Schwester. Und wer bist du?« Das war die freundliche Variante. Wenn sie schlechte Laune hat, gibt sie sich nämlich auch gerne als meine Großmutter aus.

Trümmerbande

Mein Stiefvater Berni war am Anfang ziemlich normal. Bevor wir zu ihm und seinen Söhnen nach Ringen zogen, verbrachten wir einmal eine Woche Ferien zusammen im Tessin. Berni, Arthur und Gregor waren schon früher angereist. Sie wohnten in einem schönen Hotel mit einem blühenden Garten ganz oben auf einem Berg. Als meine Mutter und ich eintrafen, bekamen wir ein eigenes, tolles Zimmer mit einem verzierten Balkongeländer, und ich beschloss auf der Stelle, später im Hotel zu arbeiten. Fast alles in diesen Ferien war schön. Die Sonne schien, mit Arthur und Gregor dachte ich mir jeden Tag neue Spiele aus, und abends aßen wir im Hotelrestaurant. Einmal stand auf dem Menüplan »Ratatouille«. Das kannte ich nicht. »Probier' es einfach, das wird dir schmecken«, sagte meine Mutter. »Eine feine Dame kennt Ratatouille«, spöttelte Berni. Sie wollten mir nicht verraten, was es ist. »Da sind Würmer und Froschbeine drin«, sagte Gregor. »Und manchmal auch Eisenspäne und Kuhhörner«, sagte Arthur. »Aber die schmeckt man fast nicht.« Meine Mutter und Berni lachten. Ich fand es überhaupt nicht lustig. In diesem Moment fühlte ich mich zum ersten Mal ausgeschlossen aus dieser Gruppe. Als wir dann fest zusammen wohnten, wurde es mehr. Es geschah immer durch Kleinigkeiten, die leicht zu übersehen waren, nicht nur für meine Mutter.

Abends, wenn wir noch eine halbe Stunde fernsehen durften, nahmen die Jungen sofort ihre Plätze auf dem Boden vor dem

Sofa ein. Von hier waren die Schaltknöpfe, die es damals noch brauchte, leicht zu erreichen. Ich wusste nicht, wo ich mich hinsetzen sollte. Von keinem der anderen Plätze konnte man den Fernseher gut sehen, und Berni mochte es gar nicht, wenn man die Füße aufs Sofa zog. Ich kam mir überflüssig vor. In der dritten Woche nach unserem Einzug bekam mein Stiefvater dann auch noch seinen ersten Tobsuchtsanfall. Nach der Tagesschau war er duschen gegangen. Kurz zuvor hatte ich ein Bad genommen und saß im Pyjama noch etwas vor dem Fernseher. Plötzlich riss er die Tür wieder auf und begann zu brüllen. Mit beiden Händen hob er den Föhn, mit dem ich mir kurz zuvor noch die Haare getrocknet hatte, über den Kopf und schmetterte ihn mit aller Wucht auf den Steinfußboden. Dabei schrie er Dinge, die ich nicht verstand. Mein Vater hatte nie geschrien. Die Jungen verzogen keine Miene. Gregor drehte den Lautstärkeregler etwas lauter. Nach einer Weile schmiss Berni die Badezimmertür wieder zu, später stapfte er wortlos an uns vorbei. Erst beim Frühstück am nächsten Tag, als Berni schon zur Arbeit gefahren war, erklärte mir meine Mutter leise, was geschehen war. Ich hatte das Kabel des Haartrockners nicht richtig aufgewickelt, das hatte ihn verärgert. Ich hatte keine Ahnung gehabt, dass es dabei eine Regel zu beachten gab. Alle Regeln in diesem Haus waren schon viel länger da als ich. Ab jetzt versuchte ich, jede Regel zu erkennen und auch das Gästezimmer ordentlich zu halten. Manchmal gab mir Arthur einen Tipp. »Am besten trocknest du das Waschbecken immer gleich aus, sonst regt er sich wieder künstlich auf.« Nach ein paar Monaten hatte ich die Feinheiten heraus. Aber auch Berni hatte die Feinheiten heraus. Egal, wie sehr ich mich bemühte, mich unsichtbar zu machen und keine Spuren zu hinterlassen, er fand immer einen Grund zum Toben. »So ist er halt«, sagte meine Mutter. »Du musst lernen, dich auf den Mund zu setzen.« Im Gegenzug begegnete sie seinen Söhnen mit kühler Freundlichkeit.

Ich glaube, weder Berni noch meine Mutter hatten eine Ahnung, worauf sie sich einließen, als sie beschlossen, es in Zukunft zusammen zu probieren. Sie müssen von dieser Familie heillos überfordert gewesen sein. Sie hatten keine andere Idee, als jedes einzelne Mitglied, auch sich selbst, mit allen Bedürfnissen vollständig zu ignorieren, um einem Bild zu entsprechen, das sie vage im Kopf hatten. Das Bild einer normalen Familie. Ziemlich sicher haben sie sich geschämt, als sie merkten, dass es nicht funktionierte. Dass es jeden Tag Streit gab und man sich fremd war wie in einem Wartesaal, als Einzige in der Nachbarschaft. Heute wäre das wohl anders. Die moderne, aus einer Trennung hervorgegangene Patchworkfamilie wird seit Ende des 20. Jahrhunderts immer mehr zur Normalität. »Heute erleben weniger als die Hälfte der Kinder das 18. Lebensjahr in derselben Familie«, sagte der Münchner Familienforscher Hartmut Kasten 2011. Das Deutsche Jugendinstitut in München schätzt, dass heute etwa jede siebte Familie aus Teilen verschiedener Familien zusammengesetzt ist. Auch wenn das die Eltern am Beginn einer neuen Beziehung oft nicht wahrhaben wollen. »Die alten Normen der biologischen Verwandtschaft werden gegen die Patchwork-Realität in Stellung gebracht«, formulierte es der Rundfunkjournalist Martin Hubert 2011 in einem Betrag im Deutschlandfunk. Man erwartet von sich und den Kindern, dass man sich nach wenigen Monaten wie eine richtige Familie fühlt und sich entsprechend verhält. Man verleugnet die Fremdheit und Irritation, die man in einer solchen Konstellation fast immer zusammen erlebt. Die zeitweilige oder dauerhafte Distanz, die zu einer Patchworkfamilie gehört, werde von den Eltern »als Verlust natürlich gewachsener Nähe gesehen«, sagt Hubert. Allzu viele Patchworkeltern bauen einen Traum aus Trümmern und verstehen nicht, warum er immer Risse behält.

Auf dem Tag, an dem die Kinder den neuen Partner von Vater oder Mutter kennenlernen, lastet oft ein besonderer Druck. Aus Sicht vieler Eltern hängt es von den Kindern ab, ob es mit einer neuen Beziehung klappen kann. Ob sie bereit sind, sich an den neuen Partner zu gewöhnen. Tatsächlich sind aber allein die Erwachsenen dafür verantwortlich, ob die Zusammenführung der Familien irgendwann glückt. Kinder finden sich mit Familienentscheidungen der Eltern ab. Das entspricht ihrer Natur. Aber sie benötigen dafür Zeit. Und ihr Verhalten folgt dabei Regeln, die frischverliebten Paaren manchmal nicht in den Kram passen.

»Im Wesentlichen durchlaufen alle Patchwork-Familien vier Phasen«, sagt die Kölner Psychologin Katharina Grünewald 2012 in einem Interview mit dem Internetportal *baby-und-familie.de*. »Die erste ist von Neugier geprägt – und sie findet statt, wenn die Familie noch nicht zusammenlebt.« Die zweite Phase nennt Grünewald »Boxkampf«: »Jetzt fangen Kinder an zu provozieren, zu bocken, manche werden krank. In dieser Phase hilft nur: klare Regeln schaffen, um den Boxkampf zu steuern.« Etwa daran festzuhalten, dass bestimmte Schimpfwörter auch in einem Streit tabu sind. Und auf gemeinsamen Terminen zu bestehen, zu denen man sich als Neu-Familie regelmäßig trifft, beispielsweise zum Essen. Das Problem, sagt Grünewald, bestehe darin, dass Eltern gerade jetzt »ziemlich streng und konsequent« bleiben müssen. Und das trotz des schlechten Gewissens, das sie gerade in dieser Phase haben, weil sie sehen, wie sehr sie ihre Kinder durch die neue Partnerschaft zusätzlich belasten. Wenn sich der verbliebene Elternteil neu verliebt, tun die Kinder nämlich zunächst alles, »um am Status quo festzuhalten«, sagt Grünewald. Sie kämpfen darum, wenigstens diesen Menschen für sich selbst zu behalten. »Sie versuchen also, den neuen Partner aus der Familie zu kicken, ihre Stiefgeschwister zu vergrätzen.«

Fast alle Schwierigkeiten moderner Patchworkfamilien kommen von den Altlasten, die die Beteiligten mitbringen. »Kinder haben seelische Ordnungen«, sagt Katharina Grünewald. »Mama, Papa, die Geschwister: Alles hat eine Rangfolge, stellt eine verlässliche Größe dar. Durch die Trennung der Eltern gerät das Gefüge auseinander. Kinder brauchen lange, um sich an diese Situation zu gewöhnen.« Ausgerechnet in dieser Zeit erleben sie die Eltern auch noch als besonders schwach. Denn auch diese müssen das Scheitern einer Liebe und das Zerbrechen von Lebensplänen verarbeiten. »In der Zeit der ›frischen Trennung‹, wenn die verletzten Gefühle der Eltern am stärksten sind, müssen zentrale Fragen rund ums Kind geklärt und gewichtige Entscheidungen getroffen werden«, heißt es im Jahresbericht 2010 des Zürcher Marie Meierhöfer Instituts für das Kind (MMI), einer Forschungseinrichtung, die sich seit 1957 mit der seelischen Gesundheit von Kindern in der Schweiz befasst. »In der akuten Phase der elterlichen Trennung werden aufgrund obengenannter Belastungen erfahrungsgemäß die Anliegen und Bedürfnisse der Kinder nicht genügend erkannt.« Diesen Rucksack haben Kinder auf, wenn sie die Rolle der Stieftöchter und -söhne antreten. Und er ist zu diesem Zeitpunkt noch längst nicht voll.

Das Wort »stief« stammt vom althochdeutschen »stiof« ab. Das bedeutet »hinterblieben« oder »verwaist«. »Stiefkind« ist in unserem alltäglichen Sprachgebrauch auch ein Synonym für einen Menschen oder manchmal eine Sache, die mit geringem Interesse oder sogar mit offener Ablehnung behandelt wird. »Etwas stiefmütterlich behandeln« heißt, es zu vernachlässigen. Ein Stiefkind ist immer das schwächste Glied in einem Haushaltsgefüge. Das ist nicht nur im Märchen so. Auch wenn man darüber als neu verliebter Elternteil vielleicht gar nicht nachdenken möchte. Und man es dem Kind nicht immer auf Anhieb anmerkt. In modernen Patchworkfamilien umgeht man das Wort »stief« deshalb gerne. Im städtischen Milieu nennt man seine Stiefsöhne oder -töchter manchmal lieber ironisch »Beutekinder«. Nachwuchs, den man als Zugabe bekommen hat, als man den dazugehörigen Elternteil erlegt hat. Das soll entspannter klingen. Sexier. Aber Familie ist nicht sexy. Familie ist das, was nach dem sexy kommt. Familien sind hierarchische Gemeinschaften, deren Mitglieder in vielen gemeinsamen Jahren zu etwas zusammenwachsen können, das sie stark und im besten Fall glücklich macht. Patchworkfamilien müssen das im Zeitraffer versuchen. Für Kinder sind Patchworkfamilien Zwangsgemeinschaften mit verschärften Bedingungen. Das Wunder besteht darin, dass auch hier Beziehungen gedeihen können, die einen für ein ganzes Leben stärken.

Auf die »Boxkampf«-Phase einer sich neu zusammenfindenden Patchworkfamilie folgt die Orientierungsphase: »Da sind Kinder zwar noch rebellisch, beginnen aber ein Gefühl für die neue Ordnung zu entwickeln«, sagt Katharina Grünewald. Die Kinder wissen, an welchem Wochentag sie bei welchem Elternteil übernachten, wo sie die nächsten Ferien verbringen und bei wem sie mit welchen Tricks eine halbe Stunde länger mit dem Smartphone spielen dürfen. »In einer vierten Phase hat sich dann die Familie zusammengefügt«, sagt die Psychologin. »Die neue Ordnung wird von allen Familienmitgliedern akzeptiert.« Für den Alltag ist eine Gangart gefunden – der Traum von der idealen Familie bekommt eine Chance.

Für die Kinder ist das aber nur die eine Hälfte der Geschichte. Denn es gibt ja auch noch den anderen leiblichen Elternteil. Entweder die Trauer und Sehnsucht, wenn sie ihn nicht oder kaum mehr sehen. Oder die Mühe, wenn auch dieser eine neue Familie gründet, in der ein Platz gefunden und Regeln verinnerlicht werden müssen. Häufig in heftiger Konkurrenz zueinander. »20 Prozent der Jugendlichen aus Patchwork-Familien geben an, eine schwache Beziehung zu mindestens einem

Elternteil zu haben«, gibt Martin Hubert in seinem Rundfunk-Beitrag an. Er bezieht sich dabei auf eine Studie der Universität Lausanne aus dem Jahr 2007, in der Jugendliche zu ihrer Kriminalitätserfahrung befragt wurden. 58 Prozent der Jugendlichen aus Patchworkfamilien gaben an, schon mindestens einmal gegen ein Gesetz verstoßen zu haben. Bei den Kindern von Alleinerziehenden waren es 48 Prozent, bei denen aus traditionellen Familien 39 Prozent. Die Verfasser der Studien vermuteten die schwächeren Bindungen in Patchworkfamilien als Grund für die stärkere Neigung zum Gesetzesbruch. In den traditionellen Familien gaben nur sechs Prozent der Jugendlichen eine schwache Beziehung zu mindestens einem Elternteil an.

Kinder können nicht anders, als auch den abhanden gekommenen Elternteil zu lieben und sich nach ihm zu sehnen. Selbst dann, wenn er oder sie gewalttätig war oder fremdgegangen ist und der andere Elternteil kein gutes Haar mehr an ihm lässt. Auch diese Liebe und Loyalität müssen Patchworkkinder in der neuen Familie irgendwo unterbringen. In einer Umgebung, wo neue Partner von diesem Menschen vielleicht nichts hören wollen und neue Geschwister ihn meist gar nicht kennen. Oft hält auch der verbliebene Elternteil eifersüchtig Wache, wenn das Kind vom anderen zurückkommt. Ist es dort lustiger, das Essen besser, die Wohnung schöner, darf man länger am Computer sitzen, kriegt man bessere Geschenke? Das behält man als Patchworkkind besser für sich. Auch, dass man den neuen Freund der Mutter auf Anhieb richtig gut leiden kann und sich wünscht, er sei der leibliche Vater. Dass die Neue des Vaters wirklich total nett und lustig ist und er endlich wieder einmal gut drauf ist. Erst recht, dass der Neue der Mutter richtig Geld hat, während der arbeitslose Vater beim Treffen im Schnellrestaurant gerade mal ein billiges Kombimenu springen lassen kann. Man nennt das Loyalitätskonflikt, und es fühlt sich scheußlich an. Patchworkkind zu sein bedeutet fast immer, Loyalitätskonflikte zu haben. Sie sind feste Bestandteile des neuen Familienlebens.

Auch meine Freundin Caroline hat eine Beutetochter, Mia. Als Caroline mit deren Vater Dan zusammenkam, war Mia acht Jahre alt und grausam eifersüchtig auf Caroline. Sie trafen sich zum ersten Mal, als Caroline bereits einen kugelrunden Bauch hatte, in dem das neue Kind von Dan war. Jahre zuvor war Dan mit Mias Mutter zusammen gewesen. Das Paar gehörte einer Freundesclique an, in der auch Caroline verkehrte. »Aber ich habe ihr Dan nicht ausgespannt«, sagt sie. Mias Mutter und er waren schon Jahre getrennt, als ihre Beziehung begann. Dennoch fing Mias Mutter einen Nervenkrieg an und wollte Dan Mia ganz entziehen. Mühsam erkämpfte Dan das Recht, Mia wenigstens einmal pro Monat für ein Wochenende bei sich und Caroline zu haben. Nach und nach gewöhnte sich das Mädchen an Caroline. Hingegen liebte sie ihren Halbbruder Noel vom Tag seiner Geburt an. Mia setzte bei ihrer Mutter sogar durch, dass sie an einem zusätzlichen Tag in der Woche bei Dan und Caroline und dem neuen Brüderchen übernachten durfte. Doch als Noel knapp zwei Jahre alt war, wurde Mia immer verschlossener. Oft war sie zickig oder erschien einfach nicht zur verabredeten Zeit. Erst vor kurzem, als Mia weinend ein lange geplantes Zeltwochenende mit Dan, Caroline und Noel kurzfristig absagte, erfuhr Caroline, was los war. Vor ein paar Monaten war Mia in eine neue Schule gekommen und hatte zwei neue Freundinnen gefunden. Ihre Mutter freundete sich mit deren Müttern an, und immer öfter verabredeten sie sich alle zusammen. Genau für dieses Wochenende hatte Mias Mutter nun die zwei Freundinnen mitsamt deren Müttern spontan zu einer Pyjama- und DVD-Party zu sich nach Hause eingeladen. Mia erfuhr davon von einem der Mädchen. Ihre Mutter sagte dazu nur: »Ja, schade, dass du nicht dabei sein kannst. Aber du willst ja lieber mit Dan und Caroline zum Zelten fahren.« Sie hat begonnen, ihre Tochter mit schwersten Mitteln emotional zu erpressen, um sie von der neuen Familie ihres Ex-Mannes fernzuhalten. Caroline hat überlegt, ob sie Mias Mutter deshalb zur Rede stellen soll. Aber sie wusste nicht, mit welchem Recht. Dan hält sich ganz aus der Sache raus. Ihm ist das Theater mit den Frauen sowieso zu kompliziert. Seine Tochter liebt ihn ja auch so. Mia ist schließlich Patchworkkind. Für die Versäumnisse ihrer Eltern bezahlt sie ungefragt.

Drama am Familientisch

Im Flur meiner Wohnung hängt das Bild eines Bären. Sein Pelz ist sorgfältig hingetupft, man kann die einzelnen Büschel fast spüren. Er steht aufgerichtet da, ein wenig ratlos und doch bedrohlich. Seine Augen sind grüne Flächen ohne Pupillen. Manche Besucher gruseln sich vor diesen Augen. Das Bild habe ich von Louisa bekommen, der Tochter meines Stiefbruders Gregor. Sie hat es für mich gemalt, weil ich bei Gregors Beerdigung so sehr weinen musste. Damals war sie neun Jahre alt, und nach der Bestattung hatte sie im Restaurant zufällig neben mir gesessen. Davor hatte ich sie als Säugling zuletzt gesehen, ein einziges Mal, als Gregor sie und seine damalige Freundin zu einem Abendessen nach Ringen mitbrachte. Als Gregor begraben wurde, konnte sich Louisa schon nicht mehr an ihn erinnern. Die Eltern hatten sich bald getrennt. Aber sie sah aus wie er. Dieselben braunen, dichten Haare, dieselben schmalen, grünen Augen. Ein Gesicht, das wir alle irgendwann zu fürchten begonnen hatten. Nun sahen wir es wieder, an einem hübschen kleinen Mädchen.

Auch Marlene kam zu Gregors Beerdigung, sie saß mit meiner Mutter eine Reihe vor mir. Arthur, seine Frau und Berni hatten sich als Einzige ganz nach vorne gesetzt, neben Louisa und deren Mutter. Meine Schwester Marlene war die Einzige, die Gregor nicht irgendwann gehasst hatte. Sie hatte nie mit ihm unter einem Dach gewohnt und die schlimmen Ausbrüche mit ihm nicht miterlebt. Sie war nicht dabei, als Gregor mit zwölf Jahren angefangen hatte, Schmuck und Silberbesteck aus den Schubladen zu klauen und zu verkaufen. Nicht, als er eines Tages die Holzkiste aufbrach, in der Arthur und ich das Geld lagerten, das wir mit einer selbst geschriebenen Zeitschrift eingenommen hatten. Nicht, als er das ganze Haus tyrannisierte. Auch von den Szenen beim Abendessen wusste sie nichts. Sie teilte nicht unser Erstarren, wenn Gregor manchmal, meist zu dieser Zeit, auftauchte. »Bleibst du zum Essen?«, fragte Berni dann. Meine Mutter legte schnell ein Gedeck für ihn hin. »Ich fahre ein paar Tage weg«, sagte Gregor einmal, als gerade alle den Teller voll hatten. »Dafür bräuchte ich noch Geld.« – »Dann musst du welches verdienen«, sagte Berni. »Ich brauche das Geld aber jetzt«, sagte Gregor, und wir wussten schon alle, was jetzt kommen würde. »Ich habe kein Geld«, sagte Berni. »Doch, du hast Geld«, sagte Gregor. Berni lachte unsicher und gab keine Antwort. »Gib mir 300«, sagte Gregor. Berni tat, als hätte er es nicht gehört. Gregor stand auf. »Ich zähle bis zehn«. Meine Mutter warf einen schnellen Blick, um zu sehen, was Gregor kaputtmachen würde. Wahrscheinlich die große Glaslampe beim Telefon. Sie sah verstohlen zu Berni. Berni stand auf. »100. Mehr gibt es nicht.« – »300.« Berni ging zum Sekretär und kramte herum. »Du bist ein dummer Hund.« – »Wuff wuff«, sagte Gregor. Als Berni ihm etwas hinwarf, taten wir anderen am Tisch schon so, als fände diese Szene ein paar Meter von uns entfernt gar nicht statt. Gregor steckte das Geld in seine Hosentasche und lief an uns vorbei. »Tschüss«, sagte er und schlug die Tür hinter sich zu. Berni setzte sich wieder an den Tisch. »Kann ich noch zu dir kommen?«, fragte ich Arthur, als das Essen beendet war. »Okay«, sagte er. Ich legte mich mit der *Bravo* auf den Boden, er schraubte am Tisch an seiner Fischertechnik herum. Über die Szenen sprachen wir kaum. Aber es war ein Trost, dass der andere sie auch erlebt hatte. Dass der andere auch überlegte, was man tun könnte, wenn es einmal wirklich ernst würde. Es war ein Trost, den Marlene nicht geben konnte, weil sie nicht wusste, dass ich ihn brauchte. Das ließ uns einander für viele Jahre fremd werden.

Als Gregor kurz darauf zum ersten Mal ins Gefängnis kam, ging Marlene ihn besuchen. Ich verstand lange nicht den Grund, warum sie sich so um ihn bemühte. Sie war in dieser neuen Familie an die äußerste Peripherie gedrängt worden. Der Kontakt zu Gregor muss ihr eine Möglichkeit geboten haben, etwas näher ins Zentrum zu rücken. Es muss auch für sie eine schlimme Zeit gewesen sein, als meine Mutter und ich plötzlich an einem Ort wohnten, wo für sie kein Platz war. Solange Gregor lebte, blieb Marlene immer seine Verteidigerin. An Weihnachten, wenn außer ihm alle eingeladen waren, erinnerte sie beim Anstoßen an ihn. Ich fand das gut. Seit ich ihn nicht mehr sah, hatte die Wut auf ihn nachgelassen. Aber Marlene tat mir auch leid. Denn niemand von uns teilte dieses Mitgefühl mit ihr. Und Gregor bekam es gar nicht mit. Einmal, kurz vor seinem Tod, zog er im Drogenrausch durch die Innenstadt und bettelte Passanten an. Zufällig traf er auf Marlene und fragte auch sie, ob sie ein paar Münzen für ihn habe. »Ich bin's, Gregi, mich musst du nicht fragen«, sagte sie und wollte gerade hören, ob sie ihm anders helfen könne. »Oh, Scheiße, stimmt«, sagte er und ging einfach weiter.

Später, als unsere gemeinsamen Halbgeschwister, die Kinder unseres Vaters, zur Welt kamen, war es anders. Zu ihnen hielt Marlene Distanz. Auch heute noch können wir nicht alle gemeinsam an einem Tisch sitzen, sonst droht irgendwann ein Ausbruch. Vor allem dann, wenn unsere kleine Halbschwester Zora dabei ist. Mir macht es keine Mühe, die Zuneigung für jedes meiner Geschwister auseinanderzuhalten. Es ist für jedes genug da. Marlene ist meine große Schwester. Daran kann niemand rütteln. Für Zora bin ich die große Schwester, die sie anhänglich bewundert. Für Lino bin ich eine Art coole Tante. Für Luca, den Kleinsten, bin ich eine ziemlich fremde Frau, die aber eigentlich ganz nett ist. Marlene kann oder will das nicht ertragen. Sie will mich auch nicht in meiner Schwestern-Doppelrolle sehen. Diese Spannung scheint sie nicht auszuhalten. Dass sie endlich einmal ihre kleine Schwester für sich hat, und dann ist da eine noch kleinere Schwester, und sie muss mich schon wieder teilen. Mit Arthur war das anders. Als Erwachsene hat sie ihn viel häufiger gesehen als ich. Sie wohnten in derselben Stadt und arbeiteten in derselben Branche. Hin und wieder trafen sie sich zum Mittagessen. Nicht als Familienangehörige, als Berufsleute schienen sie eine Ebene zu haben, die sie verband. Wenn wir uns als Familie trafen, wurde die Luft wieder dicker. Dann versuchte sie manchmal, sich mit Arthur gegen mich zu verbünden. Wenn er nur zögerlich darauf einging, griff sie mich oft jäh und unerwartet an. Ich glaube, Marlene erträgt keine Geschwister neben sich. Ich habe daraus gelernt. Sie will für mich die Einzige sein und ich versuche das zu akzeptieren.

»Patchworkfamilien und Stieffamilien stehen vor dem Problem, dass sie keine gemeinsame Historie haben«, sagte der Soziologe Christian Alt vom Deutschen Jugendinstitut in München 2011. »Andere Familien haben diese gemeinsame Historie und haben sich daraus entwickelt. Sie wissen quasi mit diesem gemeinsamen Gut umzugehen.« Gemeinsame Historie bedeutet, dass man die Wege des anderen zurückverfolgen kann.

Selbst wenn er einem unglaublich auf die Nerven geht, weiß man, woher er kommt. Es gibt Kinderfotos, auf denen man gemeinsam in der Badewanne sitzt oder im Urlaub zusammen am Strand im Sand wühlt. Videofilme, wie man gemeinsam unter dem Weihnachtsbaum steht. Man kann sich an Momente erinnern, in denen man sich verstand. Tausende gemeinsamer Tage, Erlebnisse und Erfahrungen haben sich zu einem Netz verwoben, in dem jeder seine Funktion hat und das alle gemeinsam trägt. Es bedeutet, dass man sich wirklich kennt. Wenn man sich kennt, ist es nicht mehr so wichtig, ob man sich auch mag. Stiefgeschwister kennen einander oft nicht richtig. Die gemeinsame Zeit reicht dafür manchmal nicht aus. Auch Marlene kennt keines meiner Geschwister wirklich gut. Weder Arthur noch Gregor, weder Lino noch Zora noch Luca. Außer ein paar gemeinsamen Ausflügen und Abendessen gab es nicht genügend gemeinsame Erlebnisse, um sich zu diesem Gewebe zusammenzufügen. Bei den Älteren hatte niemand daran gedacht, sie in das Gewebe zu integrieren. Es war für die Eltern schon schwer genug gewesen, Arthur, Gregor und mich für eine knappe Stunde jeden Abend am Esstisch zusammenzuhalten, ohne dass es zu Streit und Tränen kam.

Je fremder sich Kinder sind, desto mehr Energie braucht eine Familie, um sie miteinander in Beziehung zu bringen. »Man muss über Rituale und Regelmäßigkeiten für Bindung sorgen«, sagt die Kölner Psychologin Katharina Grünewald. »Auf lange Sicht finden alle Kinder eine Ebene, auf der sie sich begegnen können. Wichtig ist, dass Eltern ihnen die Chance lassen, ihren Weg zu finden.« Kinder und Jugendliche haben eine enorme Fähigkeit, Beziehungen einzugehen. Aber sie brauchen dafür einen sicheren Rahmen. Das ist eine der Erkenntnisse der Familienforschung, die auch für Patchworkfamilien gilt. Es ist die Aufgabe der Erwachsenen, diesen Rahmen zu schaffen. Und es ist ihre Aufgabe, den Kindern die Möglichkeit lassen, auf ihre eigene Art Verbindungen zueinander aufnehmen. Hier scheitern viele Stiefeltern. »Man lässt Patchworkkindern nicht die Chance, unvoreingenommen aufeinander zuzugehen und Beziehungen aufzubauen«, heißt es in dem Beitrag des Journalisten Martin Hubert. Studien zeigten, dass Eltern bei der Gründung einer neuen Familie oft festgelegte Erwartungen hatten, welche Rolle ein Kind darin einnehmen sollte und wie es mit seinen Halb- und Stiefgeschwistern umzugehen habe. Dazu befragte Hubert den Soziologen Christian Alt vom Deutschen Jugendinstitut. »Würde man die Kinder lassen, dann würden die das ähnlich machen, wie sie es am Strand machen, wenn sie fremde Kinder kennenlernen und wissen, die nächsten drei oder vier Wochen bin ich mit denen zusammen«, sagte Alt. »Dann wären die zuerst einmal interessiert an den Kindern und an den Möglichkeiten, die sich aus dieser neuen Beziehung ergeben.« Normal entwickelte Kinder sind in ihren Zu- und Abneigungen zu Gleichaltrigen kaum korrumpierbar. Sie spüren, ob die Chemie stimmt. Und sie haben die Fähigkeit, zu anderen Kindern, auch wenn sie nicht leiblich verwandt sind, eine enge Beziehung wie zu einem Bruder oder einer Schwester aufzubauen. Aber nur, wenn sie es wollen.

Kinder können sogar noch mehr. Sie sind auch in der Lage, sich mit anderen, die sie nicht loswerden können, so zu arrangieren, dass man einander auf engstem Raum aus dem Weg geht. Sie können sich eigene Sphären schaffen. Darin sind sie oft sehr viel besser als Erwachsene.

Es sind die Kinder, die eine Patchworkfamilie zusammenwachsen lassen, in ihrem Tempo und mit ihren Mitteln. Eltern, die ihren Kindern eine solche Aufgabe zumuten, müssen auf diese Fähigkeit vertrauen und ihr genügend Raum lassen. Sie müssen verstehen, dass Wahlverwandtschaften für Kinder meist keine Seelenverwandtschaften sind. Und sie müssen sich als Stiefeltern erwachsen verhalten. Sie müssen sich selbst beherrschen und ihre eigenen kindlichen Impulse unterdrücken. Auch wenn es sie vor Enttäuschung und Eifersucht fast zerreißt, weil ihr Kind ausgerechnet zum neuen Beutesohn des Ex-Mannes Geschwisterliebe entwickelt und dafür die Stiefgeschwister in der eigenen Familie weitgehend ignoriert. Liebe ist magisch. Man kann sie nicht erzwingen. Das gilt auch für Geschwisterliebe. Diese kann in den ungewöhnlichsten Situationen gedeihen. Und in jeder Familie, egal, ob Pflege-, Adoptiv-, Stief-, Patchwork- oder leiblich davorsteht. Doch leider ist auch sie keine Garantie für irgendetwas. Und man darf nicht vergessen, dass die Liebe in einer Familie, die nicht natürlich gewachsen ist, immer zerbrechlich ist, noch zerbrechlicher als ohnehin schon.

»Jedes Adoptivkind hat im Unterschied zu einem leiblichen Kind ein erhöhtes Gesundheitsrisiko, egal, wie alt es bei der Adoption ist«, sagte der Mainzer Psychotherapeut Jürgen Stapelmann 2013 in der *Zeit*. Der seelische und körperliche Stress einer ungewollten Schwangerschaft, die einer Adoption vorangeht, beeinträchtigt die Kinder bereits vor der Geburt. Nicht jedes Kind ist gleich stark. Es gibt adoptierte Kinder, die diese Hypothek ohne sichtbare Auswirkung verkraften und zu glücklichen Menschen gedeihen. Aber es gibt sehr viele Adoptivkinder, die irgendwann in ihrem Leben die Balance verlieren und sozial auffällig oder seelisch krank werden. »Bei manchen Kindern brechen die alten Wunden zum Schulbeginn auf, bei anderen wird die Pubertät zur Zerreißprobe für die ganze Familie«, heißt es in dem Artikel. Bei Gregor brach die alte Wunde auf, als die Frau, die er als seine Mutter empfand, Bernis erste Ehefrau, kurz vor seinem neunten Geburtstag starb. Zwei, drei Jahre lang ließ es sich noch verbergen oder überspielen. In den ersten Jahren unserer neuen Patchworkfamilie verhielt sich Gregor so, wie man es von ihm erwartete. Als er in die Pubertät kam und bemerkte, dass seine körperlichen Kräfte größer waren als die aller anderen im Haus, gab es für ihn keinen Halt mehr.

Bei Gregors Beerdigung übernahm Arthur die Rolle des Trauerredners für seinen Bruder. In dem selbstverfassten Gedicht, das er las, kam eines seiner rätselhaften Talente zum Vorschein. Er konnte fast aus dem Stegreif jeden Sachverhalt in Reime bringen und dabei Wahrheiten ausdrücken, die im Gespräch verborgen geblieben wären. Damit hatte er uns schon als Kind erstaunt. Wir vermuteten, das käme von seinem leiblichen Vater, der Schauspieler und Künstler gewesen sein soll. Ich weiß nicht, wann Arthur aufgehört hatte, Gregor als seinen Bruder zu betrachten. Vermutlich bald nachdem er ihm aus dem Weg gehen konnte. Er habe seinen Bruder schon Jahre vor dessen Tod verloren, hieß es in dem Gedicht. Was er damit meinte, erfuhr ich erst später. Seit Jahren hatte Gregor Arthur immer wieder zu Hause aufgesucht, um Geld zu fordern. Er drohte, Arthurs Frau und seinen beiden Kindern etwas anzutun, und meine Schwägerin schreckte nachts jahrelang bei jeder Katze auf, die im Garten den Bewegungsmelder aktivierte.

Für mich war es scheinbar am einfachsten, Gregor zu beweinen. Ich hatte ihn viele Jahre nicht mehr gesehen. Ich wohnte weit weg und musste mir keine Sorgen machen, dass er an meiner Tür klingeln oder ich ihm auf der Straße begegnen würde. Für mich war er am Ende weniger ein realer Mensch als eine Figur aus meiner Kindheit. Vielleicht liegt darin ein Grund, warum ausgerechnet Marlene, die am weitesten entfernt stand, so freundlich zu Gregor sein konnte. Auf ihn musste sie nicht eifersüchtig sein. Mit ihm verbanden weder meine Mutter noch mich tiefe familiäre Emotionen, und Marlene brauchte von ihm keine Gefahr für ihre Gefühle zu befürchten.

Die Patchworkgefühle in unserer Familie sind brüchig wie Narbengewebe. Sie vermögen die Generationen nicht zu überspannen. Arthurs Kinder habe ich seit Jahren nicht mehr gesehen. Ich bin mir nicht sicher, ob sie mich auf der Straße noch erkennen würden. Seit Arthur tot ist, sind wir auch an den Feiertagen nicht mehr zusammengekommen. Wer von unserer Familie übriggeblieben ist, das sind aus Sicht von Marlene wir beide, unsere Mutter und die drei Kinder unseres Vaters, mit denen wir unsere Geburtsnamen teilen. Erst seitdem das so geregelt ist, können meine große Schwester und ich uns näherkommen.

Louisas Bär hängt immer noch in meinem Flur. Als Marlene im Sommer zu Besuch war, haben wir eine Weile davorgestanden. »Das ist Gregi«, sagte sie plötzlich erstaunt. Da fiel es auch mir zum ersten Mal auf. Das Bild des Bären mit den leeren grünen Augen, das ich vor Jahren provisorisch an die Wand geheftet hatte, zeigt den zweiten Adoptivsohn meines Stiefvaters. Ihn, ihren Vater, hatte meine Stiefnichte Louisa mit kindlicher Intuition für mich gemalt. Für ein paar Jahre war Gregor mein Bruder gewesen. Es waren keine guten Jahre und wir hatten einander nicht viel geben können. Aber das ändert nichts daran. Gregi ist Teil meiner Familie geworden, er ist gestorben und das Bild erinnert mich an ihn. Darum gehört es an meine Wand, und neulich habe ich es besser befestigt.

Zweierlei Maß

Meine Nachbarin Wilma hatte Pech mit den Männern. Von Tobias wurde sie nach der ersten Nacht schwanger, aber er wusste schon gleich, dass aus ihnen kein Paar werden würde. Doch seine Vaterpflichten hielt er ein, das war Ehrensache. Zwei Tage pro Woche ist Julian seither bei ihm, die beiden verstehen sich blendend und sind bärenstolz aufeinander. Die restliche Zeit lebt der Junge bei Wilma, die die Enttäuschung mit Tobias überwand und sich jeden Tag über ihren Sohn freut. Bald verliebte sich ein anderer Mann in sie, Jan. Er bemühte sich sehr. Nicht nur um Wilma, sondern auch um Julian. Er kümmerte sich wie ein Vater um ihn, oft holte er ihn von der Kita ab, damit Wilma nicht zu hetzen brauchte. Nach ein paar Wochen begann er sogar, mit Julian Englisch zu sprechen, um den Jungen zu fördern, obwohl er Englisch gar nicht besonders gut konnte. »Jan ist ein Mann, der mir guttut«, dachte Wilma. »Und Julian tut er auch gut.« Tobias hatte damit kein Problem. Er war froh, dass Wilma seither zufriedener war. Nach einer Weile begann Jan, von einem gemeinsamen Kind zu sprechen. Wilma war einverstanden. Sie wurde schwanger. Jan war begeistert, als seine Tochter zur Welt kam. Er erhöhte sein Arbeitspensum im Büro, damit er mehr Geld verdiente, und verzichtete auf persönliche Freizeit, um trotzdem für die Kinder da zu sein. Julian war verzückt von seiner neuen Rolle als großer Bruder. Sobald die Kleine alt genug war, bot Tobias an, auch mal auf beide Kinder gemeinsam aufzupassen, damit Wilma und Jan entlastet würden. Das fand Jan nicht so gut. Wilma zuliebe stimmte er zu. Wieder zwei Jahre später war Wilma zum dritten Mal schwanger. Der Junge freute sich und das Mädchen zeigte keine Probleme. Nur Jan änderte jetzt sein Gesicht. »Der Junge kommt nicht mehr mit uns in den Urlaub, wir haben keinen Platz im Auto«, sagte er vor den Ferien zu Wilma. »Überhaupt könnte sich Tobias häufiger um seinen Sohn kümmern.« Wilma war müde von den durchwachten Babynächten und wollte nicht streiten. Im Gegensatz zu Jan. Der verlor immer schneller die Geduld mit Julian. Nichts, was dieser tat, war ihm noch recht. Er aß zu viel, er bekam zu viele neue Sachen, er besuchte zu teure Sportstunden. »Kann der nicht mal für eine Weile zu Tobias ziehen?«, fragte Jan irgendwann. »Hier ist es doch sowieso schon so eng.« Die kleine Schwester hörte das und fing sofort an zu weinen. »Geht Julian weg?«, fragt sie seither immer wieder, diese Angst verfolgt sie manchmal bis in die Träume.

»Bedenken Sie, die Gründung einer Stieffamilie ist die Zusammenführung zweier Familienwelten: es gibt keine Selbstverständlichkeiten«, heißt es in den »11 Grundregeln für das Zusammenleben in Patchworkfamilien«, die die evangelische Beratungsstelle Bonn auf ihrer Website veröffentlicht. »Fast alles Zwischenmenschliche« müsse neu gestaltet werden. Dazu gehört auch der Umgang mit der eigenen Eifersucht, wenn man sich in einen Menschen verliebt, der schon ein Kind hat. »Respektieren Sie die tiefe Bindung ihres Partners zu seinen Kindern und vermeiden Sie zu konkurrieren«, lautet die zweite Regel. Es ist der goldene Satz für Stiefeltern. Nicht die Eifersucht der Kinder ist es, die die neue Familie zum Wackeln bringt. Fast immer ist es die Eifersucht der Eltern.

Ein Mittel gegen jede Art von Eifersucht sind Regeln. Noch mehr als eine leibliche Familie muss eine Patchworkfamilie eindeutig regeln, wer für wen zuständig ist – und wer bei wem welche Privilegien hat. Das Aufteilen von Privilegien ist ein großes Thema in allen Familien mit kleinen oder heranwachsenden Kindern. In traditionell gewachsenen Familien organisieren sich Privilegien häufig über das Alter. »Den Film darfst du nicht sehen, der ist erst ab zwölf«, ist ein Argument, mit dem ein Achtjähriger meist akzeptiert, dass die Geschwister länger fernsehen dürfen. Es sind horizontale Linien, die diese Privilegien trennen. In Patchworkfamilien kommen auch vertikale Grenzen hinzu. Wer bekommt von wem wie viel Taschengeld? Wer darf mit wem auf die teure Amerika-Reise? Wer übernachtet wann wo? Wem bezahlt wer die Kinokarte? Was, wenn das eine Stiefgeschwister noch einen wohlhabenden Elternteil oder großzügige Omas und Opas im Hintergrund hat und das andere nicht? Und wer darf wen ins Bett schicken oder zum Tischdecken auffordern? Vor allem Stiefeltern, die keine eigenen Kinder haben, übertreiben es manchmal mit der neuen Vater- oder Mutterrolle. Sie wollen dem Beutekind der bessere Papa, die Super-Mami sein, um sich unentbehrlich zu machen und so den Partner an sich zu binden. Das ist ein Standardfehler. »Eine Erziehungsberechtigung muss man sich erst verdienen«, sagt die Kölner Psychologin und Patchworkexpertin Marion Grünewald. In den ersten Jahren funktioniert Distanz fast immer besser – liebevolle und zugewandte Distanz. »Die Richtlinien der Erziehung muss der leibliche Elternteil bestimmen«, heißt es in den »11 Grundregeln für Patchworkfamilien«. Lediglich »in Abwesenheit des leiblichen Elternteils« können Stiefelternteile dessen Regeln vertreten – wenn der Partner darum gebeten hat. »Diese Delegation muss dem Kind gegenüber erklärt worden sein und Sie müssen sich in der Lage fühlen (inhaltlich und wesensgemäß), dies auch zu tun.« Das hört sich gut an. Aber es ist oft schwer umzusetzen.

Meine Physiotherapeutin lebt mit ihrem Freund in einer Hausgemeinschaft. Beide haben je einen Sohn aus früheren Beziehungen, die fast gleichaltrig sind und sich bestens verstehen. Nur einen einzigen, großen Unterschied gibt es. Ihr Sohn ist spindeldürr und kann essen, so viel er mag, ohne zuzunehmen. Der Sohn ihres Lebensgefährten ist etwas pummelig und legt schnell zu. Meine Physiotherapeutin meint es nur gut, wenn sie ihren Stiefsohn beim Abendbrot anregt, statt der dritten Scheibe Brot noch etwas Salat zu nehmen. Ihr Freund wird dann immer sauer. »Gönnst du ihm sein Essen nicht, oder was?« Beide Söhne sind genervt, wenn diese Diskussion wieder losgeht. Sie ist ratlos. Es ist ihre feste Überzeugung, dass sie ihrem Stiefsohn helfen kann, sein Essverhalten zu ändern. Sie fühlt sich von ihrem Freund illoyal behandelt, der sie darin nicht unterstützt. Vor kurzem haben beide Söhne vorgeschlagen, dass die beiden Familienteile nicht mehr zusammen essen.

Das ist ihnen einfach zu viel Stress. »Wenn Sie innerlich nicht hinter den Regeln des leiblichen Elternteils stehen können, müssen Sie gemeinsam klären, wie er seinen Stil durchhalten kann oder ob eventuell etwas aufgegeben oder verändert werden muss«, heißt es in den »11 Regeln« der Bonner Beratungsstelle.

In Patchworkfamilien muss zweierlei Maß gelten. Nur so können sich Kinder in der neuen Situation orientieren. Aber es muss auch gemeinsame, frische Regeln geben. »Kinder haben kein Problem, zwischen den unterschiedlichen Regeln in den Familien zu switchen«, sagt Katharina Grünewald. »Die Regeln müssen nur klar sein.« Und sie müssen für alle Mitglieder gleichermaßen verbindlich sein.

Der zweite Standardfehler, der Patchworkfamilien gefährdet, ist zu viel Distanz zwischen einzelnen Mitgliedern. Im Mai 2013 urteilte das Bundessozialgericht in Kassel, wann der Abstand zu groß ist. Eine 19-Jährige hatte Hartz-IV-Leistungen beantragte, weil ihr Existenzminimum nicht gesichert sei. Sie lebte mit ihrer Mutter und ihrem Stiefvater in einem gemeinsamen Haushalt. Der leibliche Vater zahlte keinen Unterhalt. Der Stiefvater, der über ein gutes Einkommen verfügte, gab ihr lediglich 50 Euro Taschengeld im Monat. Die Mutter hatte einen Minijob und konnte kaum etwas dazugeben. Das Gericht kam zum Schluss, dass die Tochter dennoch nicht hilfebedürftig sei und keinen Anspruch auf staatliche Leistungen habe, weil ihr der Stiefvater »in den Not- und Wechselfällen des Lebens« beizustehen habe. Es vertritt die Meinung, dass Angehörige einer Patchworkfamilie auch finanziell füreinander einzustehen haben. Die Anwältin der Tochter legte gegen das Urteil Verfassungsbeschwerde ein. Das mit dem Geld ist ein Kernpunkt. Spätestens hier hören in fast allen Patchworkfamilien die Selbstverständlichkeiten auf.

Bei uns wusste keines der Kinder, wie viel Taschengeld das andere bekommt. Ich bekam meines von meiner Mutter ausgehändigt, Arthur und Gregor holten ihres bei Berni. Bald nach seinem sechzehnten Geburtstag konnte sich Arthur eine Stereoanlage leisten. Sobald er 18 war, begann er Fahrstunden zu nehmen. Beides hätte ich nie vermocht. Ich war nicht so gut im Sparen wie er. Und ich konnte, im Gegensatz zu ihm, auch nicht mit großen Zuschüssen rechnen. Meine Mutter blieb in diesen Jahren zu Hause und verdiente kein eigenes Geld. Das Taschengeld für mich bezahlte sie vom Unterhalt, den mein Vater für mich überwies. Das Geld für meine Ballettstunden und die neue Brille zweigte sie vom Kindergeld ab, das die Familie erhielt. Mehr war nicht drin. Berni wachte mit Argusaugen darüber, was ich bekam. Auf keinen Fall wollte er mehr als nötig an mich vertun. Ich habe gegen dieses Gefälle in unserem Haushalt nie rebelliert. Es hat auch die Verbindung zu den Brüdern nicht beeinträchtigt. Es war ein Teil unserer Regeln, die niemand in Frage stellte: Ich war die Tochter von Lina und bekam mein Geld von ihr, und darum weniger. Arthur und Gregor waren die Söhne von Berni, sie bekamen ihres von ihm, und darum mehr. Es war auch immer klar, dass die beiden mit 18 Jahren eine Erbschaft von einer verstorbenen Großtante machen, an der ich natürlich keinen Anteil hatte. Keinem von uns wäre es in den Sinn gekommen, beim anderen Teil nach Geld zu fragen oder ihm etwas abzugeben. Die Fälle, in denen Berni mir Geld gab, kann ich an einer Hand abzählen. Nicht einmal Gregor hat sich jemals am Portemonnaie meiner Mutter vergriffen. In punkto Geld waren wir eine klare Zweiklassengesellschaft.

Eine leibliche Familie würde durch ein solches Ungleichgewicht unter Geschwistern schwer beschädigt. In Patchworkfamilien ist sie Normalität. Patchworkkinder nehmen nicht nur hin, wenn sie als Prinz oder Prinzessin verwöhnt werden. Sie akzeptieren auch klaglos die Rolle des Aschenputtels. Manchmal so sehr, dass sogar die besser gestellten Stiefgeschwister Mitleid haben. »Was, wenn man die leiblichen Kinder bevorzugt?«, wurde Katharina Grünewald 2012 in einem Interview gefragt. Das sei eigentlich ziemlich unfair, räumte sie ein. »Aber es lässt sich nicht ändern. Das leibliche Kind spielt einfach eine andere Rolle und fertig.«

2005 brachte der *Spiegel* eine große Geschichte über Stiefkinder. Anlass war ein Fall aus Niedersachsen, wo ein Mann den zweijährigen Sohn seiner Lebensgefährtin umgebracht hatte. Ein Kind, das in einer Stieffamilie aufwachse, habe ein erhöhtes Risiko, im Vorschulalter von den Eltern getötet zu werden, heißt es in dem Artikel. Und zwar sei dieses 40-mal höher als bei einem Kind in einer leiblichen Familie. Die Zahl beruht auf einer internationalen Langzeitstudie über Kindstötung, für die ein kanadisches Forscherpaar seit den 1980er Jahren über zehn Jahre lang Kriminalstatistiken ausgewertet hat. In Forscherkreisen wird diese Studie gelegentlich kritisiert, weil auch Datenmaterial verwendet wurde, bei dem nicht sichergestellt ist, ob es nicht Stiefeltern vorverurteilt. Doch die Öffentlichkeit ist auch bei uns immer wieder erschüttert, wenn Kleinkinder unter rätselhaften Umständen sterben und dann als Opfer eines Stiefelternteils erkannt werden.

Natürlich sind Stiefeltern nicht von Natur aus böse. Aber sie sind oft gefährlich überfordert. Diese Überforderung kann für Kinder lebensbedrohlich sein. »Vor allem bindungslose und im Beruf gescheiterte Existenzen, die das Kind der neuen Frau nur notgedrungen tolerieren, können zu einer Gefahr werden«, zitiert der *Spiegel* einen Nürnberger Kriminalpsychologen. »Eine reife, selbstbewusste Frau könne ihr Kind dann schützen«, heißt es weiter. »Aber nur, wenn sie dem Mann Grenzen aufzeigt.« Dazu muss sie die Kraft aufbringen. Das ist schwer, weil in eskalierenden Konflikten mit Stiefkindern manchmal eine vorpsychologische Dynamik zu greifen beginnt. »Gravierende Unterschiede bei der Behandlung der Kinder wurden in archaischen Gesellschaften beobachtet«, heißt es in einem Artikel über Stieffamilien in der *Süddeutschen Zeitung* von 2010. »Etwa bei den Aché, einem Stamm von Jägern und Sammlern in Paraguay: 43 Prozent aller Kinder mit einem Stiefvater erleben hier nicht das fünfzehnte Lebensjahr.« Auch männliche Tiere vieler Arten töten die Nachkommen ihrer Nebenbuhler. Stiefväter misshandeln Beutekinder häufiger als leibliche Väter. Das sagt der Kasseler Evolutionspsychologe Harald Euler in dem *Spiegel*-Artikel. Normalerweise blockieren die Regeln der Zivilisation bei Menschen den Trieb, fremde Nachkommen zu töten. Aber in schweren Stress- und Konfliktsituationen könne das genetische Programm dennoch zur Eskalation beitragen. Vor allem dann, wenn gestörte Persönlichkeiten, Drogen oder Alkohol beteiligt sind. »Es ist so, wie es im Märchen gesagt wird«, sagt Euler. »Stiefkinder leiden in der Familie eher als leibliche.« Die Evolutionspsychologie kennt dieses Phänomen seit den 1970er Jahren als »Cinderella-Effekt«. Körperliche Gewalt ist dabei nur ein Aspekt und längst nicht der, der am häufigsten vorkommt.

Meine Nachbarin Wilma hat sich inzwischen von ihrem Lebensgefährten Jan getrennt. Sie hat die ständige Stimmungsmache des Stiefvaters gegen ihren Sohn Julian nicht mehr ertragen. Am Anfang hat sie es noch mit Gesprächen versucht. Früher habe er doch so an dem Jungen gehangen, beschwor sie ihn. Aber das hat Jan eher wütend gemacht. »Das war früher, und jetzt ist jetzt«, war seine Antwort. »Der will seine perfekte Familie«, sagt Wilma. »Und da war Julian irgendwann nur noch ein Störenfried für ihn.« Noch heute liegt sie nächtelang wach und grübelt, ob sie das Richtige tat, als sie ihrem ältesten

Sohn zuliebe den beiden Kleinen den selbstverständlichen Alltag mit dem Vater wegnahm.

Für ein Patchworkkind gehört das Gefühl, ein Störenfried zu sein, fast immer zur Kindheit, auch wenn es sich meist einigermaßen gut verdrängen lässt. Das Gefühl bringt einen nicht um. Aber es kann ein Leben lang Auswirkungen haben. Auf einen selbst und auf die Beziehung zu den Eltern und Geschwistern. Weder Arthur noch Gregor bekamen eine Einladung, als ich heiratete. Es kam mir einfach nicht in den Sinn, dass es sie interessieren könnte. Nur Eltern und Stiefeltern waren eingeladen, und natürlich die Freunde. Und Marlene. Sie baute vor dem Standesamt einen wunderschönen Stehempfang auf, wo nach der Trauung alle Gäste anstoßen sollten. Als mein Stiefvater sah, dass mein Vater nicht nur seine Frau, sondern auch die kleinen Kinder mitgebracht hatte, weigerte er sich, aus dem Auto zu steigen. Der erwachsene Mann in seinem guten Anzug blieb am Parkplatz und tobte wie ein Vierjähriger, weil er sich von seinem Vorgänger bedroht fühlte und nicht wusste, was er hier eigentlich sollte. Meine Mutter und Marlene versuchten ihn zu beruhigen. Aber es half nichts. Am Ende saßen von meiner Familie nur meine Schwester und mein Vater im Trauungszimmer. Meine Mutter blieb mit dem schmollenden Berni auf dem Parkplatz. Meine Stiefmutter wartete mit den Kindern ebenfalls draußen. Danach, beim Empfang, griff Berni dann zwar wieder herzhaft zu, als sei nichts gewesen. Aber meinen Vater, die Stiefmutter und die Kinder übersah er offensiv. Ganz selbstverständlich hatte er meine Hochzeit verdorben. Aber das fiel mir damals nicht auf. Ich war nur erleichtert, dass er vor versammeltem Publikum keine weitere Szene machte.

Das ist es, was uns von denen aus heilen Familien manchmal unterscheidet. Wir Patchworkkinder sind manchmal mit so verdammt wenig zufrieden.

Kuckuckskinder, Samenspender und andere Geheimnisse

Bei F. war es so: Er war ein ganz normales Baby. Außer dass er besonders niedlich war. Seine Mutter war glücklich und erleichtert. Sein Vater war stolz auf den strammen Sohn. Schon kurz nach seinem ersten Geburtstag konnte F. laufen. Und er konnte tanzen. Immer wenn aus dem Radio der Eltern Musik kam, bekam er ein verzücktes Gesicht, blieb wie angewurzelt stehen und fing dann an, mit dem ganzen Körper auf eine Weise zu wackeln, die eindeutig auf die Musik reagierte. Die Nachbarinnen wunderten sich nicht. »Bei dem Vater!« F.s Vater war in seiner Jugend ein schnittiger Mann gewesen, der kein Tanzvergnügen ausließ. Im Gegensatz zu seinem kindlichen Sohn bevorzugte er aber immer eher die sanften Melodien, bei denen sich die Partnerinnen geschmeidig übers Parkett schieben ließen. Sein Sohn liebte vor allem die moderne Schlagermusik und die Rock- und Popnummern, die immer häufiger im Radio gespielt wurden. Im Sommer seines zweiten Lebensjahres geschah etwas Merkwürdiges. Nach nur zwei Nachmittagen auf dem Balkon war F. »schwarz wie ein Afrikaner«, wie der Vater erstaunt feststellte. Er benutzte ein anderes Wort, das damals gängig war. Die Mutter hingegen wurde bleich. Auch den Nachbarinnen fiel es auf, dass F.s Aussehen sich immer deutlicher von dem der anderen Kinder in der Straße zu unterscheiden begann. »Das liegt bei uns in der Familie«, meinte die Mutter, wenn sie wieder darauf angesprochen wurde. »Meine Mutter hatte einen Onkel, der wäre glatt als Afrikaner durchgegangen.« Im nächsten Winter war sie geschieden. F. war über den Sommer nicht nur kräftig gewachsen. Er war auch eindeutig zu einem dunkelhäutigen Jungen mit krausem schwarzem Haar und breiter Nase geworden. »Ich frage dich das nur ein Mal«, hatte F.s Vater die Mutter gefährlich leise gefragt. »Ist dieser Junge mein Sohn?« Die Mutter weinte. »Ich lasse mir von dir kein Kuckuckskind unterjubeln«, sagte er noch, dann schlug er die Tür hinter sich zu. Was folgte, waren keine schönen Jahre, weder für sie noch für F. Dort, wo er aufwuchs, gab es nicht viele dunkelhäutige Kinder, und die Mutmaßungen, wer sein richtiger Vater war, rissen über Jahre nicht ab. Damit die Mutter nicht noch häufiger weinte als ohnehin schon, fragte F. selbst sie nie, wer denn eigentlich der Mann sei, von dem er die dunkle Haut bekommen hat.

Es gibt zwei Arten von Familiengeheimnissen: Geheimnisse, über die nur Familienmitglieder Bescheid wissen und die nicht nach außen dringen dürfen. Eine Mutter, die manchmal ins Bett pinkelt, weil sie zu betrunken ist, um bis zum Klo zu kommen. Ein geistig behinderter Bruder, der seit seiner Geburt in einer Einrichtung lebt und über den man mit niemandem spricht. Solche Geheimnisse können Familienmitglieder auf eine ungute Weise miteinander verschweißen. Die andere Gattung von Familiengeheimnissen sind diejenigen, in die nur einzelne Mitglieder eingeweiht sind. Sie können eine Familie zerstören. Das sind häufig Herkunftsgeheimnisse. Dass ein Kind von einem anderen als dem gesetzlichen Vater stammt. Dass ein Kind im Inzest gezeugt wurde. Dass es mit einer anonymen Samenspende entstanden ist. Dass seine Geschwister eigentlich Halbgeschwister sind.

»Familiengeheimnisse sind Lügen«, sagte die Zürcher Familientherapeutin Rosmarie Welter-Enderlin 2005 in einem Interview mit der Zeitschrift *Brigitte.* »Auch Verschweigen ist eine Lüge.« Wenn etwas so Wichtiges wie eine dauerhafte außereheliche Affäre eines Elternteils vertuscht oder eine falsche Annahme in der Herkunftsgeschichte eines Kindes belassen wird, wiegt das so schwer wie eine mutwillig gesagte Unwahrheit. »Experten schätzen, dass jedes zehnte Kind in Deutschland ein ›Kuckuckskind‹ ist«, hieß es 2004 in der deutschen

Ärztezeitung. Einer von 25 Vätern ziehe ein Kind auf, das nicht von ihm stammt, schrieb die *FAZ* 2007. Wissenschaftlich untersucht werden kann das Phänomen dieser Söhne und Töchter und seine Auswirkung auf eine Familie nicht. Viele dieser Kinder erfahren gar nicht oder erst am Totenbett der Mutter davon. Nur wenige haben die Möglichkeit, die wahren Umstände ihrer Zeugung zu erfahren oder gar den leiblichen Vater kennenzulernen. Nicht immer erscheinen unehelich gezeugte Kinder aber als Drama. 2009 enthüllte der Journalist Jakob Augstein das Geheimnis seiner Herkunft. Bis dahin galt der damals 42-jährige Augstein als Sohn des Hamburger *Spiegel*-Gründers Rudolf Augstein und dessen Ehefrau. Jetzt erfuhr die staunende Öffentlichkeit, dass er in Wirklichkeit der leibliche Sohn des Schriftstellers Martin Walser ist, mit dem seine Mutter in den 1960er Jahren eine Affäre hatte. Ihr Ehemann wusste davon und zeigte sich tolerant. Nach der Geburt sei Jakob »gleich das Lieblingskind« gewesen, gab die Mutter 2009 in der *Bild* zu Protokoll. Ihr Mann schien die soziale Vaterrolle ohne Zögern zu erfüllen und akzeptierte den leiblichen Sohn seines Freundes als seinen eigenen. Erst nach Rudolf Augsteins Tod 2002 habe Jakob Augstein die Mutter auf seine eigene optische Ähnlichkeit zu Walser angesprochen. Auf diese Weise habe er von seiner wahren Abstammung erfahren. Ihr Sohn habe sich mit der Veröffentlichung »keinen Gefallen getan«, ließ die Mutter nach der Enthüllung in der Boulevardzeitung verlauten. Walser berichtete in der *Süddeutschen Zeitung* währenddessen, dass Jakob sich hervorragend mit seinen Halbschwestern aus der Ehe des Schriftstellers verstehe und sich die ganze Familie daran »erfreue«. Über das private Befinden von Jakob Augstein und sein Verhältnis zu seiner Halbschwester Franziska, Rudolf Augsteins leiblicher Tochter, wissen wir nichts. Lediglich ihre beruflichen Kämpfe haben die beiden, Journalisten wie ihr Vater, in der Öffentlichkeit ausgetragen; vor allem in Nachfolgestreitigkeiten im vom Vater gegründeten Verlag. Für Geschwisterbeziehungen ist es eine schwere Belastung, wenn Familiengeheimnisse existieren, erst recht, wenn es sich um Herkunftsgeheimnisse handelt. Das weiß die Wissenschaft. Ob sie auch in diesem prominenten Fall eine Rolle gespielt haben, wissen nur die Betroffenen.

Seitdem es die Möglichkeit gibt, mit einem DNA-Test die Vaterschaft eines Mannes zweifelsfrei nachzuweisen, hat sich die Diskussion um außerehelich gezeugte Kinder ohnehin verändert. Aus Zweifeln sind Laborwerte geworden, und meist stehen nicht mehr Identität und Betrug an erster Stelle der Mutmaßungen. Die komplexe Frage der Vaterschaft wird oft zuerst als rein finanzielle Angelegenheit verhandelt. Wer muss für welches Kind aufkommen? Ein riesiger neuer Markt hat sich daraus gebildet. Doch ein Gentest löst das Problem nur oberflächlich. Er klärt nicht die viel wichtigeren, tieferen Gefühle, die in einer solchen Situation in einer Familie wirken. Diese prägen die Beziehung der Eltern und beeinflussen den Alltag der Kinder. Das Misstrauen, die Wut, der Hass, die Scham der Erwachsenen sind fast immer gegenwärtig. Vielleicht unterschwellig, aber dafür umso beunruhigender. »Mit der Zeit organisiert das Geheimnis das ganze alltägliche Verhalten«, sagt Rosmarie Welter-Enderlin. Kinder spüren, wenn Erwachsene herumlavieren, sie nehmen die winzigsten Nuancen wahr, können sie aber nicht einordnen. Irgendwann, in einem Streit oder einer sentimentalen Stunde, sickert dann doch etwas von den tatsächlichen Umständen durch. »Das Kind kann nicht verstehen, was gemeint ist, und konstruiert sich vielleicht eine Geschichte zusammen, die viel schlimmer ist als die Wahrheit«, sagt Welter-Enderlin.

Für Psychologen und Therapeuten zählen nicht nur unterschlagene Affären, Missbräuche oder verheimlichte Erbkrankheiten zu den schädlichen Familiengeheimnissen. Sondern etwa auch die unverarbeitete Abtreibung eines möglichen Geschwisterkindes. In seinem Aufsatz zum Thema »Geschwisterbeziehungen« erzählt der deutsche Kinderpsychiater Hans Sohni 1994 von einer 9-jährigen Patientin, die er Karin nennt. Sie wächst als Einzelkind auf und wünscht sich eine Schwester. Ihre Mutter will aber kein weiteres Kind und lässt sich sterilisieren. Karin wird wegen Ängsten vor dem Einschlafen therapiert. »Das Mädchen gibt an, sie ängstige sich vor den ›offenen Augen ihrer Puppe – die sieht aus wie tot‹. Karin weiß von der Sterilisation der Mutter, aber nichts von der im gleichen Eingriff erfolgten Abtreibung. Karins Ängste traten synchron mit dem Eingriff bei der Mutter auf«, schreibt Sohni. Das Kind habe die unterschwellige Information über die Abtreibung ebenso erhalten wie die offen mitgeteilte Tatsache, dass die Mutter sich sterilisieren ließ. »Man kann sich einfach nicht vorstellen, über wie viele Kanäle Menschen Informationen bekommen«, sagt Rosmarie Welter-Enderlin. Das ist der Grund, warum Geheimnisse Kinder beschädigen. Weil sie immer herauskommen. Aber fast nie in für Kinder verständlicher Form. »Wenn zum Beispiel ein Kind, das adoptiert worden ist, spürt, dass es irgendwie anders ist, und es fragt, und man sagt ihm nicht die Wahrheit, dann kann es passieren, dass das Kind dieses Gefühl generalisiert«, sagt Welter-Enderlin. »Es fühlt sich dann schnell ausgeschlossen und ausgestoßen. Es lässt beim geringsten Anlass Freunde oder Freundinnen fallen. Wird also ein bisschen paranoid, weil es davon ausgeht, das sind auch Lügner und Verräter.«

Unehelich gezeugte oder versteckt adoptierte Kinder ebenso wie schamvolle, heimliche Abtreibungen haben in den letzten Jahren bei den Herkunftsgeheimnissen an Bedeutung verloren. Sie wurden abgelöst durch das Tabu, aus einer künstlichen Befruchtung oder sogar aus anonymer Samenspende entstanden zu sein. In Deutschland entsteht etwa jedes zehnte Kind mit medizinischer Hilfe. Etwa jedes achtzigste Kind wird im Reagenzglas aus Ei- und Samenzelle eines oder beider sozialer Elternteile gezeugt. Ungefähr 100 000 Menschen sind seit den 1970er Jahren in Deutschland aus anonymem Spendersamen gezeugt worden. Bei dieser Methode onaniert ein Mann gegen Geld in einen Behälter. Das Ejakulat wird aufbereitet und eingefroren, bis eine Interessentin es anfordert und in die Gebärmutter injiziert bekommt. Die behandelnden Ärzte und Samenbanken erteilen der Frau keine Informationen über den Spender. Bis vor wenigen Jahren erfuhren auch die so entstandenen Kinder keine Details. Von den heute etwa 20-Jährigen, die auf diese Weise gezeugt worden sind, wissen nach Schätzungen von Fachleuten auch heute nur die wenigsten überhaupt davon. Bis vor kurzem mussten die Unterlagen darüber nur zehn Jahre aufbewahrt werden. Eine ganze Generation dieser Kinder hat deshalb keine Möglichkeit herauszufinden, wer der Mann ist, von dem sie ihre Stimme oder die Augenfarbe haben. Die anonyme Samenspende ist heute in Deutschland nicht mehr zulässig. 1989 entschied das Bundesverfassungsgericht, dass es zu den Persönlichkeitsrechten eines Menschen gehört, zu wissen, wer seine biologischen Eltern sind. Die Herausgabe der Daten ist jedoch für Samenbanken und Fortpflanzungsmediziner nicht gesetzlich geregelt. Im Jahr 2013 gestand das Oberlandesgericht Hamm einer 21-jährigen Klägerin erstmals das Recht zu, den Namen des Samenspenders zu erfahren, obwohl die Samenbank ihm zum Zeitpunkt der Spende Anonymität zugesichert hatte.

Kinder beziehen alles, was um sie herum geschieht, zunächst auf sich selbst. Das Aufwachsen mit einem Herkunftsgeheimnis kann bei ihnen unerklärliche Schuldgefühle erzeugen. Manchmal ein Leben lang.

Mein Studienkollege Nico und seine jüngere Schwester Nora wurden bis zu seinem sechsten Geburtstag zu einem großen

Teil von den Großeltern aufgezogen. Er wusste, dass »Großeltern« eigentlich nicht der richtige Ausdruck war. »Oma« schon, das war die Mutter seiner Mutter. Der Mann, mit dem sie in einer warmen Dreizimmerwohnung zusammenlebte, war aber nicht ihr Mann, sondern ihr Bruder. Ihr richtiger Mann war schon lange tot. Der Bruder war der Großonkel und hieß für die Kinder einfach »Alwin«. Nico liebte Alwin. Mit Alwin konnte man so lange fernsehen, bis einem die Augen zufielen. Bei Alwin durfte man auch nach dem Zähneputzen noch Schokolade essen. Was Nico nicht wusste: Früher hatte Alwin sehr böse Dinge getan, für die er schwer bestraft worden war. Dinge mit kleinen Jungen. Mit Nico hatte Alwin so etwas niemals auch nur versucht. Doch die Erwachsenen beobachteten Alwin. Das nahm Nico irgendwie wahr, doch ohne es zu verstehen. Als Nico klein war, war Alwin sein bester Freund. Als er älter wurde, besuchte er ihn immer noch regelmäßig. Alwin starb, als Nico gerade die Zwischenprüfungen an der Universität absolviert hatte. Die Beerdigung war elend. Der Pfarrer hatte Alwin nicht gekannt und sprach so teilnahmslos über ihn, dass mehrere Trauergäste deswegen unruhig wurden. Beim Leichenschmaus erfuhr Nico die Wahrheit. Sein geliebter Großonkel war ein verurteilter Kinderschänder. Jeder in der Stadt wusste es, und jeder beobachtete ihn mit Argusaugen; erst recht, wenn er mit einem Kind wie seinem Großneffen unterwegs war. Nico war schon als Kind ängstlich und nervös gewesen, Dutzende von Gespenstern und Monstern hatten sein Kinderzimmer und seine Schränke bewohnt und hinter Vorhängen auf ihn gelauert. Er brauchte viele mühsame Therapiestunden, um die misstrauischen Blicke und die unverständlichen Bemerkungen einordnen zu können, die jedes Mal auf ihn eingeprasselt waren, wenn er und Alwin zusammen durch die Stadt spazierten. Als Kind hatte er sie nicht auf Alwin bezogen, sondern auf sich selbst. »Ich dachte, ich muss wohl irgendwas verbrochen haben, von dem alle wissen, und jetzt beobachten sie mich und werden mich bestrafen«, sagt Nico. Seine Schwester Nora lebte außerhalb des geheimnisvollen Bannkreises, der um Alwins Vergangenheit gezogen worden war. »Eigentlich war ich in dieser Familie eher eine Art Nebenprodukt«, sagt sie. Nach der Geburt ihres zweiten Kindes bekam sie plötzlich mehrmals pro Woche schwere Anfälle von Asthma, die kein Arzt erklären konnte. Man empfahl ihr eine Psychotherapie. Dort erkannte Nora, wie das Familiengeheimnis auf sie wirkte. Und auch, woher diese merkwürdige Fremdheit zu Nico kommt, die sie immer empfand, obwohl sie ihn doch liebt. »Wir sind im selben Haus aufgewachsen, aber in völlig verschiedenen Welten«, sagt sie. Das Geheimnis schloss sie aus. Es war nicht so, dass sie nicht beachtet worden wäre. Sie wurde bloß nicht so pausenlos observiert wie Nico. Weil sie Onkel Alwin nicht so nahestand wie er. Und weil sich dieser nie für Mädchen interessiert hatte.

»Kinder ertragen sehr viel«, sagt Rosmarie Welter-Enderlin. »Aber wenn ein Theater um eine Sache herum gemacht wird, dann stehen sie ständig auf dünnem Eis und müssen fürchten, einzubrechen.« Das Schlimmste daran ist: Wenn sie es nicht selbst herausfinden, können sie einbrechen, ohne dass sie wissen, warum.

So ist es anderswo

Manche Menschen erinnern sich noch an einen Ausspruch von Barbara Becker, die in den 1990er Jahren einige Jahre mit dem ehemaligen Tennisstar Boris Becker verheiratet war. Die Ehe endete unter großer öffentlicher Anteilnahme, weil Becker, damals Vater eines Jungen und werdender Vater eines zweiten Kindes mit Barbara, auf einer Hoteltreppe, andere sprechen von einer Besenkammer, in London mit einem russischen Fotomodel Geschlechtsverkehr hatte und dabei ein weiteres Kind zeugte, seine Tochter Anna. Erst anlässlich deren Geburt und eines Vaterschaftstests erfuhr Beckers Frau davon. In den Jahren danach hielt das Interesse der Boulevardpresse an der Patchworkfamilie Becker an. Sinngemäß sagte Barbara Becker damals in Interviews: Die Kinder ihres Mannes seien alle Geschwister und deshalb werde auch Weihnachten zusammen gefeiert. Sie habe selbst zwei Halbgeschwister – »Bei uns ist das eigentlich Tradition«. Womit sie sich auf ihre afro-amerikanischen Wurzeln bezog. Diese Aussagen liegen zahlreiche Schlammschlachten und Enthüllungsbücher zurück und sind nicht mehr alle zu erhärten. Wichtig ist aber der Hinweis auf Afrika, den Barbara Becker gab. In Afrika wird das System der Halbgeschwister anders gehandhabt als bei uns. Und nicht nur dort. In den meisten Kulturen der Welt hat »Bruder« oder »Schwester« eine andere Bedeutung als in westlichen Industriegesellschaften.

Seit ein paar Jahrzehnten stützt sich die Geschwisterforschung zunehmend auf die Erkenntnisse der Ethnologie. »In dem, was heute als ›Neue Verwandtschaftsethnologie‹ bezeichnet wird, steht vor allem die Frage im Vordergrund, wie Verwandtschaft gemacht wird«, sagte die Kölner Ethnologin Julia Pauli 2011 in einem Beitrag des Journalisten Martin Hubert im Deutschlandfunk zum Thema »Patchworkfamilien«. »Welche sozialen Praktiken führen dazu, dass man Menschen als nahe, als Verwandte empfindet?« Ethnologen untersuchen das anhand von Geschwisterbeziehungen mit Kindern und Eltern, Tanten, Onkel, Cousins und Cousinen auf der ganzen Welt. Je entlegener das erforschte Volk, desto größer ist die Hoffnung, eine verbindliche Aussage darüber zu bekommen, was Geschwisterlichkeit und Verwandtschaft eigentlich ausmacht, wie sie entstehen und was sie bedeuten.

Julia Pauli berichtete über die Dorfgemeinschaft Fransfonteine in Namibia, wo sie 20 Monate lebte und Feldforschung betrieb. In der Klicksprache Kwikwi, die die Angehörigen der von ihr erforschten Volksgruppe sprechen, gebe es unterschiedliche Wörter für bestimmte Geschwisterbeziehungen. »Das heißt etwa ›Taman (klick) are‹. Das ›Taman‹ steht für ›nicht‹; und ›kei (klick) are‹ steht für ›gemeinsam groß werden‹: Das heißt, man wird entweder gemeinsam groß oder man wird es nicht«, sagte die Ethnologin. In Fransfonteine bezeichnen Menschen einander auch dann als Geschwister, wenn sie nicht leiblich verwandt sind, aber wichtige Erfahrungen gemeinsam gemacht haben. Zum Beispiel gefährliche und beängstigende Situationen oder Notlagen miteinander durchgestanden haben. Solche Brüder und Schwestern können im gesamten Lauf des Lebens entstehen. Die gefühlte Geschwisterschaft kann gleichbedeutend oder sogar intensiver sein als die zu tatsächlichen Geschwistern. Im ländlichen Namibia sind weitverzweigte Familien mit unüberschaubar vielen Kindern üblich. Nicht mit jedem besteht eine enge Bindung. Julia Pauli berichtete auch von Frauen in Mexiko, die sich als Schwestern bezeichnen, wenn sie sich einander im Bereich ihrer sexuellen Erfahrungen anvertrauen können. Diese Vertraulichkeit hat in einer Gesellschaft, wo Sexualität für Frauen ein gesellschaftliches Tabu ist, eine große Bedeutung. Daraus zieht die Ethnologin ihr Fazit: »Meine These ist, und da bin ich nicht allein, sondern es gibt Kollegen aus Nachbardisziplinen, dass ein entscheidendes Moment, warum es zu einer geschwisterlichen Nähe kommt, darin besteht, ob man zentrale Erfahrungen gemeinsam teilt.« Der Verwandtschaftsgrad nach der Geburtsurkunde ist nur eine Möglichkeit, die Beziehung unter Geschwistern zu definieren, und nicht die wichtigste. Bedeutender als die theoretische Verwandtschaft ist die Art, wie man die Beziehung im Alltag erlebt.

In seinem Dokumentarfilm *Siblings in Conflict* berichtet der Ethnologe und Filmemacher Konrad Licht 2005 von seinen Aufenthalten beim Volk der Dassanetch in Südäthiopien. In einem begleitenden Aufsatz analysiert er die Beziehungen der verschiedenen Personen, die zusammen eine Dorfgemeinschaft bilden: »So besteht zwischen Noicho und Ankoi eine Distanz, obwohl sie etwa gleichen Alters sind, da ihre Mütter unterschiedliche Personen sind«, schreibt er über die Töchter der Familie, in der er für seine Feldforschungen monatelang lebte. »Formale Nähe führt nicht automatisch zu engen Beziehungen. Vielmehr entwickelt sich die Tiefe der Beziehung durch alltägliche Interaktionen. Ein Beispiel hierfür wäre die tägliche Essensverteilung. Kidoa kocht für ihre zwei Töchter und Nakwa für ihre Kinder. In der Regel wird Essen zwischen den Teilfamilien nicht ausgetauscht. Es ist üblich, dass Noicho ihrer Schwester Nakwa tini Essen abgibt und dass die Kinder Nakwas untereinander teilen. Schwieriger ist es, wenn ein Kind der einen Teilfamilie Nahrung von der anderen möchte. Dann wird das Essen in der Regel verteidigt.« Die Kinder leben zusammen und prägen dadurch ihre Verbindung. Der Grad ihrer Nähe zueinander wird aber auch hier von den Eltern reguliert. Für die Kinderseite der *Zeit* besucht die China-Korrespondentin Angela Köckritz im März 2013 einen neunjährigen Jungen namens Dongdong, der mit seiner alleinerziehenden Mutter in einem Hochhaus in Peking lebt. »Damit es nicht noch mehr Menschen in China werden, hat die Regierung schon vor vielen Jahren angeordnet, dass Eltern in den Städten nur ein Kind bekommen sollen«, schreibt die Journalistin. Darum ist Dongdong Einzelkind. »Unten im Haus wohnt sein Onkel, der hat zwei Söhne, er musste also Strafen zahlen. Dongdong nennt seine Cousins Brüder.« Manche Geschwister werden im Alltag gemacht, nicht im Familienregister. Auch das ist eine der neueren Erkenntnisse der Familienforschung.

Bis in die 1980er Jahre dominiere eine »verwandtschaftsethnologische Zugangsweise« die Geschwisterforschung, schreibt die Berner Sozialanthropologin Anna Bally in ihrem Buch *Die Macht der Geschwister*. Das bedeutet, dass man versuchte, die Organisation und die Dynamik einer Gesellschaft ausschließlich anhand ihrer leiblichen Verwandtschaftsverhältnisse zu systematisieren. Dabei wurden Wahl- oder soziale Verwandtschaften nicht oder kaum berücksichtigt, wodurch ein verzerrtes Bild entstanden sein könnte. Bei ihren Feldforschungen mit den Karo in Nordsumatra 2002 lernte Bally das Netz von leiblichen und sozialen Verwandtschaftsbeziehungen als zentrales Ordnungssystem einer ganzen Gesellschaft kennen. Eines, das nicht ohne die Koexistenz von leiblichen und selbstgewählten Verwandtschaften auskommt. »Praktisch alle Interaktionen werden im Rahmen von Verwandtschaftsbezeichnungen gefasst«, schreibt Bally über die Karo. »In Indonesien ist die sprechende Person immer in das Geschwisterset miteinbezogen.« Man sage etwa: »Wir sind neun, ich bin die Nummer drei.« Wichtig ist dabei nicht, ob es sich um Brüder oder Schwestern handelt. Maßgeblich ist, ob sie jünger oder älter sind. Dafür kennt die Sprache spezielle Begriffe: »adik« bedeutet »jüngeres Geschwister« und »kakak« »älteres Geschwister«. Innerhalb der Familien sind diese Bezeichnungen als Anrede bindend. »Jüngere Geschwister dürfen ihre älteren Geschwister nicht mit Eigennamen anreden«, schreibt Bally, es gilt als respektlos und überheblich. Nicht die Individualität gibt dem Menschen den Wert, sondern seine Beziehung zu den Geschwistern. »Allgemein können die Begriffe kakak und adik auch für die Anrede älterer und jüngerer Verwandter oder Freund/innen derselben Generation verwendet werden«, heißt es weiter. In abgekürzter Form werden diese Bezeichnungen zudem für Menschen benutzt, mit denen man nicht verwandt ist. »kak und dik sind gebräuchliche Anredetermini.« Geschwister ist jeder, den man so nennt. Sogar zwischen Eheleuten werden diese Termini benutzt. Andere Anreden, die auf der familiären Position beruhen, sind »turang« – gegengeschlechtliches Geschwister, »nandé« – Mutter, oder »mama« – Onkel mütterlicherseits.

»›Quasi-genealogische‹ Methoden dienen dazu, Verwandtschaftsbezeichnungen auf Nicht-Verwandte auszudehnen, so dass praktisch alle Karo, die sich zufälligerweise begegnen, ihre Beziehung als eine verwandtschaftliche konstruieren können«, schreibt Anna Bally. Auf diese Weise wird die Gemeinschaft verschweißt. Bally zitiert auch ihren Kollegen Wolfgang Marschall, der auf Nias, einer Insel westlich von Sumatra, geforscht hat. Dort ist die Gesellschaft in patrilinearen Klangesellschaften organisiert. Das heißt, dass nur die Beziehungen zwischen Vätern und Söhnen sowie zwischen Brüdern im Zentrum der Gesellschaftsorganisation stehen, während die mütterliche Linie zweitrangig ist. Marschall schreibt: »In einer Gesellschaft, die in Patriklans gegliedert ist und so stark in den Generationen denkt wie die Gesellschaft von Süd-Nias, sind alle Enkelsöhne meines Großvaters väterlicherseits und alle Urenkelsöhne meines Urgroßvaters väterlicherseits und so fort bis mindestens zum 5. Grad meine Brüder.« Diese Denkweise wirkt in beide Richtungen. Dadurch, dass ein Familienfremder mit dem Ehrentitel des Verwandten angesprochen wird, formuliert sich eine moralische Erwartung an ihn. Wer diese Erwartung erfüllt und sich rücksichtsvoll wie ein Geschwister verhält, erfährt auch dessen Privilegien wie etwa Loyalität und Zugang zur Kerngemeinschaft. »Gute Freunde werden (in Indonesien) in den Kreis der engen Verwandtschaft aufgenommen, indem sie sich wie Geschwister verhalten und auch als solche behandelt werden«, schreibt Bally. Das System ist bindend und die Frage nach dem tatsächlichen Verwandtschaftsgrad verliert an Bedeutung. Darin liegt eine der zentralen Erkenntnisse auch für uns. Es sei interessant, dass Kinder nach einer gewissen Zeit keinen Unterschied mehr machten zwischen leiblichen und nicht leiblichen Geschwistern, sagte Christian Alt vom Deutschen Jugendinstitut. »Eine Untersuchung in Österreich zeigt: Nach einer gewissen Zeit sagen die nicht mehr: Das ist nur mein Stiefgeschwister oder es ist meine Halbschwester. Sondern die sagen tatsächlich: ›Das ist meine Schwester, das ist mein Bruder.‹« Und weiter: »Sie akzeptieren diese Lebensform deutlich besser, als es die Erwachsenen machen.« Es sind die Eltern, die mit ihrem Verhalten beeinflussen, ob aus Stiefgeschwistern Geschwister werden können oder nicht.

Barbara Beckers Sicht auf die Halbgeschwister ihrer Söhne – inzwischen sind noch ein paar mehr dazugekommen – scheint sich inzwischen gewandelt zu haben. Gemeinsame Weihnachtsfeiern habe es auch in der Vergangenheit immer nur den Kindern – und vielleicht auch den Medien – zuliebe gegeben, ließ ihr Ex-Mann Boris 2013 in der Boulevardpresse verlauten. Heute sehe man einander nur noch selten, und nicht nur der Kontakt zu seiner unehelichen Tochter, sondern auch die Verbindung seiner Söhne zu ihrer Halbschwester sei bereits vor Jahren abgebrochen. Zu den Weihnachtsfeiern wurde sie wohl ohnehin schon lange nicht mehr eingeladen. Auch sonst haben sich die Familienbande der Beckers offenbar gelockert. Als Barbara Beckers letzte Ehe 2011 in die Brüche ging, spotteten Vater und Sohn darüber gemeinsam öffentlich auf Twitter.

Eine weitere beliebte Erzählung der Medien ist die Geschichte eines erfolgreichen Menschen, von dem irgendwann enthüllt wird, dass sein Halbgeschwister im Elend lebt, weil der Aufsteiger nichts mehr mit ihm zu tun haben will. So erfuhr die Öffentlichkeit von Gerhard Schröders arbeitslosem Halbbruder ebenso wie von Madonnas obdachlosem Bruder und David Beckhams vernachlässigter Schwester.

Bis heute ist nicht eindeutig bewiesen, dass sich Lebewesen

an ihrer genetischen Verwandtschaft erkennen. Bewiesen ist lediglich, dass sie sich altruistisch verhalten, wenn sie den anderen als verwandt einstufen. Und das geschieht auf vielerlei Art. Geschwisterlichkeit kann Seelenverbindung nach gemeinsamen Erlebnissen sein und den Charakter einer besonders intensiven und bedeutenden Freundschaft tragen. Sie kann sich in entfernter genetischer Verwandtschaft und entspannter Gleichgültigkeit äußern. Sie kann sich auf zwei Telefonate im Jahr beschränken oder in einer lebenslangen Schicksalsgemeinschaft Stärke geben. Sie kann wirtschaftliche Unterstützung über Kontinente hinweg bedeuten oder die kühle Wiederbegegnung bei einer Testamentseröffnung. Alles sind Varianten desselben Phänomens: Geschwisterlichkeit unter Menschen. Geschwister, leiblich, Halb-, Stief-, Pflege-, gefühlt oder ehrenhalber dazu ernannt, sind eine der größten Selbstverständlichkeiten des Menschseins. Das, was sie ausmacht, ist ein Kodex.

Geschwister zu sein ist eine Fähigkeit, nicht mehr und nicht weniger, anwendbar auf die unterschiedlichsten Personen. Diese Fähigkeit können wir, egal, ob als Schwester, Bruder oder Einzelkind, erlernen. Man kann Geschwister mit großer Geste oder ganz unpathetisch sein. Man kann diese Verbindung tief empfinden oder sie als Selbstverständlichkeit mitlaufen lassen. Sie kann eine Bürde sein, aber stärker wirkt sie als Chance. In der Ethnologie, und dadurch auch in der Geschwisterforschung, schaut unsere Gesellschaft auf andere Kulturen, um sich selbst zu verstehen. Beim Blick auf fremde Familien entdeckt sie nicht nur, was Geschwisterlichkeit alles sein kann. Sie entdeckt vor allem, dass es sich lohnt, sie zu lernen.

Spätberufene

Als mein Arbeitskollege Rolf drei Jahre alt war, entdeckte seine Mutter eine starke soziale Ader. Bereits mehrere ihrer Freundinnen im Kirchenkreis hatten aus Christenpflicht ein armes Kind bei sich aufgenommen. Rolfs Mutter überredete den Vater, das auch zu tun. Sie wollte am liebsten ein Mädchen aus zerrütteten Verhältnissen zur Pflege. »Die Vermittlerin fragte meine Eltern dann, ob sie auch einverstanden wäre, ein Schwesternpaar zu nehmen«, sagt Rolf. Deren Mutter war schizophren und der Vater Alkoholiker. Wenn seine Eltern nicht beide genommen hätten, wäre eine von ihnen alleine in ein Heim gekommen. So wuchs Rolf mit zwei schwer traumatisierten Mädchen auf, die bald das ganze Haus dominierten. Nachts im Schlaf schrien sie, wenn sie von ihrem Vater träumten, der sie misshandelt hatte. Tagsüber tuschelten sie miteinander, wenn Rolf in die Küche oder ins Wohnzimmer kam. »So richtig wussten wir nichts miteinander anzufangen«, sagt er. Sein Vater zog sich weitgehend aus der Sache zurück und überließ den Kontakt mit den Mädchen der Mutter. Falls diese überfordert war, ließ sie es sich nicht anmerken. Sie gab sich größte Mühe mit den Kindern. Aber sie hatte fast keine Zeit mehr für Rolf. »Ich war allerdings auch ziemlich pflegeleicht.« Im Gegensatz zu den beiden Mädchen. Rolf wurde immer stiller. Das hat er bis heute nicht abgelegt. »Eine andere Rolle war nicht mehr frei.« Mit 18 zog er aus, um in einer Großstadt zu studieren. Heimisch wurde er auch dort nicht. »Irgendwie habe ich einfach nie einen Platz für mich gefunden«, sagt er heute, mit Anfang 50. Mit der einen der Pflegeschwestern telefoniert er hin und wieder. Konflikte gab es in all den Jahren kaum, dazu hat die Nähe zwischen ihnen nicht ausgereicht. Rolf ist in seiner eigenen Familie als eine Art blinder Passagier aufgewachsen. Dass es trotzdem einen Zusammenhalt gibt, zeigt sich, seit der

Vater schwerkrank ist und die Mutter große Ängste hat. Fast jedes Wochenende treffen sich Rolf und die beiden Frauen inzwischen beim Vater im Krankenhaus und anschließend bei der Mutter in der Wohnstube. »Keine Ahnung, was wird, wenn die Eltern einmal nicht mehr sind«, sagt Rolf. Erwartungen habe er keine, und mit den anderen spreche er auch nie darüber. Aber jetzt, wo die Eltern so viel Fürsorge brauchen, sei er doch überraschend froh, dass es jemanden gibt, mit dem er sie teilen kann. Spätestens jetzt hat das Wort »Schwestern«, mit dem er die Frauen bisher eher der Einfachheit halber bezeichnete, einen konkreten Inhalt bekommen.

»Geschwister« ist nicht nur ein Verwandtschaftsgrad. Es ist auch eine Art Sammelbecken für eine bestimmte Art von Beziehung. Geschwisterliebe kann Teil davon sein. Muss aber nicht. Vertrautheit ist viel wichtiger. Ebenso wie Vertrauen. »Alle Beziehungen, die sich für ein Subjekt in irgendeiner Weise an Schwester- oder Bruderbeziehungen anlehnen, werden im Folgenden als ›laterale Beziehungen‹ bezeichnet«, schreibt die Psychoanalytikerin und Ethnologin Anna Bally in ihrem Buch *Die Macht der Geschwister*. Laterale Beziehungen – Verbindungen auf Augenhöhe – sind es, die bewirken, dass wir in unserem Leben nicht einsam sind.

Viele Varianten der Geschwisterlichkeit funktionieren mit Menschen, die mit uns nicht leiblich verwandt oder aufgewachsen sind. Manchmal sogar besser. Dann nennen wir sie »seelenverwandt«. Oder »Blutsbruder«. Bereits die alten Griechen kannten Rituale, bei dem das Blut zweier Wahlbrüder symbolisch oder real vermischt und manchmal symbolisch oder real getrunken wurde, um so eine ewige Verbindung herzustellen. Blutsbrüderschaft ist eine intensive und pathetische Art der Wahlgeschwisterschaft. Auf Türkisch heißen Blutsbrüder »Kanka«. »Dachte ich bisher, dass der ›Abi‹ die größte Auszeichnung für eine Freundschaft sei, gibt es aber seit ein paar Monaten, vor allem in Istanbul, eine neue Steigerungsform: der ›Kanka‹«, schrieb der Kölner Wirtschaftsberater und Blogger Mario Diel 2011 in seinem Blog für die Zeitschrift *Stern*. »Meine Kanka verhalten sich mir gegenüber, als wären wir tatsächliche Brüder und selbiges Verhalten wird selbstverständlich auch von mir erwartet«, schreibt er. »Kanka teilen alles miteinander – wenn nötig – (außer die Frauen selbstverständlich :-))), sind 24 Stunden am Tag füreinander erreichbar, verbringen sehr viel Zeit zusammen, helfen sich gegenseitig und gehören zur Familie. Die jeweiligen Freunde des einen Kanka, sind auch die Freunde des anderen Kanka. Und es heißt jetzt auch nicht mehr ›Mario Kanka‹, sondern nur noch ›Kanka‹, ohne Zusatz des Vornamens.«

Manche Varianten von Geschwisterlichkeit funktionieren auch mit Menschen, die altersmäßig die eigenen Kinder oder Eltern sein könnten. »Interessante Überschneidungen ergeben sich in kinderreichen Familien oder in Patchworkfamilien, weil da der Altersunterschied zwischen den älteren und den jüngsten Geschwistern praktisch eine Generation ausmachen kann«, schreibt Anna Bally. Bis in die Mitte des 20. Jahrhunderts war es üblich, dass Frauen während 20 oder sogar 30 Jahren Kinder bekamen und man leibliche Geschwister haben konnte, die altersmäßig eher als eigene Söhne oder Töchter durchgegangen wären. Oft wurde der letzte »Nachzügler« oder das »Nesthäkchen« von den Älteren besonders verwöhnt, weil alle sich gemeinsam über das Baby freuten, das sie nicht mehr bedrohen konnte.

Aber es gibt auch Leute, die es komisch finden, dass ich die Patin meines kleinen Halbbruders bin. Sie finden, diese Funktionen gehören zu zwei verschiedenen Generationen und wären besser nicht in einer Person vereint. Als Lino geboren wurde, war ich 22 Jahre alt und er war das erste Baby in meiner näheren Umgebung. Es dauerte ein paar Jahre, bis ich die Gefühle für ihn einordnen konnte. In dieser Zeit half mir die Funktion als Patin, den Kontakt zu ihm zu halten. Je älter er wurde, desto mehr geriet die andere Verbindung in den Vordergrund. Lino ist mein Bruder. Aber weil er so viel jünger ist, erwarte ich nichts von ihm. Als er neulich auf Interrailtour mit seinen Freunden bei mir Halt machte, war ich stolz zu sehen, wie groß und selbständig er geworden ist. Auch wenn ich weiß, dass ich daran keinen unmittelbaren Anteil habe. Geschwisterlichkeit beinhaltet mehr als das gemeinsame Aufwachsen in einer Familie. Und nicht nur Kinder sehnen sich danach.

Auch als Erwachsene schaffen wir uns noch neue Geschwister. Manchmal suchen wir ein Leben lang nach Menschen, mit denen wir uns verwandt fühlen können. Dieser Drang – und diese Fähigkeit – ist eine der wichtigsten Ressourcen einer sozialen Gesellschaft. Sie ist eine mächtige Kraft gegen die Verwertungslogik des späten Kapitalismus, die unser Leben im 21. Jahrhundert in allen Bereichen zu bestimmen begonnen hat.

Geschwisterlichkeit hat nur eine Voraussetzung: Sie muss da sein. Ob auf dem Papier oder im Gefühl, das spielt oft erst in zweiter Linie eine Rolle. Das Vertrauen zwischen Geschwistern ist ein Fundament, auf dem eine Identität ruhen kann. Es lässt sich auf vielerlei Art nutzen. »Kennzeichen der gelebten sozialen Beziehungen innerhalb eines modernen Verwandtschaftsnetzwerkes sind positive Gefühle, Zuneigung und ein freiwilliger reziproker Austausch. Dies sind Merkmale, die eine subjektive Verwandtschaftsbeziehung mit Freundschaften teilt«, schreibt die Trierer Soziologin Nina Jakoby 2008 in ihrer Dissertation *(Wahl)Verwandtschaft – ein Modell zu Erklärung verwandtschaftlichen Handelns*. Die Freiwilligkeit ist dabei der Punkt mit dem größten Potential – für Erfüllung ebenso wie für Streit. Geschwisterlichkeit ist eng mit Freundschaft verwandt und doch klar von ihr zu unterscheiden. Freundschaft muss man fühlen. Zur Geschwisterlichkeit kann man sich bewusst entscheiden. Man könnte sagen, Geschwisterlichkeit ist die Cousine der Freundschaft.

1904 wurde in New York eine Organisation gegründet, die entlassenen Straftätern einen gut beleumdeten Erwachsenen zur Seite stellte, der ihnen helfen sollte, sich wieder in die Gesellschaft einzugliedern. Daraus hervorgegangen ist das weltweite Mentoring-Programm »Big Brother Big Sister«, das von 2007 bis 2013 auch in Deutschland tätig war. Es vermittelt ehrenamtlich Menschen, die für sozial benachteiligte Kinder als »Mentor« auftreten – eine Art älterer Bruder oder ältere Schwester, der oder die einem Kind beisteht, das in diesem Bereich von zu Hause zu wenig Unterstützung bekommt. Kinder, die sich bewarben, wurden mit Erwachsenen zusammengebracht, die diese Rolle einnehmen konnten. Umfangreiche Prüfungen bis hin zu einem polizeilichen Führungszeugnis stellten sicher, dass kein Erwachsener mit miesen Absichten sich auf diese Weise an ein Kind heranmachte. Rund 90 sogenannte »Tandems« gab es allein im Ruhrgebiet. Etwa einmal pro Woche trafen sie sich, um zusammen Plätzchen zu backen, spazieren oder ins Kino zu gehen. Finanziert wurde das als hochwirksam und seriös eingestufte Programm durch Sponsoren aus der Wirtschaft. Ungefähr ein halbes Dutzend anderer Programme dieser Art gibt es in Deutschland. Nicht das Geschwistergefühl steht für die Geschwisterpaten im Vordergrund, sondern die Absicht, einem anderen Menschen etwas ohne messbaren Eigennutz zu geben. Auch Selbsthilfegemeinschaften stützen sich auf dieses Prinzip. Bei den Anonymen Alkoholikern gibt es die »Sponsorschaft«: Erfahrenere Teilnehmer einer Gruppe stehen solchen, die weniger lange dabei sind, als Begleiter bei. Einen Sponsor darf man in jeder Lebenslage um Rat fragen und zur

Not auch nachts um drei anrufen. Verbindend ist das gemeinsame Lebensziel, jeden Tag ohne Alkohol seelisch zu gesunden. »Sponsor« und »Sponsi« verstehen sich als Waffenbrüder und -schwestern gegen die Sucht oder ein anderes Leiden. Weil die Financiers ihre Unterstützung zurückzogen, wurde »Big Brother Big Sister« in Deutschland nach sechs Jahren eingestellt. Über 200 ehrenamtliche große Schwestern und Brüder versuchen seither, auf eigene Faust weiterzuarbeiten, um ihre kleinen Ehrengeschwister nicht im Stich zu lassen.

Eines der ältesten und ritualisiertesten Systeme der Wahlgeschwisterschaft sind Ordensgemeinschaften wie Klöster. Hier wird die ursprüngliche Freiwilligkeit formal durch ein Gelübde aufgehoben. Sie wandelt sich zu einer sozialen und wirtschaftlichen Gemeinschaft, die als so bindend empfunden wird wie die leibliche Verwandtschaft. Doch ausgerechnet unter diesem quasi-familiären Druck kann das klösterliche Gebot der Friedfertigkeit nicht immer eingehalten werden. Wo Geschwister sind, wird gestritten. 2006 berichteten Medien von Gewaltausbrüchen zwischen orthodoxen und katholischen Mönchen auf dem Berg Athos in Griechenland. Es gab es fünf Verletzte, weil Ordensbrüder zuerst mit Werkzeugen die Türen der anderen einschlugen und dann aufeinander einprügelten. 2007 bat der Bischof der süditalienischen Region Apulien den Papst, das Clarissenkloster Santa Clara in Bisceglie zu schließen. Auch dort war es zu Ausschreitungen unter den Ordensschwestern gekommen. Nach dem Tod der früheren Oberin und einer Mitschwester sollen die verbliebenen drei Nonnen der neuen Oberin »autoritäres Verhalten« vorgeworfen und diese dann »im Gesicht gekratzt und zu Boden geworfen« haben. Für erlernte Geschwisterschaft gilt nämlich etwas Ähnliches wie für die leibliche: Sie kann gelingen. Muss aber nicht.

Nur wenige Menschen haben zum Erlernen allerdings so wenig Zeit wie mein Freund Joel. Dieser lebte 32 Jahre als Einzelkind in Niedersachsen. In seinem dreiunddreißigsten Sommer sollte er plötzlich seine wunderschöne, eigensinnige Schwester zu einem Traualtar in Chicago führen. An Vaters Stelle, weil dieser aus Protest gegen den zukünftigen Schwiegersohn der Hochzeit fernblieb. Bis wenige Monate zuvor hatte Joel nicht einmal gewusst, dass er eine Schwester hat.

In der Schule war er »Chinese« gerufen worden, weil seine Mitschüler, Söhne niedersächsischer Apfelbauern, die Philippinen nicht mal dem Namen nach kannten. Auch Joel kannte das Wort nur, weil er wusste, dass sein Vater, den er nie kennengelernt hatte, von dort stammte. Als junger Wirtschaftsstudent hatte dieser ein paar Jahre in Deutschland gelebt und sich dabei mit Joels Mutter angefreundet. Kurz vor seinem letzten Semester wurde sie schwanger. »Ich kann dich nicht heiraten«, hatte er ihr schon am Anfang ihrer Freundschaft gesagt. »Meine Eltern würden mich umbringen.« Aber eine Abtreibung kam für ihn genauso wenig in Frage wie für sie. Selbstverständlich würde er das Kind finanziell unterstützen. Joels Mutter war tief enttäuscht. Nur einmal kurz nach der Geburt durfte er seinen Sohn sehen. Als sie umzog, teilte sie ihm die neue Adresse nicht mit. Das Geld, das regelmäßig postlagernd kam, nahm sie nicht an. Joel wuchs mit seiner Mutter bei der Oma auf. »Dein Vater ist weggegangen«, war alles, was von ihnen zu erfahren war. Nach dem Abitur zog Joel nach Hamburg, begann ein Medizinstudium und wollte Maler werden. Nichts in seinem Leben passte zusammen. Mit seinen hohen Wangenknochen und dem pechschwarzen, glänzenden Haar sah er aus wie Bruce Lee, und viele Frauen suchten seine Nähe. Aber immer wenn sie merkten, dass in der exotischen Gestalt ein niedersächsisches Temperament wohnte, ließen sie erbost von ihm ab. Mit 32 traf Joel eine Entscheidung. »Ich muss meinen Vater finden.« Er sagte es zu einem Schulfreund, mit dem er ein Bier trinken war. »Ich schreibe der philippinischen Botschaft und frage, was ich tun kann.« Immerhin wusste er den Namen des Vaters, nach zwei Likören an ihrem Geburtstag hatte ihn die Mutter einmal genannt. Der Freund hatte eine bessere Idee. Seit kurzem besaß er einen Internetanschluss. »Lass' mich mal etwas probieren«, sagte er zum Abschied. Kurz nach zwei Uhr morgens rief er bei Joel an. »Ich habe etwas gefunden«. Er hatte den Namen in eine Suchmaschine eingegeben, die damals neu war, und ein halbes Dutzend Dokumente eines Wirtschaftskongresses gefunden, aus denen hervorging, dass ein Mann mit dem Namen von Joels Vater dort mehrfach referiert hatte. Es ging um Wirtschaftsförderung auf den Philippinen. Joel schrieb in derselben Nacht einen Brief. Mit zitternden Fingern steckte er ihn in den Briefkasten, adressiert an die Organisatoren des Kongresses, mit Bitte um Weiterleitung an Herrn M. L. So vorsichtig wie es Joels Schulenglisch erlaubte, hatte er die Möglichkeit formuliert, dass er sich um seinen Vater handeln könnte, und dass es ihm aus persönlichen Gründen ein Bedürfnis sei, darüber Gewissheit zu erlangen. Auf keinen Fall wolle er irgendwelche Forderungen geltend machen. 17 Tage später klingelte mitten in der Nacht sein Telefon. Die Leitung rauschte und eine fremde Stimme sagte: »Bist du Joel? Ich bin dein Vater. Ich danke Gott, dass ich dich gefunden habe.« Joel war sprachlos. Aber das machte nichts, denn der Mann redete ohne Pause. Sein halbes Leben lang habe er sich gefragt, wie es seinem ältesten Sohn gehe. Alle seine Briefe, die er seit dessen Kindheit immer wieder an ihn geschrieben hatte, seien zurückgekommen. Vor einigen Jahren habe er sogar eine Detektei beauftragt, um ihn ausfindig zu machen. Seit über 20 Jahren lebe er in Chicago und arbeite an der Uni. »Wann kommst du, um deine Familie kennenzulernen?« In den nächsten Wochen watete Joel wie durch Nebel. Alle drei oder vier Tage rief der Vater an, um mit ihm zu sprechen. »Stell' Fragen, mein Sohn! Du hast ein Recht zu wissen, wer dein Vater ist. Und du musst deine Geschwister kennenlernen.« Ostern war Joel bereit, nach Amerika zu fliegen. Als Erstes fiel ihm auf, dass schon am Flughafen unzählige Menschen so asiatisch aussahen wie er und dass niemand einen schief ansah. Er hatte seinen Koffer noch nicht in der Hand, als ein mittelgroßer Mann mit goldgelbem Teint und hohen Wangenknochen auf ihn zukam. »Gelobt sei der Herr. Ich habe meinen Sohn wiedergefunden!« Etwas abseits standen zwei junge Männer und eine keck lächelnde junge Frau. Alle hatten sie schmale, dunkle Augen und glattes, pechschwarzes Haar. Alle umarmten sie ihn, ohne zu zögern. »Endlich!« Die acht Tage in Chicago erlebte Joel wie in Trance. Die Familie seines Vaters wohnte in einem weitläufigen Haus in einem Vorort. In der Bücherwand im Wohnzimmer stand ein Schwarzweißfoto von Joel als Baby. »Das hat hier immer gestanden!«, sagte der Vater. Als er wieder zu Hause war, wurde Joel zum ersten Mal seit Jahren richtig krank. Fast eine Woche verbrachte er mit Fieberträumen, bis er es akzeptieren konnte. Er hatte jetzt eine Familie in Amerika, einen Vater, zwei Brüder und eine Schwester, alle so exotisch aussehend wie er selbst. Sein dritter Besuch war bereits so selbstverständlich, dass die Brüder nicht mal den Fernseher ausmachten, als Joel zur Tür hereinkam. Der eine schob bloß die Schüssel mit den Chips zu ihm rüber und hob die Hand, um ihn abzuklatschen. Am selben Abend bat ihn die Schwester in ihr Zimmer. Sie habe etwas Dringendes mit ihm zu besprechen. Es war die Sache mit der Hochzeit. Sie hatte den Antrag ihres Freundes angenommen. Der Vater hatte getobt. Er würde nicht zur Hochzeit kommen, das stand fest. »Und darum musst du mich zum Altar führen, du bist schließlich mein großer Bruder.« Joel erbat sich Bedenkzeit. Die Schwester runzelte die Stirn. »Dann gab ich halt nach«, sagt Joel. »Was willst du sonst tun, wenn deine kleine Schwester dich um etwas bittet?«

Teil Vier

Wie man Geschwister loswird

Sichere Seite

In Norwegen habe ich einmal ein Foto gemacht. Es zeigt einen Mann und eine Frau in karierten Hemden und Gummistiefeln. Sie stehen vor einer Holzhütte, im Rücken ein hoher Stapel mit ordentlich geschichtetem Feuerholz. Die Landschaft um sie herum ist dick verschneit, die knisternde Kälte der Luft erkennt man an ihren roten Nasenspitzen und den wachen Augen. Die Frau hat kurze rote Haare und trägt eine große Brille, was ihr etwas Koboldhaftes gibt. Der Mann hat das Schmunzeln eines Menschen, der die Wochenzeitung von der ersten bis zur letzen Seite durcharbeitet und Bemerkungen an den Rand schreibt. Die beiden heißen Herr und Frau P., kommen aus dem Rheinland und sind Bruder und Schwester. Vor ein paar Jahren ließen sich beide frühpensionieren und zogen zusammen in das Holzhaus im norwegischen Wald. Das nächste Dorf liegt 20 Fußminuten entfernt, einen Führerschein haben beide nicht, und ihr Norwegisch besteht aus wenigen Brocken. Ich weiß nicht, wie ihr Leben zuvor aussah, ob sie andere Menschen als Partner hatten oder ob sie auf diese Jahre hin gelebt haben. »Hier im Wald haben wir unsere Ruhe gefunden«, sagen beide. Sie zogen um, nachdem ihre Mutter hochbetagt gestorben war. Mit ihr waren sie als Kinder mehrmals hier im Urlaub gewesen. Tagsüber sehen sich Herr und Frau P. kaum. In einem kleinen Nebengebäude, ungefähr 30 Meter vom Haus entfernt, hat sich Frau P. eine kleine Scheune zur Musikbibliothek ausgebaut. »4000 Tonträger habe ich dort«, sagt sie stolz. Geliebt habe sie Musik immer schon. Aber erst seitdem sie nicht mehr als Musiklehrerein die Hörerlebnisse anderer Leute verantwortet, hat sie Zeit, ihren eigenen Interessen nachzugehen. Auch ihr Bruder hat sich ein Refugium eingerichtet. Eine weitere, zweistöckige Holzhütte auf der anderen Seite des Grundstücks. Dort züchtet er seltene Fische. Das war schon als Kind sein Hobby. Mehrere riesige Aquarien hat er nach und nach fachmännisch eingebaut und so ausgestattet, dass es den empfindlichen Süßwasserfischen auch im strengen norwegischen Winter an nichts fehlt. Sowohl Herr als auch Frau P. stehen gerne im Morgengrauen auf und widmen sich beim ersten Kaffee ausgiebig der Zeitungslektüre. »Dabei schweigen wir uns an wie ein altes Ehepaar«, lacht Frau P. Wenn keine Besorgungen im Dorf notwendig sind, zieht sich danach jeder in seinen Bereich zurück und bleibt dort bis zum frühen Nachmittag. Dann treffen sie sich wieder in der gemütlichen Wärme des Holzhauses, das Herr P. mit einer ausgeklügelten Technik ausschließlich mit Feuerholz beheizt, stärken sich mit einem kleinen Imbiss und unterhalten sich. Manchmal hören sie auch Radio. Ein Telefon gibt es in ihrem Haus nicht. »Aber wir haben ein Handy. Jeden Dienstag ist es angeschaltet, das wissen alle unsere Bekannten und rufen dann an.« Langweilig wird es den beiden nie. »Im Gegenteil«, sind sie sich einig. »Je länger wir hier sind, desto mehr fällt uns ein, was wir noch machen können.«

Ich lernte beide bei einer Arbeitsreise kennen, jemand hatte von Herrn P.s Fischen erzählt. Der Kontakt war schnell aufgenommen, die P.s luden mich und den Fotografen, der mich begleitete, herzlich zu sich in die Wildnis ein. Nachdem wir Kaffee getrunken hatten, fragte der Fotograf, ob er ein paar Bilder von ihnen machen dürfe. Weder er noch sie hatte etwas dagegen. Im Gegenteil. In den beiden gesetzten Menschen ging vor der Kamera eine unerwartete Veränderung vor. Sie wurden zu wilden, herumalbernden Teenagern. Nach wenigen Minuten sprang Frau P. von hinten kichernd auf den Rücken ihres Bruders und streckte für das Foto beide Beine in die Luft. Es war gespenstisch. Die vertrauten Posen zweier ausgelassener Jugendlicher brachen Jahrzehnte später vor der Kamera als etwas Verborgenes, Verstörendes ans Licht. In einem dunklen Wald leben Bruder und Schwester wie Mann und Frau zusammen. Und zwar wie Mann und Frau, die als Geschwister zusammenleben. Auf unbehagliche Weise schienen sich Dinge zu mischen, die eigentlich nicht gemischt gehören.

»Wahrscheinlich sterben wir hier«, sagte Frau P. auf meine Frage, ob sie sich vorstellen könne, noch einmal nach Deutschland zurückzukehren. Die respektablen P.s, beide im Berufsleben Beamte, haben sich in ihren späten Jahren ein entlegenes Reich geschaffen, in dem sie Sehnsüchte der Jugend verwirklichen. Sie sind ins Paradies von Heranwachsenden kurz vor der Pubertät zurückgekehrt. Hier können sie stundenlang ungestört Musik hören oder sich mit ihren Fischen beschäftigen, in der vertrauten, unbedrohlichen Gegenwart von Bruder oder Schwester. Nur dass sie jetzt niemand mehr zum Helfen oder Hausaufgabenmachen scheucht.

Das Wort »Pubertät« ist lateinisch und bedeutet »Geschlechtsreife«. Bevor es in Mode kam, nutzte man auch den Ausdruck »Adoleszenz«. Der ist ebenfalls lateinisch und bedeutet »Die Zeit des Heranwachsens«. Eine der zentralen Aufgaben der Adoleszenz liegt darin, »neue und reifere Beziehungen zu Altersgenossen beiderlei Geschlechts aufzubauen«. So formulierte es Werner Stangl, Professor für Pädagogik und Psychologie an der Johannes Kepler Universität in Linz 2002 in einem Arbeitspapier für die Fernuniversität Hagen. Dieser Prozess beginnt heute mit ungefähr zehn Jahren und dauert unter Umständen nochmal so lange. Oft entwickelt er nach kurzer Zeit aber schon ein enormes Tempo. Ein Mädchen, das im Februar noch einhellig und harmonisch mit dem kleinen Bruder gespielt hat, kann ihm im November schon dauergenervt die Zimmertür vor der Nase zuschlagen. Eine Schwester, die kurz zuvor noch wie ein Welpe mit ihren jüngeren Geschwistern herumgetollt ist, kann auf einmal knurrend ihre Privatsphäre verteidigen. Die Ablösung eines Jugendlichen aus der Geborgenheit der Kinderwelt kann extrem und brutal für die ganze Familie sein und alle gleichermaßen belasten: den Jugendlichen selbst, die Eltern und die Geschwister.

Das Schmerzhafte an der Pubertät ist der Abschied. Das Beängstigende an der Pubertät ist, dass man an einen Ort aufbricht, den man nicht kennt, und zu dem man oft von einer Sehnsucht getrieben wird, die so wankelmütig ist wie ein kaputter Kompass. In archaischen Stammesgesellschaften ist der Übergang vom Kind zum Erwachsenen ein Ereignis, das mit detailliert vorgeschriebenen Initiationsriten vollzogen wird. Man durchschreitet symbolisch ein Tor und befindet sich dann in der Welt der Erwachsenen mit ihren eigenen, festen Regeln. Die Initiation bedeutet einen klaren Abschied aus der Schar der Kinder, oft auch von den jüngeren Geschwistern. Das ist vielleicht schmerzhaft. Aber dieser Schmerz hat durch die Rituale einen klaren Anfang und ein klares Ende. Bei uns und heute ist das anders. Die Pubertät ist ein Prozess, kein Ereignis. Sie schleicht sich ein und hört irgendwann wieder auf. Jedenfalls meistens. Aber es gibt auch Menschen, die sich mit 30 noch nicht erwachsen fühlen oder verhalten. Diese Unklarheit kann auch die Beziehung zwischen Geschwistern im Erwachsenenalter stark beeinflussen. Es soll Menschen geben, deren Tagewerk darin besteht, Großunternehmen zu führen oder Blinddärme herauszuoperieren. Und die trotzdem die Kränkungen der Kindheit und Jugend noch immer nicht verarbeitet haben und auch mit grauen Haaren einer Provokation des Bruders oder der Schwester mit derselben kopflosen Impulsivität begegnen wie als Kind. Mehr als andere Leute bleiben Geschwister immer auch Adressaten von unreflektierten, kindlichen Gefühlen.

Ein Mensch in der Pubertät muss lernen, »eine stabile Freundschaftsbeziehung aufzubauen und einen festen Freundeskreis zu haben«, heißt es bei Werner Stangl. Das beinhaltet zunächst einen »besten Freund« oder eine »beste Freundin« des gleichen Geschlechts, um mit ihm oder ihr zu lernen, was Freundschaft und Vertrautheit außerhalb der Familie bedeuten kann. Danach gilt es, am besten mit jemand Neuem, »eine intime Beziehung aufbauen« und »eine/n Freund/in haben, in eine Sexualbeziehung involviert sein«. In der technischen Sprache des Wissenschaftlers heißt das »Übernahme der männlichen oder weiblichen Geschlechtsrolle« und »Akzeptieren der eigenen körperlichen Erscheinung und effektive Nutzung des Körpers«.

Ich merkte es gleich, als Arthur anfing, sich für Mädchen zu interessieren. Zweimal an einem Tag erwähnte er beim Abendessen eine gewisse Melanie, die mit ihm im Chor sang. Ich kannte Melanie nicht, aber ich konnte sie nicht leiden. Immer häufiger schloss Arthur die Tür zu seinem Zimmer und antwortete widerwillig, wenn ich klopfte. Am Tisch reagierte er nicht mehr auf die üblichen Witze und schien überhaupt ziemlich abwesend. Nach wenigen Wochen war es normal, dass er am Samstagabend nicht zum Essen zu Hause war und oft erst erschien, wenn ich schon im Bett lag. Ich kam mir abgeschoben und ausgebootet vor. Traurig und gelangweilt saß ich ein Jahr lang am Samstagabend allein vor dem Fernseher, bis auch bei mir die neue Zeit langsam anfing und meine Mutter bemerkte, dass ich auffallend oft einen gewissen Daniel aus der Parallelklasse zu erwähnen begann.

Es ist wie eine bestandene Prüfung, wenn man es in der Adoleszenz zum ersten Mal schafft, aus einer vertrauten Beziehung zum gegengeschlechtlichen Geschwister in eine Beziehung mit einem fremden Jungen oder einem fremden Mädchen zu kommen. Man hat meist erst einmal keine Ahnung, wie das gehen soll und was der andere erwartet. Man gibt etwas auf, ohne zu wissen, ob man Ersatz dafür findet. Wo man gemütliche Vertrautheit und gemächliches Herumalbern kannte, erlebt man mit fremden Gleichaltrigen plötzlich Sperrigkeit, hektische Unvertrautheit und peinliche Unsicherheit. Meist beginnt man dabei aber zu ahnen, dass dahinter ein weiter, unbekannter, aufregender Raum liegt, der etwas mit dem fremden Geruch des anderen zu tun hat. Und mit der Art, wie man einander auf bisher unbekannte Weise anschaut. Man lernt auch, dass aus Verwirrung Vertrautheit entstehen kann, wenn man den oder die Richtige dafür findet. Aber das dauert. Es gibt in dieser Zeit immer auch Katastrophen und Enttäuschungen, man wird weggestoßen und stößt selbst weg, man wird verletzt und verletzt selbst, und fast immer trifft es Leute, an denen einem etwas liegt. Aber man lernt auch eine ganz neue Art von Freiheit kennen. Man findet heraus, dass man eine Wahl hat. Dass sich das Neue nicht mit jedem und jeder gleich gut anfühlt, und dass es sich lohnt, ein bisschen zu suchen.

Wahl und Freiwilligkeit sind Kernqualitäten einer Liebesbeziehung. Und sie sind die Hauptunterschiede zu einer Geschwisterbeziehung. Sei diese auch noch so innig und harmonisch. Mit Geschwistern kann man lernen, ein guter Freund zu sein und mit Nähe umzugehen. Mit gegengeschlechtlichen Geschwistern erwirbt man auch noch manche Fähigkeiten eines guten Liebespartners: etwa die Gewöhnung an die Eigenheiten des anderen Geschlechts. Was man mit einem Bruder oder einer Schwester aber nicht lernen kann: ein guter Sexualpartner zu werden. Und damit ein Erwachsener mit Wahlmöglichkeiten. Doch genau das ist die Hauptaufgabe der Pubertät.

»Ist die Familiengrenze sehr dicht, verhindert dies die Außenorientierung. Der Auf- und Ausbau außerfamiliärer Beziehungen wird erschwert«, schrieb die Soziologin Martina Beham vom Österreichischen Institut für Familienforschung 1997 in einer Zusammenfassung von Fallstudien zur Pubertät. Das sei vor allem bei Jugendlichen ein Problem, weil bei ihnen »die gleichaltrigen Freunde und Freundinnen einen unverzichtbaren Beitrag zur Entwicklung und Sozialisation leisten«. Eltern, die Aufruhr in der Familie – oder den Verlust ihrer Bedeutung im Leben der Kinder – fürchten und Jugendlichen etwa den Umgang mit bestimmten Freunden verbieten, tun ihnen fast nie einen Gefallen. Auch nicht, wenn sie sich als bester Freund oder beste Freundin ihrer Kinder behaupten wollen. »Gerade in der Pubertät des Kindes ist es wichtig, dass innerhalb der Familie die Subsystemgrenzen klar sind«, schreibt Beham. Eltern, die jetzt klammern, bürden ihren Kindern eine große Last auf. »Jugendliche dürfen nicht zu ›Ersatzpartnern‹ werden und Eltern nicht zu ›Ersatzgeschwistern‹«, schreibt sie.

»Noch immer erfolgt heute in der ›normalen Familie‹ die Reihenfolge der Bindung des Kindes an die Familienmitglieder wie folgt: Erstens Mutter, zweitens Vater, drittens Geschwister«, sagte der Tübinger Professor für Kinder- und Jugendpsychiatrie Gunther Klosinski 2006 in einem Vortrag zum Thema »Ablösungsprozesse und Bindungs-Bedürfnisse in der Pubertät«. »Während die Loslösung in umgekehrter Reihenfolge stattfindet: Erstens Geschwister, zweitens Vater, drittens Mutter.« Klosinski beruft sich dabei auf Erkenntnisse, die in der Geschwisterforschung bereits in den frühen 1970er Jahren gewonnen wurden. Aber auch in der Pubertät brauchen Geschwister einander noch als Sparringspartner. Mit ihnen kann man zum Beispiel als Erste und ziemlich gefahrlos üben, was es heißt, zu einem Menschen, der einem nahesteht, auf Distanz zu gehen.

Es gibt nur eine Gruppe von Menschen, denen man die Aufgabe der emotionalen Loslösung von Geschwistern nicht abverlangt: eineiige Zwillinge. Ihnen wird manchmal gerne ein fast magischer Gleichklang zugeschrieben, und man liest und hört sehr viel häufiger von solchen Zwillingspaaren, die ein Leben lang zusammenbleiben, als von solchen, die sich irgendwann nichts mehr zu sagen haben.

Im April 2013 sprachen die beiden eineiigen Zwillingsbrüder Bill und Tom Kaulitz, die als Musiker der Band »Tokio Hotel« zu Teenageridolen geworden sind, im Prominentenmagazin *Gala* über ihre Beziehung. »Vielen Leuten hilft es, sich einem Therapeuten mitteilen zu können«, sagte der damals 23-jährige Tom Kaulitz. »Wir brauchen das nicht, weil wir als eineiige Zwillinge ohnehin den ganzen Tag miteinander sprechen.« Sein Bruder Bill meinte: »Es kann niemand nachvollziehen, dass wir jeden unserer Gedanken sofort dem Anderen mitteilen müssen. Das machen normale Menschen nicht mal bei der eigenen Mutter oder dem ältesten Freund.« Für Leute, die ihnen zuhörten, sei das »ganz schön krass«, sagte Tom. »Weil wir alles übereinander wissen, sind wir uns so unbeschreiblich nah. Es hat schon etwas Übersinnliches, dass wir fast immer die gleichen Gedanken haben. Eigentlich bräuchten wir überhaupt nicht miteinander zu reden. Wir wissen schon alles über den Anderen.« Sein Bruder sage ihm außerdem täglich, dass er ihn »über alles liebe«, gab Tom weiter zu Protokoll. Manche Leute hätten richtig Mitleid mit seinem Bruder, der keine Freundin habe. »Die sagen: ›Der ist schon so lange allein, wie deprimiert muss er sich fühlen.‹ Die vergessen, dass du ja Gott sei Dank nicht dieses traurige Leben führst.« Darauf Bill: »Genau. Die erste und oberste Beziehung ist immer die, die wir miteinander haben. Alles andere kommt sowieso erst an zweiter Stelle.«

Die symbiotische Beziehung der beiden Musiker wird als positive Ausnahme dargestellt. Ist die Nähe so groß, weil die beiden Zwillinge sind? Oder bietet ihnen diese Konstellation vor allem die Möglichkeit, das intensive und isolierende Leben von Popidolen mit einem so eng Vertrauten leichter bewältigen zu können? Die beiden Männer sind noch jung und das Thema der eigenen Familie scheint noch nicht in den Vordergrund getreten zu sein. Wenn es jemals soweit kommen sollte, wird sich die Frage stellen, wie eine Partnerin mit diesem Doppelpack zurechtkommt. Ob sie selbst eine Schwester oder sogar ein Zwilling sein muss, um in dieser Konstellation ihren Platz zu finden.

Die Erfahrung der Vertrautheit mit Geschwistern in der Kindheit wirkt darauf, wie man später eigene Freunde gewinnt. Soviel weiß die Psychologie. Zu viel Geschwisterharmonie kann einen aber auch daran hindern, erwachsen zu werden. Wer zu sehr Geschwister bleibt, bleibt oft auch zu sehr Kind. Geschwister stehen auf der sicheren Seite. Leider findet aber gerade dort das wahre Leben so gut wie nie statt.

Neue Dramen am Familientisch

Dass irgendwas bei ihnen schiefläuft, bemerkte meine Kollegin Dora, als ihre sechsjährige Tochter ihrem vierjährigen Sohn am Abendbrottisch ein Auge ausstechen wollte. Mit dem Brotmesser, das sie sich entschlossen gegriffen hatte, obwohl das streng verboten war. Und zwar, weil er das letzte Laugenbrötchen angefasst hatte, obwohl sie bereits ihren Anspruch darauf angemeldet hatte. Eher mit Glück als aus Geistesgegenwart konnte Dora dem Mädchen das Werkzeug entreißen. »Meine Hände zitterten noch fünf Stunden später«, sagt sie. Sie hat nicht die geringste Ahnung, wo diese Aggression in ihrer Tochter herkommt. Mit ihrem Mann Michael, dem Vater der Kinder, streitet sie sich kaum ernsthaft, und zu Handgreiflichkeiten ist es zwischen ihnen noch nie gekommen. Früher habe sie manchmal auch eine wahnsinnige Wut auf ihre jüngere Schwester gehabt, sagt Dora. »Aber dann habe ich sie höchstens mal gekratzt oder gebissen.« Sie kann sich nicht an den Impuls erinnern, mit einer Waffe gegen die Jüngere vorgehen zu wollen. Michael war noch friedliebender als sie. Er ist ein Einzelkind. Auch zwischen seinen Eltern hatte es nie Gewalt gegeben. Er selbst habe allerdings einmal einem Mitschüler ein Holzscheit auf dem Schädel zertrümmert, räumte Michael plötzlich ein, als das Paar nach der Szene mit dem Messer die halbe Nacht schlaflos im Bett lag. Das hatte Dora nicht gewusst. »Der hat einfach nicht aufgehört, mich immer wieder zu quälen«, sagte Michael. »Ich hatte immer Angst vor dem Schulweg. Und dann packte ich irgendwann dieses Scheit ein und beschloss, ihn zu töten, damit das endlich aufhört.« Seinen Eltern hatte er nichts von dem Plan erzählt. Als sie ihn im Büro des Schuldirektors abholen mussten, nachdem der andere Junge mit Verdacht auf Schädelbruch ins Krankenhaus gebracht worden war, stellten sie auch nicht viele Fragen. »Aber irgendwie hatte ich das Gefühl, dass mein Vater zufrieden mit mir war. Er fand es gut, dass ich mich selbst wehren konnte.« Seither sieht Dora Michael manchmal mit anderen Augen. Sie erkennt, dass er eine Tendenz zum Jähzorn hat wie ihre Tochter. Mit dem Unterschied, dass er sich vollkommen beherrscht. Wenn Michael wirklich wütend ist, geht er an die Hantelbank im Keller und trainiert. »Mein Vater war eigentlich auch jähzornig«, sagte er ein paar Tage später auf einmal. »Aber er ließ es nie an meiner Mutter oder mir aus. Wenn ihn etwas richtig sauer machte, verschwand er für ein paar Stunden und ging irgendwo Holz hacken.« Seit ein paar Monaten macht Doras Tochter eine Therapie. Drei Wochen nach dem Zwischenfall mit dem Messer hatte sie einem Mitschüler, der sie hänselte, die Brille von der Nase gerissen und sie vollständig zertreten. »Wir müssen sie stoppen«, hat Michael darauf entschieden. »Die wird uns sonst zu einer Zeitbombe.«

Wenn es am Familientisch oder in der Schule ständig extrem kracht, realisieren die meisten Eltern, dass bei ihren Kindern etwas aus dem Lot geraten ist. Aber nicht immer ahnen sie, was es genau sein könnte. Sie kaufen Erziehungsbücher oder lesen im Internet und verbieten den Kindern dann Zucker, Gluten oder Computerspiele. Sie übersehen oft, dass sie selbst massiv zur Dynamik zwischen ihren Kindern beitragen. Kinder bringen Verborgenes an die Oberfläche. Wie hyperempfindliche Sensoren nehmen sie in den ersten Jahren alles auf, was sie umgibt, und bringen es auf die Familienbühne. Vor allem das, was die Erwachsenen mit aller Macht zu verbergen versuchen: Familiengeheimnisse und Beziehungskrisen. »Geschwister tragen untereinander unter Umständen Ehekonflikte der Eltern aus«, schreibt die Berliner Psychoanalytikerin Dorothee Adam-Lauterbach. Und oft auch die ungeklärten Gefühle und Konflikte, die die Eltern mit ihren eigenen Herkunftsfamilien haben. Spannungen, die ihre Väter und Mütter tief in sich verschlossen haben und von denen sie meist gar nicht mehr wissen, dass sie noch im Keller der Seele vor sich hinrotten.

Das erste Kind reaktiviert, vor allem – aber nicht nur – bei Frauen, die eigene Mutterbeziehung. Das zweite Kind reaktiviert in den Eltern die eigenen Geschwisterbeziehungen. Das ist eine Erkenntnis, die in der Psychologie bekannt ist. Bereits Walter Toman, der Pionier der Familienforschung, der seine beinahe mathematischen Überlegungen zum Einfluss von Geschwisterkonstellationen noch in erster Linie als Spielerei verstanden wissen wollte, betonte die Bedeutung, die eigene Kindheits- und Geschwistererfahrungen auf Menschen haben, wenn sie selbst Eltern werden. »Beachtet werden muss auch die Bedeutung der Frage, ob ein ältester Bruder (als Ehemann, *Anmerkung d. A.*) einen Vater hatte, der seinerseits der jüngste Bruder war oder das mittlere Kind oder der Älteste«, heißt es in Tomans *Familienkonstellationen.* »Und auch, ob seine Mutter nur Schwestern hatte und von ihnen die Älteste war, oder ob sie ausschließlich Brüder hatte oder ob sie Einzelkind war. Eine mittlere Schwester zweier Brüder wird wieder anders sein. Und zwar abhängig davon, ob ihre Eltern ebenfalls Mittelkinder waren oder die Jüngsten. Und auch davon, ob es zwischen ihnen Konflikte um Geschlecht und Vormachtsstellung gab. Von Bedeutung ist auch die Frage, ob in der Familie ihrer Eltern Verluste die frühen oder die späteren Jahre überschatteten. Mit anderen Worten: Die Geschwisterkonstellationen der Eltern, die von ihnen erlittenen Verluste und die Charaktere ihrer Großeltern haben einen mächtigen Einfluss auf ihren eigenen Charakter.«

Dieser Einfluss wird heute in der Familienforschung und auch in der Psychologie häufig unterschlagen. Es gibt so gut wie keine modernen Daten, die auf Tomans Anregungen aufbauen. »Was bislang fehlt, sind psychoanalytisch orientierte empirische Studien, die über den Einzelfall hinaus der klinischen Bedeutung der Geschwisterdynamik und deren Wirkungen im Erwachsenenalter nachgehen«, konstatiert Adam-Lauterbach 2013 bereits im Vorwort ihres Fachbuchs *Geschwisterbeziehung und seelische Erkrankung.*

Als Reservoir für Konflikte zwischen Geschwistern gilt seit Beginn der Forschung Adlers Entthronungstrauma. Also der Schmerz und die Wut des älteren Kindes, wenn es durch die Geburt des Jüngeren die uneingeschränkte Aufmerksamkeit der Eltern verliert. Was aber geschieht damit, wenn diese Kinder selbst Eltern werden?

In ihrem Buch *Geschwister-Bindung* beschreiben die beiden amerikanischen Familientherapeuten Stephen Bank und Michael Kahn 1989 eine weitere Quelle von Geschwisterkonflikten: Es gehe darin manchmal »um etwas Tieferes, um verbotene Befriedigung oder grundlegendere emotionale Bedürfnisse. Manchmal geht es darum, zu verletzen oder zu demütigen«, schreiben sie. Also um Macht, die man aus purer Lust ausübt, einfach nur, weil man es kann. Die, gerade weil ihr eine rationale Begründung fehlt, besonders verstört und besonders tiefe Schäden anrichten kann. »Viele Menschen sind jahrelang oder sogar lebenslang in Gegenwart von Bruder oder Schwester körperlich und emotional unsicher«, schreiben Bank und Kahn. Das können sehr viele Menschen bestätigen. Sogar der Großschriftsteller Thomas Mann schrieb über die Beziehung zu seinem älteren Bruder Heinrich, dass »das Bruderproblem das eigentlich schwerste« in seinem Leben sei.

In der Forschung wird gefragt, warum der Einfluss der elterlichen Geschwisterdynamik auf die Konflikte der Kinder nicht eingehender betrachtet wird. Die Antworten, auf die man kommt, ließen sich so zusammenfassen: Weil auch Wissenschaftler nur Menschen sind. Und zwar solche, die vielleicht auch unter einem Geschwister gelitten haben oder selbst andere leiden ließen. Dorothee Adam-Lauterbach schreibt dazu: »Solange Psychotherapeuten Geschwistereinflüsse nicht als bedeutsam anerkennen, wohl auch, weil eigene Geschwisterkonflikte abgewehrt werden, finden sie keinen Eingang in den psychoanalytischen Diskurs.«

Der Erklärungsansatz der Ethnopsychoanalytikerin Anna Bally führt noch weiter: »Ähnlich wie die ödipale Konstellation führt auch der Geschwisterkomplex zur Verdrängung«, heißt es bei ihr 2013. »Auf diese Weise wird die kulturelle Normalität und Idealität von Geschwisterbeziehungen und allen anderen lateralen Beziehungen konstituiert, eine kontingente Normalität jedoch, die je nach Gesellschaft oder sozialem Kontext variiert. Wenn wir mit diesen individuell verdrängten oder kulturell latenten Aspekten der Geschwisterdimension konfrontiert werden, reagieren wir mit Abwehr.« Das kann man so übersetzen: Weil auch Eltern in der Ideologie aufgewachsen sind, dass Geschwister einander automatisch und bedingungslos lieben sollen und keine schweren Rivalitäten zwischen ihnen entstehen dürfen, verlangen sie dasselbe auch von ihren Kindern. Und zwar in fast allen Kulturen. Konflikte werden als bedrohlich wahrgenommen, weil sie die Stabilität der Gemeinschaft gefährden und die Fähigkeiten der Eltern in Frage stellen. Harmonie und Einheit sind das Ziel. »Wir wollen sein ein einig Volk von Brüdern«, ließ bereits Friedrich Schiller in seinem Drama *Wilhelm Tell* die drei Ur-Eidgenossen schwören.

Der Realität kann diese Geschwisterideologie oft nicht standhalten. Innere und äußere Konflikte, die in einer Familie vorhanden sind, treten früher oder später an die Oberfläche. Wenn sie nicht bearbeitet werden, können sie Menschen in jedem Alter seelisch krank machen. Das heißt: Wenn man nicht lernt, sich von krankmachenden Geschwisterbeziehungen zu distanzieren. Dann trägt man sie unter Umständen in die neue, eigene Familie hinein. Klinische Studien der letzten Jahre weisen etwa nach, dass magersüchtige Patientinnen »eine höhere emotionale Nähe in der Geschwisterbeziehung erleben als die Vergleichsgruppe der an Bulimie erkrankten Patientinnen«, wie Dorothee Adam-Lauterbach schreibt. »Die Life Span-Forschung, die sich mit der Bedeutung der Geschwisterbeziehung im Lebenslauf beschäftigt, gibt Aufschluss darüber, wie zum Beispiel bei der Familiengründung oder Pflege der Eltern Geschwisterkonflikte überhaupt virulent werden und oftmals zum Auslöser einer psychischen Krankheit werden können.«

Die Beziehung mit den eigenen Kindern bringt Menschen in Kontakt mit dem Kind, das sie selbst einmal waren und innerlich womöglich immer noch manchmal sind. Familien sind hochwirksame Systeme. Und zwar über Generationen hinweg.

Jedes Element darin beeinflusst nicht nur das Gesamtsystem, sondern immer auch die einzelnen Bestandteile.

Aber es sind nicht immer nur individuelle Spannungen innerhalb der Familie schuld, wenn Geschwister einander belasten. Anna Bally, die für ihre Untersuchung *Die Macht der Geschwister* indonesische Frauen in der Schweiz intensiv zu ihren Geschwisterbeziehungen in der Heimat befragte, stellte fest, dass manche Konflikte und Verletzungen ihre Wurzeln in den gesellschaftlichen Regeln haben, die den Umgang miteinander regulieren. Ein Beispiel gibt Bally anhand ihrer Protagonistin Anita, die mit einem Schweizer verheiratet ist und in dessen Heimat trotz aller Bemühungen keinen Anschluss findet. Bally schreibt: »Meine (Re-)Konstruktion auf der Basis des Gesprächsmaterials hat ergeben, dass Anita durch den plötzlichen Verlust ihrer Position als Jüngste einer Geschwistergruppe, als ihr Bruder geboren wurde, überfordert war. Zur traumatischen Katastrophe wurden diese frühen Erfahrungen aber erst nachträglich. Anita fühlte sich in ihrer geschwisterreichen Familie über mehrere Entwicklungsphasen hinweg immer wieder zurückgesetzt, verlassen, manipuliert oder ungerecht behandelt, sowohl durch einzelne Geschwister als auch durch ihre Eltern.« Auch in ihrem neuen Leben leidet Anita noch schwer unter der gefühlten Zurückweisung durch ihren älteren Bruder in Indonesien. Sie unterstellt darum auch den Menschen in ihrer heutigen Umgebung, dass sie ihr abweisend begegnen. »Während Anita als kleineres Kind noch die zärtliche Aufmerksamkeit dieses Bruders genossen hat, verwandelte er sich bei ihrem Eintritt in die Pubertät unversehens in einen gehassten, verfolgten Widersacher«, heißt es weiter. Die Rolle des Bruders sieht in der indonesischen Gesellschaft vor, dass er eine Schwester von Männern abzuschirmen hat, sobald sie zum ersten Mal die Periode bekommt. Die Jungfräulichkeit des Mädchens muss als Bestandteil der Familienehre mit allen

Mitteln verteidigt werden. Diese Aufgabe wiegt schwerer als die persönliche Beziehung zwischen den beiden Geschwistern, die bis dahin vielleicht von Verständnis und Freundlichkeit geprägt war. In Indonesien, erklärt Bally auch, wird das kleinste Kind stets geliebt und verhätschelt. Aber kaum kommt das nächste Kind, ist es mit dieser Sonderbehandlung buchstäblich von einem Tag auf den anderen vorbei. Das ist keine persönliche Entscheidung, sondern eine übermächtige kulturelle Tradition. Die Kinder trifft der Stoß vom Thron jedoch völlig unvorbereitet. Weil sie nicht verstehen, was mit ihnen geschieht, kann daraus ein Schock fürs Leben werden.

Fast nichts, was einen in der Kindheit negativ geprägt hat, wächst sich einfach aus. Man muss es aktiv bewältigen. Aus diesem Umstand nährt sich der gesamte Berufsstand von Psychologen und Therapeuten. Unter Umständen muss man im Laufe seines Lebens die Geschwister loswerden, mindestens im übertragenen Sinn. Nicht immer braucht man dazu therapeutische Hilfe. Und auf keinen Fall soll man dabei Gewalt anwenden. Aber man muss irgendwann erwachsen werden. Und das geht nur, wenn man sich von den Kinderlasten befreit. Diesen Prozess muss man innerlich vollziehen. Für sich selbst. Für seinen Partner. Vor allem aber, und das zuallererst: für seine eigenen Kinder.

In wenigen Wochen ist Weihnachten. Vor ein paar Tagen habe ich das Flugticket für die Feiertage gebucht. Ich werde mit meinem Mann zu Marlene fliegen und dort Weihnachten mit ihr, ihrem Mann, unserer Mutter und deren Mann Berni, meinem Stiefvater, feiern. Am Nachmittag werden unsere Tante und ihr Mann dazukommen, die Schwester meiner Mutter. »Das wäre früher nie in Frage gekommen«, sagte Marlene, als wir am Telefon überschlugen, wie viele verschiedene Saucen für das Fondue notwendig sein würden, das wir zum Fest auftischen wollten. Unsere Tante ist zwei Jahre jünger als unsere Mutter, in den Siebzigern, und seit ein paar Jahren krank. Sie hatte sich erstaunlich schnell zu dem Weihnachtsbesuch bereit erklärt, obwohl sie solchen Anlässen sonst gerne ausweicht. »Das ist schön, noch einmal ein bisschen zusammenzusitzen«, sagte sie ohne Sentimentalität. Ihre Ärzte sind sich nicht sicher, wie lange sie noch in so guter Verfassung ist, um ein paar Stunden im Auto zu sitzen.

Auch mir wäre es bis vor wenigen Jahren nicht in den Sinn gekommen, freiwillig an Weihnachten nach Hause zu fahren. Viele Jahre verbat ich mir auch nur die Frage, ob ich kommen werde. Ich feierte entweder gar nicht oder zu zweit oder mit Freunden. Auf jeden Fall weit weg von der Familie. Seit ein paar Jahren hat sich das geändert. Jedes Jahr mag ich auch heute nicht hin. Aber doch öfter als früher freue ich mich schon im Oktober oder November darauf. Wenn ich nach den Gründen für den Sinneswandel suche, kommt mir zuerst einer in den Sinn: Ich fürchte nicht mehr so sehr die Kämpfe mit Marlene. Ich kann mir inzwischen vorstellen, dass wir ein solches Fest freundlich verbringen. Es ist uns schon ein paarmal gelungen. Noch immer habe ich eine Notration Vorsicht im Gepäck, wenn ich zu ihr fahre. Das wird wohl immer so bleiben. Aber ausgepackt habe ich sie schon länger nicht mehr. Und ich bin guten Mutes, dass ich sie auch in diesem Jahr wieder ganz unten im Koffer, bei der schmutzigen Wäsche, lassen kann.

Thron und Trauma

Burnout ist ein sehr beliebter Begriff. Aber nur wenige Leute könnten auf Anhieb erklären, was er genau bedeutet und was geschehen muss, damit ein Mensch ein Burnout bekommt. »Burnout« heißt »Ausbrennen«. Früher nannten Ärzte diesen

Zustand »Erschöpfungsdepression«. Wer sie bekommt, lebt in Bezug auf seine Kräfte auf zu großem Fuß. Er hat bei seinem Körper und seiner Seele ständig Schulden. Und weiß meist selbst nicht genau, wo die ganze Kraft eigentlich hingegangen ist. Es ist, als ob sie irgendwo versickert. Und man selbst rast immer mehr, um die Zinsen bezahlen zu können. Um wenigstens noch Zeit für den Sport oder das Yoga herausschinden zu können, um sich etwas Gutes zu tun. Aber auch da kann man die rasenden Gedanken nicht mehr stoppen. Und auch der Schlaf kommt kaum noch ohne Hilfe. Ein Burnout baut sich langsam auf. Viele Monate oder sogar Jahre hat man nur eine vage Vorstellung, dass sich ein bestimmtes Lebenstempo nicht mehr unendlich lange halten lässt. Aber man weiß nicht, wie man den eigenen Rhythmus verlangsamen kann. Die Anforderungen der Außenwelt erdrücken einen schier. Und dann kommt plötzlich der Morgen, wo man sich mit fast überirdischem Aufwand zwingen muss, die Beine aus dem Bett zu heben. Immer mehr Situationen, wo man wegen einer Kleinigkeit anfängt, herumzuschreien oder vor fremden Leuten zu weinen. Es ist, als ob das innere Gerüst zerbröseln würde. Man ist seelisch vollkommen mürbe geworden und hat es erst gemerkt, als es zu spät war.

Erst seit ein paar Jahren wird wissenschaftlich zu Burnout geforscht. Manche Ärzte sehen darin auch heute lediglich eine Modediagnose, die inflationär für jede Art von überhöhter Arbeits- und Freizeitbelastung benutzt wird. Eine echte Erschöpfungsdepression ist eine seelische Erkrankung, die zurückhaltend gerechnet in Deutschland rund einem Viertel der Bevölkerung einmal im Leben droht. Was lässt bei ihnen die Lebenskraft unbesehen, manchmal über Jahre, davonrinnen?

»Der größte Stress entsteht nicht durch Überarbeitung, sondern durch ungeklärte Beziehungen«, sagt die Münchner Stresstrainerin Veronika Herrmann. Sie verdient ihr Geld als

Coach mit speziellen »Auszeit«-Seminaren, in denen Menschen dafür sensibilisiert werden, was sie stärkt und was sie schwächt. »Was wünschst du dir?« ist eine ihrer Kernfragen an erschöpfte Leistungsträger, mit denen sie durch den Wald spaziert. Dabei macht sie sich gerne zur Fee. Damit das Wünschen leichter fällt und der Kunde innerlich wieder zum Kind werden kann. Arbeit kann anstrengen, zu viel sein und auspowern. Und manchmal auch negativ stressen. Aber eine tiefgreifende Erschöpfungsdepression kann sie nicht verursachen. Das geht nur dann, wenn das Gefühl von chronischer Überforderung, mangelnder Anerkennung und existentieller Bedrohung bei Nichteinhaltung einer Deadline im Innern eines Menschen ältere, tiefere Gefühle weckt. Diese Gefühle kommen häufig aus der Kindheit. Damals hatten vor allem Eltern und Geschwister ungebremsten Zugriff auf unser Empfinden. Da war vielleicht eine Mutter, die nie zufrieden oder gar stolz auf die Leistung eines Kindes war. Ein Vater, der nie sagte, dass er einem etwas zutraut und dass er einen auch liebhat, wenn man keine guten Zensuren nach Hause bringt. Eine Schwester, die einem folgte wie ein Schatten und einem immer das Gefühl gab, für ihr Wohlergehen verantwortlich zu sein. Ein Bruder, der einen nie ernst nahm und immer nur als kleinen, dicken Versager behandelte. Sie alle legten in uns emotionale Muster an. Und manchmal auch den Glauben, dass man geliebt wird, wenn man Erwartungen erfüllt. Die Eltern sind irgendwann alt, vielleicht krank, und tot. Die Geschwister und ihre Stellvertreter sind meist noch da. Und mit ihnen die eingeübten Gefühle.

Miriam Prieß ist Psychiaterin und Psychotherapeutin in Hamburg. Sie hat sich auf Psychosomatik spezialisiert und über Burnout ein Buch geschrieben, das seine These gleich im Titel trägt: *Burnout kommt nicht nur vom Stress.* Auch aus ihrer Sicht fressen ungeklärte Beziehungen die meiste Energie. Dazu gehören sowohl Beziehungen zu nahestehenden Personen im

Privatleben als auch zu Chefs und Kollegen am Arbeitsplatz. Ungeklärte Beziehungen führen dazu, dass Menschen sich nicht so verhalten, wie es ihren eigentlichen Gefühlen entspricht. Wer als Kind gelernt hat, sich manipulieren zu lassen, um Liebe zu bekommen, behält dieses Muster fast immer auch als Erwachsener bei. Er oder sie lässt sich vom fordernden Chef eine Aufgabe nach der anderen aufhalsen, ohne dafür Dank oder Anerkennung zu erfahren. Lässt es zu, dass Kollegen das Lob dafür abschöpfen. Toleriert Intrigen und Abwertung aus Angst, sonst komplett ausgestoßen zu werden. Auch wer in frühen Jahren Mobbing erfahren hat, lernt, sich zu verbiegen.

Doch »es gibt kein gesundes Leben in einem Falschen«, sagt Miriam Prieß. Irgendwann ist man selbst für seinen Körper und seine Seele zuständig. Eine Beziehung fange damit an, dass ein Mensch »Ich« sagt und mit einem anderen in Dialog tritt. Eine authentische Beziehung fange damit an, dass man wisse, wer dieses »Ich« ist und was es will und nicht will. Nur dann ist man in der Lage, denen, die einen überfordern oder quälen, Grenzen zu setzen: Ich kann diese Präsentation nicht bis morgen früh fertigmachen (und es ist mir egal, ob man mich deshalb für einen Versager hält). Ich kann an meinem einzigen freien Tag nicht helfen, den Kindergarten zu renovieren (denn im Gegensatz zu den anderen Müttern bin ich vollzeit berufstätig). Ich kann nicht schon wieder Vater zum Arzttermin begleiten (weil es für mich eine dreistündige Fahrt ist, und die Geschwister wohnen im Nachbarort).

Auch ohne Burnout und Mobbing ist es eine der schwierigsten Aufgaben eines Menschen, sein authentisches Ich kennen- und ertragen zu lernen. Es zu verteidigen, wenn ihm jemand zu nah tritt. Und liebevoll zu ihm zu sein, wenn es empfindlicher ist, als man es selbst möchte. Besonders dann, wenn man so erzogen wurde, dass man nur nützlich ist, wenn man vollen Einsatz bringt und nicht Aua sagt, wenn etwas wehtut. Am

Schwersten ist es dann, wenn man Grenzen nicht nur gegenüber Chefs und Bekannten setzen muss. Sondern gegen die Schwester, die einem immer noch am Hacken klebt, oder den Bruder, der einen immer noch als kleinen, dicken Versager behandelt.

Das Schwierige bei der Klärung krankmachender Beziehungen vor allem innerhalb der Familie ist, dass man die Verletzungen der Vergangenheit aufdecken muss. Dass man aber auf niemanden die Schuld abladen kann. Schuldzuweisungen bieten meist kurzfristige Erleichterung. Aber sie führen in engen Beziehungen immer auch in Sackgassen. »Solange es um Schuld geht, solange kann Heilung nicht geschehen«, schreibt Prieß. »Es geht nicht um Schuld, sondern es geht um Verantwortung.« Der Unterschied liegt im Fokus. Eine Beziehung zu klären bedeutet, darin die Verantwortung für sich selbst und das eigene Wohl zu übernehmen. Sehr häufig beginnt diese Entwicklung mit einer deutlichen Distanzierung. Denn dem, was einen wirklich krank machen kann, kommt man in normalen Streitereien und Diskussionen nicht auf den Grund. Dazu braucht es Abstand und die Psychologie. Ursachenforschung ist wichtig. Aber noch wichtiger ist, sich zunächst aus den traumatisierten Beziehungen zu lösen und ihre anhaltende Wirkung zu stoppen.

Viele Leute benötigen aber gar kein Burnout, um Unbehagen zu empfinden, wenn sie an ihre Geschwister und die Beziehungen zu ihnen denken. Es reicht, dass wieder Weihnachten kommt. Und damit absehbare Szenerien im Familienkreis, aus denen man deprimiert und ernüchtert in den Alltag zurückkehrt. Wieder hat man tagelang aufeinandergehockt und sich gegenseitig fertiggemacht, angeödet oder aneinander vorbeigeredet. Wieder kostbare Zeit mit oder ohne die alten Eltern vergeudet. Wieder eine Runde im Kreis gedreht. Der emotionale Leerlauf mit eigentlich nahestehenden Menschen raubt allen Beteiligten Kraft. Manchmal kann sich darunter eine verdrängte Erinnerung an ziemlich viel Gewalt verbergen.

Für einen Beitrag, der im Juli 2013 im Fachjournal *Pediatrics* erschien, wertete die amerikanische Geschwisterforscherin Corinna Jenkins Tucker von der Universität New Hampshire Daten aus Erhebungen mit über 3500 Kindern und Jugendlichen aus. Diese waren im Rahmen des »National Survey of Children's Exposure to Violence (NatSCEV) zu ihren Aggressionserfahrungen mit Geschwistern befragt worden. Das NatSCEV untersucht in den USA die unterschiedlichen Arten von Gewalt, denen Kinder und Jugendliche ausgesetzt sind. Jenkins Tuckers Studie ist die erste großangelegte Untersuchung, die sich auf Gewalterfahrungen durch Geschwister konzentriert. Dabei geht es sowohl um körperliche Angriffe – Schlagen, Schubsen, Beißen, dem anderen Spielzeuge auf den Kopf hauen – als auch um »Eigentumsdelikte«, etwa »dem Geschwister etwas wegnehmen oder es mit Absicht zerstören«. Ebenso berücksichtigt wurde psychische Aggression: herabsetzende Bemerkungen, dem anderen mit Absicht Angst einjagen oder ihm das Gefühl geben, nicht erwünscht zu sein. Kleine Kinder zwischen einem Monat und neun Jahren zeigten durch solche Erfahrungen zwar stärkere Auswirkungen auf ihre seelische Gesundheit als Heranwachsende zwischen 10 und 17 Jahren, fanden die Forscher um Jenkins Tucker heraus. Doch für beide Altersgruppen gelte, dass Streit unter Geschwistern allzu oft verharmlost würde, wie die Forscherin 2013 in einem Interview zur Veröffentlichung der Studie sagte. »Unsere Studie zeigt, dass Aggressionen von Geschwistern Kindern und Jugendlichen immer schaden, ganz egal, wie selten oder oft sie vorkommen.«

Das größte Staunen und Erschrecken der Fachwelt kam aber durch das eigentliche, neue Kernergebnis der Untersuchung: »Bisher gingen wir davon aus, dass Mobbing durch Gleichaltrige schwerwiegendere seelische Schäden verursacht als Aggression durch Geschwister«, sagt Jenkins Tucker. »Tatsächlich wirkt physische und psychische Gewalt aber gleich stark auf die seelische Gesundheit, egal ob sie durch fremde Gleichaltrige oder durch Geschwister ausgeübt wird.« Eine Schwester, die die Lieblingslok in den Kamin wirft, ist genauso schlimm wie die älteren Jungen, die einem auf dem Schulweg auflauern, um einem das Handy zu rauben. Finanziert wurde die Studie übrigens von der amerikanischen Gesundheitsbehörde – und vom Justizministerium.

Mobbing einzudämmen ist eine der schwersten Aufgaben im Steuern sozialer Gruppen. Woran es liegt, dass einige Menschen häufiger gemobbt werden als andere, kann immer noch nicht mit Sicherheit gesagt werden. Nur eines weiß die Wissenschaft bereits: Mobbing hat seine Wurzeln nicht in der Persönlichkeit des Opfers, sondern in der Struktur und Dynamik des Umfelds, in dem die seelische Gewalt geschieht. Auf die Familie übertragen heißt das: Einzelne Kinder werden von ihren Geschwistern gemobbt, wenn die Familiendynamik es zulässt. Und die Familiendynamik wird von den Eltern gesteuert. Eine Schlussfolgerung der Familienforscherin Corinna Jenkins Tucker lautet: Eltern und Aufsichtspersonen müssen Aggression zwischen Geschwistern viel ernster nehmen. »Wenn Geschwister einander schlagen, wird das in der Regel viel weniger ernst genommen, als wenn die Gewalt zwischen anderen Gleichaltrigen geschieht.« Oft werde Streit zwischen Geschwistern als harmlos oder sogar positiv gesehen. »Manche Eltern sehen die Streitereien als gutes Training für die Kinder, um später mit Konflikten mit anderen besser zurecht zu kommen.« Jenkins Tuckers Schlussfolgerung lautet darum: »Die Bemühungen, Mobbing unter Gleichaltrigen einzudämmen, sollten unbedingt auf den Bereich der Aggression unter Geschwistern ausgedehnt werden.«

Wo die krankmachende Aggression zwischen Geschwistern genau herkommt, weiß man nicht mit Sicherheit. »Wir können feststellen, dass in der klassischen Psychoanalyse in Bezug auf die Geschwisterbeziehungen vor allem zwei Krankheitskonzepte vorhanden sind. Zum einen werden Neid und Rivalität um die Aufmerksamkeit der Eltern hervorgehoben. Dabei interessieren vor allem Konflikte und Abwehroperationen des Ichs rund um die Geburt eines neuen Geschwisterkindes, was als Konzept der Entthronung gilt, zum anderen werden neurotische Konfliktkonstellationen postuliert, welche die Rolle der Geschwister als Ersatzobjekte und als Verschiebung ödipaler Strebungen konzeptualisieren«, schreibt Dorothee Adam-Lauterbach in ihrem Fachbuch *Geschwisterbeziehung und seelische Erkrankung*. Das heißt übersetzt: Entweder hat einer die Entthronung noch nicht bewältigt. Oder man hat irgendwann angefangen, eines oder mehrere Geschwister als Ersatzvater oder -mutter zu empfinden und ist enttäuscht, weil sie einem die kindlichen Bedürfnisse nicht richtig befriedigen. So war es bei Marlene und mir.

»Heftige Konflikte, exzessive Bindungen und große Distanz bis hin zu Beziehungsabbruch unter erwachsenen Geschwistern sind häufige Themen in der Psychotherapie«, schreibt Adam-Lauterbach. Sogar dann, wenn man irgendwann aufgehört hat, an Familientreffen teilzunehmen. Geschwister wirken auch, wenn sie nicht da sind. Das, was von ihnen in uns eingewoben ist, arbeitet weiter, wenn diese Menschen selbst über alle Berge oder vielleicht sogar schon tot sind.

Ich habe viele Jahre und 1000 Kilometer Distanz benötigt, um die Beziehung zu Marlene zu klären. Erst danach konnte ich wieder im echten Leben auf sie zugehen. Es war ein Prozess, den ich oft selbst nicht verstand. Ich wusste nur, dass er schwer ist und wehtut. Und dass mir Marlene den Abstand, den ich mir erkämpfte, übelnahm. Für mich hat sich das Durchstehen gelohnt. Seit wir uns besser verstehen und mehr vertrauen, erkenne ich erstmals Ähnlichkeit zwischen uns. Wir erscheinen beide strenger, als wir sind. Wir können beide einen Raum füllen, ohne etwas zu sagen. Wir interessieren uns beide für psychologische Muster. Wir folgen beide bedingungslos unserer Intuition. Wir decken beide den Tisch immer ordentlich und würden die Wurst nie in der Plastikpackung servieren. Ich habe in meiner Schwester ein Stück meiner eigenen Persönlichkeit gefunden, in einer ganz anderen Gestalt.

Für mich ist Marlene auch einer der wenigen Menschen, mit denen ich noch meinen heimatlichen Dialekt spreche. Manchmal, wenn wir länger nicht telefoniert haben, liegen die alten Worte zuerst sperrig in meinem Mund, und Marlene verspottet mich in einem aufgesetzten, besonders geschliffenen Hochdeutsch. Immer mehr wird sie so auch zu einem Anker meiner alten, schweizerischen Identität. Sie ist einer der wenigen Menschen, die nicht dulden, dass ich zur Deutschen werde. Auch daraus ist inzwischen eine Art Stütze für mich geworden.

Einer trage des anderen Last

Es gibt einen Film, in dem zwei ältere Schwestern allein zusammen unter dem Dach ihres Elternhauses leben. Eine von ihnen ist gelähmt. Diese Geschichte kann nur ein Psychothriller sein. *Whatever happened to Baby Jane?* – auf Deutsch *Was geschah wirklich mit Baby Jane?* – aus dem Jahr 1962 ist eine düstere Erzählung in Schwarzweiß. Sie handelt von dem, was geschieht, wenn Menschen sich nicht aus dem Kerker einer unglücklichen Kindheit befreien können. Jane, gespielt von Bette Davis, war unter dem Künstlernamen »Baby Jane« einst Kinderstar im Varieté. Der Vater nutzte das Mädchen zur Verwirklichung seines eigenen Ehrgeizes. Die Mutter konzentrierte ihre Aufmerksamkeit auf Janes eifersüchtige Schwester Blanche, die vom Vater übersehen wird. Als beide älter werden, zeigt sich, dass Jane nicht das Talent hat, als erwachsene Schauspielerin zu bestehen. Sie wird zur Alkoholikerin. Blanche hingegen, gespielt von Joan Crawford, tritt aus dem Schatten und hat als Schauspielerin großen Erfolg. Generös versorgt sie die vom Thron gestoßene Schwester nun mit Krümeln von ihrem reich gedeckten Tisch. So, wie Jane in ihren kindlichen Eskapaden immer auch Eis für ihre Schwester gefordert hatte, fordert Blanche in ihren Verträgen nun immer Filmrollen für die unbegabte Jane. Aber als Blanche auf dem Höhepunkt ihres Ruhmes mit Jane von einer Party zurückkommt, verfehlt der Wagen das Tor ihres Anwesens und kracht in die Mauer. Seither liegt die Erfolgreiche gelähmt im oberen Geschoss ihres Elternhauses. Jane, die sich die Schuld an dem Unfall gibt, pflegt sie. Ihr eigener früher Ruhm ist vollständig erloschen und sie verliert langsam den Verstand. Sie ist abhängig von Blanche, weil diese reich ist und weil sie sich für deren Gebrechen schuldig fühlt. Blanche ist abhängig von Jane, weil sie gelähmt ist. Und vielleicht auch, weil die Schwester, solange sie ihr als Lakai zu Diensten ist, weiterhin ihren Triumph verkörpert. Denn Blanche tyrannisiert Jane vom Krankenbett aus mit der reinen Miene des schuldlosen Opfers. Und mithilfe eines ständig schrillenden Klingelknopfes. Jane fängt dafür die immer noch eintreffende Fanpost für Blanche ab und vernichtet sie. Blanche plant hinter Janes Rücken den Verkauf des Hauses. Als Jane davon erfährt, bekommt das fragile Gleichgewicht des Terrors Schlagseite. Jane reißt Blanches Telefonkabel aus der Wand und macht sie damit endgültig zur Gefangenen. Am Abend serviert sie deren Lieblingskanarienvogel. Auf einem Gemüsebett. Das sadistische Spiel, in dem sie die ehemalige Konkurrentin nahezu vernichtet, erreicht immer neue Ebenen. Sie lässt ihre Schwester hungern – oder Ratten essen – und fast verdursten, während sie gleichzeitig versucht, ihre eigene Karriere als »Baby Jane« wieder in Gang zu bringen. Blanche fordert währenddessen mit ihrer Klingel immer vehementer Janes Gegenwart. Der aggressive Ton schrillt durch das Haus wie das Schreien eines hungrigen Säuglings. Bis Jane die Klingel zerstört. In einem unbewachten Moment robbt Blanche mit letzter Kraft zum Telefon im Erdgeschoss, um Hilfe zu rufen. Jane entdeckt sie und tritt auf ihre gelähmte Schwester ein, bis diese bewusstlos ist. Dann zerrt sie sie zurück ins Bett, fesselt und knebelt sie. Als die Hausangestellte auftaucht, um nach Blanche zu sehen, erschlägt Jane die Frau. Dann bricht sie in Selbstmitleid zusammen. »Wäre ich nur genügend geliebt worden.« In Panik schleppt sie die verdurstende Blanche aus dem Haus und fährt mit ihr zum Strand.

Dort gesteht ihr die Sterbende, was am Abend des Autounfalls wirklich geschah: Blanche war es, die ihre Schwester Jane überfahren wollte. Aber Jane sprang zur Seite und Blanche raste in die Mauer. Dabei brach ihre Wirbelsäule. Sie schleppte sich mit letzter Kraft aus dem Wagen zu ihrer Schwester. Diese war so betrunken, dass sie nicht überblickte, was passiert war. Sie lebte viele Jahre im Glauben, dass sie den Unfall verursacht habe. Nach dieser Beichte ist sie fassungslos. »Heißt das, wir hätten die ganze Zeit Freundinnen sein können?« Im Wahn läuft sie los, um für sich und ihre Schwester Eiswaffeln zu kaufen. Als sie zurückkommt, warten die Polizei und eine Menschenmenge auf sie. Jane interpretiert die Aufmerksamkeit aus der kindlichen Sicht ihres verwirrten Gemütes. Endlich steht sie wieder im Mittelpunkt. Während Blanche das Bewusstsein verliert, tut Jane, was sie vor Publikum immer getan hat: Sie führt als gespenstische »Baby Jane« ihre Glanznummer aus Kindertagen vor, so, als sei alles andere nicht geschehen.

Beziehungen wie die zwischen Jane und Blanche Hudson werden gerne als »Hassliebe« bezeichnet. Doch »Liebe« dient hier lediglich als Synonym für Bindung. »Hassbindung« wäre richtig. Hass kann Menschen wesentlich dauerhafter aneinander binden als Liebe. Liebe vermag auch für sich zu existieren und kann einer entfernten Person gelten. Hass hingegen fordert Kontakt. Er fordert Vernichtung. Im Gegensatz zu Liebe kommt er auch nie aus dem Nichts. Hass entwickelt sich aus verfaulten Gefühlen. Zwischen Geschwistern, die sich hassen, herrscht – oft unterschwellig – ein ungeheures Maß an Verachtung, Wut, Bitterkeit, das sich über Jahre angesammelt hat. Manchmal vermischt mit Mitleid und Selbstmitleid. Geschwisterhass entsteht aus verfaulter Bewunderung, verfaultem Neid, verfaulter Liebe. Es sind ungebremste Gefühle in kindlicher Wucht. Jane und Blanche Hudson hassen und brauchen einander wie konkurrierende Kinder. Dazugekommen sind die körperlichen und intellektuellen Kräfte von Erwachsenen.

Bei gestörten Beziehungen zwischen Geschwistern hat die Wissenschaft lange Zeit die Dynamik der Entthronung als Hauptursache gesehen. Erst in den 1980er Jahren entstanden in den USA mehrere einflussreiche psychologische Forschungsarbeiten, die unter anderem aus der Perspektive der Narzissmusforschung versuchten, eine eigenständige Theorie der Geschwisterbeziehung zu entwickeln, wie Dorothee Adam-Lauterbach schreibt. »Dabei rückten traumatische Ereignisse wie sexueller Missbrauch, starke Feindseligkeit unter Geschwistern, Tod und Krankheit eines Geschwisterteils und deren Auswirkungen auf die spätere Pathologie erstmals ins Zentrum der Betrachtung.« Doch die Loslösung aus kindlich geprägten Geschwisterbeziehungen kann scheitern, wenn gemeinsam erlittene, nicht bearbeitete Gewalt- und Missbrauchserfahrungen Menschen aneinander ketten. Dann können sich Menschen nicht trennen, bis die Rechnungen beglichen sind. Sie benötigen einander, um die Erinnerungen an das Unrecht aufrechtzuerhalten. Aber das wissen sie oft nicht. Sie fühlen bloß, dass eine Lösung voneinander und aus der kindlichen Ohnmacht nicht gelingt. In diesem inneren Bindungszwang kann der Hass ein geeignetes Klima finden.

Meine Freundin Irina hatte vor vielen Jahren eine Vermieterin, die als Erwachsene wieder in ihr Elternhaus gezogen war. Dort lebte sie mit ihrem Mann, ihrer Schwester und ihrer Mutter in drei Wohnungen unter demselben Dach. Als die Vermieterin Kind war, lag im Erdgeschoss ein Schneideratelier, das ihrem Vater gehörte. Die Familie wohnte in der Etage darüber. Der Vater arbeitete bis spät in die Nacht, und sobald keine Kunden mehr kamen, fing er an zu trinken. Wenn er dann nach oben kam, führte sein Weg oft zuerst in das Zimmer der Mädchen, wo er sich an ihnen verging. Als die Mutter ihn dafür noch zur Rede stellte, prügelte er sie so, dass sie danach tagelang erzählen musste, sie sei die Treppe herabgestürzt. Der Vater starb früh und elend, die Töchter zogen fort. Aber der Kontakt blieb eng. Als die Mutter aus Altersgründen hätte ausziehen müssen, wurde Irinas Vermieterin tätig. Sie war inzwischen verheiratet und hatte halbwüchsige Kinder. Ihr Mann verdiente gut. Sie überredete ihn, das Elternhaus zu kaufen und zu einem »Familienhaus« umzubauen. Im Erdgeschoss, wo das Atelier gewesen war, sollte ihr eigener Wohnraum entstehen. In den oberen Etagen könnten ihre Schwester, die allein geblieben war, und die inzwischen greise Mutter einziehen. Die vierte Wohnung wurde an Irina vermietet. »Das Haus an sich war sehr schön«, sagt sie. »Aber die Stimmung war düster.« Am Schauplatz ihrer früheren Qual begann auch die Vermieterin zu trinken. Die Schwester entwickelte eine Essstörung und wurde schwerkrank. Die Mutter saß nur noch stumm am immer geöffneten Fenster und sah auf die Durchfahrtsstraße. Gelegentlich setzte sich Irina mit den Frauen an den Tisch, um mit ihnen zu plaudern. Aber erst als sie von alten Nachbarn in Andeutungen erfuhr, was der Vater getan hatte, begann sie die bedrückte Stimmung zu verstehen. Der Mann der Vermieterin wurde immer mehr zum Fremden im eigenen Haus. Als die Mutter starb, weinten die Schwestern wochenlang. »Sie waren an den Tatort zurückgekehrt, um dort auf Gerechtigkeit zu warten«, sagt Irina. »Aber die kam einfach nicht.« Irina hielt es in dem Haus nicht lange aus, schon nach dem ersten Winter kündigte sie wieder.

Kindheit ist die gefährlichste Epoche im Leben eines Menschen. Im Dampfkessel der Familie können die ärgsten Machtmissbräuche und Übergriffe geschehen. Gleichzeitig nimmt man fast alle Erfahrungen ungefiltert auf und betrachtet sie als Normalität. Das ist ein Grund, warum es später oft so schwerfällt, traumatische Erfahrungen überhaupt zu identifizieren und sie zu verarbeiten. Man weiß häufig gar nicht, dass sie traumatisch waren. Man bringt konkrete Erlebnisse nicht in Verbindung mit einer inneren Qual. Oder man erinnert sich nicht daran. Häufig sind auch die Geschwister nicht in der Lage, sie zu bestätigen. Zu verschieden ist ihre eigene Wahrnehmung. In ihrer empirischen Studie »Das elterliche Erziehungsverhalten in der Erinnerung erwachsener Geschwister« an der Universität Leipzig kam das Team um die Psychologin Katharina Kitze 2007 zum Schluss, dass die Erinnerung bei Geschwistern am ehesten übereinstimmt, wenn es um die Frage geht, ob sie vom Vater abgelehnt oder bestraft wurden. Niemand in der Familie kann ignorieren, wenn der Vater brutal ist. Hingegen gibt es schon große Unterschiede in der Wahrnehmung der mütterlichen Wärme. »Die jüngeren Geschwister haben die Mutter emotional wärmer in Erinnerung«, schreiben die Forscher. »Tatsächlich scheint das erstgeborene Kind von seinen Eltern anders behandelt zu werden als die Nachfolgenden.« Fast naturgegeben hat es dann auch eine andere Sicht auf die Familiendynamik.

Die ungleiche Verteilung von Liebe kann eine Familie anhaltend beschädigen. In einer Studie, deren Ergebnisse 2013 im amerikanischen Fachblatt *Child Development* vorgestellt wurden, erforschte die kanadische Entwicklungspsychologin Jennifer Jenkins an der Universität von Toronto, wie sich die unterschiedliche Behandlung von Geschwistern im Einzelnen auf deren Entwicklung auswirkt. Dafür untersuchte sie knapp 400 Familien in Kanada, die zwischen zwei und vier Kinder hatten. Sie kam zu einem überraschenden Schluss: »Wenn Mütter ein Kind bevorzugen und ein anderes benachteiligen, scheint das auf die seelische Gesundheit aller Kinder negative Auswirkungen zu haben«, sagte Jenkins in einem Interview zur Studie. »Das widerspricht unserer Annahme aus früheren Untersuchungen, dass nur das benachteiligte Kind dadurch seelisch in Schwierigkeiten gerät.«

Die ungleiche Behandlung von eigenen Kindern ist bei Eltern meist Resultat einer massiven Überforderung. Das ergaben zahlreiche frühere Untersuchungen. Äußere Umstände wie Geldnöte, allgemeiner Stress oder eigene traumatische Erfahrungen beeinflussen vor allem das Verhalten von Müttern auf ihre Kinder stark. Stressfaktoren wie das Alleinerziehen oder Depressionen kommen dazu. Gestresste Eltern verlieren schneller die Nerven mit einem Kind. Dann entsteht eine erhöhte Wahrscheinlichkeit, dass auch die pflegeleichteren Geschwister Verhaltensauffälligkeiten entwickeln. Und zwar – auch das ein Ergebnis, das die Forscher überraschte – aus Mitgefühl mit ihren benachteiligten Geschwistern. »Durch die ungleiche Behandlung entsteht in den Kindern das Gefühl von Ungerechtigkeit«, sagt Jenkins. Sie versuchen sie mit ihren eigenen Mitteln auszugleichen. Man könnte sagen: Die Geschwister drehen durch, damit auch sie von den Eltern angeschrien werden. Doch wenn ein Kind ständig als schwarzes Schaf oder als Liebling im Mittelpunkt steht, fällt es den anderen auch automatisch auf die Nerven. Immer neue Eskalationen in der Familie sind absehbar.

Dabei müsse auch ein Kind, das aufgrund seines Charakters besonders viel Ansprache benötigt, eine Familie nicht aus dem Lot bringen, sagt Jenkins. Wichtig sei nur, dass die Eltern mit den Geschwistern über die verschiedenen Bedürfnisse sprechen. »Kinder haben kein Problem damit, wenn Eltern sie unterschiedlich behandeln«, sagt die Forscherin. »Sie haben nur Probleme, wenn sie die Unterschiede als ungerecht empfinden. Und das ist fast immer der Fall, wenn sie keine Erklärung dafür bekommen.«

Oft stören Eltern das Verhältnis von Geschwistern auch subtil und unbewusst. Nicht immer sind dabei Gewalt oder ungleiche Behandlung im Spiel. Es reicht, wenn ein Elternpaar die Nähe der Geschwister zueinander nicht ertragen kann. Der Kinderpsychiater Hans Sohni schreibt 1994 in seinem Aufsatz über die horizontale Beziehungsdynamik von Geschwistern: »Mit unterschiedlichem Hintergrund ertragen die Eltern keine geschwisterliche Beziehung ihrer Kinder, von der sie sich selbst ausgeschlossen erleben.« Dann zwingen sie etwa dem ältesten Kind eine Freundschaft oder sogar Ersatzpartnerschaft auf, die dieses erdrücken kann. Mütter machen sich vielleicht zu Verbündeten einer Tochter und erklären sich zur »besten Freundin«. Manche Väter – seltener auch Mütter – dringen in die Sphäre der Sexualität ihrer Kinder ein, indem sie in deren Freundeskreis flirten oder sich allgemein mit Liebespartnern in deren Altersgruppe einlassen. Obwohl dieser emotionale Missbrauch so gut wie immer unbewusst stattfindet, reagieren Kinder meist stark darauf. Zum Beispiel auf Kosten der realen Geschwisterbindung. Häufig verdrängen Jugendliche aus solchen Familien nämlich die Beziehung zu tatsächlichen Geschwistern, schreibt

Sohni. Es komme vor, »dass der Jugendliche seinen Eltern die existierende Geschwisterbeziehung nicht ›zumuten‹ kann und sie vor den Eltern wie vor sich selbst verleugnet«. Damit verliert er unter Umständen eine wichtige Ressource in seinem Leben.

Je kaputter die Familie, desto schwerer scheinen sich Menschen manchmal von den Protagonisten der Kindheit lösen zu können. Manchmal kann die Entwirrung erst angegangen werden, wenn die Eltern gestorben sind. Und auch dann hilft oft nur der mühsame Weg der therapeutischen Bearbeitung. Selbst Psychologen tun sich allerdings manchmal schwer damit, die Beziehungsnetze auf Anhieb aufzudröseln, in denen sich ihre Patienten zu strangulieren drohen. Die Befreiung von einer familiären Last ist meist mit großer Mühe verbunden. Wenn auch in der Regel immer noch leichter, als sich irgendwann gezwungen zu sehen, seiner Schwester deren gebratenen Lieblingssittich zu servieren.

Ballast abwerfen

Als Marlene mit einem Magendurchbruch drei Wochen lang im Krankenhaus lag, rief ich sie nicht an. Und zwar, weil ich gar nichts davon wusste. Nicht davon, wie sie in ihrem Wohnzimmer zusammengebrochen war. Nicht, wie der Notarzt mit ihr in den Operationssaal raste. Nicht, wie sie danach erschöpft und erschüttert in ihrem Krankenhausbett lag und sich schämte, weil sie das Gefühl hatte, eine Sauerei angerichtet zu haben. Wahrscheinlich hätte ich sie angerufen, wenn ich davon erfahren hätte. Aber es war in den ein oder zwei Jahren, wo Marlene und ich so gut wie keinen Kontakt hatten.

Wie es dazu kam, weiß ich nicht mehr genau. Es war kein radikaler Schnitt gewesen, eher ein vages Ausblenden. Jedes Mal, wenn wir uns gesehen oder am Telefon gesprochen hatten, war ein fahler, bitterer Geschmack zurückgeblieben. Das Gefühl einer Feindseligkeit, die Marlene in meiner Nähe wie einen Nebel umgab und durch den ich mutlos watete, wenn ich mit ihr sprach. Früher war mir diese Stimmung kaum aufgefallen. Dann fing sie mich zu schmerzen an. Irgendwann entschied ich, dass ich ohne solche Erschwernisse besser zurechtkomme. Ohnehin war Marlene in den ersten ein, zwei Jahrzehnten meines Erwachsenenlebens meist nur so mitgelaufen. Selten hatte ich wirklich an sie gedacht oder mich gefreut, sie zu sehen oder zu hören. Die meiste Zeit war ich ihr böse, weil sie immer so garstig zu mir war. Als mein Stiefvater vor ein paar Jahren einen runden Geburtstag feierte und die Familie zu einem Wochenende einlud, saßen Marlene und ich beim Festessen an verschiedenen Enden des Tisches und unterhielten uns kaum. Ich sprach lieber mit Arthur, den ich mehrere Jahre nicht gesehen hatte. Im Frühling darauf stand auch ein runder Geburtstag unserer Mutter an. Sie hatte bereits durchblicken lassen, dass sie mit uns, ihren beiden Schwestern und deren Männern feiern wollte, im größeren Stil. Es lief auf ein verlängertes Wochenende mit einer Vielzahl höchst komplizierter Charaktere im Schlosshotel hinaus. Und es gab keinen Zweifel, dass die Organisation an Marlene und mir sein würde. Zusammengearbeitet haben wir schon immer gut. Als Organisationsteam begannen wir wieder regelmäßig miteinander zu telefonieren. Am Tag vor dem Fest reisten wir an, um letzte Details vor Ort zu richten. Den ersten Zwist gab es eine Viertelstunde nachdem wir uns in der Lobby begrüßt hatten. Wir waren uns nicht einig, welche ihrer Schwestern unsere Mutter lieber zu ihrer Rechten haben würde, und stritten mit der Erbitterung von Kampfhunden für unsere Favoritinnen. Bis spät am Abend knobelten wir die restliche Sitzordnung aus. Am Tag der Feier positionierte ich mit dem Plan die Tischkarten an der Festtafel. Als ich kurz vor dem Aperitif noch einmal alles kontrollieren wollte, stellte ich fest, dass Marlene die Tischkarten in der Zwischenzeit umgestellt hatte, nach ihrer ursprünglichen Vorstellung. Schon kamen die ersten Gäste, es war keine Zeit mehr für Diskussionen. »Das hätte sonst nicht funktioniert«, zischte sie mir zu, während der Oberkellner die Champagnerflaschen öffnete. Mir traten Tränen der Wut in die Augen. Am liebsten hätte ich mein Glas auf ihrem Schädel zertrümmert. So war es immer mit ihr, zischte der Zorn in meinem Kopf. Sie sagt zu allem »ja« und »gut«, aber hinter meinem Rücken jubelt sie mir immer ihre eigenen Vorstellungen unter. Sie respektiert meine Meinung überhaupt nicht. Es war, als wäre ich nicht da. Oder ein Baby, das man nicht fragen muss. Unsere Mutter und die Gäste waren bezaubert von dem Abend, alles klappte perfekt und die neue Tischordnung funktionierte reibungslos. Aber ich konnte Marlene nicht ansehen, ohne dass ein roter Wutschleier vor meine Augen zog. Am nächsten Tag nahm ich nicht am gemeinsamen Abschiedsspaziergang teil. Stattdessen saß ich, 38 Jahre alt, bitterlich weinend unter einem Lindenbaum im Schlossgarten, und konnte einfach nicht verstehen, warum meine Schwester immer so gemein zu mir war. Geduldig hörte mein Mann zu, als ich schluchzend alle Situationen aufzählte, in denen sie an diesen Tagen böse zu mir gewesen war. Als ich mich etwas beruhigt hatte, deutete er sachte an, dass ich bei einigen Punkten aus seiner Sicht eventuell ein wenig dramatisiere. Ein paar Spitzen hatte sie gesetzt, das musste er zugeben, und einige Male hatte sie mir mit dem Vorschlaghammer auf die Finger gehauen. Aber auch ich sei nicht durchweg freundlich zu ihr gewesen.

»Das ist, weil es für mich so stressig ist mit meiner Familie«, verteidigte ich mich.

»Denkst du, für sie ist es das nicht?«, fragte er. Gelassen ließ er es über sich ergehen, wie ich auch noch über meine Familie im Allgemeinen klagte, darüber, dass sie meine Qualitäten nie wertschätzten, dass sie nie anerkannten, was ich alles leistete, dass sie nie stolz auf mich seien und alle Erfolge, die ich vorweisen kann, ignorierten.

»Ja, wahrscheinlich ist das so«, sagte er, als ich mich leergeklagt hatte. »Aber das kannst du nicht ändern.«

Er schaute sinnierend auf den Schlossteich, als vermisse er die heimatliche Nordseeküste. Dann kamen die Worte, die für mich den Durchbruch brachten. »Es ist, als ob sie ein Geschäft hätten, wo sie Hähnchenschnitzel verkaufen.« Es ging schon auf Mittag zu und er hatte wahrscheinlich Hunger. »Sie haben nur Hähnchenschnitzel. Aber du gehst jeden Tag hin und fragst nach einem Schweinesteak. Das können sie dir nicht geben. Es hat keinen Sinn, aber du fragst immer weiter. Irgendwann macht dich das fertig. Und sie auch.«

Seitdem ich verstanden habe, dass ich von meiner Familie keine Anerkennung nach meinem Geschmack erzwingen kann, geht es mit Marlene aufwärts. Der Drang, von ihr bestimmte Reaktionen herauszufordern, ist langsam verblasst. Wenn ich merke, dass ich in ihrer Gegenwart anfange, innerlich zu verkrampfen, oder wenn ich anfange, Dinge zu sagen, um eine bestimmte Reaktion von ihr zu erzwingen – meistens, dass sie Mitleid mit mir hat oder mir ihre Hilfe anbietet –, trete ich einen Schritt zurück. Wenn ich merke, dass sie ihre Stacheln ausfährt, warum auch immer, trete ich einen Schritt zurück. Wenn ich merke, dass sie anfängt, meine Vorschläge zu ignorieren und ihren Plan in irgendeiner Sache durchzuboxen, trete ich zwei Schritte zurück. Ich lasse nicht mehr zu, dass meine Schwester mich, absichtlich oder nicht, verletzt. Es ist mir auch nicht mehr wichtig, moralisch Recht zu behalten und sie ins Unrecht zu setzen. Ich versuche nicht einmal mehr, ihr Verhalten zu erklären. Ich trete einfach zurück und unterbreche innerlich für eine Weile die Leitung. Das funktioniert überraschend gut.

Entwicklung innerhalb einer Geschwisterbeziehung erfolgt häufig durch Streit und Abgrenzung. Mit dem Älterwerden ändern sich jedoch die Inhalte der Streitereien. »Im mittleren und späten Erwachsenenalter verblassen Rivalitätsinhalte mehr und mehr, Konflikte und Auseinandersetzungen entzünden sich häufiger an familienbezogenen und einstellungs- sowie wertortientierten Themen«, schrieb der Familienforscher Hartmut Kasten 2001. »Neid und Eifersucht können über die Zeit aufrechterhalten werden beziehungsweise wiederaufflammen, wenn zum Beispiel das eine Geschwister kinderlos bleibt, Ehe- und Partnerschaftsprobleme durchlebt oder arbeitslos wird und extreme politische Ansichten zu vertreten beginnt, während das andere (›glücklichere‹) Geschwister sich einer großen Kinderschar erfreut und beruflich sehr erfolgreich und in einer glücklichen Beziehung lebt.«

Es gibt zwei verschiedene Arten von Streit zwischen Geschwistern. Der Streit, der Reibung und Wärme, oft auch Überhitzung einer Beziehung, hervorruft und im Grunde um Harmonie und Nähe ringt. Und der Streit, der entsteht, weil eine eigentlich abgestorbene Verbindung künstlich aufrechterhalten werden muss, weil man sich aus ihr nicht lösen kann oder darf, etwa weil die Eltern das nicht verkraften würden. Dann werden echter Kontakt und echte Reibungswärme durch endlose Wiederholung der immer gleichen Zankrituale nur dargestellt.

Es gibt auch zwei Arten von Geschwistern: Diejenigen, die man liebt oder irgendwann geliebt hat und bei denen man leidet, wenn Konflikte den Kontakt erschweren. Und es gibt diejenigen, mit denen man kaum etwas zu tun hätte, wenn sie nicht zufällig der Bruder oder die Schwester wären. Die amerikanischen Geschwisterforscher Stephen Bank und Michael Kahn sprechen von Geschwistern mit »hohem (emotionalem) Zugang« und Geschwistern mit »niedrigem Zugang«. Von dieser Art der Beziehung hängt ab, wie man streitet. Und von der Art der Geschwister hängt es ab, ob es einem mit ihnen oder ohne sie besser geht. Ein wenig Distanz hilft meist dabei herauszufinden, zu welcher der beiden Gruppen man eigentlich gehört.

Die Schriftstellerin Joan Didion und der Drehbuchautor John Gregory Dunne gehörten zu den berühmtesten Ehepaaren im Hollywood der 1960er Jahre. Sie liebten sich und arbeiteten zusammen an vielen Erfolgsfilmen. In der Frühzeit ihrer Karriere waren sie ein Dreierteam gewesen. Johns Bruder Dominick Dunne hatte alle ihre Filme als Produzent realisiert. Auch privat waren die drei eng befreundet. Auf dem Höhepunkt ihres Erfolgs drifteten John und Dominick, damals beide um die 40, allerdings langsam auseinander. Dominick begann Drogen zu nehmen. Nach wenigen Jahren war er geschieden, pleite und im Gefängnis. Sein Bruder und seine Schwägerin zahlten die Kaution, damit er freikam. 40 Jahre später, 2004, schrieb Dominick in der Zeitschrift *Vanity Fair* über die Beziehung zu seinem Bruder und dessen Frau: »Als ich pleite war, liehen sie mir 10 000 Dollar. Wenn man Geld leiht, das man nicht zurückzahlen kann, wird man ziemlich bitter; auch wenn sie mich kein einziges Mal an meine Verpflichtung erinnert haben. Es war der erste Schritt unserer Entfremdung.« Die Brüder begannen sich auch in der Öffentlichkeit zu meiden. Bei den Beerdigungen ihrer Schwestern, die beide an Krebs starben, grüßten sie sich kaum. Als ihr Neffe bei einem Flugzeugabsturz ums Leben kam, wechselt sie am Grab kein Wort. Auch nicht, als Dominicks Tochter 1984 ermordet wurde. Am Boden zerstört von diesem weiteren Schlag, begann Dominick Dunne mit Ende 50 zu schreiben. Das war für 25 Jahre das Revier seines Bruders gewesen. Doch auch Dominick hatte Erfolg. Er schrieb mehrere Bestseller und arbeitete für große Zeitschriften. Für die *Vanity Fair* berichtete er Ende der 1980er Jahre über ein Brüderpaar in Beverly Hills, das seine Eltern erschossen hatte.

Auch John schrieb über das Gerichtsverfahren. Dominick verabscheute die Verteidigerin und legte sich öffentlich mit ihr an. John war hingerissen von ihr und widmete ihr ein Buch. Sechs Jahre lang sprachen die Brüder danach kein Wort miteinander.

»Eine allgemein akzeptierte Meinung ist, dass Aggressionen Teil unserer tierischen Natur sind«, schreibt der Ethnologe und Filmemacher Konrad Licht in einem Aufsatz zu seinem Dokumentarfilm *Siblings in Conflict*. Er zitiert seinen Kollegen Georg Elwert, der 1999 schrieb: »Die populäre Sichtweise, dass Konflikte durch Emotionen motiviert sind, kann von der Anthropologie nicht bestätigt werden. Menschen reagieren weniger auf Emotionen als auf angenommene oder wahrgenommene Handlungsziele.« Menschen werden nicht »von ihrem Unbewussten zu Konflikten gezwungen«, sagt auch Licht. Streit ist eine kulturelle Technik, die man lernen und steuern kann. »Konflikte stellen bewusste Strategien von Akteuren dar.« Das bedeutet, dass man als Beteiligter die Wahl hat, einen Konflikt zu beenden. Warum aber tut man das so selten? Darauf hatte der Ethnologe Lewis Coser bereits 1956 eine Antwort: «Weil Aggression ein so wirkungsvolles Mittel zur Durchsetzung der eigenen Bedürfnisse ist, wird sie oft nicht als letztes Mittel gewählt, sondern als erstes.«

Es gibt Konflikte, die man nicht sofort lösen kann. Manchmal hilft nur radikale Distanzierung. Die Möglichkeit, sich innerlich abzugrenzen, ist in allen Beziehungen eine der effizientesten Methoden, um Konflikte nicht eskalieren zu lassen. Nur wenn man in der Lage ist, sowohl inneren als auch äußeren Abstand einzunehmen, hat man überhaupt die Wahl, ob man sich auf eine Auseinandersetzung einlässt oder nicht. Die Klärung eines Streits zwischen erwachsenen Geschwistern bedeutet auch nicht immer – oder nicht immer sofort – Versöhnung. Nicht immer ist der Kontaktabbruch das wirkliche Ziel.

Aber manchmal ist er die beste Lösung – zumindest für eine gewisse Zeit. Als Geschwister kann man es sich fast immer leisten, auf Zeit zu spielen. Jedoch lassen sich »Baustellen der Vergangenheit nicht schließen, indem man sie umfährt«, wie es der Psychotherapeut und Buchautor Hans Wedler 2011 im *Focus* in einem Artikel über den abrupten Kontaktabbruch zwischen Verwandten formulierte. Doch der Beziehungsabbruch ist ohnehin fast nie als Lösung auf Dauer gedacht. Er soll zunächst meist bloß zu einer Atempause verhelfen. »Das Einfrieren der Gefühle erfordert langfristig meist zu viel Energie, wird deshalb irgendwann aufgegeben«, sagt Wedler. Bis dahin hilft eine Funkstille von ein paar Tagen, Monaten, Wochen oder Jahren manchmal dabei, sich aus einer allzu verstrickten, belasteten, zur Last gewordenen Beziehung zu emanzipieren und seine eigene Stimme wieder zu hören.

Aber Abgrenzung ist schwer. Sie widerspricht unseren stärksten Impulsen. Fast alle Menschen müssen üben, nicht jedes Mal automatisch in die Luft zu gehen, wenn jemand bestimmte Knöpfe bei ihnen drückt. Und kaum jemand weiß normalerweise so gut, wo diese Knöpfe sind, wie ein Bruder oder eine Schwester.

Die zerstrittenen Brüder John und Dominick Dunne liefen sich nach sechs Jahren Kontaktabbruch 2001 zufällig in einem New Yorker Krankenhaus über den Weg. Dominick, inzwischen 76-jährig, hatte Prostatakrebs diagnostiziert bekommen und wartete auf einen Befund. John hatte seit ein paar Jahren Herzprobleme und musste eine Blutprobe abgeben. »Wir sprachen ein paar Worte«, schreibt Dominick über diese Begegnung. »Später rief John mich an, um mir Glück zu wünschen. Es war ein freundlicher, warmherziger Anruf. Die Feindschaft, die sich aufgebaut hatte, löste sich einfach in Luft auf.« Ein paar Tage später meldete sich John noch einmal und lud die

Familie seines Bruders in ihr gemeinsames altes Stammlokal ein: »Lasst uns einfach die Hucke volllachen«. »Und das taten wir«, schreibt Dominick. »Unsere Versöhnung gelang, weil wir nicht darüber diskutieren wollten, was da so schiefgelaufen war. Wir ließen es einfach los. Es gab so viel, was wir am andern mochten, und an dem wir uns endlich wieder erfreuen konnten.«

Man wirft ungeheuer viel Ballast ab, wenn man nicht mehr auf jeden Streit und jede Provokation eingeht. Das gilt für fast alle Beziehungen. Aber bei Geschwistern ist es besonders wichtig, weil man sie auch mit einem Kontaktabbruch nicht vollständig aus der Welt schaffen kann und allein aus rechtlichen Gründen – etwa bei Erbschaftsangelegenheiten – immer wieder von außen den Kontakt aufgedrängt bekommen kann. Man wirft ungeheuer viel Ballast ab, wenn man einen Weg findet, Streit mit seinen Geschwistern einfach für beendet zu erklären. Das geht fast immer. Aber es muss der richtige Moment dafür kommen. Und man braucht dafür manchmal eine ziemlich lange Pause.

Dunstkreis und Freundschaft

Heute Morgen habe ich die letzten Geschenke für Weihnachten eingepackt. Auch in diesem Punkt sind Marlene und ich uns einig: Wir möchten an Weihnachten Geschenke geben und bekommen. Sie müssen weder groß noch teuer sein. Aber sie sollen eigens für uns ausgesucht und einigermaßen nett verpackt sein. Ich habe von ihr schon ein glitzerndes Windlicht bekommen. Sie von mir einen Karottenspitzer. Ich ein Täschchen mit dem Bild eines Hundes, der Ohrringe trägt. Sie von mir einen Stempel, der in Ämterschrift »Weg damit!« auf Unterlagen setzt. Geschenke für Marlene suche ich aus wie Überraschungen für meine Freundinnen, mit Schwung und ohne Plan. Dieses Jahr sind alle Gaben in cremeweiß schimmerndes Papier gewickelt, darum herum kommen glänzende Bänder mit farbigen Namensanhängern und ein paar Glitzersternen. Als beim Einpacken Marlenes Geschenk an der Reihe war, geriet ich plötzlich ins Stocken. Welchen Anhänger soll ich für sie wählen? Das hatte ich mir bei niemand anderem überlegt, sondern nach Gefühl ein Motiv gegriffen. Bei Marlene fing ich plötzlich an zu vergleichen. Auf keinen Fall wollte ich riskieren, dass jemand, der mit uns feiert, einen Glitzerstern mehr auf dem Etikett hat, oder eine raffiniertere Schleife. Auf keinen Fall soll sie Gelegenheit bekommen, sich benachteiligt zu fühlen. Vielleicht würde sie traurig, dann wäre ich betrübt. Oder sie würde grantig, dann würde ich traurig. An manchen Punkten ist es für mich auch heute noch sehr kompliziert mit ihr. Ich bin mit ihr nie ganz unbeschwert. Aber gerade in diesem Zögern bemerke ich auch, dass Marlene für mich mehr zu einer Freundin geworden ist als früher. Ich bemerke es daran, wie ich mit dem Wissen um ihre Empfindlichkeiten umgehe. Früher hätte ich ihr aus Pflichtgefühl die schönste Schleife gebunden, und um sie gnädig zu stimmen. Heute tue ich es, um ihr eine Freude zu machen, und auch, um sicherzugehen, dass sie kein schmerzliches Gefühl erdulden muss.

Freundschaft zwischen Geschwistern ist nie eine Freundschaft wie jede andere. Eine Freundschaft ist von ihrem Wesen her unbeschwert von Zielen und Absichten, sie besteht im Kern aus der puren Freude an der Gegenwart des anderen. Daraus erst nähren sich ihre anderen Tugenden: Verbindlichkeit, Loyalität, Solidarität, Anteilnahme, Unterstützung, liebevolle Zuneigung, Leichtigkeit, Freude. Freundschaft zwischen zwei Menschen kann kurz oder lang, beiläufig oder heftig, locker oder tief sein. Aber immer ist sie vollkommen freiwillig und kann jederzeit bedingungslos aufgelöst werden. In diesem Punkt unterscheidet sich eine Freundschaft zwischen Geschwistern am stärksten von jeder anderen. Freundschaft hat ihre Stärke in der gemeinsamen Gegenwart. Und sie gelingt nur auf Augenhöhe. Geschwisterschaft hat ihren Schwerpunkt in der gemeinsamen Vergangenheit, und diese beinhaltet fast immer eine Hierarchie. Von der Hierarchie zur Augenhöhe zu kommen, erfordert ziemlich viel Geschick, Mut und ein offenes Herz.

»Im späteren Erwachsenenalter und höheren Alter erhalten Kameradschaft und wechselseitige gefühlsmäßige Unterstützung besonderes Gewicht«, schrieb der Geschwisterforscher Hartmut Kasten 2001. »Geschwister sind füreinander vonnöten, wenn es darum geht, (latent immer noch vorhandene) Rivalitätsprobleme endgültig aufzuarbeiten; in der Not hilft man sich und ist füreinander da, erweist sich Gefälligkeiten und vermittelt einander das Gefühl, sich auf den anderen verlassen zu können.« Doch auch wenn Schwestern und Brüder im Alltag freundschaftlich und loyal miteinander umgehen, die Gegenwart des anderen genießen und mit ihm unbeschwert Freuden und Ärger, Geheimnisse und Vertraulichkeiten teilen, liegt unter dieser Leichtigkeit doch immer das viel sperrigere Gerüst der verwandtschaftlichen Verbindung. Sie ist an eine Aufgabe gekoppelt, die meist erst im Erwachsenenalter an Bedeutung gewinnt: Geschwister bewahren füreinander die Schatzkiste der Vergangenheit, egal, ob sie es wollen oder nicht. Wenn ihnen daran etwas gelegen ist und sie später darin etwas Wertvolles finden möchten, muss diese Beziehung zeitig gepflegt und lebendig gehalten werden. Wenn ein Geschwister im Erwachsenenalter ein Freund oder eine Freundin werden soll, muss man bereit sein, ihn oder sie beizeiten neu kennenzulernen. Als Mensch, nicht als Funktionsträger in einem Familienverband.

Damit das gelingen kann, sind zwischen erwachsenen Geschwistern manchmal große Berge wegzuräumen. Gebaut aus Schutt aus der Vergangenheit. Die Zwangsgemeinschaft, die diese Beziehung in den ersten Jahren war, hat oftmals Spuren und Muster hinterlassen, ganz egal, ob in der Kindheitserinnerung positive oder negative Stimmungen überwiegen. Darüber muss man hinwegkommen. Auch Machtgefälle, die in dieser Zeit entstanden sind, stehen einer Freundschaft im Weg. Darum müssen unter Umständen Privilegien oder sogar Machtinstrumente aufgegeben werden, wenn man sich neu kennenlernt. Es ist, als ob man selbstverständlich in einem Haus ein- und ausgegangen ist und nun plötzlich jedes Mal förmlich an der Tür klingeln soll. Freundschaft braucht Grenzen. Und sie braucht Regeln. Beides zusammen ergibt Respekt. Alles Dinge, die unter Geschwistern in der Kindheit meist eine eher untergeordnete Rolle spielen.

Ich war 39 und sie 49 Jahre alt, als ich gegenüber meiner Schwester zum ersten Mal bewusst eine Grenze setzen konnte. Gemeinsam mit unserer Mutter waren wir in Paris, es war die Reise, die wir ihr zum runden Geburtstag geschenkt hatten. Zwei Jahre hat es nach dem Fest im Schlosshotel gedauert, bis die Nebel zwischen Marlene und mir sich wieder so weit verzogen hatten, dass meine Mutter wagte, die Einlösung des Gutscheins zur Sprache zu bringen, den wir ihr bei der Feier überreicht hatten. Fünf Tage Paris. Soviel Zeit hatten wir seit meiner Kindheit nicht mehr zusammen verbracht. Am Nachmittag des dritten Tages wollten wir eine Führung in einem Museum mitmachen, die alle zwei Stunden angeboten wurde. Davor, so einigten wir uns, würde ich allein einen bestimmten Buchladen besuchen. Zur Führung um 17 Uhr könnten wir uns dann wieder treffen. Dazwischen hätte ich Zeit, etwas auszuruhen. Beim Frühstück verkündete meine Schwester, dass sie die Karten für die Führung besorgt habe, für 15 Uhr. Um 15 Uhr kann ich nicht, sagte ich, das ist mir zu früh. Aber wir wollten doch diese

Führung zusammen machen, sagte meine Schwester. Ja, sagte ich. Um 17 Uhr. Sie wechselte das Thema. Als wir aufstanden, verabschiedete sie sich mit den Worten, dass wir uns dann um kurz vor drei am Eingang des Museums sähen. Nein, sagte ich. Ich kann erst um kurz vor 17 Uhr da sein. Und deine Karte?, fragte meine Schwester. Hier wäre ich bisher immer eingeknickt. Ich hätte auf meine Pause, die ich brauche, verzichtet und wäre einsilbig und frustriert um 15 Uhr beim Museum gewesen. So sah das alte Muster zwischen uns aus. Wenn wir gemeinsam etwas unternahmen, schuf meine große Schwester ihr ganzes Leben lang Tatsachen, ohne mit mir Rücksprache zu nehmen. Als Kind mit der Verantwortung für ein Baby war das ihre Aufgabe gewesen. Aber jetzt waren wir erwachsen. Ich blieb so standhaft, wie ich konnte. Vielleicht kannst du sie zurückgeben, schlug ich vor. Oder jemandem verkaufen? Jetzt mischte sich meine Mutter ein. Wir hätten die Führung gerne mit dir zusammen gemacht, sagte sie. Ich hätte sie auch gerne mit euch zusammen gemacht, antwortete ich. Um 17 Uhr, so wie es abgemacht war. Marlene schwieg, ich verabschiedete mich und machte mich auf den Weg zur Buchhandlung. Als ich eine Stunde später in der U-Bahn saß, kam eine Textnachricht von ihr. Habe Karten getauscht. Treffen uns kurz vor fünf am Haupteingang. Es war ein stiller Triumph. Wir waren alle drei pünktlich da und verloren kein Wort mehr über die Sache. Die Führung war glänzend, und auf dem Foto, das ich danach von uns dreien mache, strahle ich wie ein Marienkäfer.

Es war ein enorm schwerer Schritt für mich als Jüngere, in dieser Beziehung eine aktuelle Version von mir zu zeigen. Eine Frau, die außerhalb meiner Familie alle kennen: selbstbestimmt, unabhängig und in der Lage, für sich selbst einzustehen. Meiner Schwester, die immer noch so selbstverständlich über meine Zeit verfügte, als sei ich ein Kind, in einer vergleichsweise unbedeutenden Angelegenheit die Stirn zu bieten, war ein erster Schritt, um mit ihr auf Augenhöhe zu kommen. Wenn ich daran zurückdenke, erinnere ich mich an die Angst, die ich dabei empfand. Es war die Angst vor Strafe für mein Aufbegehren. Ich ging davon aus, dass Marlene mir von nun an wieder mit Schärfe und Unfreundlichkeit begegnen würde, wie früher so oft. Dass ich durch mein Aufmucken automatisch ihre Freundschaft wieder verspielt haben könnte, die sie in letzter Zeit öfter gezeigt hatte. Es dauerte lange, bis mir diese Angst überhaupt klar wurde und bis ich mir eingestehen konnte, wie sehr ich diese Unfreundlichkeit und Ablehnung von ihr fürchtete. Dass es mich schmerzt, wenn meine Schwester böse zu mir ist. Dass ich mir dann wertlos und verstoßen vorkomme. Dass es mich immer und immer wieder in die frühen, wenig glücklichen Jahre meines Lebens zurückkatapultiert, als sie nicht nur meine Schwester, sondern manchmal auch eine Art grimmige, zu willkürlichen Entscheidungen neigende Ersatzmutter war. Eine, die von einem Tag auf den anderen von ihrem Logenplatz als einziges Kind verscheucht worden war.

Entthronung zwischen Geschwistern ist nicht nur Schmerz und Hass. Entthronung ist Verzweiflung. »Die Entthronung hat meines Erachtens weniger mit dem Eindringen des Rivalen als vielmehr mit der mangelnden Verfügbarkeit der Mutter zu tun«, schreibt die Psychoanalytikerin Dorothee Adam-Lauterbach 2013. »Das Konzept der Entthronung könnte dahingehend modifiziert werden, dass Feinseligkeit dem jüngeren Geschwisterkind gegenüber Ausdruck einer defizitären bzw. konflikthaften Beziehung zwischen dem Kind und seinem mütterlichen Objekt ist«, schlägt sie vor. Das bedeutet, dass die Wut auf das jüngere Kind lediglich Ausdruck einer eigenen Verzweiflung ist. Darüber, dass die Mutter nun plötzlich nicht mehr so verfügbar ist wie zuvor. Dass sie durch das neue Kind an die Grenzen ihrer Kräfte kommt, kann das ältere Kind bis zu einem bestimmten Zeitpunkt oft nicht mit dem neuen Baby in

Verbindung bringen. Es realisiert lediglich, dass die Mutter anders, vielleicht abwesender oder erschöpfter ist als zuvor. Das versetzt es in große, existentielle Angst und vielleicht in Wut und Frustration. Und es bezieht die Veränderung, wie bei Kindern üblich, auf sich selbst. Es versucht, darauf irgendwie zu reagieren. Je nach Alter etwa, in dem es sich größer oder kleiner macht, als es ist. Indem es erstarrt oder indem es anfängt, immer lauter zu brüllen. Auf keinen Fall kann es mit seiner verzweifelten Wut die ohnehin unsicher gewordene Beziehung zur Mutter noch mehr gefährden. Da bleibt fast nichts anderes übrig, als sie auf das neue, schwächere Baby zu richten. Womit das System der Familie noch mehr überfordert wird. »In den ersten neun Monaten nach der Geburt ihres Geschwisters verhalten sich die Kinder noch vergleichsweise unauffällig«, heißt es 2006 im *Spiegel* über das kindliche Entthronungstrauma. »Laut einer Studie des Max-Planck-Instituts für Bildungsforschung nähern sie sich gar ›überwiegend positiv‹ dem Baby. Doch kann es erst mal mehr als schlafen, weinen und trinken, wissen sie nicht ein noch aus.« Die Familienpsychologie empfiehlt, Erstgeborene zu schützen, indem man sie, wenn das neue Baby da ist, immer wieder daran erinnert, dass sie auch einmal so viel Fürsorge bekommen haben.

Mit einer guten Geschwisterbeziehung kann man lernen, ein guter Freund oder eine gute Freundin zu sein – auch als Bruder oder Schwester. Eine enge Freundschaft hat viele Gemeinsamkeiten mit einer guten Geschwisterbeziehung. Sie spielt auch eine große Rolle in einer glückenden Liebesbeziehung. Die Ethnopsychoanalytikerin Anna Bally hat diesen Zusammenhang in ihrer Untersuchung *Die Macht der Geschwister* herausgearbeitet. »Die Liebes- und Lebenspartner werden sowohl auf der sozialen wie auch auf der psychischen Ebene gewissermaßen als Erben der Geschwisterbeziehungen eines Subjektes konzeptualisiert«, schreibt sie über die Erfahrungen ihrer Gesprächspartnerinnen. »Auf diese Partner werden geschwisterliche Erfahrungen, Identifizierungen und Funktionen übertragen.« Sie kam zu dem Schluss, dass geglückte Erfahrungen in der Kindheit einige der Frauen in ihren Fallstudien gelehrt hat, wie eine tragende Beziehung funktioniert. Diese Fähigkeit half ihnen im Erwachsenenleben und erst recht als Migrantinnen, Ersatzgeschwister zu finden – Menschen, die ihnen in der Fremde Halt geben können.

Der Begriff der »lateralen Beziehung«, den Bally dabei verwendet, stammt aus der Ethnologie. Seit ein paar Jahren gewinnt dieses Konzept auch in der Geschwisterforschung stark an Bedeutung. Es misst den familiären Bindungen innerhalb derselben Autoritätsstufe größere Bedeutung bei, als es etwa die Psychoanalyse traditionell tut. Bei Sigmund Freud hat die hierarchische Beziehung zwischen Eltern und Kind die einzig nennenswerte Bedeutung in der seelischen Entwicklung eines Menschen. Die neue Sichtweise geht davon aus, dass Beziehungen auf Augenhöhe in der Kindheit genauso wichtig sein können. In erster Linie sind damit Brüder und Schwestern gemeint. »Geschwisterbeziehungen können als Ausgangspunkt und Vorbild für alle anderen lateralen sozialen Beziehungen aufgefasst werden«, schreibt Bally. Die Fähigkeit zur lateralen Bindung, die man mit Geschwistern erlernt, kann man nämlich auf Menschen übertragen, die nicht verwandt sind, aber eine ähnliche Funktion wie Geschwister erfüllen: Freunde, Schulkameraden, Nachbarskinder. Dadurch vervielfacht sich die Chance auf stabile Bindungen erheblich. Diese Theorie mag erklären, warum manche Menschen trotz zerrüttetem Elternhaus als Erwachsene ein glückliches Sozialleben führen und in ihrer eigenen Familie vielleicht harmonisch mit Partner und Kindern zusammenleben können: Sie konnten mit anderen lernen und üben, wie eine vertrauensvolle Beziehung funktioniert. Laterale Beziehungen heißt dabei nicht, dass diese Beziehungen keine Hierarchie haben. Es heißt lediglich, dass die totale Abhängigkeit, wie man sie als Kind zu den Eltern erlebt, dort in der Regel nicht gegeben ist, und dass man dadurch mehr Handlungsfreiheit in ihnen erfährt.

Marlene hat sich mit meinen Emanzipationsversuchen überraschend schnell abgefunden. Nach ein paar letzten Gefechten bekam ich sogar den Eindruck, dass sie erleichtert darüber ist, nicht mehr immer die Verantwortung für mich tragen zu müssen. Gelegentlich scheint sie es sogar zu schätzen, dass sie Entscheidungen an mich delegieren kann. Bei den Reisen mit ihr und meiner Mutter, die wir seit Paris regelmäßig antreten, übernehme ich den Hauptteil der Organisation. Auf diese Weise sind Marlene und ich ein richtig gutes Team geworden. Inzwischen hat sogar der Champagner, den sie mir an meinem zwanzigsten Geburtstag antrug und den ich damals nicht zu würdigen verstand, bei uns seinen festen Platz. Dieses Ritual hat sie sich zu meiner Freude und Erleichterung nicht nehmen lassen. Wann immer wir uns irgendwo treffen, schlägt sie als Erstes vor, doch zuerst einmal miteinander anzustoßen.

Geschwister von Beruf

Die Erfolgsgeschichte der Gebrüder Albrecht aus Essen ist legendär: Als Söhne aus kleinsten Verhältnissen übernahmen der 24-jährige Theo und sein zwei Jahre älterer Bruder Karl direkt nach dem Zweiten Weltkrieg den kleinen Lebensmittelladen ihrer Mutter. Vier Jahre später besaßen sie bereits 31 Filialen. Zehn Jahre später waren es 300 Geschäfte in ganz Deutschland. Sie gaben der Kette einen neuen Namen und teilten die Gebiete untereinander auf. Fortan war Theo für Aldi Nord zuständig und Karl für Aldi Süd. Der Legende nach kam es zu der

Teilung, weil sich die beiden nicht über die Einführung von Tabakwaren und Tiefkühlkost einigen konnten. Karl, der seinen jüngeren Bruder überlebt hat, gilt heute als der reichste Mensch in Deutschland. Aber so genau weiß das niemand. Ihr ganzes Leben lang waren die Albrecht-Brüder extrem medienscheu. Auch über das Geschäftsgebaren oder ihr Verhältnis zueinander ist so gut wie nichts bekannt. Man muss tief in den Quellen graben, um zumindest ein paar Spuren von dem Spiel aus Konkurrenz und Vertrauen zu finden, das eine Geschäftsbeziehung zwischen Geschwistern prägen kann und das in vielen Fällen zu einem besonderen Erfolg führt.

Was im Privaten häufig scheitert, gelingt im Geschäftlichen nämlich erstaunlich oft: das Nutzen der Grundvertrautheit von Geschwistern für gemeinsame Ziele. »Die Bindungs- und Kommunikationsqualität unter Geschwistern ist eine herausragende Komponente für die Funktionalität in Familien und eine zentrale Ressource für die Entwicklung von Heranwachsenden«, schreibt Inés Brock. Diese Qualität kann auch eine Ressource für die Funktionalität in Unternehmen sein. Die Welt ist voll von Geschwistern, die gemeinsam Geschäfte machen. Sind sie prominent, gilt die Verwandtschaft manchmal nicht nur als Garant für Tiefe, Inhalt und Seriosität, sondern gelegentlich auch für familiären Geschäftssinn und ein bisschen Drama. »Ohne Mühe ließe sich die komplette Geschichte der Bundesrepublik als eine von Brüderpaaren erzählen«, schrieb die Journalistin Ursula März 2010 in der *Zeit*. Und zwar in einer Glosse über die Halbschwestern Katharina und Eva Wagner. Die beiden Urenkelinnen des Komponisten Richard Wagner übernahmen 2008 gemeinsam die künstlerische und geschäftliche Leitung der legendären Wagner-Festspiele in Bayreuth. Davor hatten sie sich nie getroffen. Eva ist die Tochter aus erster Ehe des Vaters, die um 33 Jahre jüngere Katharina aus zweiter Ehe kannte sie »nur vom Hörensagen«. Erst nach dem

Tod von Katharinas Mutter lernten sie sich kennen und kamen sofort überein, sich gemeinsam um den Leitungsposten zu bewerben. Es sei »Sympathie auf den ersten Blick« gewesen, sagte Katharina 2011 in einem Interview. Konflikte und Rivalitäten, »das hätten sich manche gewünscht. Aber mit meiner Schwester läuft es absolut glatt.« Künstlerischen und wirtschaftlichen Gegenwind, der dem Familienunternehmen inzwischen entgegenschlägt, schirmen die Wagnerinnen seither gemeinsam ab.

Berufliche Beziehungen zwischen Geschwistern können darin bestehen, dass sie gemeinsam ein Unternehmen führen oder eines gründen. Ziel kann aber auch die mehr oder weniger gesteuerte Inszenierung der Verwandtschaft an sich und des Familiennamens als Marke sein. Der Schwergewichtsboxer Vitali Klitschko und sein fünf Jahre jüngerer Bruder Wladimir hielten bis zu Vitalis freiwilliger Niederlegung des WBC-Titels 2012 alle relevanten Gürtel ihrer Klasse in der Familie. Doch das Boxen ist auch nach Vitalis Rückzug in die ukrainische Politik das Hauptstandbein des Familiengeschäfts geblieben, und die einzigartigen Erfolge der Brüder im Ring dienen als Aushängeschild. Mit ihrem Image als fast unbesiegbare Kämpfer mit Familiensinn und Doktortitel wurden die Klitschkos zu einem der erfolgreichsten Brands im internationalen Unterhaltungsgeschäft. Darauf haben sie sogar ein Unternehmen aufgebaut. Seit 2007 betreiben die beiden eine Marketingfirma namens »Klitschko Management Group«. Diese veranstaltet nicht nur sämtliche Kämpfe und Auftritte der Brüder mit hunderttausenden Zuschauern am Ring und Millionen vor dem Fernseher. Sie plant auch ihre Medienpräsenz strategisch. Zudem berät die Firma der ukrainischstämmigen Promis westliche Unternehmen beim Eintritt in den osteuropäischen Markt. Das Motto ist auf der Website zu lesen: »Die Klitschkos gewannen den Westen für sich, nun soll ihre Agentur für SIE den Osten gewinnen.« Der Mythos der Klitschkos ist auch deshalb unerschüttert geblieben, weil die beiden Brüder im Ring niemals gegeneinander angetreten sind. Das haben sie ihrer Mutter hoch und heilig versprochen.

Alexander, Oliver und Marc Samwer, Söhne einer Kölner Unternehmer- und Anwaltsfamilie, gründeten Ende der 90er Jahre die Online-Versteigerungsplattform Alando, die so erfolgreich war, dass Ebay einstieg. Mit noch nicht 30 Jahren wurden die Brüder damit zu Multimillionären. 2006 gründeten sie eine Holding, die Startups wie das Netzwerk StudiVZ, die Reisebörse Trivago und den Online-Schuhhändler Zalando mit Risikokapital finanzierte. »Wir wissen einfach, dass wir uns in jeder Situation aufeinander verlassen können«, sagte Alexander, der Jüngste, 2001 in einem Interview mit *Focus*. Er lebe in der Gewissheit, »dass meine Brüder alles dafür tun, damit ich glücklich werde. Dasselbe wissen sie von mir.« Das mache sie im Geschäftsleben »zum stärksten nur denkbaren Team«. Bereits die Eltern förderten den Zusammenhalt der drei. »Sie haben uns T-Shirts mit den Anfangsbuchstaben unserer Vornamen tragen lassen, um den Teamcharakter zu betonen. Wir sahen aus wie eine kleine Fußballmannschaft.«

2012 legte das Wirtschaftsprüfungsunternehmen Price Waterhouse Cooper zum vierten Mal eine Studie zu den Besonderheiten von Familienunternehmen vor. Unter dem Titel »Die Zukunft von Familienunternehmen – der Kern der Wirtschaft« hatte es dafür an die 2000 Firmen zu ihren Erfahrungen und Strategien befragt, davon 250 aus Deutschland, Österreich und der Schweiz. Dabei stellte man fest, dass es »nachhaltiges Denken und die Orientierung an langfristigen Zielen« seien, die Familienunternehmen am deutlichsten von anderen Geschäftsformen unterscheiden. »Managergeführte Unternehmen denken oft in Quartalen«, formuliert darin der Geschäftsführer eines österreichischen Baustoffherstellers in Familienbesitz. »Das stellt die Manager gut dar. Doch das ist langfristig nicht nachhaltig.« Leistungsträger in Familienunternehmen nähmen eine Verantwortung wahr, die temporär angestellte Manager nicht haben. Nicht zuletzt, weil ihr eigenes Geld im Spiel ist. Auch deshalb fällt der Fokus sofort auf positive Begriffe wie Seriosität und Loyalität, wenn Familie in der Nähe ist. Bei Familie geht es immer gleich ans Lebendige. Darum ist sie auch in der kältesten Geschäftswelt ein Qualitätsbegriff. In einigen Branchen lässt er sich von Eltern gezielt zu Geld machen, etwa im Showgeschäft.

Die Zwillinge Robin und Maurice Gibb und ihr älterer Bruder Barry traten schon als Kinder gemeinsam singend auf. Nachdem sie mit ihren Eltern 1958 aus Großbritannien nach Australien ausgewandert waren, bekamen sie dort mit 11 und 14 Jahren ihre erste eigene Fernsehshow. Und einen Gruppennamen, der sie weltberühmt machte: »Brothers Gibb« – Gebrüder Gibb, abgekürzt: »Bee Gees«. Der ehrgeizige Vater des amerikanischen Sängers Michael Jackson drängte ihn und seine vier Brüder als Kinder auf die Bühne und drillte sie als Showgruppe »Jackson Five« brutal zum Welterfolg. Der amerikanische Aussteiger Dan Kelly und seine Frau trieben seit den späten 1970er Jahren neun ihrer zwölf Kinder als musizierende und wild wuchernde Großsippe durch die Fußgängerzonen Europas und brachten es als »Kelly Family« zu Prominenz. Zwar sei es schöner gewesen, »mit meinen Geschwistern im arschkalten Bus zu sitzen, als allein in einem Fünf-Sterne-Luxushotel«, gab 2011 der Jüngste, Angelo Kelly, nach dem Tod des Vaters in einer Fernsehshow tapfer zu Protokoll. Aber eine wirkliche Wahl dürften die Geschwister, die nie eine reguläre Schule besuchen konnten, vermutlich nicht gehabt haben. Der Ruf und Ruhm ihrer oft begafften Familie ist bis heute ihr Hauptkapital im Showbusiness geblieben.

Die britischen Brüder Gary und Martin Kemp entschieden sich als junge Männer selbst für die Musik und waren in der

Popgruppe »Spandau Ballet« sehr erfolgreich. Auch danach sind sie sich beruflich treu geblieben. »Die zwei Brüder, die immer dicke miteinander waren, stehen sich noch näher, seitdem ihre Eltern 2009 im Abstand von nur 48 Stunden gestorben sind«, heißt es in einem Bericht der britischen *Daily Mail*, der 2013 ein neues Projekt der Kemps ankündigte: eine dokumentarische Fernsehserie, in der sie das Treiben historischer und moderner Kriminellengangs untersuchen und kommentieren. In Italien führte die Modeunternehmerin Donatella Versace seit dem Tod ihres Bruders Gianni, der 1997 ermordet wurde, das millionenschwere Bekleidungsunternehmen der Familie zunächst zusammen mit dem älteren Bruder Santo. Dieser hat die Geschäftsführung inzwischen wieder abgegeben. Aber Donatella ist prominente Chefin geblieben und hat Gianni auch als Chefdesignerin beerbt. Ursprünglich hatte sie ihren achteinhalb Jahre älteren Bruder lediglich als PR-Beraterin unterstützen wollen. Doch der Modevisionär schätzte sie als Muse und ermutigte sie schon früh, eigene Entwürfe zu zeichnen. »Wir sind Geschwister mit massenhaft Talent und dem Drang, etwas zu schaffen«, stellen sich die kanadische Designerin Elizabeth De Jong und der Möbelbauer Frank De Jong auf ihrer gemeinsamen Website knapp vor. Viel mehr muss man ihrer Meinung nach über sie dort nicht erfahren. Nicht einmal die Vornamen.

»Es gibt eine Sonnen- und eine Schattenseite«, heißt es in der Studie zu Familienunternehmen. »Wenn sich Familienmitglieder gut verstehen, dann ist Blut dicker als Wasser«, formuliert es die Geschäftsführerin eines familiengeführten österreichischen Luftfahrtunternehmens. »Doch das kehrt sich genau ins Gegenteil, wenn dies nicht mehr der Fall ist. Und das passiert schon, wenn einer aus der Familie sich nicht mit dem Rest der Familie identifiziert.« Streitereien können sowohl die Sippe selbst als auch ihr gemeinsames Geschäft schwer beschädigen. Man müsse deshalb immer aufpassen, dass diese Beziehungen nicht auseinanderbrechen, sagt der Geschäftsführer eines IT-Unternehmens. Und zwar primär, weil das »einen enormen Druck auf die Firma ausübt«.

In der Beziehung zwischen Geschwistern herrscht eine andere Temperatur und eine andere Energie als zwischen anderen Arbeitskollegen. Wenn gemeinsame geschäftliche Interessen vorhanden sind, fällt es manchen Menschen dabei leichter, persönliche Animositäten zu überwinden. Im Beruflichen muss man sich nicht mögen. Man kann sich sogar hassen. Man muss lediglich sicher sein, dass man die gleichen Ziele verfolgt. Wenn Geschwister in einem Unternehmen beruflich verbunden sind, liegt der Schwerpunkt ihrer Beziehung unter Umständen weniger in der Vergangenheit und den Konflikten der Familie als in der Gegenwart und Zukunft eines Geschäftes. Dieser Fokus kann deshalb helfen, früh angelegte Rivalitäten oder Konflikte zu entschärfen oder sie konstruktiv zu nutzen. Geschwister, mit denen privat kein nahes Verhältnis – mehr – möglich ist, lassen sich unter Umständen in etwas größerer Distanz im Berufsleben sehr gut ertragen. So können intakte Teile und Ressourcen der Beziehung manchmal für die Familie erhalten werden, ohne dass der Druck einer persönlichen Nähe aufrechterhalten werden muss. Nirgendwo ist Rivalität zwischen Geschwistern so gut aufgehoben – und seelisch so unschädlich – wie im Geschäft. In diesem Rahmen kann die Konkurrenz sogar etwas Spielerisches bekommen. Jedenfalls dann, wenn man es damit nicht übertreibt.

Die Brüder Rudolf und Adolf Dassler aus Herzogenaurach fertigten in den 1920er Jahren erstmals in der Waschküche ihres Elternhauses maßgefertigte Turnschuhe für Sportler an. Ihr Vater hatte zuvor Filzpantoffeln fabriziert. 1924 übernahmen sie seine Firma und begannen, gemeinsam Sportschuhe zu produzieren. Bei den Olympischen Spielen 1928 kamen sie im größeren Stil zum Einsatz. Privat verstanden sich die Brüder nicht. Nach dem Zweiten Weltkrieg gründete Rudolf eine eigene Sportschuhfirma namens »Puma«. Ein Jahr später startete sein Bruder das ursprüngliche Unternehmen als Firma mit dem Namen »Adidas« neu. Die Firmenzentralen lagen nur wenige hundert Meter voneinander entfernt. Zusammen verantworteten die beiden Unternehmen bald einen Großteil der Industrieproduktion von Turnschuhen, zunächst in Deutschland, dann weltweit. Doch diesen Triumph konnten die Dasslers nicht gemeinsam genießen. Die Brüder waren zu erbitterten Rivalen geworden und sollen bis zu ihrem Tod verfeindet geblieben sein.

Womöglich trieb die Rivalität auch die Geschäfte der Albrecht-Brüder an. Lange bevor die Globalisierung Lebensmittelhändler ins Ausland expandieren ließ, wetteiferten sie miteinander auch außerhalb von Deutschland um möglichst große Einflussgebiete. Bereits 1968 expandierte Karl mit Aldi Süd nach Österreich. 1973 eröffnete Theo erste Geschäfte in Belgien und danach in den Niederlanden. 1976 trumpfte Karl mit der ersten Aldi-Filiale in den USA. Theo eröffnete 1977 zunächst den ersten Aldi Nord-Markt in Dänemark. 1979 setzte er dann mit einem Trick seinen Fuß auch in die USA, die eigentlich das Territorium des Bruders waren. Er erwarb dort die amerikanische Delikatess-Supermarktkette »Trader Joe's«, die, ebenso wie der amerikanische Aldi, bis heute existiert und zum jeweiligen Zweig des Familienkonzerns gehört. In Europa expandierte Theo Albrecht 1988 mit Aldi Nord zudem nach Frankreich. 1989 zog Karl mit Aldi Süd in Großbritannien nach. 1990 eröffnete Theo in Luxemburg. In den 90er Jahren zogen sich beide aus dem operativen Geschäft zurück und übergaben an Nachfolger. Die Ausdehnung der Imperien ging weiter. 1998 ging Aldi Süd nach Irland, 2001 nach Australien. 2002 eröffnete Aldi Nord in Spanien. 2005 expandierte Aldi Süd in die

Schweiz und nach Slowenien. Ein Jahr später eröffnete Aldi Nord in Portugal und zwei Jahre später in Polen.

2010 starb Theo Albrecht. Karl lebte bis 2014 zurückgezogen und hochbetagt, und man kann nur raten, ob er im Geheimen jeweils frohlockte, wenn ihm wieder ein geschäftlicher Coup gegen seinen Bruder gelungen war.

Versöhnung am Totenbett

Vor kurzem fiel mir in Marlenes Arbeitszimmer in einer Ecke des Bücherregals ein Arrangement auf, das ich zuvor nie bemerkt hatte. Ganz eng an der Wand sind dort drei Schwarzweißporträts in älteren Fotorahmen zusammen angeordnet. In einem ovalen grünen Kunstlederrahmen steckt das Bild einer jungen Frau mit feinen Locken und neckischem Strahlen. Unsere Mutter mit Anfang 20, kurz nachdem sie den Mann traf, der unser Vater wurde. Das Bild hatte sie ihm einst geschenkt, und es stand auf dem Nachttisch seines Jugendzimmers. Der kleine, angelaufene Silberrahmen daneben hält ein Passfoto von ihm aus dieser Zeit. Verwegene Koteletten und ein herausfordernder Blick zeigen den jugendlichen Rüpel, in den sie sich damals verliebte. Auf dem dritten Bild, in einem ziselierten Holzrähmchen, ist ein kleines Kind in einer weichen Jacke zu sehen. »Das ist aber nett«, dachte ich. »Marlene hat Bilder ihrer Familie aufgestellt.« Ganz selbstverständlich ging ich davon aus, dass es mein Kinderbild sei. Eine Sekunde später fiel mir der Irrtum auf. Das Mädchen auf dem Foto ist Marlene selbst, mit drei oder vier Jahren. Die kleine, fast verschämte Anordnung im entlegensten Winkel ihres Hauses ist den knapp zehn Jahren gewidmet, als sie noch zu dritt waren. Als ich das begriff, legte ein namenloses Gefühl mich für einen Augenblick lahm. Schmerz und Beleidigung, Erstaunen und Empörung.

Ich stand vor einer vollkommen neuen Perspektive. Meine Familie hat eine Geschichte, in der ich keine Rolle spiele. Es gibt sie auch ohne mich. Meine Mutter, mein Vater und meine Schwester waren schon vor mir ziemlich lange da. In den nächsten Tagen schlich ich mich immer wieder zu den Bildern. Langsam fing ich an, Marlene mit anderen Augen zu sehen. Fast ein Fünftel ihres Lebens hatte sie mit Mutter und Vater als Einzelkind verbracht. Sie ist nicht als meine Schwester geboren. Dieser Zeit hat sie eine Erinnerung gesetzt. Einer Zeit, in der sie noch im Mittelpunkt stand. Vor drei, vier Jahren hätte ich es noch nicht ertragen, diese Bilder zu betrachten. Es hätte mich wütend oder traurig gemacht und das unerträgliche Gefühl bestätigt, dass Marlene mich nicht leiden kann, dass ich für sie nur eine Last und eine Belästigung bin, eine Enttäuschung, und dass es ihr lieber wäre, wenn es mich gar nicht gäbe. Dieser Eindruck war im Laufe der Jahre quälender geworden, er machte mich ihr gegenüber immer widerborstiger, bis es schließlich leichter war, auf gründlichen Abstand zu ihr zu gehen. Ich konnte noch nicht akzeptieren, dass es im System unserer Familie nicht ausschließlich um meine Gefühle und meine Verletzungen geht, sondern genauso auch um die Geschichte der anderen.

Seitdem ich das hinnehmen kann, rührt es mich, dass Marlene diese Ecke aufgebaut hat. Ich erkenne darin zum ersten Mal das kleine Mädchen in ihr statt immer nur die große Schwester. Inzwischen erleichtert es mich, dass sie den Raum wiedergefunden hat, in dem sie ohne mich gelebt hat, ohne die Last der übergroßen Verantwortung, ohne die anhaltende Überforderung, die damals ihr Leben prägte. Dass ihr das gelungen ist, befreit auch mich.

Auch von mir stehen Bilder in ihrem Haus. Aber nicht in dieser Ecke. Die Ecke mit Vater und Mutter gehört nur ihr allein. Sie ist auch ein Symbol dafür, dass sie sich mit den beiden versöhnen konnte, mit ihren ganz eigenen, ungeteilten Eltern und der nicht nur glücklichen Geschichte, die sie miteinander teilen. Vielleicht haben auch ihr die Jahre fast ohne Kontakt zu mir dabei geholfen.

Eine Funkstille kann dazu beitragen, seine Gefühle und Bedürfnisse zu sortieren und als Tochter oder Sohn ebenso wie als Schwester oder Bruder eigenständig zu werden. Wie lange sie aber als erholsam empfunden wird und ab wann daraus ein bitterer Beziehungsabbruch oder eine abgestorbene, giftige Bindungslast wird, das kann jeder nur für sich selbst beantworten.

»Fünf Jahre ist zu lang für böses Blut unter Brüdern«, sagte 1987 der Junggeselle Johnny Cammareri im Film *Moonstruck*, nachdem er sich in Befürchtung des nahen Todes der geliebten Mutter mit seiner Dauerbekannten, der verwitweten Loretta Castorini, gespielt von Cher, verlobt hat. Vor der Hochzeit muss er noch zum Sterbebett nach Sizilien reisen. Während seiner Abwesenheit soll die Braut seinen Bruder Ronny, mit dem er seit Jahren zerstritten ist, besänftigen und zur Hochzeit einladen. Dadurch erfährt sie überhaupt erst von der Existenz eines Schwagers. Beim ersten Treffen mit Ronny, gespielt von einem glutäugigen, muskulösen Nicolas Cage in nur spärlicher Oberbekleidung, nehmen die Dinge ihren Lauf. Am Schluss bringen die familiären Wirrungen nicht nur die richtigen Herzen zueinander, sie steuern auch die beiden Brüder wieder in den Schoß der Sippe. »Auf die Familie« lauten die letzten Worte des Drehbuchs, wenn alle Bande neu geknüpft sind und Cher vom leidenschaftlichen Ronny statt vom drögen Johnny den Ring über den Finger gestreift bekommt. Das ist natürlich Kitsch, wie Hollywood ihn liebt und mit Oscars belohnt. Dass er weltweit funktioniert, bedeutet aber, dass er in uns etwas Tiefes anspricht.

Sehr viele Menschen beschäftigt es, wenn es in ihrer Familie unversöhnte Geschwister gibt oder wenn sie selbst längere Zeit ohne Kontakt zu einem Bruder oder einer Schwester sind. Nur die wenigsten lässt die Vorstellung kalt, dass man selbst oder das Geschwister irgendwann im Streit sterben könnte. Oft wird dieser Gedanke im mittleren Lebensalter drängender, wenn die eigenen Eltern tot sind. Das Gefühl, der Nächste in der Reihe zu sein und dringende Angelegenheiten noch nicht geklärt zu haben, wird immer beunruhigender. Konflikte mit Geschwistern, die oft über Jahre oder Jahrzehnte an die Peripherie des eigenen Alltagslebens verdrängt worden sind, schieben sich plötzlich ins Zentrum. Ausgerechnet dann fällt es häufig besonders schwer, auf die anderen zuzugehen.

Ein gestörtes Verhältnis zu Vater oder Mutter kann das Verhältnis von Geschwistern zueinander lebenslang beeinflussen. »Geschwisterbeziehungen sind letztendlich immer erst in ihrer Verschränkung mit der Ebene der Eltern-Kind-Beziehung zu verstehen«, heißt es bei Dorothee Adam-Lauterbach. Das als problematisch empfundene Geschwister droht dabei nämlich zu einer Art Projektionsfläche für negative Gefühle zu werden, die eigentlich den Eltern gelten. Wenn das Erbe verteilt wird, zeigt sich manchmal in erschreckender Wucht, wer schon immer das Gefühl hatte, zu kurz gekommen zu sein, und auf wem schon immer der Neid der anderen lastete, weil er oder sie scheinbar das Lieblingskind war. »Wenn beide Eltern tot sind, brechen oft Enttäuschungen und Verletzungen aus Kindheitstagen wieder auf«, schreibt die österreichische Psychotherapeutin Bernadette Bugelnig 2008. Dann fehle »das Verbindende des Vaters oder der Mutter«, um sich wieder zu versöhnen. »Die Geschwister entscheiden bewusst oder unbewusst, ob und wie sie die Geschwisterbeziehung fortsetzen wollen. Oft übernimmt eines der Geschwister die Rolle des Vaters oder der Mutter, ergreift die Initiative und organisiert gemeinsame Familientreffen. Oder sie brechen die Verbindung ab, indem sie sich völlig abwenden, höfliche Distanz halten oder auch nie wieder miteinander kommunizieren.« Dieser seelische Mechanismus wurde in mehreren psychologischen Arbeiten in den 90er Jahren herausgearbeitet. Und fast jeder weiß von einer Familie, in der Brüder und Schwestern sich ausgerechnet in diesem Moment endgültig verfeindet haben. Wenn eine Versöhnung zwischen Geschwistern auch um den Tod der Eltern herum nicht gelingt, kann es daran liegen, dass die Beziehung zu diesen allzu früh verhärtet ist und in der Gussform der Kindheitsfamilie auch die Geschwisterbeziehungen erstarrt sind.

Die Frage, an wem es ist, den ersten Schritt zur Versöhnung zu machen, und wie man das genau angehen kann, ist ein immer wieder diskutiertes Thema auf Ratgeberforen im Internet. »Wie kann man sich nach Jahren Dauerstreit wieder versöhnen, wenn beide Dickköpfe sind?«, fragt etwa auf *gutefrage.net* eine 35-jährige Frau, die seit eineinhalb Jahren keinen Kontakt mehr mit ihrem Bruder hat. »Er ist immer noch ein A.... Aber er ist mein Bruder. Muss man sich versöhnen, nur weil er ein Familienmitglied ist? Denkt er so wie ich? Was kann ich tun, um ihm zu verzeihen, was er mir angetan hat? Muss ich den Kontakt suchen oder muss er es?« Das knappe Dutzend zufälliger Leser und Forenbesucher, die eine Antwort geben, ist sich einig: »Müssen müsst ihr gar nichts«, schreibt der Erste. Aber »wenn du jetzt noch damit anfängst, ihm Vorwürfe zu machen, weil er nicht zuerst auf dich zukam (und er denkt vielleicht das Gleiche), kann das nichts werden. Ihr müsst ja nicht weiter in Kontakt bleiben, aber ihr könntet zumindest das böse Blut aus der Welt schaffen. Wer weiß – wenn eure Eltern irgendwann pflegebedürftig sind, müsst ihr vielleicht an einem Strang ziehen.« – »Streit kommt in den besten Familien vor«, lautet eine andere Antwort. »Man muss sich nicht versöhnen, nur weil man ein Familienmitglied ist. Vielleicht wäre es mal an der

Zeit, sich auszusprechen, könnte auch sein, dass ihr euch beide damals zu sehr reingesteigert habt, das es so ›eskalierte‹«. – »Geht nur, wenn beide Seiten ein Signal setzen und aufeinander zugehen wollen!«, meint ein Dritter knapp. »Wozu soll es gut sein, mit einem A… Kontakt aufzunehmen?«, fragt ein Vierter. »Das bringt außer der Fortsetzung des Streits gar nichts. Verzeihen muss man nichts, aber gelegentlich ohne Groll etwas so stehen lassen, wie es ist.« Einige Leser machten sich die Mühe einer ausgiebigen Antwort. »Zum Verzeihen ist es gut, die eigene (innere) Position zu verlassen«, schreibt eine weitere Ratgeberin. »Vielleicht kannst du dich für ein paar Minuten in deinen Bruder, mit den damals dazugehörigen Umständen, hineinversetzen? Zur Versöhnung ist es oft nur ein kleiner Schritt, doch viele Menschen meiden den, da sie erwarten, dass der andere den schwersten Schritt übernimmt. Und so vergehen häufig viele Lebensjahre … je länger es dauert, umso schwerer (und unmöglicher) wird eine Versöhnung. Beantworte dir selbst einige Fragen: Vermisse ich meinen Bruder? Was erhoffe ich mir von einem erneuten Kontakt? Erwarte ich, dass sich mein Bruder geändert hat? Kann ich auch ohne meinen Bruder gut leben?« – »Er war einfach gemein zu mir«, antwortet die Fragerin darauf. »Sehr gemein und sieht es nicht ein. Und ich sehe nicht ein, da ich nichts gemacht habe, warum er nicht zu mir kommt und sich entschuldigt. Über meine Mutter habe ich erfahren, dass er eine Entschuldigung von mir verlangt. Das hat mich sehr tief getroffen, wo er doch weiß, dass er schuld an unserem Streit ist!« – »Wirklich schwierig, die Entscheidung«, räumt die geduldige Ratgeberin ein. »Nach meiner Erfahrung passiert es äußerst selten, dass sich Menschen entschuldigen, selbst wenn sie wissen, dass sie schuld sind. Warum das so ist, kann ich dir leider nicht sagen.« Die Fragerin solle gut überlegen und dann den ersten Schritt tun, »nur für dich und deinen inneren Frieden«, schlägt sie weise vor. »Doch verpflichtend ist das nicht. Wenn es dir zu schwerfällt, du dich noch zu sehr verletzt fühlst, dann lass es lieber. Vielleicht kannst du trotzdem deinem Bruder – in Gedanken – alles Gute wünschen. Gute Wünsche für den anderen können auch erleichtern.«

Es ist der vielleicht wichtigste Ratschlag in dieser Sache. Sobald die Kindheit vorbei ist, sind Geschwister keine Pflicht mehr. Dann sind sie nur noch eine Chance. Nicht immer kann oder will man sie nutzen. Oft geht es beim Ringen um eine mögliche Versöhnung mit dem Bruder oder der Schwester auch gar nicht um die Rettung einer lebendigen, andauernden Beziehung. Sondern darum, Frieden mit dem Teil der Vergangenheit zu schließen, für den der andere steht.

Die amerikanische Künstlerin Gertrude Stein und ihr zwei Jahre älterer Bruder lebten nach dem frühen Tod der Eltern wie ein keusches Ehepaar zusammen. Sie begründeten eine der bis heute legendärsten Sammlungen moderner Kunst. Leo blieb in der Rolle des einst angebeteten Älteren, der zu jedem Thema der Kunst aus dem Stegreif einen Vortrag halten konnte. Bis 1913 zwischen ihnen ein scheinbar unbedeutender Streit über die Frage ausbrach, ob der Kubismus als Kunstform eine Zukunft habe oder nicht. Die avantgardistisch interessierte und inzwischen unter ihren Anhängern selbst zu einer Eminenz gewordene Gertrude, damals 39 Jahre alt, war sehr daran interessiert. Der konservative Leo, auch mit 41 Jahren noch nicht seinen eigenen künstlerischen Ansprüchen gewachsen, widersprach energisch. Es kam zu einem Eklat. Befeuert wurde er von tiefer geschwisterlicher Eifersucht Leos auf Alice B. Toklas, die Lebensgefährtin von Gertrude, die im gemeinsamen Haushalt wohnte und die im Leben der Schwester eine immer wichtigere Rolle zu spielen begonnen hatte. Und die ihrerseits Gertrude verehrte, wie diese einst ihren Bruder verehrt hatte. Es folgte eine Funkstille von 33 Jahren, bis zu Gertrude Steins Tod 1946. »Die Geschwister, deren gemeinsame Kraft zu der wichtigsten Sammlung führte, die je in so kurzer Zeit zusammengetragen wurde, sprachen nie wieder ein Wort miteinander«, heißt es 2013 in der literarischen Chronik *1913* von Florian Illies. »Immer wieder sendet Leo Versöhnungsangebote aus Florenz. Aber Gertrude antwortet nicht. Später versucht sie die Trennung auf die Weise zu verarbeiten, wie Intellektuelle eben Dinge zu bewältigen versuchen, die sie seelisch überfordern. Sie schreibt ein Buch darüber. Sie nennt es ›Two: Gertrude Stein and her brother‹. Und sie glaubt dadurch ihre Eigenständigkeit schwarz auf weiß beweisen zu können. Aber natürlich bewies sie dadurch vor allem, dass auch sie die Trennung von ihrem Bruder nie bewältigt hatte.«

Die amerikanischen Geschwisterforscher Stephen Bank und Michael Kahn »gehen davon aus, dass Bindungsmuster zwischen Geschwistern enger werden, wenn die Beziehungen zu den Eltern instabil sind«, schreibt Dorothee Adam-Lauterbach 2013 und beruft sich dabei auf eine Untersuchung von 1994. Auch hier können die Wurzeln eines scheinbar unlösbaren Konflikts zwischen erwachsenen Geschwistern liegen. Wenn die Ehe der Eltern ständig zu zerbrechen droht, der alleinerziehende Elternteil schwach erscheint oder sie als Waisen früh allein und aufeinander angewiesen sind, gehen Geschwister miteinander weniger Konflikte ein, um die letzte sichere Bindung nicht auch noch zu gefährden. Das übergroße Gewicht, das die Harmonie in diesem Verhältnis dadurch in frühen Jahren bekommt, kann im späteren Leben zu einer Unwucht führen. Auch im Festhalten an überkommenen Belastungen und den damit verbundenen Schuldzuweisungen kann die ungute Familiendynamik dann manchmal über den Tod der Eltern hinaus wirken – ohne dass sich die Lebenden dieser Kräfte überhaupt bewusst sind.

»Lassen Sie mich noch kurz über Versöhnung sprechen. Versöhnung ist etwas Wunderbares«, heißt es am Ende von Dominick Dunnes Essay über sich und seinen Bruder. »Mir war nicht klar gewesen, wie sehr mir Johns Humor gefehlt hatte. Und es tat gut, wieder über unsere Familie sprechen zu können. Wir sprachen über unseren Großvater, der uns beide zu Lesern gemacht hatte. Über unsere Mutter und unseren Vater, über unsere beiden toten Schwestern und über unseren toten Bruder. Wir sprachen über meine tote Tochter, die John und Joan immer nahegestanden hatte. Wir fingen sogar an, über das zu reden, was wir gerade schrieben.« Drei Jahre später, einen Tag vor Silvester, bekam Dominick Dunne einen Anruf. John ist tot. Er hatte seinen letzten Herzinfarkt.

Versöhnung heißt nicht, dass danach alles gut wird. Unter Umständen kann man miteinander noch ein paar gute Stunden, Tage, Jahre oder Jahrzehnte erleben. Vielleicht aber auch nicht. Versöhnung bedeutet nur eines sicher: Danach ist einem leichter ums Herz.

Man kann sich mit Geschwistern übrigens auch versöhnen, wenn man mit ihnen nie wieder ein Wort sprechen möchte. Man kann es sogar dann, wenn sie schon tot sind. Das Gute an Geschwistern ist, dass sie ohnehin in unserem Innern wohnen. Dort können wir mit ihnen und dem, was zwischen uns vorgefallen ist, versuchen, Frieden zu schließen. Und sehen, was dann geschieht. Versöhnung in Abwesenheit ist nicht unbedingt leichter als im realen Leben. Versöhnen hat immer etwas mit Verzeihen zu tun. Verzeihen bedeutet, dass man Dinge erlässt, die einem eigentlich noch zustehen würden. Verzeihen ist eine der schwersten Übungen für fast jeden Menschen. Aber gleichzeitig ist es etwas vom Wirkungsvollsten, was man in seinem Leben überhaupt tun kann. Es wirkt in so gut wie allen Beziehungen. Mit Geschwistern kann man auch das üben.

Teil Fünf

Warum Geschwister gut sind

Solitäre

Wenn ich mein Adressbuch durchblättere, dann komme ich auf ein Verhältnis von 1:4. Auf ein Einzelkind kommen vier Leute mit Geschwistern. Das ist natürlich kein bisschen repräsentativ. Die meisten Leute in meinem Adressbuch sind zwischen 30 und 70 Jahre alt. Die Zeit der Familiengründung ist bei einem Großteil abgeschlossen. Und ihre eigenen Kinder sind nicht mitgerechnet. Die Kinder setze ich auf eine eigene Liste. Bei ihnen ist das Verhältnis ziemlich ausgeglichen. Ungefähr die Hälfte von ihnen sind Einzelkinder und werden es wohl auch bleiben, die andere Hälfte hat Geschwister. Ungefähr die Hälfte meiner Bekannten, Freunde und Kollegen, die mit Geschwistern aufgewachsen sind, haben selbst keine Kinder. Sehr viele von denen, die als Einzelkind aufgewachsen sind, haben heute selbst ein Einzelkind. Welche Bedeutung hat es für einen Menschen, ob er als Einzel- oder Geschwisterkind aufgewachsen ist?

Einzelkinder beschäftigen die Wissenschaft, seit es Psychologie gibt. Aber die Auseinandersetzung mit dieser Form der Kindheit ist noch schwieriger als die Frage nach dem Einfluss des Geburtsrangs. Denn der Begriff des Einzelkindes ist weit weniger eindeutig, als er im ersten Moment erscheint. »Ein Erstgeborenes kommt ja nicht als ›Sohn‹ oder ›Tochter‹ auf die Welt, sondern als ›zukünftiges Geschwister‹ schrieb der amerikanische Anthropologe Robert McKinley 1983. Erst wenn die Familiengründung für ein Paar unwiderruflich beendet ist, ist der Status eines Erstgeborenen als Einzelkind festgelegt – falls nicht noch irgendwo Stiefgeschwister auftauchen. In jedem Erstgeborenen überschneiden sich ohnehin die Erfahrungen des Einzelkindes mit denen des Geschwisterkindes.

Bereits Alfred Adler, der Erfinder der Individualpsychologie, beschäftigte sich zu Beginn des 20. Jahrhunderts mit Einzelkindern. Er hielt sie für Unglückliche, denen kaum zu helfen sei, und schrieb: »Unsere Aufgabe beschränkt sich darauf, die Schwierigkeiten des Einzelkindes bestmöglich zu bekämpfen.« Eine Generation später erklärte der Familienforschungspionier Walter Toman: »Das Einzelkind kann nur auf seine Eltern Anspruch erheben. Eltern sind die wichtigsten Personen im Leben eines Kindes. In Familien mit zwei, drei, vier oder mehr Kindern werden sich Kinder an ihre Geschwister wenden, um dort zu erhalten, was sie bei den Eltern nicht bekommen. Eltern, die miteinander glücklich sind, neigen psychologisch dazu, sich im Hintergrund zu halten. Mit solchen Eltern kommen Kinder leicht zurecht. Ihre Geschwister bekommen dadurch jedoch eine größere Bedeutung. Nur Eltern, die miteinander unglücklich sind, können ihre Kinder ängstlich auf sich selbst fixiert halten, unfähig, miteinander auszukommen. Dies sind die Kinder, die in ihrer eigenen Wahl von Liebespartnern danach streben, aus dem Beziehungsmuster ihrer Eltern auszubrechen und das Gegenteil zu suchen. Aber sie werden häufig in einer ganz ähnlichen Konstellation enden wie die Eltern. Sie können ihnen nicht entkommen, weil ihre Eltern die einzigen wirklichen Bezugspersonen sind, trotz ihrer Konflikte. Das Einzelkind befindet sich normalerweise ebenfalls in dieser Situation, sogar wenn die Eltern miteinander glücklich sind. Es kann nicht das lernen, was Kinder aus größeren Familien von ihren Eltern lernen: wie man mit Kindern umgeht. Aus diesem Grund suchen Einzelkinder in ihren Liebespartnern eher nach einem Vater oder einer Mutter als nach einem Geschwister. Häufiger als andere haben sie auch nicht den Wunsch nach eigenen Kindern. Sie wollen selbst die Kinder bleiben.« Eine Familie mit einem einzigen Kind bezeichnet Toman deshalb als »mäßig defizitär«.

»Unsicherheit der Eltern bei gleichzeitig verstärkter narzisstischer Besetzung des Kindes ist sicher eine häufig vorkommende Erfahrung der Erst- und Einzelkindsituation«, schreibt die Psychotherapeutin Dorothee Adam-Lauterbach 2013. Dass Eltern ihr erstgeborenes Kind anders behandeln als die nachfolgenden, haben viele Studien und Untersuchungen ergeben. Deren Autoren schildern »meist ein strenges, restriktives und emotional eher zurückhaltendes Verhalten der Eltern ihrem ersten Kind gegenüber, welches mit noch sehr engen Vorstellungen und hohen Erwartungen begründet wird«, heißt es 2007 in der Studie des Psychologenteams an der Universität Leipzig zum Thema »Das elterliche Erziehungsverhalten in der Erinnerung erwachsener Geschwister«. In früheren Untersuchungen beschrieben Wissenschaftler »eben dieses Erziehungsverhalten besonders bei den Müttern und führten es auf die Unsicherheit und Ängstlichkeit zurück, die Frauen bezüglich ihrer neuen Mutterrolle zeigten«, schreibt das Verfasserteam. »Eltern scheinen sich um älteste Kinder stärker zu sorgen und neigen dazu, sie zu pathologisieren«, bemerkt auch Adam-Lauterbach. Dabei bezieht sie sich auf eine Untersuchung, die der kanadische Psychologe Nicholas F. Skinner 1997 unter dem Titel »Hypochondria in Women as a Function of Birth Order« veröffentlichte – Weibliche Hypochondrie als Auswirkung der Geschwisterposition.

Wer junge Eltern kennt oder selbst dazu gehörte, weiß, dass diese sowohl Kinderlosen als auch erfahrenen Eltern tatsächlich manchmal etwas überängstlich erscheinen können. Jeder Tag mit einem neuen Baby bringt nie dagewesene Erfahrungen von existentieller Bedeutung, die sich kaum entspannt durchleben lassen. Beim zweiten, dritten, vierten Kind fällt es leichter zu unterscheiden, ob es eine Kolik oder einen lebensbedrohlichen Darmverschluss hat, ob man es unbedingt davon abhalten muss, allein einen Schemel zu erklettern, ob man es besser nicht eigenhändig die Zähne im Maul des Nachbarhundes nachzählen lässt. Doch auch mit einem einzigen Kind gewöhnen sich Eltern an die neuen Routinen. Sogar, wenn ihnen oft lange nicht klar ist, ob dem ersten noch weitere folgen sollen.

»Das Fehlen von Geschwistern hat zur Folge, dass immer mehr Kinder keine Seitenverwandten besitzen, d. h. dass eine Abnahmen der horizontalen und eine Zunahme der vertikalen Verwandtschaftslinien erfolgen wird, was längerfristig eine noch stärker erlebte unmittelbare soziale Verpflichtung den Eltern (bzw. Großeltern) gegenüber zur Folge haben könnte«, hieß es 1997 in einem Überblicksartikel der Soziologin Ulrike Zartler zum Thema »Pubertät und ihre Bedeutung für Eltern und Kinder« für das Österreichische Institut für Familienforschung. »Bezeichnenderweise planen Eltern, die mit einem Kind eigentlich zufrieden sind, ein weiteres, damit dem Stammhalter nur nichts Entscheidendes fehle«, schrieben 1991 im *Spiegel* die Autoren einer Rezension zu einem Buch über Einzelkinder. Die negative Bewertung der Einzelkindsituation sei der häufigste Grund für ein weiteres Kind, heißt es im selben Artikel. Auch wenn die Familie glücklich ist, sät das Vorurteil des einsamen Kindes in Eltern Zweifel, ob es ihrem Mädchen oder Jungen doch auf Dauer an etwas mangele. Viele Einzelkinder leben deshalb jahrelang als potentielles Geschwisterkind. Mehr oder weniger bewusst erleben sie viele Jahre der Hoffnung, des Wartens, der Enttäuschung und vielleicht auch der unterschwelligen Erleichterung – bei den Eltern ebenso wie bei sich selbst.

»Die Ein-Kind-Situation bringt das Kind in eine Minoritätenstellung innerhalb des gesamten Familienverbandes, was neben Verwöhnungseffekten auch zu Entwicklungsdefiziten führen kann«, heißt es bei Zartler. »Einzelkinder sind in höherem Maße als Geschwisterkinder von den Interaktionen mit den Eltern abhängig.« Aber sind Einzelkinder deshalb in Hinblick auf ihr Sozialverhalten benachteiligt? Sind sie egoistischer? Auf diese Fragen hat bisher noch niemand eine eindeutige Antwort liefern können. Die wichtigste Frage dabei stellen sich manchmal sogar Einzelkinder selbst: Fehlt etwas ohne Geschwister? Jugendlichen ohne Geschwister mangele »ein nahezu klassischer Anknüpfungspunkt für Annäherungen an das andere Geschlecht«, schreibt Zartler weiter: »Die Freunde und Freundinnen der Geschwister, die in den Jugendtagebüchern der 50er Jahre noch eine zentrale Rolle für die Aufnahme gegengeschlechtlicher Beziehungen spielen, kommen heute erheblich seltener vor.«

»Wie können Einzelkinder die fehlenden Geschwister ausgleichen?«, wird die Psychotherapeutin Marlies Matt in einem Interview auf der Website des »Arbeitskreis für Vorsorge- und Sozialmedizin Vorarlberg« gleich suggestiv gefragt. Ihre Antwort: »Hier nehmen Freunde diese Funktion ein. Sie bieten ähnliche Möglichkeiten für Auseinandersetzungen. Einzelkinder sind oft auch gesellig und haben viele Freunde.« Auf die Frage »Haben es Einzelkinder leichter?« sagt sie: »Nein, sie haben nicht bessere oder schlechtere, sondern einfach andere Bedingungen, um Selbstvertrauen zu entwickeln und an die eigenen Fähigkeiten zu glauben und diese zu erweitern. Viel entscheidender als die Familienkonstellation und die Anzahl der Geschwister sind die Familienverhältnisse und die Erfahrungen, die Kinder machen.« Was Geschwister können, können auch Einzelkinder lernen. Manches sogar besser. Jedenfalls, wenn man sie lässt. Das gilt heute als eine der wenigen Erkenntnisse zu dieser Kindheitsform.

Das erste Kind, das mir in den Sinn kommt, wenn ich an Einzelkinder denke, ist Celina. Sie ist die Freundin einer Bekannten. Celina ist der Augapfel ihrer Eltern, erst recht, seitdem sie eine chronische Krankheit hat, die sie leicht müde werden lässt. Celina hat Biss. Aber sie spricht auch mit 32 Jahren noch mit der piepsigen Stimme eines kleinen Mädchens. Vor allem dann, wenn sie einem anderen gegenüber ihren Willen durchsetzt. Das tut sie häufig, sie hat klare Vorstellungen von ihrem Leben. Celinas Eltern haben ihr nicht nur die Ausbildung an einer teuren privaten Kunsthochschule finanziert, sondern ihr klaglos auch einen einjährigen Studienaufenthalt in Paris mitsamt eigener Zweizimmerwohnung in einer Seitenstraße der Champs-Élysées bezahlt, obwohl sie bei weitem keine Millionäre sind. Auch in Urlaub fährt Celina meist mit ihnen. Was auch deshalb praktisch ist, weil sie so alle Rechnungen übernehmen. Celina ist dann wieder ganz Kind. Das sei sie ihnen schuldig, sagt sie. »Sie haben ja keinen außer mir.«

Als zweites Einzelkind fällt mir meine Schulfreundin Edith ein. Sie hatte einen schüchternen, liebevollen Vater und eine warmherzige, freundlich emanzipierte Mutter, die uns als Schülerinnen gelegentlich zu feministischen Wochenendseminaren mitnahm. Edith zeigte schon damals erhebliches musikalisches Talent und schloss ihr Studium an einer Musikhochschule ab. Obwohl sie es liebte, vor Publikum zu spielen, entschied sie sich für das Dasein als Mutter mit einem Teilzeitjob in einem Büro. Vor ihren Auftritten hatte sie immer recht starkes Lampenfieber, das ihr für eine Musikerinnenkarriere als zu belastend erschien. Ich fand das ziemlich lasch. Sie hätte doch wenigstens versuchen können, ob ihr der Durchbruch gelingt, dachte ich insgeheim. Ediths Eltern schienen mit allem, was sie tat, zufrieden zu sein. Sicherlich hätten sie sie auch als Künstlerin unterstützt. Aber es schien ihnen genauso recht zu sein, dass sie sich nicht in das Haifischbecken der Berufsmusiker begab. Wahrscheinlich neidete ich ihr die großzügigen, großmütigen Eltern und schrieb darum ihre ganze Passivität dem Umstand zu, dass sie Einzelkind war und sich niemals irgendwo durchsetzen oder beweisen musste.

Auch Zoe Mara ist Einzelkind und wird es bleiben. Sie ist die Tochter einer Kollegin. Manchen erscheint sie auch als deren Lieblingsprojekt. Das Mädchenzimmer von Zoe Mara sieht aus wie aus einem Designkatalog. Nie trägt Zoe Mara Schuhe, die nicht zu ihrem Zopfgummi passen. Falls Zoe Mara in ihrem elfjährigen Leben jemals ein nicht-ökologisch erzeugtes Stück Fleisch gegessen haben sollte, war ihre Mutter garantiert nicht in der Nähe. »Gibst du mir einen Kuss?«, fragt Zoe Maras Mutter, wenn wir zum Essen bei ihnen sind und Zoe Mara nach ein paar Gabeln keine Lust mehr auf die Erwachsenengespräche hat und bei ihrer Freundin im Nachbarhaus anrufen will, ob sie zu ihr gehen kann. Der Kuss ist der Wegzoll, damit sie gehen darf. »Wir folgen unserer Tochter überallhin«, sagt Zoe Maras Vater und meint damit, dass die Familie, seit Zoe Mara zur Schule geht, in einem Bezirk wohnt, wo mehr wohlhabende und weniger ausländische Kinder in den Schulbänken sitzen. Er vergöttert Zoe Mara auf die entspannte, beiläufige Weise eines Mannes, dem es Freude macht, eine Prinzessin um sich zu haben und sicherzustellen, dass es ihr an nichts fehlt. Wenn sich Zoe Mara nur nicht immer so bodenlos langweilen würde. »Ist Viola auch da?«, ist immer die erste Frage, die sie stellt, wenn ihre Familie bei uns eingeladen ist. Viola ist die Tochter einer anderen Freundin, mit der sie sich vor einiger Zeit angefreundet hat. Immer wenn ihre Eltern Gäste einladen, fleht Zoe Mara, dass man auch Violas Familie fragt. Einfach, damit ihr nicht wieder so furchtbar öde wird mit all den Erwachsenen, die ständig immer nur reden und langweiliges Zeug von ihr wissen wollen.

»Während Einzelkinder den elterlichen Erwartungen allein

gegenüberstehen, können Geschwister füreinander eine Art Pufferzone sein, wenn sich die Eltern mit Forderungen, Ansprüchen, Wünschen oder Kritik auf ein bestimmtes Kind beziehen«, zitiert Ulrike Zartler den Geschwisterforscher Hartmut Kasten in ihrem Literaturüberblick. Aber man darf nicht vergessen, dass auch die Forscher und Analytiker immer auf ihre eigenen Erfahrungen zurückgreifen und die statistischen Ergebnisse unter dem Licht ihrer eigenen glücklichen oder unglücklichen Erfahrungen interpretieren.

Wie sind Einzelkinder wirklich? Macht ihnen ihre Situation Probleme? Darauf gibt es keine wissenschaftliche Antwort. »Die Risiken und Chancen des Einzelkinddaseins werden in der Literatur kontrovers diskutiert«, schreibt Ulrike Zartler. »Typische, verallgemeinerbare Charaktereigenschaften« ließen sich kaum belegen. Sogar wenn man ausschließlich Kinder mit sehr ähnlichen Lebensumständen vergliche, seien später »sehr unterschiedliche Lebensmuster« zu erwarten. Zu diesem Schluss kommen die Autoren der *Spiegel*-Rezension zum Thema Einzelkinder. »Dies bestätigt eine Analyse des Mannheimer Zentralinstituts für Seelische Gesundheit. Zweimal, im Abstand von fünf Jahren, wurde eine Gruppe von 399 Kindern befragt. Es ergab sich ›weder in der seelischen Entwicklung noch im Sozialverhalten‹ eine Differenz zwischen Einzel- und Geschwisterkindern. Allein bei Intelligenztests schnitten Einzelkinder besser ab.« Sobald Kinder selbständiger werden, spielt ohnehin die Peergroup der Gleichaltrigen außerhalb des Elternhauses die wichtigste Rolle in der Entwicklung. Auch das gilt inzwischen als belegt.

Geschwisterlichkeit ist darum auch etwas für Einzelkinder. Der laterale Beziehungskomplex kommt ihnen ebenfalls zugute. Wo kein Bruder oder keine Schwester da ist, wird eben mit anderen Kindern in der Nähe geübt. Im Kindergarten, in der Schule, mit Cousins oder Cousinen. Einzelkinder lernen

Geschwisterlichkeit mit Freunden, Mitschülern, Nachbarskindern. Vielleicht sogar besser und freiwilliger als Geschwisterkinder. Weil sie als Einzelkinder wirklich auf Freunde angewiesen sind, um sich in der Freizeit nicht halbtot zu langweilen.

Wenn es um Einzelkinder geht, kennt die Geschwisterforschung eigentlich nur zwei gesicherte Erkenntnisse: Für das Gedeihen eines Kindes ist es vor allem wichtig, dass die Eltern ein sicheres und förderndes Zuhause mit anständiger Kommunikation bieten können. Wie viele weitere Kinder dort leben, ist eher nachrangig. Und die größte Last der Kinder, die als Solitäre aufwachsen, sind die vielen Vorurteile, denen sie überall begegnen. In der Schule, bei den Nachbarn und manchmal sogar bei sich selbst.

Mädchenhäuser, Jungenhäuser

Als Junge hätte ich Matthias geheißen. Das hat meine Mutter irgendwann herausgerückt. Warum ich es wissen wollte, weiß ich nicht mehr. Auch nicht, wann sie erfuhr, dass ich ein Mädchen werden würde. Seit ungefähr 30 Jahren ist es Standard, dass Schwangere mit Ultraschall untersucht werden und so ein erstes Bild des Kindes im Mutterbauch zu sehen ist. Je nachdem, wie das Kind liegt, lässt sich ungefähr in der zwanzigsten Schwangerschaftswoche mehr oder weniger deutlich erkennen, ob es einen Penis hat. Bevor die Technik so weit war, hatten Frauen neun Monate mit Vermutungen zu leben, Klarheit über das Geschlecht des Kindes gab erst die Geburt.

Bis vor wenigen Jahrzehnten hatte dieses Geschlecht eine maßgebliche Auswirkung auf die gesellschaftliche Position fast jeder Frau. Ihre primäre Aufgabe war es, gesunde Söhne zu gebären. Und vielleicht noch ein paar Töchter fürs Haus und vor allem fürs Alter. Dieser gesellschaftliche Druck musste ihr Verhalten gegenüber den Kindern und damit die gesamte Dynamik der Familie beeinflussen. Bis ins 20. Jahrhundert hinein war auch zudem jede Geburt für eine Frau mit erheblicher Todesgefahr verbunden. »Bekanntlich haben Mütter zu Töchtern eine andere Beziehung als zu Söhnen«, schreibt Dorothee Adam-Lauterbach 2013. »Sie empfinden ihre Töchter oftmals als narzisstische Erweiterung ihres Selbst. Dabei spielen projektive Vorannahmen in der Beziehung zu den Töchtern eine große Rolle. Das Mädchen erlebt, wenn es einen Bruder hat, eine andere Interaktion zwischen ihr und der Mutter als zwischen dem Bruder und der Mutter. In der Identifikation mit der Mutter identifiziert sie sich aber auch mit diesem Beziehungsmuster, so dass sie vermutlich selbst einen Bruder anders behandelt als eine Schwester.«

Schon die Pioniere Adler und Toman stellten sich die Frage nach dem Einfluss des Geschlechts der Kinder auf eine Familie. »Seelisch macht es sich sehr oft geltend, wenn in einer Familie nur Knaben oder nur Mädchen oder ein Knabe unter lauter Mädchen oder ein Mädchen unter lauter Knaben aufwächst«, schrieb Adler 1920. Walter Toman baute 40 Jahre später sein gesamtes Zahlenspiel der *Familienkonstellationen* ebenso auf das Geschlecht der einzelnen Geschwister wie auf den Geburtsrang.

»Wenn der ältere Bruder einer Schwester die ältere Schwester einer Schwester heiratet, neigen beide zur Rivalität um die Vormachtsstellung«, schrieb er. »Beide waren in der Kindheit ihren Geschwistern überlegen. Zusätzlich dürfte die Frau Schwierigkeiten haben, das andere Geschlecht zu akzeptieren. Immerhin gab es in ihrer Familie drei Mädchen (Mutter, Schwester und sie selbst) und mit dem Vater nur einen Mann, den sie teilten. Wenn sie sich nicht dauernd in die Haare geraten wollten, mussten sie lernen, einander unabhängig vom Mann in der Familie zu mögen. In gewisser Weise mussten sie homosexueller werden. Falls sie keine Lösung gefunden haben, hatte das Mädchen den starken Drang, sich einen eigenen Mann zu erobern; das wiederum dürfte nicht die beste Voraussetzung für einen so wichtigen Schritt wie eine Heirat sein.« Und das war aus seiner Sicht noch die glücklichste Version in dieser Konstellation.

»Die ungünstigste Verbindung aller sechzehn möglichen Varianten wäre die Verbindung zwischen dem jüngeren Bruder eines Bruders und der jüngeren Schwester einer Schwester. Beide hätten Schwierigkeiten, das andere Geschlecht zu akzeptieren, dazu kommen Konflikte über die Vorrechte des Jüngeren. Beide wollen ältere Geschwister. Tatsächlich würden die beiden zunächst möglicherweise gar kein eigenes Kind wünschen. Aber wenn sie eines bekommen – und das würde ihnen schon weitaus reichen –, werden sie dazu neigen, dieses Kind so früh als möglich in die Rolle eines älteren Geschwisters zu drängen. Das führt natürlich zu Problemen für alle Beteiligten.«

Dabei spiele es für Kinder zunächst gar keine Rolle, was für Geschwister sie bekommen. »Wenn Geschwister zwei oder drei Jahre auseinander sind, wird sich das Ältere am Anfang kaum um das Geschlecht des Rivalen kümmern«, schreibt Toman. »Das Geschwister bedeutet vor allem eine Bedrohung seiner Macht und seiner Befehlskraft über die Eltern. Wenn nach einer Weile das Ältere ein Bewusstsein für das Geschlecht des Jüngeren entwickelt, wird es entweder feststellen, dass die Situation gar nicht so schlimm ist (falls das jüngere Kind das andere Geschlecht hat). Oder aber, dass alles noch viel schlimmer ist, als es ursprünglich befürchtet hat (wenn das Jüngere das gleiche Geschlecht hat.)

2012 publizierte die Evolutionsbiologin Aida Nitsch von der University of Sheffield eine Untersuchung, für die sie familienhistorische Aufzeichnungen von mehr als 10 000 Männern und über 9000 Frauen aus finnischen Kirchenbüchern des 18. und

19. Jahrhunderts auswertete. »Unsere Studie zeigt erstmals, dass sich Geschwister je nach Lebensabschnitt und Geschlecht unterschiedlich auswirken«, schrieb Nitsch. Je mehr ältere Geschwister ein Mensch in der von ihr untersuchten Gruppe hatte, desto höher war seine Überlebenschance im Kindesalter. »Das Vorhandensein älterer Geschwister verbesserte die Chancen der jüngeren Geschwister, bis zur Geschlechtsreife zu überleben.« Vor allem ältere Brüder ließen die Wahrscheinlichkeit, das Erwachsenenalter zu erreichen, auf das 1,12-fache steigen. Mutmaßlich, weil sie als Arbeitskräfte dazu beitrugen, genügend Nahrung und eine sichere Umgebung für die Familie zu schaffen. Ihre Studie zeige, abhängig von der Lebensphase, aber gegenteilige Effekte der Geschwistererfahrung, schreibt Nitsch: Je mehr ältere Brüder ein Mann hatte, desto weniger Kinder zeugte er im Erwachsenenalter. Sie interpretiert den Befund mit sozialen Faktoren. Als Hoferbe hatte nur der Älteste eine sichere Zukunft. Die jüngeren Brüder mussten sich erst eine eigene Existenz aufbauen und konnten dadurch oft erst spät eine Familie gründen – oder gar nicht. Einen ähnlichen sozialen Effekt fand die Forscherin auch bei den untersuchten Lebensdaten von Frauen. Je mehr ältere Schwestern eine Frau hatte, desto weniger Kinder bekam sie. Da Schwestern traditionell der Reihe nach verheiratet wurden, konnte es sein, dass bei einer armen Familie die Mitgift nicht für alle reichte und die Jüngeren deshalb ledig und kinderlos blieben. Insgesamt fand die Forscherin in der vorindustriellen finnischen Gesellschaft eine eindeutige Tendenz: »Über die gesamte Lebensspanne betrachtet wurde die Überlebensfähigkeit durch gleichgeschlechtliche ältere Geschwister verringert und durch gegengeschlechtliche ältere Geschwister erhöht.«

2010 hatten die beiden Humanbiologinnen Fritha Milne und Debra Judge von der University of Western Australia eine Untersuchung veröffentlicht, die den deutlichen Zusammenhang zwischen dem Geschlecht der Geschwister und dem eigenen Fortpflanzungsverhalten belegt. Die Forscherinnen befragten dazu 273 Australierinnen und Australier. »Die Studie beweist, dass Brüder das Einsetzen der Geschlechtsreife und die sexuelle Aktivität ihrer Schwestern negativ beeinflussen«, schreiben die beiden. »Mädchen mit älteren Brüdern zeigten ein verzögertes Einsetzen der Geschlechtsreife.« Diese bekommen nach Auswertung der Forscherinnen die erste Periode rund ein Jahr später, mit 13½, als Mädchen, die eine ältere Schwester haben. Australische Mädchen mit nur einem jüngeren Bruder haben gegenüber denen mit nur einer älteren Schwester durchschnittlich auch erst ein Jahr später zum ersten Mal Geschlechtsverkehr, nämlich mit 19 statt mit 18 Jahren. Begründen konnten die Forscherinnen den Effekt nicht. »Eine Möglichkeit wäre, dass Brüder zu viel Energie beanspruchen«, schreibt ein Journalist im Zürcher *Tagesanzeiger*, der über die Ergebnisse berichtete. Die Schwangerschaft mit einem männlichen Baby ist für eine Frau in der Regel anstrengender als die mit einem Mädchen, sie benötigt in dieser Zeit bis zu zehn Prozent mehr Nahrung, als wenn sie ein Mädchen austragen würde. So sind Jungen auch von Geburt an meist schwerer und größer. Den Rest besorgt das Rollenstereotyp – historisch wurden in Jungen meist mehr Ressourcen investiert als in Mädchen, was sie zusätzlich größer und physisch stärker machte. Dass weniger Nahrung allerdings der Grund sei, warum heutige Australierinnen, die mit Brüdern aufwachsen, später geschlechtsreif werden, schlossen die beiden Forscherinnen aus. Auch auf die Anzahl der Kinder ihrer Geschwister haben ältere Brüder heute im Gegensatz zu vorindustriellen Gesellschaften keinen Einfluss mehr. Der Effekt hört auf, sobald die Geschwister zu Hause ausziehen. Dies geschieht heute normalerweise lange vor der eigenen Familiengründung.

»Neben der eher gleichrangigen Rolle von Spielgefährten

übernehmen ältere Geschwister häufig die Rolle der Bestimmenden, Lehrenden und Helfenden. Die jüngeren Geschwister ordnen sich diesen Verhaltensweisen nicht nur unter, sondern fordern sie auch heraus«, heißt es 2010 in einem Aufsatz der Pädagogin Christine Schmid vom Institut für Pädagogik an der Universität Potsdam zum Thema »Der Einfluss von Geschwistern auf die Entwicklung von Kindern und Jugendlichen«. »Den Geschlechtsrollenstereotypen entsprechend, sind es häufiger ältere Schwestern als ältere Brüder, die lehrende, betreuende und helfende Rollen übernehmen. Ältere Brüder verhalten sich gegenüber ihren jüngeren Geschwistern stärker kompetitiv.« Bei Kindern, die Hilfe durch ihre älteren Geschwister erhielten, erweise sich allerdings nur die Hilfe durch ältere Schwestern als tatsächlich im engeren Sinne lernfördernd, schreibt Schmid. »Während ältere Schwestern effektive Lehrerinnen für jüngere Geschwister zu sein scheinen, wirken ältere Brüder offenbar allein durch ihr kompetitives Verhalten stimulierend auf die kognitive Entwicklung der jüngeren Geschwister.« Wer dem älteren Bruder imponieren will, strengt sich mehr an. Beide Einflüsse sind interessanterweise auch nachzuweisen, wenn die Schwester oder der Bruder gar nicht mit am Tisch sitzen.

Messbare Auswirkungen der Geschlechter auf Geschwister erklären Forscher der meisten Disziplinen mit dem unterschiedlichen Rollenverhalten von Mädchen und Jungen. Und mit den positiven und negativen Erwartungen, die man an sie hat. Diese werden sowohl von der Umwelt insgesamt als auch von Vater und Mutter vorgegeben – und zwar meist so unterschwellig, dass auch ein bewusstes Gegensteuern kaum Einfluss hat. Erlerntes Rollenverhalten ist auch der Grund, warum Geschwister von ihren älteren Schwestern so gut lernen können, stellt Christine Schmid fest. Interpretiert werde ihr Befund dahingehend, »dass Mütter beim Vorhandensein einer älteren Tochter einen Teil ihrer helfenden Funktion offenbar auf diese übertragen und die Tochter lernt, diese Funktion kompetent zu erfüllen«.

»Mir geht es nicht um die rosa Welt, die mir fehlt, nicht die Kleidchen«, schreibt eine ratsuchende Schwangere 2012 im Internet-Diskussionsforum *erdbeerlounge.de*. Sie ist verzweifelt, weil auch ihr zweites Kind ein Sohn wird, obwohl sie sich ein Mädchen gewünscht hat. »Ich habe höllische Angst, zu werden wie meine Schwiegermutter: alleine, distanzlos, extrem anstrengend. Die Frau hat drei Söhne und kompensiert das, indem sie alle Frauen, die ihr nahestehen oder stehen müssen (wie in meinem Fall), zu Nähe und Kommunikation zwingt. Die Jungs lieben sie, versuchen aber den Kontakt minimal zu halten. Meine Mama und ich hingegen sind unzertrennlich, ebenso meine Schwester, meine Cousinen und ihre Mütter. Kurz gesagt: Im Alter sind Jungs nicht so da und können nicht mehr so viel mit dir als Mama anfangen.«

Bis weit ins 20. Jahrhundert hinein war die Geburt eines Stammhalters die erste Aufgabe eines jungen Paares, und der Druck, Jungen zu bekommen, formte oft auch das Verhältnis der Eheleute zueinander. Die Enttäuschung eines Vaters über eine Tochter war nichts, was er für sich zu behalten hatte. In ihrer Autobiographie *A Story Lately Told* erzählt die amerikanische Schauspielerin Anjelica Huston von ihrem Vater, dem Filmregisseur John Huston, der zur Zeit der Geburt seines zweiten Kindes 1951 im ugandischen Busch den Film *African Queen* mit Katharine Hepburn drehte. Als der Säugling entbunden war, ließ die Mutter in Los Angeles die Neuigkeit sofort nach Afrika kabeln. Im Fischerdorf Butiaba nahm ein Buschläufer die Nachricht in Empfang und rannte auf bloßen Füßen zwei Tage durch die Savanne, bis er an einem Wasserfall in Belgisch-Kongo das Camp der Filmcrew erreichte. Als er Huston das Telegramm aushändigte, soll dieser nur einen kurzen Blick darauf geworfen und es dann achtlos in seine Hemdtasche gesteckt haben. Erst als sein Star Katharine Hepburn mit Nachdruck wissen wollte, was denn darin stand, soll er die Neuigkeit preisgegeben haben: »Es ist ein Mädchen. Sie heißt Anjelica.«

Von Katia Mann, Frau des Schriftstellers Thomas Mann und Mutter dreier Töchter und dreier Söhne, stammt der Satz: »Ich war immer verärgert, wenn ich ein Mädchen bekam.« Er wurde 2003 zum Titel eines Buches über die wenig kinderfreundliche Atmosphäre im Haus dieser Familie, die doch gerade wegen ihrer vielfältig begabten Kinder zur Legende wurde. Selbst war Katia, geborene Pringsheim, als jüngstes Kind mit vier Brüdern unbeschwert und privilegiert aufgewachsen. Sie habe immer Kinder haben wollen, gab sie in einem ihrer seltenen Interviews zu Protokoll. Nur dafür habe sie überhaupt geheiratet. Die Frage, warum sie sich dann unter all den vielen Bewerbern ausgerechnet einen mit dem Unterdrücken seiner Homosexualität vollends ausgelasteten Thomas Mann auserkor, wurde ihr allerdings nie gestellt. Diese Neigung, der Mann mit eiserner ehelicher und künstlerischer Disziplin beizukommen versuchte, stand wie der sprichwörtliche rosa Elefant im Zentrum der Familie. Nach Meinung vieler Mann-Experten hat sie erheblich zum Unglück der Kinder beigetragen. Mehrere von ihnen brachten sich um, einige waren drogenabhängig. »Die Parteilichkeit der Eltern war extrem – und erschreckend«, schrieb die Journalistin Susanne Beyer im *Spiegel* über die Manns als Eltern. »Sohn Michael, genannt Bibi, gegen die Intervention der Ärzte ausgetragen, machte es dem Vater und auch der Mutter nie recht. Von einer Kur in Oberammergau schrieb Katia ihrem Mann zum 45. Geburtstag: ›Wünsche Dir also innig Glück, und dass Du immer höher steigst im Ruhm. Und ich will Dir auch noch ein feines Söhnlein schenken, weil ich doch mit Bibi Deinen Geschmack so gar nicht getroffen habe.‹«

»Die Eltern wollten zwar ein Kind, aber es ist nicht das

›richtige‹«, schreibt der Düsseldorfer Psychoanalytiker Mathias Hirsch 1997 in seinem psychoanalytischen Standardwerk *Schuld und Schuldgefühle.* »So wie es ist, wird es abgelehnt. Das liegt meist daran, dass es das ›falsche‹ Geschlecht hat; noch immer sollte es eher ein Junge sein. Das ist sicher ein Faktor, der ein spezifisches weibliches Schuldgefühl begründet. Oder es handelt sich um ein ›Ersatzkind‹, das in den Augen der Eltern ein verstorbenes Geschwister ersetzen soll, so dass es angesichts dieser nie zu erfüllenden Aufgabe ein Gefühl der Schuld entwickelt.«

Was Kinder – Jungen und Mädchen – glücklich oder unglücklich macht, ist nicht das Geschlecht ihrer Geschwister. Es ist der Umgang der Eltern damit. Und es sind die Erwartungen und Zuschreibungen der anderen. Eine Schwester unter Brüdern kann eine Prinzessin sein oder eine Magd. Ein Bruder unter Schwestern kann ein Hahn im Korb oder eine Lachnummer werden. Eine Familie ist ein System. Die Stimmung darin ergibt sich maßgeblich aus dem von den Eltern gehaltenen Hauptton.

Lasten

Wenn mich früher jemand fragte, ob ich Geschwister habe, gab ich immer die gleiche Antwort. Ja, eine Schwester. Aber die ist zehn Jahre älter. Das Aber schien mir das Wichtigste daran zu sein. Der Hinweis auf einen Makel, vielleicht auch Platzhalter einer Enttäuschung über die Brüchigkeit dieser Beziehung. Sie ist meine Schwester, aber es fühlt sich nicht so an. Sogar als ich meine Schulfreundin Leonie um ihre Familie beneidete, dachte ich nicht an Marlene. Ich ging davon aus, dass Geschwister im Normalfall etwas eindeutig Erfreuliches seien und dass bei uns deshalb nichts normal war. In erster Linie, aber nicht nur, wegen unseres Altersabstandes. »Wir haben zusammen nicht das erlebt, von dem ich denke, dass normale Geschwister es zusammen erleben«, war einer der ersten Sätze, die ich über Marlene schrieb, als ich anfing, mich mit der Frage zu beschäftigen, was Geschwister eigentlich bedeuten. »Unter ›normalen Geschwistern‹ verstehe ich Kinder, die zwei oder drei Jahre auseinander sind, die, wenn sie ganz klein sind, zusammen spielen, einander an den Haaren ziehen, einander vielleicht auch helfen oder, wenn sie sich gut verstehen, miteinander flüstern und sich Geheimnisse ausdenken«, ging es weiter. »Eigentlich habe ich eine ziemlich kitschige Vorstellung von Geschwistern. Das hat vermutlich damit zu tun, dass ich eine ziemlich kitschige Vorstellung von einer richtigen Kindheit habe. Beides Dinge, von denen ich glaube, dass ich sie nicht hatte.«

Die Vorstellung von richtigen Geschwistern kam zu einem großen Teil aus den Bergen von Mädchen- und Internatsromanen, die ich nach der Schule immer las. Sich bei allen Balgereien unverbrüchlich liebende Mädchen und Jungen gehören in vielen Literaturen zum wichtigsten Personal. »Der Topos der Geschwisterliebe taucht um 1800 auf und entwickelt sich zu einem zentralen Thema vieler Romane und Novellen«, schrieb die Autorin Tanja Laub 1993 in einem Aufsatz zum Thema »Geschwister – einige theoretische Überlegungen« am Berner Institut für Psychoanalyse. »Das Motiv der feindlichen Brüder gewinnt neue Signifikanz«, notierte der Freiburger Germanist Gerhard Kaiser bereits zehn Jahre früher über dieselbe literaturwissenschaftliche Epoche. »Es wird vom Zeichen der Sünde zum Zeichen der Tragik: einer Entzweiung des Menschen mit der Gesellschaft und in ihrem Gefolge für die Selbstentzweiung des Individuums. Mensch und Welt sind zerrissen.« Die Idee der naturgegebenen Geschwisterliebe ist ebenso konstruiert wie das Gebilde der bürgerlichen Kleinfamilie. Beides ist umso störungsanfälliger, je mehr es mit Idealen aufgeladen wird. Beides erscheint umso begehrenswerter, je weniger es davon gibt.

Die Hälfte aller Ehen, häufig mit dem Wunsch nach Familiengründung geschlossen, wird wieder geschieden. Der Verlauf von Geschwisterbeziehungen ist und bleibt unberechenbar. Das Ideal der sich harmonisch unterstützenden und auf Augenhöhe ergänzenden Geschwisterlichkeit kann ein Modell sein, wie Geschwister miteinander leben. Aber es ist nur eines von vielen. Geschwisterbeziehungen dürfen sich auch so mittelmäßig durchs Leben wurschteln oder sogar vollkommen schiefgehen. Sie haben trotzdem einen Sinn.

Geschwister sind Entwicklungsaufgaben. Sie werden im Gesamtpaket des Lebens mitgeliefert. Wie bei vielen anderen Entwicklungsaufgaben versteht man sie manchmal nicht. Warum gerade ich? Warum habe gerade ich ein todkrankes Geschwister, das die ganze Aufmerksamkeit der Eltern erfordert, oder eines, das viel schöner, begabter und beliebter ist als ich, viel älter oder jünger? Warum habe gerade ich einen Erbschleicher als Bruder, einen Hochstapler, einen Kinderschänder, einen Schwerbehinderten, einen Psychotiker, einen in der Kindheit Verstorbenen, einen siamesischen Zwilling? Warum eine Schwester, die magersüchtig ist, die ihr Kind getötet hat, die Drogen verkauft, die tödlich verunfallt ist, die mir den Mann weggenommen, die mich um das einzige Erbstück der geliebten Großmutter betrogen, die sich seit 16 Jahren nicht bei mir entschuldigt hat? Zu jeder dieser Fragen existieren Menschen, die sie sich stellen können.

Geschwister können einen schwer und lebenslang belasten. Das ist wissenschaftlich schon lange bewiesen. Sie können der Grund sein, warum man ein Leben lang diffuse Schuldgefühle oder einen kaum zu unterdrückenden Zorn mit sich herumträgt. Sie können der Grund sein, warum man ans andere Ende der Welt auswandert. Sie können ein Grund sein, warum die Auswanderung glückt oder scheitert. Der Ethnopsychoanalytikerin Anna Bally dienen nicht verarbeitete Geschwistererfahrungen als Erklärung für seelische Probleme von Migranten. »Wir glauben, dass die spezifische Qualität der Reaktion auf die traumatische Erfahrung der Migration das Gefühl der ›Verlassenheit‹ ist«, schreibt sie. »Dieses Gefühl der Verlassenheit basiert ursprünglich auf dem Geburtstrauma und auf dem Verlust der schützenden Mutter. Das Risiko ist größer, wenn im Laufe der Kindheit wichtige Entbehrungs- und Trennungssituationen und darauf folgende Angst- und Verlassenheitserfahrungen erlitten wurden«, heißt es in ihrer Untersuchung *Die Macht der Geschwister* über die Erfahrungen indonesischer Migrantinnen in der Schweiz. Bally führt aber auch ein Beispiel für den gegenteiligen Effekt an. Eine ihrer Probandinnen, die Indonesierin Yati, ist mit einem Schweizer verheiratet und lebt mit ihm in einem entlegenen Bergdorf der nicht gerade für ihre Toleranz gegenüber Ausländern berühmten Innerschweiz. Yati stammt aus einer harmonischen Familie mit guten Geschwisterbeziehungen und hat sich, im Gegensatz zu vielen unglücklichen Schicksalsgenossinnen, nicht nur in der neuen Umgebung gut integriert, sondern dabei auch ihre Identität als Indonesierin behalten können. Dazu schreibt Bally: »Insbesondere die guten inneren Geschwister ermöglichten es ihr, sich im zunächst fremden Land eine ähnlich fruchtbare Lebens- und Beziehungssituation zu schaffen, wie sie sie zuhause erlebt hat.« Ihr selbst habe die laterale Dimension »einen bislang in der Wissenschaft kaum erprobten Zugang zu einem vollständigeren Verständnis dieses komplizierten und spannungsreichen Integrationsprozesses« eröffnet, schreibt Anna Bally in ihrem Resümee. »Laterale Beziehungen« nennt sie alle Beziehungen, die sich an die Geschwisterdynamik anhängen.

Viele Menschen haben schwer greifbare Gewissensbisse, wenn sie an einen bestimmten Bruder oder eine bestimmte Schwester denken. Manchmal steht dahinter eine nicht verarbeitete, erlebte Ungerechtigkeit aus der Kindheit und die daraus gewachsene, kindliche Wut. Etwa, wenn ein Geschwister mit einer starken Behinderung oder einer chronischen Erkrankung zur Welt kam und den Großteil der Ressourcen in der Familie benötigte. Wenn man sich als Kind dann manchmal wünschte, es würde sterben. Und dann starb es tatsächlich. »Ein Verlust wirkt sich immer auf mehreren Ebenen aus«, heißt es bei Walter Toman. »Es gibt die unvermeidliche, jedoch häufig unbewusste Wahrnehmung des Verlusts als Bestrafung. Und es gibt die durch den Verlust eingeschränkte Wahlfreiheit im Hinblick auf eigene Freundschaften, Liebesbeziehungen und Heirat«, schrieb er in *Familienkonstellationen*. »Das zurückgebliebene Kind kann das Gefühl nicht abwehren, dass es mit seinen Wünschen den Verlust herbeigeführt hat. Durch eine ungünstige Auswahl seiner Freunde, Liebhaber und Ehepartner kann es später die Bestrafung leicht herbeiführen.«

Bei schwerkranken oder schwerbehindert geborenen Geschwistern ist meist von Anfang an ausgeschlossen, dass man sich gemeinsam entwickelt. Man unterscheidet sich dadurch früh von anderen Geschwisterkindern in der Umgebung. Zu Hause muss man lernen, sich auf die Tage zu konzentrieren, die man zusammen erlebt. Vielleicht lernt man so als Kind vorschnell die Endlichkeit des Lebens kennen. Nicht jedes Kind hat die Reife, darin auch eine Freiheit zu sehen.

Der Psychologe Michael Kusch, Leiter des Instituts für Gesundheitsförderung und Versorgungsforschung an der Universität Bochum, entwickelte mit seinem Team in den letzten Jahren einen Fragebogen, mit dem Fachleute frühzeitig feststellen können, ob ein gesundes Kind von der Situation mit einem behinderten oder chronisch kranken Geschwister überfordert ist. »Ich habe mir schon einmal gewünscht, selbst krank zu sein«, heißt darin eine Aussage, die Kinder mit einer Skala von »nie« bis »immer« bewerten sollen. In einem bayerischen Kloster treffen sich seit ein paar Jahren regelmäßig gesunde Geschwister von behinderten Kindern zu einer Art Auszeit namens »Geschwistertage«. Es gibt auch spezielle Workshops für erwachsene Geschwister Behinderter oder chronisch Kranker. »Eventuell definiert sich die Frage nach Verantwortung und der Rolle in der Herkunftsfamilie neu«, heißt es in einem Einführungstext dazu. Mehr als früher wird solchen Geschwistern heute schon im Kinder- und Jugendalter psychologisch dabei geholfen, die besonderen Lasten einer solchen Kindheit zu tragen. Vor kurzem bildete sich eine Stiftung mit dem Namen »FamilienBande«, die sich bundesweit mit den Anliegen von Geschwistern behinderter Kinder beschäftigt. Finanziert wird sie vom Pharmakonzern Novartis, der auch die Medikamente für viele chronische Krankheiten herstellt. Aber auch diese können manchmal nicht verhindern, dass ein Kind früh stirbt.

Dass trauernde Geschwister andere Bedürfnisse haben als ihre Eltern, wurde von der Medizin erst vor kurzem entdeckt. »Das ›tote Geschwister‹ bedeutet zuallererst einen Verlust für die Eltern«, schreibt der Düsseldorfer Psychotherapeut Mathias Hirsch in *Schuld und Schuldgefühl.* »Wenn die engsten Pflegepersonen Verluste erlitten haben, die sie nicht genügend betrauert haben, und deshalb eine schwere Depression entwickeln, sind sie ›psychisch tot … nicht existent für das Erleben (des) Kindes‹ zitiert er dabei die auf Kinderpsychotherapie spezialisierte Freiburger Therapeutin Erika Kittler.

Manchmal liegt der Schwerpunkt der besonderen Last, die man mit kranken, kriminellen, früh verstorbenen oder sonst irgendwie nicht der Norm entsprechenden Geschwistern haben kann, aber noch tiefer und fast im Tabubereich. Es sind beschämende, zuweilen lebenslange Zweifel und die Furcht, womöglich auch selbst aus schlechtem Holz gemacht zu sein und dagegen trotz aller Mühen nichts ausrichten zu können.

Die Lasten, die man mit den Geschwistern hat, zu akzeptieren, bedeutet manchmal, erstmals anzunehmen, wer man selbst wirklich ist. Zum ersten Mal mit offenen Augen zu sehen, dass man vielleicht ein Mensch ist, der benachteiligt oder ungerecht behandelt wurde, dem etwas angetan oder weggenommen wurde. Womöglich ist man auch selbst das Problemgeschwister. Dann trägt man vielleicht ähnliche Fragen mit sich herum. Und muss vielleicht sich selbst als jemanden erkennen, der andere benachteiligt oder ungerecht behandelt, der anderen etwas angetan oder ihnen weggenommen hat. Und der es, womöglich, nicht aus böser Absicht tat, sondern aus Hilflosigkeit. »Auch wenn ein stärkerer Geburtenrückgang zu verzeichnen ist, so wachsen dennoch 75 % der Kinder in Deutschland mit Geschwistern auf«, schreibt Dorothee Adam-Lauterbach. »Von daher lohnt es sich, sich mit der Geschwisterbeziehung auseinanderzusetzen.«

Die Welt ist voller Geschwister. Und sie sind immer zu irgendetwas gut. Die Aufgabe besteht darin herauszufinden, wozu. In welcher Hinsicht haben sie einen zu einem stärkeren Menschen gemacht? Diese Frage kann sich jeder Mensch stellen. Sogar dann, wenn er Einzelkind ist. Dann heißt die Frage einfach: In welcher Hinsicht hat mich die Abwesenheit von Geschwistern stark gemacht? Im Dezember 2013 erschien in der evangelischen Zeitschrift *Chrismon* ein Comic, in dem zwei Figuren anlässlich der Feiertage über Jesus räsonieren. »Jesus ist geboren! Keine Missgunst, kein Neid, Weihnachtsfrieden!«, sagt die eine.

»Was versteht Jesus schon davon?«, antwortet die andere.

»Jesus hat …«, will die erste antworten, doch die zweite fällt ihr ins Wort:

»Kaum geboren, eilen auch schon Könige mit Geschenken herbei«.

»Jesus ist …«, probiert es die erste nochmal.

»Gut, dass er ein Einzelkind war!«, beendet die andere die Diskussion. »Mal ehrlich: Hättest du gern einen Heiland zum Bruder?«

Trotz intensiver Auseinandersetzung bleibt die Beziehung zu einem bestimmten Bruder oder einer bestimmten Schwester manchmal für immer distanziert und belastet. »Ambivalente, zwiespältige Geschwisterbeziehungen, die durch gleichzeitiges Vorhandensein von Akzeptanz, Zuneigung und Neid, Liebe und Hass gekennzeichnet sind, kommen relativ häufig vor«, heißt es bei Adam-Lauterbach weiter. Wichtige Geschwisterforscher wie etwa Hartmut Kasten betrachten Zwiespältigkeit oder Ambivalenz sogar als ein wesentliches Merkmal der Geschwisterbeziehung. Geschwister sind nicht nur die Gleichen, sondern auch gleichzeitig immer die Ungleichen. Daher kommen die besondere Spannung dieser Beziehungen und manchmal auch ihre besondere Last.

»Und woher kennst du Olivia?«, fragte ich vor ein paar Jahren eine Frau, die mir bei der Esseneinladung einer Freundin gegenübersaß. Sie lachte und sagte: »Olivia war die Erste, die sich über meine Wiege beugte und mich anstrahlte.« Das Bild hat sich mir eingeprägt. Meine Tischnachbarin war die Schwester der Gastgeberin. Es war der Moment, in dem mir klar wurde, dass die Beziehung zu einer Schwester von Leichtigkeit und Freude beherrscht sein kann. Dass sie nicht gleichbedeutend ist mit Kummer, Last und diffusem Schmerz wie früher bei Marlene und mir. Obwohl mir die Kinder- und Jugendzeit mit meinen Stiefbrüdern Arthur und Gregor intensiver in Erinnerung ist als die frühen Kinderjahre mit meiner leiblichen Schwester Marlene, lasteten die Jahre mit den Jungen weniger als die mit ihr. Vielleicht, weil die Zeit mit den Stiefbrüdern eine Phase war, die endgültiger vorbeiging. Im Verhältnis zu Gregor, der ein Jahr älter war als ich und mir altersmäßig am nächsten stand, hatte von Anfang an die Mühe überwogen, für beide. Er lernte mich kennen als die Tochter der zweiten fremden Frau, die in seinem jungen Leben an die Stelle der verschwundenen Mutter treten sollte. Er war für mich vor allem ein großer, schwerer Junge, dessen massive physische Präsenz und dessen unberechenbarer Geist mich immer ziemlich ängstigten.

Mit Arthur war es von Anfang an leichter gewesen. Doch vor seinem Tod hatten wir uns viele Jahre kaum gesehen. Als wir uns beim Geburtstag meiner Mutter zufällig beim einzigen Aschenbecher des Hotels begegneten, war der alte Draht dennoch sofort wieder da. Beiläufig informierten wir einander, wie es uns in den letzten Jahren ergangen war, ein klein wenig verwundert, wie es gekommen war, dass wir in all den Jahren nie telefoniert hatten. Er erzählte von den Schulproblemen seines Sohnes, ich berichtete von gesundheitlichen Schwierigkeiten, die hinter mir lagen, und von meinen Reisen. Als die letzte Kippe ausgedrückt war, beschlossen wir, noch auf ein Glas in die Hotelbar zu gehen. Wir sprachen über den Zustand seines Vaters und die Gesundheit meiner Mutter und fragten nach Schulfreunden des anderen, die wir auch noch kannten. Als die Bar schloss, setzten wir uns noch für einen Moment auf die Treppenstufen im Hotelflur und unterhielten uns flüsternd weiter. Erschrocken hielten wir inne, wenn unser Kichern zu laut ins nachtschlafene Hotel tönte. Wir wussten beide, dass wir uns auch in Zukunft kaum häufiger sehen oder hören würden. Dass ein näherer Kontakt, wenn überhaupt, ein vages Projekt für eine ferne Zukunft wäre. Für jetzt lagen unsere Alltage zu weit auseinander. Aber für den nächsten Morgen verabredeten wir uns zum Tretbootfahren, mit den Kindern. Es war das Letzte, was wir zusammen unternahmen, bevor er starb.

Meine kleinen Halbgeschwister haben Arthur nie gesehen. Wenn ich den Namen Gregor erwähnen würde, hätten sie keine Ahnung, von wem ich spreche. Aber sie kennen Marlene, auch wenn sie sie selten sehen. Mit den Jüngeren gelingt mir die Verbindung ganz leicht. Auf meinem Schreibtisch steht ein Foto von den dreien, das vor wenigen Wochen an Weihnachten entstand. Ich hatte sie am Nachmittag des Heiligabend besucht und mit ihnen den Baum geschmückt. Wie üblich diskutierten wir im Scherz erbittert die Position jeder Kugel, erörterten Familienneuigkeiten und freuten uns alle, dass wir uns sahen. Ich bemerkte es an ihrer Aufmerksamkeit und daran, dass sie nicht aufstanden, solange ich am Tisch saß und mich mit ihrer Mutter unterhielt. Auch als der Jüngste sich zum Dösen auf das Sofa legte, waren seine Ohren offen und fingen jedes Wort auf. Am Schluss, bevor ich ging, machte ich das Foto. Wie schnell meine kleinen Geschwister groß geworden sind. Wie hübsch und fröhlich sie aussehen. Wie viel Energie sie haben. Wie ihnen die Welt offensteht. Wie sehr sie einander, wie sehr wir einander gleichen. Zwar überragt mich inzwischen sogar meine kleine Schwester um einen halben Kopf. Aber ich weiß noch, wie glücklich und stolz ich war, als jedes von ihnen als Baby zum ersten Mal auf meinem Schoß einschlief. »Sie fühlen sich sicher bei dir«, dachte ich, und es hat mich für immer mit ihnen verbunden. Das, und das Privileg, ihre Schwester zu sein, ohne je mit ihnen die Lasten eines gemeinsamen Alltags teilen und uns daran verletzen zu müssen.

Im Seitenflügel

Meine Freundin Lotta geht jede Woche auf Partys. Sie trifft Künstler und trägt avantgardistische Designerkreationen zu einer leicht asymmetrischen Kurzhaarfrisur. Und jedes Jahr zweimal fährt sie ins Schwäbische zu ihrer älteren Schwester Sabine. Diese hat in der Heimatgemeinde der beiden eine respektable Karriere als selbständige Steuerberaterin gemacht. »Dort ziehe ich mich dann auch immer ganz konservativ an«, sagt Lotta. Über alles und jeden schnattern die beiden Frauen während dieser paar Tage in breiter Mundart, präsentieren sich den alten Verwandten und Nachbarn als gute Töchter, und zum Abschluss fahren sie jeweils zum Einkaufsbummel nach Stuttgart mit anschließender Cocktailstunde in der Lieblingsbar der Schwester. Ein Laden, der so uncool ist, dass Lotta heimlich Fotos davon gemacht hat. Gesagt hat sie kein Wort, das hätte zu einem Zerwürfnis geführt. Die Schwester beobachtet immer ganz genau, wie Lotta auf ihr Leben schaut. »Meine Freunde in Berlin würden umfallen, wenn sie mich so sehen oder hören könnten«, sagt Lotta. Rein gar nichts habe die schwäbische »Lotte« mit ihrem großstädtischen Alter Ego zu tun. Nicht nur, weil ihre Schwester und deren Umfeld überhaupt kein Verständnis für die Schwierigkeiten ihrer freiberuflichen Szene-Existenz haben. »Es ist auch dieser gemütliche Dialekt. Da klingt alles immer so einfach.« Doch reine Idylle sei es natürlich auf der Schwäbischen Alb auch nicht. »Die Leute vergleichen mich ständig mit meiner Schwester. Für die bin ich ein gescheiterter Luftikus«, sagt Lotta. Schon mehrfach hätten Tanten oder Nachbarn nach ihrer Abreise die Schwester und sogar den alten Vater angesprochen, ob sie ihr nicht mal ins Gewissen reden könnten wegen ihrer nach schwäbischen Maßstäben völlig unpassenden Frisur. Für Sabine sei es jedes Mal eine besondere Lust, ihr diese Kommentare brühwarm zu übermitteln, sagt Lotta. »Die Tage bei Sabine sind für mich immer wie Urlaub von mir selbst. Danach bin ich wieder für Wochen völlig entspannt.«

Geschwisterbeziehungen sind Beziehungen mit ganz eigenen Regeln. Dazu gehört auch eine eigene, gemeinsame Sprache, oft in Form eines Dialekts, den man mit niemand anderem mehr spricht. Das kann eine besondere Vertrautheit schaffen, die in die Kindheit zurückführt. Darüber hinaus müssen Geschwister keine weiteren verbindenden Ähnlichkeiten nachweisen, um ein Stück Bodenhaftung geben zu können. Und auch nicht ins Erwachsenenleben passen, das man sonst führt. Mit ihnen gelingt es oft auch, man selbst zu sein in einer früheren, weniger geglätteten Version, die sonst vielleicht keiner mehr sehen soll. Man kann eine Auszeit nehmen von dem, was man geworden ist. Das hat manchmal enorm auflockernde Wirkung, wenigstens für ein paar Stunden oder Tage. Häufig funktioniert es nicht ohne Spannungen. Aber es funktioniert. Das Zusammensein mit Geschwistern bietet die Möglichkeit, wenig beachtete Teile seiner Persönlichkeit auszuleben. Besonders dann, wenn man einander selten sieht. Man kann sich wieder einmal in die Seitenflügel seines Lebens begeben. Das ist umso bereichernder, je angepasster an die neue Umgebung die Version ist, die man von sich im Alltagsleben zeigen will oder muss.

Für Außenstehende ist es manchmal irritierend, Freunde und Bekannte zum ersten Mal mit ihren Geschwistern zu erleben. Ich vergesse nie die Bestürzung, als sich meine elegante, kühle Kollegin Nele während einer Autofahrt in eine Thüringer Bäuerin verwandelte. Auf der Fahrt zu einem gemeinsamen Interview klingelte ihr Handy und sie sagte, sie müsse den Anruf leider entgegennehmen, obwohl sie am Steuer saß. Es folgte ein Schwall zischender, sprotzender Mundart, von der ich zunächst kaum die Sprache identifizieren konnte. Die Gegenseite schien ebenso emotional zu argumentieren. Nele fuhr rechts an den Straßenrand und konzentrierte sich auf den Austausch dieser Salven, bis ihr die Tränen kamen. Dann schloss sie kurz die Augen, drehte den Zündschlüssel und war wieder zurückverwandelt. »Hast du eine schlimme Nachricht bekommen?«, fragte ich, nachdem sie kilometerlang schweigend weitergefahren war. »Nichts Besonderes. Mein Bruder liegt im Krankenhaus«, sagte sie, »er hat sich das Bein gebrochen und will nicht in die Reha gehen.« Deswegen hatte sie fast die Nerven verloren. Fasziniert wartete ich auf weitere Offenbarungen dieser bisher völlig unbekannten, überemotionalen Persönlichkeitsfacette von ihr. Doch sie blieben aus. Nele war wieder die Sphinx mit blankem Hochdeutsch und ist es seither auch geblieben.

Es gibt Rituale und Verhaltensweisen, die man nur in Geschwisterbeziehungen auslebt. In uns existiert ein Radar, das sich automatisch auf die Menschen ausrichtet, in deren Nähe wir aufgewachsen sind, und das uns sofort in ein früheres Wesen verwandelt, wenn irgendwo ein Signal in der richtigen Frequenz gesendet wird. Geschwister senden einander diese Signale unter Umständen ein Leben lang. Wenn die großen Kämpfe ausgefochten sind, kann daraus ein großer Gewinn erwachsen. Denn Geschwisterbeziehungen sind Beziehungen, in denen, verglichen mit dem Leben, das man sonst führt, oft eine gewisse jugendliche Anarchie ihren Platz behalten kann.

Er sei ja eigentlich sehr konservativ, stand 2011 in der *Welt* über den deutschen Musiker Hans Peter Geerdes. Als Frontmann der Technoband »Scooter« skandiert er unter dem Namen HP Baxxter seit 20 Jahren Refrains wie »Hyper Hyper« oder »jigga, jigga« und hat damit über 30 Millionen Tonträger verkauft. In dem Interview erinnerte er sich an seine Kindheit im ostfriesischen Leer, wo direkt hinter dem Haus die Felder begannen und er mit seinen Freunden abwechselnd Baumhäuser gebaut und Rockstar gespielt habe. Und natürlich Tee getrunken, »das macht man ja so bei uns in Ostfriesland«. Besonders schön in Erinnerung habe er die Familienspaziergänge mit den Eltern und seiner Schwester »in den Wald oder an die Küste«. 1987, mit 21 Jahren, spielte er mit dieser Schwester auch in einer New Wave-Band. Sechs Jahre später gründete er mit einem Cousin die Band, die zu »Scooter« wurde und mit der er seither das Glamourleben der Superstars führt. Mit seinen weiß gefärbten Haaren, dem gebräunten Gesicht und den Piercings dürfte der 49-Jährige inzwischen ein ziemlicher Fremdkörper in der Leerer Fußgängerzone sein. Doch er schaue regelmäßig bei seiner Familie vorbei. Die Schwester hat einen anderen Weg eingeschlagen und drei Kinder bekommen. »Der Älteste ist gerade 18 geworden«, sagt Baxxter in der *Welt*. »Da ist mir bewusst geworden, wie lange wir schon unterwegs sind.« Zum Geburtstag hat er dem Neffen nämlich ein Foto herausgesucht, das beide Welten verbindet. Es zeigt den Sohn der Schwester als Baby, in der Hand die erste »Scooter«-CD, mit der der Onkel weltberühmt wurde.

Auch die Musikerin und Produzentin Annette Humpe stammt aus einer Provinzstadt, Herdecke im Ruhrgebiet. Im Berlin der 1980er Jahre wurde sie mit ihrer Band »Ideal« zu einer Ikone der Neuen Deutschen Welle, während ihre fünf Jahre jüngere Schwester Inga Humpe mit ihrer Band »Neonbabies« in der New Wave-Szene ihren Platz behauptete. Schon als die Berliner Mauer noch stand, fuhren die Schwestern regelmäßig nach Hause, um auch dort bei Familienfesten aufzuspielen. »Das ist ein ungeschriebenes Gesetz: Außer bei Beerdigungen spielen wir immer, ich am Klavier, Inga singt«, sagte Annette Humpe 2005 in einem Interview mit dem Berliner *Tagesspiegel*. Und zwar Wunschkonzert. »Die wollen dann zum Beispiel ›Hit the Road Jack‹ hören.« Die coolen Hits aus dem Prominentenleben werden höchstens als Zugabe gespielt. »Es war nicht immer einfach, auf irgendwelchen Silberhochzeiten ›Codo – ich düse im Sauseschritt‹ schnell wieder hinzukriegen«, sagte Humpe über einen der größten Hits ihrer Schwester, den sie produzierte. In der Öffentlichkeit herrschte zwischen den beiden Schwestern immer eine deutliche Rivalität um Coolness und Glaubwürdigkeit. »Schwesterliches Miteinander fand zwischen uns nicht statt«, sagte jedenfalls Inga in einem anderen Interview über die Anfangszeiten. Nur auf den Ausflügen in die alte Heimat, geschützt vor den Blicken des sonstigen Publikums, wurden die Kämpfe ausgesetzt. Da durften die beiden schnoddrigen Berlinerinnen zwischendurch wieder ganz bürgerliche, brav miteinander musizierende Mädchen sein.

2008 schrieb Annette Humpe die Musik zu Udo Lindenbergs Single »Stark wie zwei«, in dem sich der Rockmusiker mit dem Tod seines älteren Bruders Erich beschäftigte. Erich Lindenberg, acht Jahre älter als Udo, war Maler, schaffte aber nie den ganz großen Durchbruch. Der Jüngere, als Musiker längst legendär, fing irgendwann einmal an, Fans mit Autogrammwünschen kleine Männchen neben seine Unterschrift zu krakeln. Und irgendwann beim Zechen probierte er, was passiert, wenn man den Pinsel in Eierlikör tunkt und damit eine Leinwand bearbeitet. Die so entstandenen »Udogramme« und »Likörelle« haben absolut gar nichts gemeinsam mit den stillen, ernsten abstrakten Gemälden von Erich, der an der Hochschule Kunst studiert hatte. Trotzdem bestritten die beiden in späteren Jahren mehrere gemeinsame Kunstausstellungen, die letzte 2006 unter dem Titel »Die ungleichen Brüder«. »Über Malerei sprechen wir nie«, sagte Erich Lindenberg in einem Fernsehbeitrag bei der Vernissage. »Jeder lebt in seiner eigenen Haltung.« Sein Bruder sei »der Meister«, nuschelte hingegen Udo Lindenberg. »Ich stell' ab und zu mal 'ne Frage, geht dieses, wie geht jenes?, und er hat ja so akademischen Hintergrund.« Bei aller Verschiedenheit standen sich beide lebenslang nahe. 2006 bezogen sie zusammen sogar ein gemeinsames Malatelier in Berlin-Kreuzberg.

»Derartige Geschwisterbiographien sind interessant, weil sie für die Entscheidungsfreiheit und zurechenbare Verantwortung der Individuen stehen«, hatte der Kunsttheoretiker Bazon Brock schon 2004 anlässlich einer ersten gemeinsamen Ausstellung und der auf Unterschieden aufbauenden Wahlverwandtschaft der Brüder über sie geschrieben. »Udo und Erich Lindenberg lassen sich auf diese Demonstration von Freiheit und Verantwortlichkeit in dem Augenblick ein, in dem uns Genetiker ihrer Mythologie der genetischen Schicksalhaftigkeit unterwerfen wollen und die Hirnforscher für sich ungeheure Summen öffentlicher Gelder verlangen, weil sie nachzuweisen versprechen, dass aus neurophysiologischen Funktionslogiken schlechterdings niemand mehr für sein Tun und Lassen zur Verantwortung gezogen werden kann.«

Ungleiche Geschwister, die gemeinsame Sache machen, sind immer ein Thema der Erörterung, erst recht, wenn sie prominent sind. Dann sogar, wenn sie die Nähe zueinander aus privaten Gründen suchen. Denn beruflich lagen die Welten der Lindenbergs zu weit auseinander, als dass der zurückhaltende Maler über den legendären Rockmusiker mehr Beachtung aus Kunstkreisen erfahren hätte. Erich Lindenberg schien vor allem der Mensch zu sein, bei dem Überrocker Udo für einmal keine coole Sau sein musste, sondern einfach der kleine Bruder sein durfte. Kurz nach der Eröffnung des Ateliers ist der Ältere dort 2006 gestorben.

Man muss nicht prominent sein, um mit seinen Geschwistern die eigene Bodenhaftung wiederzufinden. Der Mann unserer Putzfrau heißt Godehard und ist ziemlich schweigsam. »Aber das ist gar nichts gegen Enno«, sagt sie. Enno ist Godehards jüngerer Bruder. »Wenn die zwei in einem Zimmer sitzen, weißt du nie, ob nicht einer aus Versehen schon gestorben ist.« Enno und Godehard schweigen sich an. Nicht, weil sie sich gestritten haben oder wütend sind. Sondern weil es sie entspannt. »Schnacken is Arbeit«, meine Godehard immer, sagt unsere Putzfrau. Sie wiederum ist sehr mitteilungsbedürftig. Sie hat sich daran gewöhnt, zu Hause keine Antwort zu bekommen. Aber richtig verstehen kann sie es nicht. Manchmal fährt ihr Mann übers Wochenende zu seinem Bruder. Er brauche mal seine Ruhe, sage er dann. Die beiden Männer gehen fischen oder reparieren Ennos zwei Oldtimer, an denen immer etwas kaputt ist. Vor allem aber müssen sie nicht sprechen. Ein Blick genügt, und Godehard schiebt Enno den richtigen Schraubenschlüssel oder die gewünschte Flasche Bier hin. »Schweigen ist eine Tugend«, sagt Godehard. »Das hat mein Vater immer gesagt, und der ist 97 geworden«. In den ersten Jahren ihrer Ehe hätte sie Godehards Schweigen fast wieder auseinandergebracht, sagt unsere Putzfrau. Sie mussten sogar zu einem Eheberater. »Aber da habe dann auch nur ich gesprochen.« Kurz danach begann Godehard, öfter zu Enno zu fahren. Seither läuft es besser mit den beiden. Manchmal holt er seine Frau jetzt sogar von der Arbeit ab. Bei solcher Gelegenheit habe ich Godehard schon zweimal gesehen. Und jedes Mal hat er mindestens drei Worte zu mir gesagt.

Der Frankfurter Physiker Marcus Kasner und seine Schwester Angela standen sich als Kinder nahe. Beide wuchsen in einem Pfarrhaus in der DDR auf und haben noch eine jüngere Schwester. Zusammen lernten sie Hauptstädte auswendig, um sich »ein Bild von der großen weiten Welt zu machen«, wie Kasners Schwester später in einem Interview sagte. Wie ihr Bruder studierte sie Physik. Nach der Scheidung von ihrem ersten Ehemann behielt sie dessen Namen. Heute ist sie deshalb als Angela Merkel bekannt. Seit die Schwester die weite Welt aus eigener Anschauung kennt, sähen sie sich nur noch selten, etwa zu Weihnachten, sagte Kasner zu Beginn von Merkels erster Kanzlerkanditatur 2005 in einem Interview. Und dann wolle sie ganz sicher nicht über Politik diskutieren. Als Politikerin kenne er sie nur aus Rundfunk und Fernsehen. Zu ihrem fünfzigsten Geburtstag 2004 hatte die Kanzlerin ihre Geschwister zwar gebeten, mit ihr zusammen zu feiern. Dann lud sie allerdings noch gut 100 Parteifreunde ein. Doch nicht das sei es, was ihn wundere, sagte Marcus Kasner in der Zeitung. Es sei eigentlich eher der Umstand, dass sie trotz ihres gemeinsamen Berufes zusammen niemals über Physik gesprochen hätten.

Wenn man die Fühlung zueinander wiederfindet, kann auch Rivalität zwischen Geschwistern zu einem Spiel werden. Sie hätten da »so einen kleinen sportlichen Ehrgeiz«, sagte Annette Humpe im Interview mit dem *Tagesspiegel* über ihre jüngere Schwester. Als Inga Humpe im Jahr 2000 mit ihrem Duo »2Raumwohnung« ein überraschender Comeback-Erfolg gelang, wollte es auch die Ältere noch einmal wissen. Nach 15 Jahren als Produzentin hinter den Kulissen gründete sie mit einem jungen Sänger das Duo »ich + ich« und stellte sich mit ihm noch einmal auf die Bühne. Wie Inga hatte sie großen Erfolg. »Aber das ist heute mehr so ein liebevoller Wettkampf«, sagte sie. Viel anders schien es auch bei den Lindenberg-Brüdern nicht gewesen zu sein. »Udo zeigte sich sehr glücklich darüber, dass das bedeutende Werk seines Bruders in einer solch schönen Umgebung weiterleben wird«, heißt es auf der Website seiner Udo-Lindenberg-Stiftung über ein Museum in Lugano, in dem Weggefährten nach dem Tod seines Bruders Erich dessen Werk prominent präsentieren wollen. »Dies beflügelt ihn, nun auch das geplante eigene Museum in Hamburg oder einem anderem Ort in Deutschland noch entschlossener voranzutreiben.«

Sie habe »Lust auf Ferien«, lässt die Schweizer Autorin Jacqueline Moser in ihrem Geschwisterroman *Lose Tage* die Hauptfigur Carla sagen.

»Und wo würdest du am liebsten hinfahren?« fragt José. »Nach Brasilien? Auf die Antillen? Nach New York?«

Carla schüttelte den Kopf. »Nein«, sagte sie. »Ich hätte Lust auf Ferien in meiner Kindheit. Ein, zwei Wochen, und ich wäre erholt.«

Urlaub in der Kindheit. Auch das ist etwas von den eigenartigen, einzigartigen Dingen, die Geschwister einander manchmal ermöglichen können.

Dunkle Welten

Aber Geschwister können auch die Hölle sein. Nicht, weil sie nie den Hamster füttern oder weil sie Tante Louises Goldohrringe bekommen haben, obwohl man die selbst wollte. Sondern vielleicht, weil man mit ihnen eine Sprache spricht, die kein anderer versteht, und zu der man keine Alternative mehr kennt. Oder weil man am Körper mit ihnen zusammengewachsen ist. Oder weil sie zum Sexpartner geworden sind. Geschwisterbeziehungen können krank machen. Und sie können krank sein.

Die beiden walisischen Zwillingsschwestern June und Jennifer Gibbons wurden 1983 wegen Diebstahls und Brandstiftung zu einer lebenslangen Haftstrafe in einem forensischen Krankenhaus verurteilt. Da sprachen die beiden 20-Jährigen schon seit Jahren kein Wort mehr, bewegten sich dafür aber vollkommen synchron. Als Kinder hatten die Töchter eines Einwandererpaares aus Barbados angefangen, in einer privaten Geheimsprache zu sprechen, die außer ihnen niemand verstand. In ihrem vierzehnten Lebensjahr gerieten sie in die Mühlen der Psychiatrie. Nach Zwangstrennung und Wiedervereinigung kapselten sie sich fast vollständig von der Außenwelt ab. Beide schrieben manisch Tagebuch und Kurzgeschichten voller Gewalt und Verderben. Mit 16 wurden sie von drei Jungen aus der Nachbarschaft vergewaltigt und flüchteten sich daraufhin in die Phantasie einer Liebesbeziehung zu fünft. Die Eltern sollen von allem nichts bemerkt und die Mädchen lediglich für auffällig still gehalten haben. Als die Jungen wegzogen, fingen die Schwestern an, in Häuser einzubrechen und Brände zu legen. Erst in einer psychiatrischen Einrichtung, wo sie getrennt untergebracht wurden, kamen sie zeitweise voneinander los und besuchten sich nur noch gelegentlich. In ihren Tagebüchern phantasierten sie Todesarten, die sie der anderen wünschten.

Verzweifelt suchten sie eine Grenze, die aus ihnen zwei Individuen machen könnte, fanden sie aber nicht. Sie schlossen einen Pakt, dass die eine im Todesfall der anderen verpflichtet sei, zu sprechen und ein normales Leben zu führen. Schließlich kamen sie überein, dass eine von ihnen sterben müsse, damit die andere leben könne. Jennifer willigte ein, sich zu opfern. Als die beiden 1993 in den offenen Strafvollzug verlegt wurden, entwickelte Jennifer eine akute Herzmuskelentzündung und starb im Alter von 29 Jahren. Kurz darauf sagte June in einem Interview mit einer britischen Zeitung, sie sei »sehr erleichtert«. Sie ist inzwischen aus der psychiatrischen Einrichtung entlassen und soll heute zurückgezogen in England leben.

»Ein noch wenig erforschtes Phänomen ist die sogenannte Privat- oder Geheimsprache zwischen Zwillingen«, schrieb der Sprachwissenschaftler Jürgen Dittmann 2010 in seinem Buch *Der Spracherwerb des Kindes: Verlauf und Störungen*. Schon länger ist bekannt, dass einige Zwillingskinder in den ersten Jahren in einem für andere unverständlichen »Jargon« miteinander reden und von alleine kaum anfangen, die Worte ihrer Umgebung zu benutzen. Das betrifft nach Schätzungen aber nur ungefähr drei von hundert Zwillingspaaren. »Es konnte gezeigt werden, dass bei solchen Zwillingen das Auftreten von behandlungsbedürftigen Störungen der Sprachentwicklung wahrscheinlicher ist als bei Zwillingen ohne Jargon«, schreibt Dittmann. Weil ja immer jemand da ist, der einen versteht, gibt es keinen Grund, die Sprache der Außenwelt zu lernen. Meist beginnt die Ausbildung dieser »Idioglossie« oder »Kryptoglossie« schon, bevor die Kleinkinder zu sprechen beginnen: Bereits mit Gesten und Mimik reagieren eineiige Zwillingsgeschwister vom ersten Tag ihres Lebens an extrem stark aufeinander.

Bei ungefähr einer von einer Million Geburten kommen Zwillinge zur Welt, die Gliedmaßen oder innere Organe miteinander teilen. Im ersten Fall ist es Chirurgen heute oft möglich, sie direkt nach der Geburt zu trennen. Im zweiten Fall verbringen sie ihr oft jahrzehntelanges Leben in vollständiger Abhängigkeit voneinander. Rund 20 solcher Paare, die nach dem ersten bekannten Fall, den thailändischen Brüdern Chang und Eng Bunker, »siamesische Zwillinge« genannt werden, soll es zurzeit weltweit geben.

Sie habe erwartet, »dass sie sich irgendwie anders verhalten würden als andere Mädchen in ihrem Alter«, sagte die amerikanische Fotografin Annabel Clark über die halbwüchsigen Schwestern Carmen und Lupita Andrade, die sie in einem Langzeitprojekt begleitete. »Aber es gab keinen Unterschied.« Die Mädchen sind vom Bauch abwärts zusammengewachsen und teilen sich zwei Beine. Mit ihren Fotos will Clark zeigen, »wie normal sie sind«. Nichts an Carmen und Lupita sei beängstigend oder deprimierend. Im Hinblick auf ihre liebevollen und lebensfrohen Bilder hat die Fotografin damit Recht. Aber so einfach ist es nicht. Siamesische Zwillinge beunruhigen uns auch, wenn wir nicht zu den Gaffern und Geiferern gehören. Sie verkörpern den Alptraum der ewigen Nähe, ohne Rückzugsmöglichkeit. Sie bebildern in hochkonzentrierter Form das, was uns manchmal schon in stärkster Verdünnung kaum erträglich ist: die Verbindung zu einem Geschwister, die keine Distanzierung ermöglicht. Die Umklammerung eines Menschen, der von einem so vollständig abhängig ist, wie man selbst von ihm.

Vor vielen Jahren hatte ich einen Freund, Ingo. Er hatte einen Bruder, Moritz. Moritz lebte mit einer Frau zusammen, mit der er gerne ein Kind gehabt hätte. Leider hatte er aber schon in jungen Jahren einen Eingriff vornehmen lassen, der seine biologische Vaterschaft für alle Ewigkeit verhinderte. Moritz und die Frau fragten Ingo, ob er sich vorstellen könne, für seinen Bruder ein Kind mit dessen Frau zu zeugen, auf natürlichem Weg.

Ingo war etwas perplex, sah aber den Sinn der Sache ein. Amouröses Interesse an seiner Schwägerin hatte er bis dahin zwar keines gehabt, aber er mochte sie und war von ihr nicht abgestoßen. So setzte man sich ein paar Wochen später zu einem gemeinsamen Essen hin und tischte ordentlich Wein auf, um keine Befangenheit zuzulassen. Wenn es sich ergibt, so war die Absprache, würde sich Ingo mit seiner Schwägerin zurückziehen. Wenn nicht, dann wollte man darüber kein weiteres Wort verlieren. Das Essen verlief freundlich und der Wein wurde getrunken. Aber der Moment, um den es ging, kam nicht. »Plötzlich konnte ich es mir einfach nicht mehr vorstellen, mit dieser Frau ins Zimmer zu verschwinden und ihr ein Kind zu machen«, sagte Ingo. »Es kam mir irgendwie pervers vor, obwohl ich nicht sagen konnte, warum.« Moritz und seine Frau sind bis heute kinderlos zufrieden, und an der Beziehung zu Ingo hat sich nichts geändert. »Es war einfach ein Versuch«, sagen sie heute alle darüber. »Aber die Natur war da irgendwie dagegen.«

In so gut wie jeder Kultur gilt es spätestens seit der Neuzeit als falsch, wenn Familienmitglieder Geschlechtsverkehr miteinander haben. Wie alles, was mit Sexualität zusammenhängt, wird auch das Inzesttabu meist im religiösen Fundament einer Kultur geregelt. Doch nicht jede Gesellschaft legt dieses Tabu auf dieselbe Weise aus. Die Eltern des ägyptischen Königs Tutanchamun etwa waren Geschwister. Das haben Altertumsforscher aus Kairo 2010 anhand einer Erbgutanalyse herausgefunden. In der Vormoderne war Inzucht – das Zeugen von Kindern mit nahen Verwandten – ein gängige Praxis, um Besitz in der Familie zu behalten. »Bella gerant alii, tu felix Austria nube« hieß es bei den Habsburgern seit Jahrhunderten – »Kriege führen mögen andere, du, glückliches Österreich, heirate«. Kaiser Maximilian I. verheiratete seinen 9-jährigen Adoptivsohn, Ludwig II., im Jahr 1515 mit dessen gleichaltriger Adoptivnichte Maria, um dadurch Österreich und Ungarn zu verbinden. In indigenen Kulturen Nordamerikas sollen unverheirateten Männern früher die Frauen ihrer Brüder angeboten worden sein. Im Islam hingegen wird Geschlechtsverkehr bereits als Inzest betrachtet, wenn jemand mit einem Menschen schläft, nachdem er mit dessen Bruder oder deren Schwester Sex hatte. »Verwehrt sind euch eure Mütter, eure Töchter, eure Schwestern, eure Vatersschwestern und Mutterschwestern, eure Bruderstöchter und Schwestertöchter. Und nicht sollt ihr zwei Schwestern zusammen haben«, heißt es im Koran. Sowohl im Islam als auch in der Syrisch-Orthodoxen Kirche gilt das Inzesttabu seit Jahrtausenden auch für sogenannte »Milchgeschwister«: Menschen, die als Babys von derselben Frau, etwa einer Amme, gestillt wurden. Das ist wichtig, weil das Gefühl von Verwandtschaft durch das gemeinsame Aufwachsen entsteht. Aber schon bei Cousins und Cousinen sind die Bewertungen unterschiedlich. In vielen Kulturen der Welt werden diese gleichwertig wie Geschwister behandelt. Gleichzeitig werden sie, etwa im Orient, aber auch besonders gerne miteinander verheiratet. Weltweit wird ungefähr jede zehnte Ehe zwischen nahen Verwandten geschlossen. Im Christentum benötigt man dazu traditionell eine Sondererlaubnis.

Der Europäische Gerichtshof in Straßburg bestätigte im April 2012 ein deutsches Urteil, das die sexuelle Beziehung zwischen zwei leiblichen Geschwistern unter Strafe stellte. Vor Gericht gezogen war ein Mann aus Leipzig, der seine leibliche Schwester erst im Jahr 2000 im Alter von 24 Jahren kennenlernte und in den folgenden fünf Jahren vier Kinder mit ihr zeugte. Wegen »Beischlafs mit Verwandten« bekam er mehrere Freiheitsstrafen, an denen die Liebesbeziehung zur Schwester zerbrach. Zuvor hatten verschiedene Gruppierungen sich für eine Streichung dieses Verbots stark gemacht. Doch ob mit oder ohne Verbot ist Sex unter Geschwistern für die große Mehrheit der Menschen eine undenkbare Vorstellung.

In einer Studie mit 186 Probanden hat ein Team von Evolutionspsychologen an der Universität von Santa Barbara in Kalifornien 2007 untersucht, ob die moralisch begründete Abscheu vor Inzest zwischen Geschwistern psychologisch bedingt ist. Das hatte der finnische Soziologe Edvard Westermarck bereits 1921 vermutet. Oder ob sie auf einer biologischen Grundlage, etwa dem genetisch angelegten Erkennen von Verwandtschaft, beruht. »Die Dauer des Aufwachsens mit gegengeschlechtlichen Geschwistern prognostiziert den Grad der moralischen Ablehnung des Inzests«, lautet eine Schlussfolgerung in der Studie mit dem Titel »Hat Moral eine biologische Grundlage?« Die Forscher fanden heraus, dass für ein Mädchen vor allem »die Anzahl der Jahre, die es mit einem Jungen zusammenlebt« ausschlaggebend dafür ist, ob es Sex mit ihm später ablehnt. »Nicht die Frage, ob sie denkt, dass der Junge ihr Bruder sei.« Das dürfte ein Grund sein, warum Inzest zwischen Geschwistern, wenn er einvernehmlich erfolgt, in so gut wie allen bekannten Fällen Brüder und Schwester betrifft, die nicht miteinander aufgewachsen sind.

Aus den 1980er Jahren stammen allerdings Zahlen, nach denen ungefähr zehn Prozent aller Kinder mit ihren Geschwistern schon einmal Dinge getan haben, die man sexuellen Handlungen zurechnen kann. Das sagte Peer Briken, Leiter des Hamburger Instituts für Sexualforschung und Forensische Psychiatrie, 2012 in einem Interview mit der *Süddeutschen Zeitung*. »Da geht es aber in der Regel um Fummeleien oder Berühren«, präzisiert er. »Tatsächliche sexuelle Grenzverletzungen sind – nach allem, was wir darüber wissen – sehr viel seltener.« Es ist das, was man früher »Doktorspiele« nannte. »Bei Doktorspielen stehen die Neugier und das Interesse im Vordergrund«, schrieb die Zürcher Familientherapeutin Marie-Louise Pfister 2006 in einem Fachartikel zum Thema »Sexuelle Übergriffe unter Geschwistern« für die Zürcher Missbrauchsberatungsstelle Castagna. »Doktorspiele basieren auf der Freiwilligkeit aller beteiligten Kinder; sie können jederzeit aufhören. Es gibt kein Machtgefälle zwischen den Kindern, die Handlungen sind altersadäquat, und es werden keine Gegenstände in die Geschlechtsöffnungen gesteckt.«

Die Kunst hingegen ist fasziniert von Bildern und Geschichten, in denen sich Geschwister als Liebende begegnen. 1985 erzählte der Schweizer Autorenfilmer Fredi M. Murer in seinem größten Erfolg *Höhenfeuer* die Geschichte einer Bergbauernfamilie mit einem halbwüchsigen, gehörlosen Sohn. Dieser schwängert seine ältere Schwester, die ihn liebt und unterrichtet. »Diese Geschichte könnte sich zwischen Island und Japan überall ereignen«, sagte Murer in einem Interview. Der Film, der fast ohne Worte auskommt, balanciert die Zartheit der Liebesbeziehung mit der Enge einer archaischen Welt, in der alles Fremde abgewehrt wird – sogar im eigenen Bett. Auch im Opernwerk »Der Ring des Nibelungen« von Richard Wagner herrscht ein einziger Inzesttaumel. Nicht nur wird der Held Siegfried von den Zwillingen Siegmund und Sieglinde gezeugt, er verpaart sich auch mit seiner eigenen Tante Brünnhilde. Um den Mythos der Erhabenheit von Geschwisternähe in aller Intensität darstellen zu können, ohne dabei an das Tabu der körperlichen Nähe zu rühren, nutzen die Künste jedoch häufig einen Kniff. Am gängigsten ist die Umdrehung. Nicht der Bruder wird zum Liebhaber, sondern der Liebhaber wird kostbar wie ein Bruder. Die Beziehung zu einer »verwandten Seele« gilt an vielen Orten als höchstes Liebesideal.

Können sich Bruder und Schwester verlieben?, wurde der Psychiater Peer Briken gefragt. »Schwärmereien für die Geschwister sind an der Tagesordnung und gehören zur kindlichen Entwicklung«, antwortete der Sexualforscher. »Eine Liebe über längere Zeit mit sexueller Beziehung ist eher die Ausnahme.«

Geschwisterinzest sei die am wenigsten erforschte, aber wahrscheinlich die häufigste Form des Inzests, schrieben 1995 die Psychologen Naomi Adler und Joseph Schutz von der Cornell University in Ithaca, New York. Kommt es zwischen Geschwistern tatsächlich zum Geschlechtsverkehr, steht allerdings in den wenigsten Fällen romantische Liebe im Vordergrund. »Bei Inzest zwischen Geschwistern, also Kindern, herrscht nur sehr selten ein Gleichgewicht«, sagt Briken. »Es gibt Altersunterschiede und damit auch ein Machtgefälle. In solchen Fällen kann auch Zwang eine Rolle spielen, der manchmal auch subtil ausgeübt wird.« Inzest mit einem jüngeren Geschwister ist eine doppelte Grenzüberschreitung, weil sowohl dessen körperliche Integrität als auch das soziale Tabu verletzt werden. Fachleute beurteilen solche Übergriffe heute vor allem als Ausdruck sozialer Not und seelischer Verwahrlosung. Komme es zu »real stattfindenden sexuellen Kontakten zwischen Geschwistern«, schreibt Dorothee Adam-Lauterbach, »sind nachhaltige pathologische Folgen zu erwarten.«

Der expressionistische Maler Egon Schiele malte zu Beginn des 20. Jahrhunderts unzählige Male die Geschlechtsteile seiner vier Jahre jüngeren Schwester Gertrude. Von seinem Landsmann, dem österreichischen Dichter Georg Trakl, ist bekannt, dass er bis zum Ende seines Lebens eine inzestuöse Beziehung zu seiner fünf Jahre jüngeren Schwester unterhielt, die ebenso wie er drogensüchtig war. »Im Unterschied zum Film war Trakl in Wahrheit wohl ein wirklichkeitsscheuer Autist, der keine Menschen ertrug«, schrieb der Journalist Jan Küveler 2012 in einer Filmkritik über Trakl. »So erklären seine Biografen die Geschwisterliebe: durch übergroße Identifikation mit dem eigenen Fleisch. Indem er sie liebte, hielt er sich vor der äußeren Welt versteckt.« Zahlreiche Faktoren begünstigten den Inzest zwischen Geschwistern, sagt Peer Briken. Etwa eine »übersexualisierte Atmosphäre« im Elternhaus. »Das heißt, wenn zum Beispiel die Kinder gezwungen werden, sich Pornographie anzusehen. Wenn Kindern die Möglichkeit genommen wird, Schamgefühle zu entwickeln.«

»Für Kinder, die von Geschwisterinzest betroffen sind, sind die Eltern oder andere nahe Bezugspersonen emotional häufig kaum oder gar nicht erreichbar«, schreibt Marie-Louise Pfister in ihrem Fachartikel »Sexuelle Übergriffe unter Geschwistern«. Die Bindung zwischen Geschwistern intensiviere sich im selben Maß, in dem andere emotional befriedigende Beziehungen, insbesondere zu den Eltern, fehlten, heißt es weiter. Die Sozialpädagogin Esther Klees interviewte für ihre 2008 publizierte Dissertation 13 Jungen aus Nordrhein-Westfalen, die wegen Sex mit ihren jüngeren Schwestern in Behandlung waren. Jeder ihrer Probanden habe erklärt, dass er im Übergriff auf die Schwester »Macht ausüben, sich auch mal stark fühlen« wollte, sagte Klees in einem Interview. Sich an Abhängigen zu vergreifen ist eine Strategie der Schwachen. Die Übergriffe über sich ergehen zu lassen, ist eine Verhaltensweise der noch Schwächeren. Kinder ohne sichere Bindung stützen sich stärker auf die Geschwister, das ist der Psychologie bekannt. Die Ausweglosigkeit einer solchen Situation bestehe im Falle des Inzests darin, dass das Geschwister »die einzige Person ist, die für eine Bindungserfahrung überhaupt zur Verfügung steht«, heißt es bei Marie-Louise Pfister. »Der Missbrauch wird nicht selten von den Opfern in Kauf genommen, um die Beziehung zum beschützenden Geschwisterteil nicht aufs Spiel zu setzen«, sagte auch Klees im Interview. Zudem könnten sexuelle Erfahrungen mit Geschwistern Spannung und Lebendigkeit in einen »deprimierenden, interaktionsarmen Kinderalltag bringen«, schreibt Pfister weiter. »An die Stelle der gesuchten emotionalen Bindung tritt Sexualität.« Wenn in einer Familie das Inzesttabu durchbrochen wird, ist schon vorher das gesamte Beziehungssystem marode. Darüber sind sich die Fachleute einig.

»Wenn deine Eltern sich scheiden lassen, sind sie immer noch Geschwister!«, hörte ich kürzlich vor meinem Haus einen Autofahrer einen Fahrradfahrer beschimpfen. Was uns an Geschwisterbeziehungen am tiefsten beunruhigt und was wir ablehnen und tabuisieren, ist nie die zu große Distanz. Es ist immer die zu große Nähe. Geschwister dürfen einem nahe sein. Aber sie dürfen einem nicht zu nahe kommen. Sie sind diejenigen, mit denen man keinen Sex hat. Das ist eine kulturelle Norm, die alle Gesellschaften verbindet. Die darin wurzelnde Reinheit ist es, die Geschwisterliebe zu einem der mächtigsten Mythen der Welt macht. Doch die Nähe in Geschwisterbeziehungen ist gleichzeitig auch die größte Bedrohung unserer Individualität. Das Ideal der Harmonie ist ein Versuch, sie zu bewältigen. Ausgerechnet hier können wir von siamesischen Zwillingen lernen. Einige von ihnen heiraten und führen ein eigenständiges Leben. Wenn eine duscht, wickelt sich die andere in ein Tuch, um nicht nass zu werden. Gesunde Distanz und innere Unabhängigkeit sind auch zwischen Geschwistern möglich, lautet die Lektion. Sogar dann, wenn man am Körper zusammengewachsen ist.

Üben üben üben

Vor kurzem bekam ich eine E-Mail von meiner Freundin Mikito. Sie wünschte mir ein gutes Jahr und berichtete von ihren letzten Monaten. Es sei keine leichte Zeit für sie. Mikitos Mann hat eine Stelle in einer anderen Stadt angetreten und ist sehr häufig fort. Im Dezember ist auch noch ihr alter Hund gestorben. Aber sie sei eigentlich trotzdem guter Dinge, schrieb sie. Mikito hat einen älteren Bruder, der immer der Prinz der Familie war. Er ist in derselben Sparte berufstätig wie sie, genießt dort aber ein nicht zu übertreffendes Ansehen, was ihn ruhelos durch die Welt reisen lässt. Auch eine jüngere Schwester gibt es, die einen ganz anderen Weg eingeschlagen hat und auch woanders lebt. An Mikito blieb es deshalb in den letzten Jahren häufig hängen, sich mit der im Alter immer wilderen, verwitweten Mutter zurechtzufinden. Darüber sprechen wir manchmal, es hat ihr lange zu schaffen gemacht. »Meine Geschwister und ich, die wir jetzt oft die Hände über die Mauern bekommen, winken den Deinen zu«, heißt es am Ende der Mail. Diesen Satz habe ich über meinen Schreibtisch gehängt. Er erinnert mich an etwas, das ich leicht vergesse. Bei Geschwistern hat immer beides seinen Platz: die Mauern und die Hände, die man sich darüber reicht.

»Im späteren Erwachsenenalter und höheren Alter rücken die Geschwister in der Regel wieder näher zusammen«, schrieb Hartmut Kasten 2001 in einer Zusammenfassung zum Stand der Geschwisterforschung. Neue Nähe baue sich vor allem dann auf, »wenn Fragen, welche die Versorgung und Betreuung der pflegebedürftigen Eltern betreffen, gemeinsam und zufriedenstellend bewältigt werden können.« Konflikte und Spannungen in dieser Phase entstünden wiederum häufig dadurch, »dass sich die männlichen Geschwister aus der Verantwortung für die Versorgung der alten Eltern weitgehend heraushalten und die weiblichen Geschwister, dem traditionellen Geschlechtsstereotyp entsprechend, sich in der Hauptsache um die Pflege und Betreuung des gebrechlichen Elternteils kümmern.«

Das Altern und der Tod der Eltern erscheinen als Sollbruchstellen in der Beziehung erwachsener Geschwister. In diesen Jahren der doppelten oder dreifachen Belastungen können alte Kränkungen wieder aufbrechen. Manchmal entscheidet es sich hier, ob die lebendige Beziehung noch Potential hat oder ob sie endgültig stillgelegt wird. Hier offenbart sich oft auch erst, ob man sich aus der Rolle befreien konnte, die man als Kind aufgezwungen bekam. Es zeigt sich, ob man als Geschwister erwachsen geworden ist. Oder ob es sich eventuell lohnt, das noch nachzuholen. Dann kommen allerdings Jahre auf einen zu, in denen man vielleicht noch einmal eine neue Rolle einüben muss. »Mit dem Verzicht, mein Lebensglück an ein bestimmtes Verhalten anderer Menschen zu koppeln, mit diesem Loslassen, diesem Zulassen von Distanz, entsteht Freiheit«, schrieb der Münchner Psychiater Peter Teuschel 2014 in seinem Buch *Das schwarze Schaf.* »Indem ich nichts mehr von meinen Eltern und meinen Geschwistern verlange, ihnen nicht mehr innerlich hinterherlaufe, habe ich mich ein Stück weit befreit. Ich bin jetzt in der Lage, mich nach anderen Wegen umzusehen, um meine Lebenssituation, meinen Selbstwert und mein Glück zu fördern.« Das hört sich leicht an. Aber es ist oft untergegangen in Jahrzehnten des Alltags, den man nicht mit den Geschwistern geteilt hat.

Wie nah müssen, wie fremd dürfen sich Geschwister im Lauf ihres Lebens sein und bleiben? Wie oft darf man ein Familienessen schwänzen, ohne jemanden zu enttäuschen? Darf man es vorziehen, in einem Hotel zu wohnen statt im alten Kinderzimmer? Muss man akzeptieren, wenn ein Bruder, eine Schwester sich von der Familie fernhält, obwohl ihre Anwesenheit vonnöten wäre? Muss man akzeptieren, dass das Geschwister sich für einen Partner entschieden hat, der nicht zur Familie passt und der die Distanz, absichtlich oder nicht, vergrößert? Darauf gibt es keine Antwort, die für alle gilt. Aber fast immer gibt es zuerst Missverständnisse und Zwist, wenn jemand anfängt, herauszufinden, welcher Abstand der richtige ist. Weil er oder sie damit automatisch nicht mehr den Text spricht, der im Familienschauspiel für seine Rolle vorgesehen ist. Weil dann auch den anderen die Stichwörter fehlen. Weil eine Familie ohne das bekannte Drehbuch manchmal plötzlich nicht mehr weiß, was sie miteinander anfangen soll. Dann fängt für alle das Üben an.

Marlenes und mein Verhältnis war lange Jahre durch die alten Rollen blockiert, die wir als Kinder übernommen hatten. Sie sahen vor, dass Marlene über mich bestimmt und ich mich mühsam und voller Zweifel dagegen auflehne. Dann fühlt sie sich zurückgestoßen und wird giftig. Dann bin ich deprimiert und wende mich ab. Bis ich mich so verlassen und hilflos fühle, dass ich sie wieder um Unterstützung angehe. Die sie mir gewährt. Und dann wieder beginnt, über mich zu bestimmen. Und so weiter. Wie ein negatives Energiefeld stand dieses Szenario lange zwischen uns.

Die Auseinandersetzung mit älteren Geschwistern kann bedeuten, den zugewiesenen Platz des Schwächeren gegen einen günstigeren, selbstgewählten zu tauschen. Und diesen Platz dann verteidigen zu lernen, auch vor sich selbst. Und zwar auch dann, wenn er unbequemer ist. Die Auseinandersetzung mit jüngeren Geschwistern bedeutet oft, akzeptieren zu lernen, dass das, was man geben will, nicht widerstandslos angenommen werden muss. Die Beziehungen zu Geschwistern – und zwar zu leiblichen, erworbenen, selbstgewählten, nahen und fernen – handeln immer von der Frage: Was bin ich für ein Mensch und wo gehöre ich hin? Wo ist meine eigene Position und was ist meine Aufgabe in der Welt? Und wer bestimmt, wie ich mich verhalte? Es sind die zentralen Fragen der Identität.

»Die Fähigkeit, in uns aufkommende Impulse in Schach zu halten und dafür zu sorgen, dass diese nicht ungefiltert in unser Verhalten einfließen, ist ein wichtiger Punkt, um innerlich stärker zu werden«, schreibt Peter Teuschel. »Vor allem einschießende Emotionen wie Wut und Ärger gehen mit dem Drang einher, möglichst umgehend ›ausgelebt‹ zu werden. Aber ist es so sinnvoll, immer gleich an die Decke zu gehen? Es geht vielmehr wieder um das Prinzip ›Entscheidung statt Automatismus‹. Ich stärke mich ungemein, wenn es mir gelingt, meine Impulse so weit zu kontrollieren, dass ich selbst entscheide, was nach außen darf, und nicht mein innerer Wüterich das Steuer in der Hand hat. Wie das geht? Den Vorsatz fassen und dann üben!«

Tagelang haben Marlene und ich letztes Weihnachten einträchtig und harmonisch alles für die Familienfeier vorbereitet. Zum Dessert am zweiten Weihnachtsfeiertag hatte ich mir eine besonders ambitionierte Darreichung ausgedacht, kam dann aber mit der Dekoration der vielen Teller nicht zurecht. »Für alles ist so ein Germanistikstudium eben auch nicht gut«, stichelte sie plötzlich unvermittelt. Auf diese kalte Dusche war ich nicht gefasst. In den Tagen zuvor hatten wir beide die Samthandschuhe nie abgelegt. Sofort suchte ich die Schuld für den Angriff bei mir und überlegte, womit ich sie in den vergangenen Stunden erbost haben könnte. Das mit dem Studium war früher eine ihrer Lieblingsspitzen. Vielleicht aus Neid, weil ich in meinen jungen Jahren einem brotlosen Interesse nachgehen konnte, während sie Geld verdienen musste. Ich bügelte die Bemerkung mit einem Witz ab, aber noch jetzt kommt eine verständnislose Enttäuschung auf, wenn ich daran denke. Marlene teilt oft und gerne aus, das wissen alle ihre Freunde. Eigentlich weiß ich es auch. Aber ich kann es noch immer kaum parieren. Gemeinsam haben wir hier fast keine Erwachsenenerfahrungen. Wenn sie mich piekst, trifft sie immer noch die kleine, unterlegene Schwester. Eine Frau von 43 Jahren, die dann augenblicklich vergisst, dass sie sich problemlos wehren könnte. Die sich lieber zurückzieht wie eine Schnecke, der man auf die Fühler gehauen hat, und dann wieder wochenlang nicht anruft.

Es ist eine Herausforderung, nach Jahrzehnten plötzlich die Gangart zu wechseln. Man muss nicht nur lernen, sich im Konflikt zu behaupten. Man muss auch lernen, die Zuneigung anzunehmen, die plötzlich sichtbar werden kann, wenn man sich auf Augenhöhe begegnet. Und manchmal auch beides nebeneinander. Zwei Tage vorher, an Heiligabend, hatten wir den ganzen Tag einträchtig zusammen in der Küche gewerkelt. Vor dem Eintreffen der Gäste stellte ich mich für einen Moment vor die Tür in die kalte Nachtluft. Ruhig lag die kleine Straße da. Die Nachbarn hatten die Fenster mit Lichtern geschmückt, und in der Ferne schillerte das grell dekorierte Haus der Nachbarn aus Amerika. Marlene trat neben mich. Schweigend blickten wir in die diesige Nacht, dann legte sie plötzlich den Arm um meine Schulter. Es war eine natürliche, beiläufige Geste, die doch zwischen uns zum ersten Mal vorkam. In all den Jahren zuvor hätte ich mich aus einer solchen Nähe sofort wieder herauswinden müssen, aus Unbehagen, weil ich so viel zu nah am nächsten Angriff gestanden hätte. Jetzt konnte ich sie zum ersten Mal aushalten. Daran bemerke ich, dass sich etwas geändert hat.

Als ich 40 wurde, schickte mir Marlene eine Geburtstagskarte mit Katzen und Ballons voller Glitter. »Ich erinnere mich noch ganz genau an die große Freude, die ich empfand, als Du zur Welt kamst«, hatte sie darauf in ihrer ordentlichen Schrift geschrieben. »Alles Gute zum Geburtstag, Marlene.« Die Worte bestürzten mich auf unerklärliche Weise. Die große Freude, die ich empfand, als Du zur Welt kamst. Ich hätte geschworen, dass der Tag meiner brüllenden Ankunft einer der grämlichsten in ihrem Leben gewesen war. Im Bild, das ich von meinem Leben hatte, war nicht vorgesehen, dass meine Schwester jemals große Freude an mir gehabt haben könnte, oder dass sie eine tiefere Zuneigung empfand. Ich muss ihr viele Jahre Unrecht getan haben. Warum habe ich es nicht bemerkt?

Als erwachsenes Geschwister muss man manchmal üben, geduldig zu sein. Man muss üben, nicht Dinge zu erwarten, die man nicht bekommt. Man muss üben zu akzeptieren, dass die anderen Dinge nicht annehmen können, die man ihnen unbedingt geben will. Man muss üben, seine Möglichkeiten richtig einzuschätzen. Man muss die Einsicht üben, dass man das eigene Verhalten ändern kann, aber niemals einen anderen Menschen. Und man muss die Einsicht üben, dass es manchmal Personen in einer Familie gibt, denen man nur durch radikale Distanz beikommt. Vielleicht muss man erkennen lernen, dass man den Kontakt mit ihnen nur aufrecht hält, weil man überzeugt ist, dass sie einem noch etwas schulden und man sie damit auf keinen Fall davonkommen lassen will. »Ich sehe, dass die Einstellung ›Das steht mir doch zu‹ nachvollziehbar und inhaltlich richtig ist«, schreibt Peter Teuschel. »Aber ich weiß auch, dass es mich nicht weiterbringt, bei anderen Menschen als bei mir selbst die Verantwortung für mein Leben zu suchen. Diese Aufgabe ist schwer, weil es einfacher ist, in alten Strukturen zu verharren und weil das Gefühl der Gekränktheit eine bittere Befriedigung beinhaltet.«

Auch die Veränderung selbst muss man üben. Ich muss verstehen lernen, dass Marlene immer versuchen wird, die Oberhand zu gewinnen. Und dass ich sie ihr nicht automatisch zu gewähren brauche. Oft muss man sich auch an neue Gefühle gewöhnen, die durch die veränderten Rollen auf einen zukommen. Trauer, weil es so lange immer schieflief. Wehmut, weil man so viel Zeit mit Streit vertan hat, obwohl man den anderen doch eigentlich liebt. Das ist oft das Schwerste. Es ist so schwer und beunruhigend, dass man es manchmal allzu lange vor sich herschiebt.

Was für eine Schwester bin ich eigentlich selbst? Diese Frage habe ich mir merkwürdigerweise in all den Jahren zuvor nie gestellt. Ich hatte es mir ja nicht ausgesucht. Wer hätte das Recht, in dieser Eigenschaft etwas von mir zu erwarten? Seit es mir öfter gelingt, nicht mehr einfach automatisch die Rolle der übergangenen kleinen Schwester aufzuführen, verändert sich der Blick auch auf mich selbst. Auch Marlene hat sich die Rolle der älteren Schwester und Ersatzmutter nicht ausgesucht. Auch sie hat eine Rolle eingeübt, die ihr vielleicht nicht behagte. In ihr wirken die gleichen Kräfte wie in mir. Es gibt keinen Grund mehr, warum sie zuerst aufhören soll. »Eine positive Selbstwahrnehmung setzt voraus, dass ich mich entschlossen dagegen wehre, die in meiner Familie erfahrene Abwertung jeden Tag aufs Neue selbst weiterzuführen«, heißt es bei Teuschel. Darin liegt die Möglichkeit, dem anderen offen und souverän zu begegnen. Die Beziehung als Schwester oder Bruder zu pflegen, weil man das kann und möchte. Nicht, weil man es muss. Den Gedanken »Blut ist dicker als Wasser« bezeichnet der Psychotherapeut übrigens als »Familien-Falle«. Ausgleich und Nähe funktionieren niemals unter Zwang. Und sie führen zwischen Geschwistern auch niemals zu einer normalen Freundschaft.

Geschwisterbeziehungen enthalten immer ein Quantum Ambivalenz. Eine, die man aushalten kann. Es spielt dabei nämlich keine Rolle, ob man sich nur alle paar Jahren zu einer Familienfeier sieht oder ob man plötzlich das Bedürfnis entdeckt, sich jede Woche zu treffen. Es ist egal, ob man sich lediglich im Sitzungsraum der Familienfirma begegnet oder ob man plötzlich miteinander alte Fotos sortiert. Wichtig ist nicht, wie man es tut. Wichtig ist, dass man sich fragt, ob man es eigentlich möchte. Und dass man nicht den Moment verpasst, damit anzufangen. Die Trauerforschung weiß, dass eines der quälendsten Gefühle beim Tod eines Geschwisters die Zweifel und Versäumnisse sind. Habe ich den anderen genügend gewürdigt? Habe ich ihm deutlich genug gezeigt, was er mir bedeutet? Habe ich es ihm jemals gesagt? Habe ich ihm überhaupt eine faire Chance gegeben?

»Anfangs wird es sicherlich schwer sein, die Impulse wahrzunehmen, aber nicht spontan nach ihnen zu handeln«, schreibt Teuschel. »Auch hierfür ist Distanz erforderlich, nämlich die Distanz zu unserer eigenen Wut. Das heißt, wir werden anfangs einiges runterschlucken müssen, und die dadurch vielleicht umso stärker spürbare innere Wut wird uns gehörig einheizen. Wenn wir uns dieser Aufgabe aber stellen, werden wir im Laufe der Zeit deutlich spüren, wie unsere Macht über uns selbst wächst.« Das Gefühl, sich selbst kontrollieren zu können und über sich selbst zu herrschen, sei die Belohnung für das Bemühen um Impulskontrolle, schreibt Teuschel weiter. Es ist das, was einem Menschen innere Unabhängigkeit gibt. Und das, was den Erwachsenen am meisten vom Kind unterscheidet.

»Wir können nicht alles lösen, und wir können uns nicht von allem befreien«, sagt Teuschel allerdings auch. »Das liegt vor allem daran, dass wir nichts ungeschehen machen können.« Manche Konflikte innerhalb einer Familie lassen sich nicht endgültig überwinden, und auch nicht jedes Familienmitglied hat vielleicht überhaupt das Bedürfnis danach. Wenn aber doch, dann kommt irgendwann der richtige Moment, um damit anzufangen. Dann kann es sogar gelingen, die Eltern aus der Verantwortung für die Schmerzen der Kindheit zu entlassen. Erwachsene Geschwister zu sein, bedeutet das Ende einer Zwangsbeziehung. Im besten Fall wird sie zu einer freiwilligen Wahlbeziehung. Dafür muss man allerdings ziemlich viel üben.

Das Geschwistergeheimnis

Als ich meine Kollegin Thea frage, ob sie Geschwister habe, druckst sie herum. »Hmm, ja, na ja, also das ist kompliziert«, sagt sie. Hast du Patchworkgeschwister?, frage ich nach. »Nein, das nicht, es ist eher so …«. Ich klopfe alle Möglichkeiten ab. Stiefgeschwister, Kinder aus geheimen Liaisons der Eltern, unklare Verwandtschaftsverhältnisse, schwarze Schafe, die enterbt wurden. Aber nein. Es ist ganz anders. Thea hat einen ganz normalen Bruder, drei Jahre jünger als sie und mit ihr zusammen aufgewachsen. Das Problem ist nur: Dieser Bruder ist ein linker Aktivist. So formuliert sie es schließlich resigniert. Er ist ihr peinlich. Selbst orientiert sie sich an bürgerlichen Werten und hat seit ihrer Schulzeit das Parteibuch einer entsprechenden Partei. Volker habe sich hingegen schon als Jugendlicher in besetzen Häusern herumgetrieben, erzählt sie. Heute lebt er in einem Wohnkollektiv, »natürlich Veganer«, und geht, soweit sie weiß, keiner geregelten Arbeit nach. Thea kann es selbst nicht verstehen, warum sie beide so unterschiedlich herausgekommen sind. Mit den Eltern haben sowohl sie als auch Volker ein gutes Verhältnis. »Wir schauen bloß immer, dass wir sie nicht gleichzeitig besuchen.« Thea ist eine gesellige Frau, die gerne Gesellschaften gibt. In den vielen Jahren, in denen wir uns kennen, hat sie nie einen Bruder erwähnt, darum ging ich irgendwann davon aus, dass sie Einzelkind sei. »Ich selbst irgendwie auch«, lacht sie. Volker passt nicht nur überhaupt nicht in ihr Weltbild. Er passt nicht einmal in ihr Familienbild. Dafür kann Volker natürlich nichts, das weiß sie. Noch peinlicher als Volker ist ihr eigentlich nur, dass ihr Bruder ihr immer noch so peinlich ist.

»Es fällt auf, dass in Anamnesen und Falldarstellungen Geschwister oftmals gar nicht erst erwähnt werden«, schreibt die Berliner Familientherapeutin und Psychoanalytikerin Dorothee Adam-Lauterbach 2013 in ihrem Buch *Geschwisterbeziehung und seelische Erkrankung*. Familientherapeuten erlebten zuweilen, dass Geschwisterbeziehungen von jugendlichen Klienten als »nicht beziehungsrelevant« abgewertet oder ganz unterschlagen würden. Womöglich hängt es mit der Entwicklung der Psychoanalyse selbst zusammen. »Die Ausblendung der Geschwisterbeziehung im Freudschen psychoanalytischen Diskurs ist bis zum Beginn der 1980er Jahre nahezu vollständig«, schrieb der Kinderpsychiater Hans Sohni 2001.

Teils werde die Geschwisterbeziehung »direkt negativ gewertet«, teils würde sie »in ihrer Bedeutung verleugnet«, fasst er die Situation zusammen und warnt: »Diese Verleugnung der Beziehungsrealität kann zu schweren Entstellungen und Störungen des therapeutischen Dialogs führen.«

Was bedeuten Geschwister für einen Menschen? Warum finden die einen Geschwister am Anfang oder im Laufe ihres Lebens zueinander und andere nicht? Die Expertenantwort darauf lautet bisher: Man weiß es nicht. Psychologie und Pädagogik kennen inzwischen lediglich ein paar Möglichkeiten, mit denen sich die Wahrscheinlichkeit verringern lässt, dass es zu Geschwisterhass kommt. Die Hallenser Geschwisterforscherin Inés Brock schrieb 2006, Geschwisterliebe sei eine wichtige Kategorie, »die sich dem wissenschaftlichen Zugang bisher weitestgehend verschließt«. Sie sei »eine Art von Beziehung, die nicht wie die meisten anderen Beziehungsarten typische Merkmale aufweist, sondern sehr individuell ausgeprägt ist«, heißt es in einem Aufsatz der österreichischen Bildungswissenschaftlerin und Psychotherapeutin Bernadette Bugelnig 2008.

Was bedeutet es, Bruder oder Schwester zu sein? Worin genau besteht überhaupt das Wesen der Geschwisterlichkeit? Das lässt sich mit Zahlen und Studien nicht umfassend ausdrücken. Lediglich ein paar Schlaglichter werden damit gesetzt.

Geschwisterbindung entwickelt sich spontan. Ob sie gelingt, ist Magie. Eine Wissenschaft, die Geschwister als Thema erst spät entdeckte und zunächst versuchen musste, es mit reinem Zahlenmaterial überhaupt empirisch zu erfassen, wird noch viele weiße Flecken zu kartographieren haben, bevor sie hinter das Geheimnis der Geschwister kommt. Aber die Faszination liegt ohnehin nicht im Wissen über die Lenkbarkeit dieser Beziehung. Sie liegt in den Geschwistern selbst. Es ist das Geheimnis einer ambivalenten und doch von außen kaum zu manipulierenden, lebenslangen Bindung. Es handele sich um ein »(Halb-)Schwesternpaar, das dem Betrachter bietet, was ihn an Geschwistern generell fasziniert: die Dialektik von Übereinstimmung und Unterschied«, schrieb die Autorin Ursula März 2010 in der *Zeit* über Eva und Katharina Wagner.

Das wahre Wesen dieser Beziehung ist zu individuell, als dass es sich in eine Formel fassen ließe. Auch in dieser Unkontrollierbarkeit liegt ein großes Potential. Und es liegt darin Freiheit. Es ist kein Zufall, dass in Diktaturen Kinder so früh wie möglich von den Eltern und auch von Geschwistern getrennt werden. Nur so können sie vollständig vom Staat und im Sinn einer Ideologie erzogen werden. Ist zwischen Brüdern und Schwestern erst einmal eine Bindung entstanden, lassen sie sich unter Umständen nicht mehr zum Verrat bewegen.

Die widersprüchliche Nähe kann so stark sein, dass die Wissenschaft in ihr sogar prophetisches Potential sucht, um Vorhersagen über das Gelingen eines Lebens oder einer späteren Beziehung zu machen. »Die Beziehungen zu den Geschwistern seien häufig ein zutreffenderer Indikator für das Potential von Partnerbeziehungen als die Beziehung zu den Eltern«, zitiert Hans Sohni eine Erkenntnis aus den späten 1980er Jahren. Bereits 20 Jahre zuvor hatte Walter Toman dazu geschrieben: »Neue (außerfamiliäre, nicht-verwandtschaftliche) zwischenmenschliche Beziehungen wiederholen die frühesten (innerfamiliären, verwandtschaftlichen) zwischenmenschlichen Beziehungen in unterschiedlichem Ausmaß. Dieses kann von totaler Wiederholung bis zu überhaupt keiner Ähnlichkeit reichen. Dazu kommt: Je mehr die neuen Beziehungen den früheren ähneln, je mehr Gemeinsamkeiten es gibt, umso besser ist die Person auf die neue Beziehung vorbereitet und umso größer ist die Wahrscheinlichkeit, dass diese glücklich, erfolgreich und von Dauer ist.«

Auffallend ist dabei aber, dass stets der Forscher definiert, wer überhaupt als Geschwister figurieren darf. »Wenn Geschwister vier bis sechs Jahre Abstand haben, sind sie psychologisch gesprochen richtige Geschwister«, gibt etwa Toman an. Das steht in krassem Gegensatz zu der sich im Leben wiederholenden Erfahrung, dass vor allem persönliche Gefühle diese Beziehung gestalten. Ein Bruder ist der, für den ich schwesterliche oder brüderliche Gefühle habe. Das in nächster zeitlicher und räumlicher Nähe aufgewachsene, vollständig blutsverwandte Kind, das denselben Nachnamen trägt wie man selbst, bietet lediglich eine Art Standardversion dessen, was wir als Bruder oder Schwester bezeichnen. Der eine ganze Generation ältere Bruder einer kinderreichen Familie, die geliebte Pflegeschwester, der viel ältere Halbbruder, der brüderliche Freund, dem man in Seelenverwandtschaft verbunden ist, die soziale Schwester, die einem durch eine Patchworkfamilie zugeflogen ist, die Cousine, die einem lebenslang engste Vertraute bleibt, entziehen sich dieser Kategorisierung. Aber sie sind deshalb nicht weniger legitim. Das Phänomen Geschwisterlichkeit ist nicht so klar umrissen, wie es zunächst scheint. Vor allem das macht die willkürlichen Grenzziehungen der Forschung deutlich.

Die Geschwisterforschung weiß, dass Blutsverwandtschaft nicht unbedingt ausschlaggebend ist für eine zuverlässige, lebenslange Bindung. Gleichzeitig löst sich die Begrenzung der Geschwistererfahrungen auf leibliche Schwestern und Brüder immer mehr auf. Bedeuten weniger Kinder in einer Gesellschaft mehr Egoismus? Nicht zwingend. Lernt man mit Geschwistern, wie man teilt? Nicht nur. Man lernt mit ihnen vor allem, was man tun muss, um möglichst wenig teilen zu müssen. 1,4 Kinder bekommt eine Frau in Deutschland heute durchschnittlich. Doch mit dem Verschwinden der klassischen Kernfamilie wird es immer schwieriger, die Kinderzahl einer Familie exakt zu eruieren. Vor ein paar Jahren wurde in der statistischen Familienforschung deshalb ein neues Kriterium eingeführt: Es beschreibt die Anzahl der Kinder, die bis zum achtzehnten Lebensjahr Erfahrungen mit Geschwistern machen, egal, ob sie dauerhaft mit diesen unter einem Dach leben oder nicht. »Nur noch ein Viertel der Kinder bleibt bis zum achtzehnten Lebensjahr ohne Geschwistererfahrung«, schreibt der Essener Familienforscher Hans Goldbrunner 2011 über die neue statistische Sichtweise. »Etwa die Hälfte wächst mit einem Bruder oder einer Schwester auf, etwa ein weiteres Viertel hat mindestens zwei Geschwister. Obwohl größere Familien selten geworden sind, haben auch heute die Mehrzahl der Kinder Erfahrungen mit Geschwistern.« Geschwisterkinder und die Liebe zueinander sind immer noch zentrale Bestandteile in der Konstruktion einer bürgerlichen Kleinfamilie. Sie sind auch zentraler Bestandteil in der Konstruktion einer modernen Patchworkfamilie. Sogar, wenn Patchworkkinder im Durchschnitt zwei bis fünf Jahre brauchen, bis sie einander akzeptieren.

Geschwistererfahrung ist eine umfassende Verbindung, die sich aus seelischer Verbindung und erfahrener körperlicher Nähe zusammensetzt. Das ist vielleicht ihr größter Unterschied zu jeder anderen Art von Beziehung. Eine Geschwisterverbindung nährt sich aus der mit allen Sinnen erlebten Nähe zum anderen. Sie kann niemals rein virtuell sein. Um als Geschwister zu bestehen, muss man für den anderen irgendwann einmal buchstäblich greifbar gewesen sein, real oder wenigstens als verlässliches Bild. Wenn diese Nähe einmal angelegt ist, kann sie lange Zeit selbständig weiter bestehen. Sobald man sich trifft, reichert sie sich weiter an. Bruder und Schwester sind auch Menschen, mit denen man niemals lange fremdelt. »Geschwisterbeziehungen bilden innerhalb der Familie ein eigenes soziales Subsystem, das gemeinsame Erfahrungen einschließt«, schrieb die Soziologin Ulrike Zartler 1997 in ihrem Überblicksartikel zum Thema »Pubertät und ihre Bedeutung für Eltern und Kinder«. Aufgrund des Rückgangs der Geburtenzahlen sei eine Verringerung der Geschwisterzahl festzustellen und das Aufwachsen als Einzelkind »eine durchaus typische Form von Kindheit« geworden. Erstaunlicherweise geht das Prinzip der Geschwisterlichkeit dennoch nicht verloren. Denn der Mensch weiß sich zu helfen. Er sucht sich die Geschwister einfach selbst.

Das Bedürfnis nach Geschwistern drückt sich in unterschiedlichen Wahlverwandtschaften aus, die in vielen Gesellschaften seit jeher praktiziert werden. »Brüderlichkeit« ist eines der fünf Prinzipien, denen sich etwa die Freimaurer verpflichten. Deren Geheimbünde sind im Zeitalter der Aufklärung im frühen 18. Jahrhundert entstanden und bleiben in ihrer traditionellen Form bis heute Männern vorbehalten. Nach dem Zweiten Weltkrieg entwickelten sich jedoch Logen für Frauen, die den Begriff der Brüderlichkeit auf die Schwesterlichkeit erweitern. »Freimaurerei verwandelt einander Fremde in einander verbrüderte Männer und verschwesterte Frauen. Freimaurerei macht aus Menschen Brüder und Schwestern. Wenn Frauen zu Schwestern werden, verlieren oder geben sie ihre Abhängigkeit von Familie und gesellschaftlicher Zuordnung auf«, schreibt eine Freimaurerin mit dem Pseudonym »Eva« 2013 in einem Beitrag im Blog *Freimauerin.org*. An nordamerikanischen Universitäten heißen Studentenverbindungen »fraternities« und »sororities« – »Brüderschaften« und »Schwesterschaften« – und werden, zumindest formal, lebenslang eingegangen. Sie sollen den Studentinnen und Studenten, die für die akademische Ausbildung zum ersten Mal das Elternhaus verlassen, eine Ersatzfamilie bieten, auf die sie sich auch später als Berufsleute verlassen können.

Wahlverwandtschaft muss keine Seelenverwandtschaft sein. Und sie schließt die eigene Verwandtschaft nicht aus. Die niederländische Schriftstellerin Connie Palmen erzählt in einem ihrer Bücher, dass sie als Kind Blutsbrüderschaft mit einem Baum schloss. Die Tante meiner Freundin Regula begann nach ihrer Pensionierung, regelmäßig Ausflüge mit ihren Cousinen zu unternehmen. Ein Dutzend älterer Frauen mieten gemeinsam einen Bus und fahren in die alte, bäuerliche Heimatregion, um in einem Dorfgasthof zusammen zu Mittag zu essen. Dabei plauschen sie in einem Dialekt, den meist nicht einmal die eigenen Kinder verstehen. Ausgerechnet hier findet die Tante, die als junges Mädchen in die Stadt floh und alle Zeichen ihrer Herkunft schleunigst ablegte, eine Möglichkeit, das stillgelegte Archiv ihrer Kindheit anzuzapfen. Ihre beiden echten Schwestern bleiben den Treffen lieber fern. Auch sie sind weggezogen und haben ein neues Leben begonnen. Von ihnen vermisst keine die Sprache der Kindheit. Doch mit den Cousinen kann die Tante im Alter in den vertrauten Dialekt eintauchen, was sie immer für Tage fröhlich macht.

»Die Wahlverwandtschaften, die Freundschaften, die mönchischen Bruderschaften, die politischen Parteiungen, die Kollegenschaften und Produktionsgemeinschaften haben sich als viel effektiver erwiesen als Sippschaften, Familienverbände oder ethnisch rassistische Zugehörigkeiten«, schreibt der Theoretiker Bazon Brock in seinem Aufsatz mit dem Titel »Sei Deines Bruders Hüter« über Udo und Erich Lindenberg. Dabei bescheinigt er den beiden ungleichen Brüdern, sie hätten mit ihrer lebenslangen, künstlerisch fruchtbaren Wahlverwandtschaft »über genetische und kulturelle Zwangsvorstellungen« triumphiert.

Geschwister sind eine Ressource, nicht mehr und nicht weniger. Und zwar für eine Art von Bindung, nach der die meisten Menschen in irgendeiner Form ein Bedürfnis haben. Es ist der Wunsch nach einer verlässlichen Beziehung, die nicht auf Zweckmäßigkeit und Nutzen hin kontrolliert werden muss. Zu wem diese Beziehung besteht, ist dabei gar nicht so wichtig. Wichtig ist, dass sie trägt. Und dass sie bleibt. Es ist eine Quelle, die mit ein paar Abweichungen jedem offensteht. Auch den

Einzelkindern. Am besten lässt sich das Geheimnis der Geschwisterschaft fassen, wenn man es als ein schillerndes, weit gefasstes Phänomen begreift. Eine freie, nicht förmliche Beziehung, die jedem Menschen unzählige Möglichkeiten bietet, in einer komplizierten, auf Nutzen und Gewinn ausgerichteten Welt irgendwo einen Anker zu setzen.

Abschied von Arthur

Mein Bruder Arthur starb früh an einem Samstagmorgen. Ich schlief noch, als die SMS mit der Bitte um Rückruf kam. Auch wenn ich ahnte, dass etwas Schlimmes passiert war, erschien mir absurd, was Marlene sagte, als sie den Hörer abhob: »Arthur Ballmer ist gestorben.« Sie sagte es so, als ob es sich um einen Prominenten handele oder um einen ehemaligen Chef. Aber es gibt noch einen anderen Arthur bei uns, darum war der volle Name wichtig. Nur kurz schilderte sie, was sie über die Umstände wusste. Dann verabschiedete sie sich, um sich wieder um unsere Mutter und Arthurs Vater zu kümmern. Die beiden waren auf dem Weg in den Urlaub, als sie im Auto nach vielen Stunden Fahrt den Anruf von Arthurs Frau bekamen. Erst in den kommenden Tagen setzten sich die Bruchstücke aus abgehackten Handytelefonaten und fahrigen Nachrichten für uns zusammen. In einem Restaurant hatte Arthur mit Kollegen einen beruflichen Erfolg gefeiert. Auf dem Weg zur Toilette muss ihm schwindlig geworden sein. Auf den ersten Treppenstufen nach unten verlor er das Bewusstsein und stürzte ungebremst in die Tiefe. Ein paar Stunden versuchten die Ärzte noch, sein Leben zu retten, aber schon in der Nacht gaben sie auf.

Ich hatte keine Vorstellung von der Wucht, mit der die Trauer in den nächsten Tagen kam. Bis dahin waren nur meine Großeltern gestorben, alle spät und in Frieden. Es tat mir jeweils nicht zu sehr weh, auch wenn ich bis heute an sie denke. Gregors Ende war elend, aber es war seit vielen Jahren abzusehen und brachte auch Erlösung. Aber Arthur stand mitten im Leben. Er war 43 Jahre alt, und seine beiden Kinder hatten seinen Adoptivvater und seine Stiefmutter zu echten, stolzen Großeltern gemacht. Dass er am Ende einer Woche noch lebte und am Anfang der nächsten tot war, hat niemand, der ihn kannte, je richtig begreifen können.

Die ersten Tage war ich wie erstarrt. Dann wurde mir etwas Überraschendes klar: Obwohl Arthur und ich uns kaum noch gesehen hatten, fehlte er mir als Bruder, und zwar mit einer Schmerzhaftigkeit, die ich nicht für möglich gehalten hätte. Ich hätte Arthur noch gebraucht. Vielleicht nicht in den nächsten paar Jahren. Aber irgendwo, in unbestimmter Zukunft, war für ihn ein Platz vorgesehen, wo wir uns noch das eine oder andere Mal miteinander an früher erinnern würden. Nur für kurz hatten wir uns einigermaßen nahegestanden. Sobald es andere Möglichkeiten gab, waren wir keine Verbündeten mehr. Aber es hatte gereicht. In den ersten Jahren danach nahm er mich noch manchmal im Auto irgendwohin mit. An einem Sonntag, als wir schon lange nicht mehr regelmäßig miteinander sprachen, rief er mich noch einmal an, um zu erzählen, dass er am Abend vorher in der Disco die Frau kennengelernt hatte, die er heiraten wollte. Das tat er auch. Warum ich dann nicht zur Hochzeitsfeier kam, weiß ich nicht mehr. Nicht einmal, ob ich überhaupt eingeladen war.

Bis heute verstört es mich manchmal noch für eine Sekunde, wenn meine Mutter ein Computerproblem meldet und ich ihr raten will, doch Arthur anzurufen, der in solchen Fällen immer Rat weiß. Für einen kurzen Moment wiederholt sich dann der fassungslose Schmerz, der mir klarmacht, dass weder ich noch irgendjemand anders ihn jemals wiedersehen wird.

Wie haben mich diese Stiefbrüder Arthur und Gregor geprägt? Als Geschwister, die einige Jahre Zimmertür an Zimmertür mit mir wohnten und jeden einzelnen Tag mit mir erlebten, müssen sie es getan haben. Das ist einer der Merksätze der Geschwisterforschung. Aber ich finde darauf keine griffige Antwort. Eigentlich ist es mir auch gar nicht mehr wichtig. Arthur und Gregor gehören zum Ensemble meines Lebensfilms, und vielleicht hätte ich ihnen kurz vor dem Abspann gerne, dann hoffentlich alt und weise, einmal dafür gedankt. Mit ihrem vorzeitigen Abtreten ist auch ein Teil meines Lebensarchivs gelöscht worden. Unwiederbringlich und ohne jede Vorwarnung. Nutzlos werden auch die Erinnerungen vertrocknen, die ich für sie aufbewahrt habe.

Geschwister sind in unserer Welt nicht seltener geworden, auch wenn dieser Eindruck manchmal entstehen kann. Frauen bekommen zwar weniger Kinder als vor 50, 60 Jahren. Dafür leben diese Kinder länger. Bis ins frühe 20. Jahrhundert war die Gefahr, dass eine Mutter bei oder kurz nach der Geburt eines Kindes stirbt, erheblich. 1935 kamen in Deutschland auf 100 000 lebend geborene Babys etwa 540 tote Mütter. Erst nach dem Zweiten Weltkrieg sank diese Zahl aufgrund verbesserter medizinischer Versorgung stark. Heute liegt sie bei fünf.

Vielleicht kommt uns das mit dem Seltenerwerden so vor, weil Geschwister für uns wertvoller geworden sind. Langsam werden gesellschaftliche Veränderungen spürbar, vor denen die Besonderheit dieser Beziehung deutlichere Gestalt annimmt. In einer Welt, wo zentrale Bindungen ganz ohne realen Kontakt auskommen, wo Liebesgeschichten und Arbeitsbeziehungen sich vollständig am Bildschirm eines Hochleistungsrechners abspielen können, wo Verlobungen und Freundschaften mit einer Textnachricht enden, tritt zutage, welchen emotionalen Nährwert, welche Realitätskraft noch die laueste Geschwisterbeziehung im Gegensatz dazu hat. Was Geschwister einander geben und voneinander bekommen, gibt es an anderer Stelle und in dieser Weise nicht, ganz egal, ob es schmackhaft oder bitter ist. Es steht einem frei, davon keinen Gebrauch zu machen. Es bleibt trotzdem bestehen. Das ist eines seiner wichtigsten Merkmale.

Wer soll im Falle einer Notsituation kontaktiert werden?, wurde ich kürzlich bei einer Flugbuchung gefragt. Ohne zu überlegen, gab ich Marlenes Telefonnummer an. Bis vor wenigen Jahren hätte ich diese Angabe offengelassen. Es wäre mir zu viel Verbindlichkeit gewesen, und ich hätte ihr diese Verantwortung nicht zumuten wollen. Das hat sich mit dem Tod von Arthur geändert. Es kann alles so schnell vorbei sein. Wenn etwas wichtig ist, muss man es gleich angehen. Vielleicht hätte ich ohne Marlene erst nach Wochen von dem Unfall erfahren. Meine Nummer ist im Telefon der Schwägerin nicht eingespeichert, und zu Hause sind sie so an meine Abwesenheit gewöhnt, dass manchmal vergessen wird, mich über Aktualitäten zu informieren.

Wenn der größte Teil der täglichen Lebenszeit im virtuellen Raum stattfindet und die intensivsten Verbindungen mithilfe eines Forenprofils gepflegt werden, kann das Wissen, dass irgendwo ein Bruder oder eine Schwester existiert, wo man im Notfall ohne Ankündigung und allzu viel Erklärung auf der Couch schlafen kann, ein mächtiger Trost sein. Auch das ist ein Teil der Kraft aus dieser Beziehung: Geschwister sind Menschen, die man schon mal mit eigenen Augen gesehen hat. Das ist längst nicht mehr für alle privaten Beziehungen selbstverständlich.

Was für eine Schwester bin ich eigentlich selbst? Seit ich mir diese Frage öfter stelle, hat sich die Perspektive auf meine Familie verändert. Wenn man ein Geschwister ist, bietet man einem andern eine unvergleichbar komplexe Beziehung an, die sich aus dicken Widersprüchen und sperrigen Empfindungen formt, wie sie in anderen Beziehungen oft nur schwer unterzubringen wären. Als Bruder oder Schwester hat man fast immer irgendwo ein paar Gefühle, die wild und struppig und eigentlich unzumutbar sind. Hier haben sie einen Platz, wo sie aufgehoben sind. Geschwisterschaft ist eine altmodische, analoge, manchmal anstrengende Verbindung, die sich durch keinen Mausklick und auch durch keinen lautstarken Streit so ohne weiteres beenden lässt. Man hält gemeinsam ein dickes, schweres Tau. Meist ist es mit Seidenfäden durchwirkt, aber trotzdem oft auch so rau, dass es in die Hände schneidet. Vielleicht liegt es auch jahrelang zerzaust und ungenutzt irgendwo im Weg herum. Doch fast niemand wirft es einfach weg. Denn bei aller Schwerfälligkeit ist der Strang im Innern fast immer noch elastisch und agil. Geschwister sind auch die, denen man immer noch ein paar mehr letzte Chancen gibt als jedem anderen. Man hört erst damit auf, wenn man ganz sicher ist, dass der andere sie ganz sicher nicht mehr nutzt. Und wenn er wieder ruft, gewährt man sie ihm von neuem.

Am Tag, als Arthur beerdigt wurde, regnete es in Strömen. Über 100 Gäste, von denen ich kaum jemanden kannte, versammelten sich vor der Kapelle. Ein paar stellten sich seinem Vater und meiner Mutter als Freunde oder frühere Arbeitskollegen vor. Mir schüttelten sie fragend die Hand. »Ich bin die Schwester«, murmelte ich anfangs noch. Sie quittierten es mit einem Ausdruck von Verwirrung und Irritation, als hätte ich einen besonders unangebrachten Scherz gemacht. Mir wurde klar, dass sie nicht wussten, dass Arthur eine Schwester, eine Stiefschwester hat. Er hat mich wohl nie erwähnt. Nach einem halben Dutzend solcher Begrüßungen begann ich mich für mein verheultes Gesicht zu schämen. Ich fühlte mich wie eine Betrügerin und begann zu zweifeln, ob ich überhaupt das Recht hatte, als Schwester um ihn zu trauern. Die Zweifel sind lange nicht verflogen und auch nicht die Kränkung. Doch die Distanz ist Teil unserer Geschichte. Es waren schwierige Jahre, die uns verbanden, und Arthur nahm sich das Recht, sich nicht mehr als nötig daran zu erinnern. Es ändert nichts daran, dass er mir immer noch manchmal fehlt.

Mit meinen anderen Geschwistern hingegen liegt die Zeit noch vor mir. Vor kurzem habe ich alte Fotos geordnet und Bilder von meinem Vater gefunden, als er noch keine grauen Haare hatte. Es ist ein Mann, den seine drei jüngsten Kinder nie kennengelernt haben. Für Lino, Zora und Luca habe ich die Bilder archiviert. Ein paar Motive sind auch von unserem Großvater dabei, dem Vater unseres Vaters, den sie um Jahrzehnte verpassten und nach dem sie bisher nie gefragt haben. Ob unsere Alltage sich irgendwann einmal näher sein werden, wird erst die Zukunft zeigen. Doch darum geht es nicht. Wichtig ist, dass ich heute eine Schwester bin. In vier unterschiedlichen Varianten für vier unterschiedliche Menschen, die, jeder auf seine Weise, fest zu meinem Leben gehören. Arthur und Gregor sind tot, aber ich habe immer noch Marlene und Zora, Lino und Luca, und es gibt Dinge, die ich ihnen vielleicht noch geben kann. Seit ich den Reichtum darin in hellem Licht erkenne, liegt die Zeit mit ihnen nicht mehr brach.

Literatur
(Auswahl)

Adam-Lauterbach, D. (2013): *Geschwisterbeziehung und seelische Erkrankung.* Entwicklungspsychologie, Psychodynamik, Therapie. Stuttgart: Klett-Cotta

Adler, A., Schutz, J. (1995): Sibling Incest Offenders. In: *Child Abuse & Neglect* Vol. 19, S. 811 – 819

Bally, A. (2013): *Die Macht der Geschwister.* Indonesische Frauen in der Schweiz: Eine ethnologische und psychoanalytische Migrationsforschung. Frankfurt am Main: Campus

Bank, S., Kahn, M. (1998): *Geschwister-Bindung.* München: dtv

Brock, I. (2007): Die Bereicherung familiärer Erziehung durch Geschwister. In: *Frühe Kindheit. Zeitschrift der Deutschen Liga für das Kind* Nr. 5, S. 29 – 33

Bugelnig, B. (2008): Geschwisterbeziehung in verschiedenen Lebensabschnitten aus systemisch-therapeutischer Sicht. In: *Systemische Notizen* 2/2008, S. 12 – 22

Dunne, D. (2004): A Death in The Family. In: *Vanity Fair,* März 2004, Version online

Eigenbauer, S. (2007): *Geschwister von drogenabhängigen Personen und ihre Sicht auf die Sucht.* Diplomarbeit an der Fachhochschule St. Pölten. Onlineveröffentlichung

Goldbrunner, H. (2011): *Geschwisterbeziehungen – ein vernachlässigter Faktor in der modernen Erziehung.* http://downloads.eo-bamberg.de

Haeberle, E.J. (1985): *Die Sexualität des Menschen.* Handbuch und Atlas. 2. erweiterte Auflage, Berlin: Walter de Gruyter

Hirsch, M. (2012): *Schuld und Schuldgefühl:* Zur Psychoanalyse von Trauma und Introjekt. 5. Auflage, Göttingen: Vandenhoeck & Ruprecht

Jakoby, N. (2008): *(Wahl)Verwandtschaft – ein Modell zur Erklärung verwandtschaftlichen Handelns.* Wiesbaden: VS Verlag für Sozialwissenschaften

Jenkins, J. et al (2013): Multilevel Mediation: Cumulative Contextual Risk, Maternal Differential Treatment, and Children's Behavior Within Families. In: *Child Development* Vol 84, September 2013, S. 1594–1615

Jenkins Tucker, C. et al (2013): Association of Sibling Aggression With Child and Adolescent Mental Health. In: *Pediatrics* Vol. 132, Juli 2013, S. 79–84

Judge, D., Milne, F. (2010): Brothers delay menarche and the onset of sexual activity in their sisters. In: *Proceedings of the Royal Society B.* Veröffentlichung online vor Druck

Kaiser, G. (1983): Feindliche Brüder und ihre Väter. In: Sonderdrucke aus der Albert-Ludwigs-Universität Freiburg. Originalbetrag erschienen in: Bader, D. (Hrsg.), *Kain und Abel – Rivalität und Brudermord in der Geschichte der Menschen.* München/Zürich: Schnell & Steiner, S. 46–68

Kasten, H. (2001): Der aktuelle Stand der Geschwisterforschung. In: *Familienhandbuch.de* (online)

Kitze, K. et al (2007): Das elterliche Erziehungsverhalten in der Erinnerung erwachsener Geschwister. In: *Psychologie in Erziehung und Unterricht* Nr. 54. S. 59–70

Klosinski, G. (2006): *Ablösungsprozesse und Bindungs-Bedürfnisse in der Pubertät.* Vortrag, gehalten am 25.5.2006 auf dem 5. Internationalen Kongress für Psychotherapie und Seelsorge in Marburg. Manuskript online

Konflikt. Text zum multimedialen Projekt »Siblings in Conflict«. www. konradlicht.com/texts online

Lieberman, D. et al (2003): Does morality have a biological basis? An empirical test of the factors governing moral sentiments relating to incest. In: *Proceedings of the Royal Society B.* Onlinepublikation

Metzler, C. (2011): Geht's nur um Ödipus und die Eltern? Die absenten Geschwister der klassischen Psychoanalyse. In: Referat Genderforschung der Universität Wien (Hrsg.), *Psychoanalyse und Gender Studies*. 2. Auflage, Wien, Referat Genderforschung, S. 11–15

Nitsch, A. et al. (2012). Are elder siblings helpers or competitors? Antagonistic fitness effects of siblings interactions in humans. In: *Proceedings of the Royal Society B* Vol 280 No. 1750

Romppel, M. (1992): *Geschwisterposition und Persönlichkeit.* Inhaltsanalytische Untersuchung an biographischem Material. Diplomarbeit an der Universität Göttingen, Fachbereich Biologie, unveröffentlicht

Salber, L. (2007): *Geniale Geschwister.* München: Piper

Schmid, C. (2004): Der Einfluss von Geschwistern auf die Entwicklung von Kindern und Jugendlichen. In: *Familienhandbuch.de* (online)

Schmid, M. (2006): *Geschwisterbeziehungen in Familien mit einem behinderten Kind.* Studienarbeit an der Philipps-Universität Marburg. Onlineveröffentlichung

Sohni H. (1994): Geschwisterbeziehungen: Die Einführung der horizontalen Beziehungsdynamik in ein psychoanalytisches Konzept »Familie«. In: *Praxis der Kinderpsychologie und Kinderpsychiatrie* Nr. 43, S. 284–295

Stangl, W. (2002): *Entwicklungsaufgaben im Jugendalter.* Arbeitsblätter für den Kurs »Einführung in die Psychologie« an der Fernuniversität Hagen. Onlineveröffentlichung

Teuschel, P. (2014): *Das schwarze Schaf.* Benachteiligung und Ausgrenzung in der Familie. Stuttgart: Klett-Cotta

Theweleit, K. (1990): *Objektwahl (All You Need Is Love …).* Über Paarbildungsstrategien & Bruchstück einer Freudbiographie. Basel/Frankfurt am Main: Stroemfeld/Roter Stern

Toman, W. (1961): *Family Constellation.* New York: Springer Publishing Company

Zartler, U. (1997): Pubertät und ihre Bedeutung für Eltern und Kinder – ein Literaturüberblick. In: *Working Paper 3* (Österreichisches Institut für Familienforschung)